2025 위패스

공인중개사 합격셀렉트
2차 공인중개사법령 및 실무

WEPASS•

머리말
Intro

공부를 해도 점수가 오르지 않는 것 같고, 추울 때는 추운 대로, 더울 때는 더운 대로 무척 힘이 듭니다. 문제를 푸는 것이 두려울 때도 있었습니다. 분명 외운 것 같았는데, 공부한 것 같았는데 문제를 풀면 틀리고, 또 틀리기도 했습니다. 그런 인고의 과정을 묵묵히, 꾸준히 보낸 결과, 고득점으로 동차 합격의 기쁨을 누렸습니다.

여러분께 꼭 한 가지 말씀드리고 싶은 것이 있습니다. 꾸준히만 공부하신다면, 반드시 "유레카"를 외칠 날이 온다는 것입니다. 여러분이 이론을 공부하고, 문제를 풀고, 틀리고 또 다시 보는 과정을 반복해 보세요. 보이지 않는 땅속 깊은 곳에서부터 "합격의 싹"이 틔워 나오고 있다는 사실을, 저는 알고 있습니다.

처음에는 어두운 터널에 갇힌 기분이 들 것입니다. 누군가는 그 터널을 "합격"이라는 믿음을 갖고 묵묵히 걸어가고, 누군가는 중간에 주저앉아 버리기도 합니다. 이 교재를 통해 저와 함께 공부하는 모든 분들에게, 터널 끝에서 환한 전등을 켜고 달려가겠습니다.

객관식 시험의 장점 중 하나는, "문제를 많이 풀수록 유리하다."입니다. '눈에 바른다'는 표현처럼, 주관식은 모두 외워야 쓸 수 있는 반면 객관식 시험이기에 눈에 발라도 찍어 맞출 수 있습니다.

또한, 우리 시험은 100점을 맞는 시험이 아닙니다. 평균 60점을 넘을 수 있으면 됩니다. 점수가 높다고 실무에서 더 일을 잘하는 것은 아닙니다. 여러분은 "자격"을 받기 위한 검증만 통과하면 됩니다. 어차피 실무에서는 새로운 공부를 하고 경험을 해나가야 하기 때문입니다. 이 책을 통해 100점을 맞게 해드릴 수는 없습니다. 하지만, "60점 못 맞아서 떨어졌다."라는 말은 안 나오게 하겠습니다.

여명, 동트기 전 시간대를 말합니다. 동트기 전이 가장 어둡다는 말이 있습니다. 시험이 임박할수록 막막하고 두려울 것입니다. 하지만 그때가 바로, 동트기 전이라는 사실을 꼭 기억하시길 바랍니다. 36회 공인중개사가 되기 위한 여러분에게 이 책이 좋은 길잡이 역할이 되길 진심으로 기원합니다. 실무 현장에서 여러분을 기다리고 있겠습니다.

여러 과목을 한 번에 공부해야 하는 시험일수록, "전략 과목"이 반드시 필요합니다.

꼼꼼하게, 확실하게 공부할 수만 있다면 중개사법은 여전히 전략 과목이 될 수 있습니다.

2025. 02. 10
행정사&공인중개사
이승주 배상

이 책의 구성 및 특징

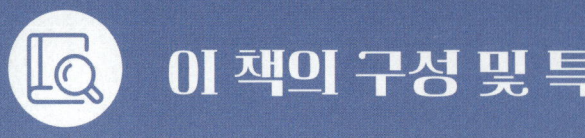

이 책 한 권을 통해 최대한 많은 '핵심 필수 지문'을 공부하실 수 있도록 노력했습니다.

책의 좌측에는 필수 지문들과 토픽별 핵심 요약이, 우측에는 한끝(끗) Point와 기출문제를 배열함으로써 책의 가독성을 높이고, 단권화에 있어 최적을 도모하도록 노력했습니다. 또한, 최근 10여 년 간의 기출문제를 엄선했습니다. 간혹 출제가 10여 년간 안 된 토픽의 경우는 10년 이전의 문제가 수록되어 있지만, 놓치고 갈 수 없는 부분은 모두 찾아 넣어 기본서의 목차에 부합하도록 배열함으로써 학습의 편의성을 도모하였습니다. 기본서의 내용을 압축해서 정리한 이론을 토대로 정립하고, 본서에서 핵심 필수 지문을 함께 공부한다면 높은 효율을 기대할 수 있을 것입니다.

여러 해의 기출문제를 풀다 보면, 느낄 수 있는 것이 있습니다. 기출되는 "반복 지문"이 있다는 것입니다. 빈출되는 기출을 OX 위주로 구성했습니다. 단, 문제의 다양성을 위해 박스형 문제는 통째로 넣었고, 문제의 지문들이 너무 좋은 경우에는 문제 전체를 넣어 수업 중 하나씩 정답과 오답의 이유를 공부하며 익힐 수 있도록 준비했습니다. 무엇이 맞는지, 무엇이 틀렸는지를 알아야 기출의 문장을 변형해도 이해를 기본으로 하여 문제를 풀 수 있습니다. 이해 없이 문장을 외워서 풀면 합격을 하기가 어렵습니다.

중개사법은 법조문이 타 과목들에 비해 적고 범위가 적습니다. 그렇기에 단어 하나, 글자 한두 개로 정답과 오답을 가릅니다. 소위 '말장난'처럼 보이기도 하고, 다 맞는 말 같기도 합니다. 아무리 봐도 5문제가 다 맞는 것 같은데 해설을 보면 "뭐야, 말장난하는 것도 아니고."라는 말이 절로 나오는 문제도 많습니다. 보통 이러한 '말장난'은 이해가 되어 있을 경우 쉽게 당하지 않습니다.

책에서 강조하는 부분, 제가 강의 때 강조하는 부분은 반드시 외운다는 생각을 해주시길 바랍니다.
출제 유형도 많이 변형되고, 새로운 문제 형식이 출제되며 난이도를 높여가고 있습니다. 난이도가 꾸준히 올라가면서, 중개사법은 더 이상 효자 과목이 아니라고들 합니다. 하지만, 꾸준히 공부하면 반드시 '여전한 효자'로 남을 과목임을 확신합니다.

저는 합격샐렉트 한 권에 최대한 중요한 내용을 밀도 있게, 꾹꾹 눌러 담고자 했습니다. 여러 권의 책을 중복되는 내용으로 여러 번 찾아보는 것보다, 한 권의 책을 여러 번 읽으며 공부하는 것이 "연상법"의 측면과 효율성 측면에서 좋다고 판단하여, 한 권으로 단권화 한 교재입니다.

합격셀렉트 공인중개사법령 및 실무는
100개의 토픽과 한끝으로 더욱 특별하게 정리합니다.

이 책의 특징은 다음과 같습니다.

 1. 기본 이론의 중요 내용을 정리합니다. 두꺼운 기본서는 어차피 보지 않습니다. 기출빈도가 아주 낮은 부분은 기본서가 없으므로 과감히 배제했습니다.

2. 그중 가장 핵심이 되는 이론 및 내용을 한 끝(끗) point로 한 번 더 정리합니다.

3. 빈출 기출 O, X 지문 또는 출제 예상되는 변형 지문을 OX로 만들었습니다. 해당 파트에서 복합적으로 잘 만들어진 문제는 기출문제를 통째로 옮겨놓아, 해당 파트 전체의 내용을 모두 이해하실 수 있도록 했습니다. 기출 지문들 중에서도 동일한 내용이 다수에 걸쳐 반복 출제되는 경우가 많습니다. 빈출 지문과 기출 지문은 모두 이해하고 또 외우고 시험장에 들어가신다면, 불합격이라는 글자는 보지 않으시리라 확신합니다.

 4. 단순 암기가 아닌 조문과 판례를 함께 공부하여 기본 내용을 이해하고, 적용하실 수 있도록 구성하려 노력했습니다.

5. 중개사법은 실제 실무 서식을 바탕으로 한 출제가 많습니다. 부록의 서식집을 같이 보시면서, 제 수업에서 함께 설명드리는 실무의 이야기를 들으시면 이해도가 높아지시리라 믿습니다.

6. 토픽 약 100개로 꾸려 단권화하여, 정말 핵심 내용들만 꾹꾹 눌러 담았습니다. 본서만 확실하게 암기, 이해하고 계신다면 고득점을 확신합니다.
기출문제집과 병행할 예정이나, 본서에서도 기출문제를 많이 다루며 핵심 지문들에 기출 지문과 빈출 지문을 곳곳에 넣어두어 기출에 대한 이해도와 감을 높일 수 있게 하였습니다.

7. 토픽 100 이외로 +약 8개의 @토픽을 구성하여, 고득점을 하도록 보강하였습니다.

여러분이 공인중개사 자격을 얻을 수 있도록 제 책이, 그리고 중개사법이 견인 역할을 해주길 바랍니다.

Contents

Part 1. Topic 1-64

- **Topic 01.** 연혁·법적 성격 및 법 제1조 (제정목적) ··············· 12
- **Topic 02.** 용어의 정의 - 1 (법 제2조) ··············· 14
- **Topic 03.** 용어의 정의 - 2 (공인중개사의 종류) ··············· 16
- **Topic 04.** 용어의 정의 - 3 (소속 공인중개사 & 보조원) ··············· 18
- **Topic 05.** 중개대상물 - 1 (정의와 권리 종류) ··············· 20
- **Topic 06.** 중개대상물 - 2 (입목, 공장 및 광업재단) ··············· 22
- **Topic 07.** 공인중개사 시험제도 ··············· 24
- **Topic 08.** 공인중개사의 정책심의위원회 ··············· 26
- **Topic 09.** 공인중개사 자격증 교부 및 양도 ··············· 28
- **Topic 10.** 공인중개사 유사명칭 사용금지 (법 제8조) ··············· 30
- **Topic 11.** 공인중개사 개설등록신청 절차 (개인 / 법인) ··············· 32
- **Topic 12.** 법인 개업공인중개사의 등록 -1 (기준 등) ··············· 34
- **Topic 13.** 법인 개업공인중개사의 등록 -2 (겸업, 특수법인 등) ··············· 36
- **Topic 14.** 이중등록, 이중소속 금지 & 무등록업자 ··············· 38
- **Topic 15.** 개업공인중개사 등의 의무 (명칭 사용의무, 게시의무) ··············· 40
- **Topic 16.** 중개대상물 표시, 광고 (모니터링) ··············· 42
- **Topic 17.** 중개대상물 표시, 광고 (법령, 사무소 명칭 등) ··············· 44
- **Topic 18.** 개업공인중개사 등의 결격사유 - 1 ··············· 46
- **Topic 19.** 개업공인중개사 등의 결격사유 - 2 ··············· 48
- **Topic 20.** 중개사무소 설치 ··············· 50
- **Topic 21.** 중개사무소 설치와 이전 - 1 (사무소의 이전) ··············· 52
- **Topic 22.** 중개사무소 설치와 이전 - 2 (공동사무소) ··············· 54
- **Topic 23.** 중개사무소 설치와 이전 - 3 (법인 분사무소) ··············· 56
- **Topic 24.** 업무활동범위 ··············· 58
- **Topic 25.** 겸업 - 1 ··············· 60
- **Topic 26.** 겸업 - 2 ··············· 62
- **Topic 27.** 고용인과 개업공인중개사의 책임 ··············· 64
- **Topic 28.** 인장등록 ··············· 66
- **Topic 29.** 개업공인중개사의 휴업과 폐업 ··············· 68
- **Topic 30.** 중개계약 종류 ··············· 70
- **Topic 31.** 일반중개계약 ··············· 72
- **Topic 32.** 전속중개 계약 ··············· 74
- **Topic 33.** 부동산거래정보망 (사업자 지정 및 제재) ··············· 76
- **Topic 34.** 공인중개사의 의무 및 일반적 의무 ··············· 78
- **Topic 35.** 법 제33조 금지행위 - 1 (범위와 위반시 제재) ··············· 80

Topic 36. 법 제33조 금지행위 - 2 82
Topic 37. 중개대상물의 확인, 설명 - 1 84
Topic 38. 중개대상물 확인 설명 - 2 (vs 전속중개계약서) 86
Topic 39. 거래계약 (체결 및 작성) 88
Topic 40. 손해배상책임 및 업무보증설정 의무 90
Topic 41. 예치제도- ESCOW 등 (계약금 등의 반환채무이행 보장)) 92
Topic 42. 중개보수 - 1 (청구권 계산 등) 94
Topic 43. 중개보수 - 2 (요율 산정 기준 등) 96
Topic 44. 중개보수 - 3 (요율계산) 98
Topic 45. 중개보수 - 4 (실비 등) 100
Topic 46. 공인중개사협회 - 1 (절차, 구성) 102
Topic 47. 공인중개사협회 - 2 (공제사업) 104
Topic 48. 공인중개사협회 - 3 (운영위원회 지도, 감독) 106
Topic 49. 교육 - 1 (교육의 종류와 시간 등) 108
Topic 50. 교육 - 2 (실무교육과 연수교육) 110
Topic 51. 포상금 112
Topic 52. 행정수수료 114
Topic 53. 부동산거래질서교란행위 신고센터의 설치·운영 116
Topic 54. 행정처분 - 지도, 감독 및 제재 118
Topic 55. 행정처분 - 1 (자격취소) 120
Topic56. 행정처분 - 2 {(소속)공인중개사의 자격정지} 122
Topic 57. 행정처분 - 3 (개업공인중개사의 등록취소)) 124
Topic 58. 행정처분 - 4 (개업공인중개사의 업무정지) 126
Topic 59. 행정처분 - 5 (개업공인중개사의 행정제재처분효과 승계) 128
Topic 60. 행정형벌 - 1 (3년 이하의 징역 또는 3천만원 이하의 벌금) 130
Topic 61. 행정형벌 - 2 (1년 이하의 징역 또는 1천만원 이하의 벌금) 132
Topic 62. 행정질서벌 - 과태료 - 500만 원 / 징수권자 134
Topic 63. 행정질서벌 - 과태료 - 100만 원 / 과태료 부과정리 136
Topic 64. 공인중개사법령 필수 지문 핵심 정리 (법령, 판례) 138

Part 2. Topic 65-79

Topic 65. 부동산 거래신고- 1 (대상 & 절차) 142
Topic 66. 부동산 거래신고 - 2 (의무자 및 신고사항 - ①) 144
Topic 67. 부동산 거래신고 - 3 (신고사항 - ②) 146
Topic 68. 부동산 거래신고 - 4 (해제, 정정, 변경신고) 148

Topic 69. 부동산 거래신고 - 5 (위반시 제재 및 법정신고서) ·············· 150
Topic 70. 부동산 거래신고 - 6 (주택임대차계약의 신고) ·············· 152
Topic 71. 부동산 거래신고 - 7 (주택임대차계약의 변경 및 해제신고) ·············· 154
Topic 72. 부동산 거래신고 - 8 (외국인의 부동산 취득 특례 - 적용범위 / 사후신고) ·············· 156
Topic 73. 부동산 거래신고 - 9 (외국인의 토지소유권 취득 특례 - 사전허가) ·············· 158
Topic 74. 부동산 거래신고 - 10 (토지거래허가구역 지정 및 허가대상) ·············· 160
Topic 75. 부동산 거래신고 - 11 (토지거래허가절차와 선매제도) ·············· 162
Topic 76. 부동산 거래신고 - 12 (토지이용 의무기간과 이행강제금) ·············· 164
Topic 77. 부동산 거래신고 - 13 (제재 - 벌칙 등 정리) ·············· 166
Topic 78. 부동산 거래신고 - 14 (포상금) ·············· 168

Part 3. Topic 79-100

Topic 79. 중개실무 - 1 (개념 및 범위) ·············· 172
Topic 80. 중개실무 - 2 (중개대상물의 조사, 확인 - 공부(서면) 조사) ·············· 174
Topic 81. 중개실무 - 3 (공부(서면) 및 현장조사 병행) ·············· 176
Topic 82. 중개실무 - 4 (중개대상물 조사, 확인 - 분묘기지권) ·············· 178
Topic 83. 중개실무 - 5 (중개대상물 조사, 확인 - 장사 등에 관한 법률) ·············· 180
Topic 84. 중개실무 - 6 (농지법) ·············· 182
Topic 85. 중개실무 - 7 (중개대상물 확인·설명서 - 주거용[I]) ·············· 184
Topic 86. 중개실무 - 8 (중개대상물 확인·설명서 - 비주거용 [II]) ·············· 186
Topic 87. 중개실무 - 9 (중개대상물 확인·설명서 - 토지[III] / 입목·광업재단·공장재단[IV]) ·············· 188
Topic 88. 중개실무 - 10 (부동산 전자계약) ·············· 190
Topic 89. 개별적 중개실무 - 1 (부동산등기 특별조치법 - 검인제도) ·············· 192
Topic 90. 개별적 중개실무 - 2 (부동산 실권리자명의 등기에 관한 법률) ·············· 194
Topic 91. 개별적 중개실무 - 3 (주택임대차보호법 - 적용범위 & 대항력) ·············· 196
Topic 92. 개별적 중개실무 - 4 (주택임대차보호법 - 임차권등기명령 / 주택임차권 승계) ·············· 198
Topic 93. 개별적 중개실무 - 5
(주택임대차보호법 - 우선변제권, 소액보증금, 소액보증금 우선변제권, 계약갱신요구권) ·············· 200
Topic 94. 개별적 중개실무 - 6 (상가임대차보호법 - 적용범위 & 대항력, 계약갱신요구권) ·············· 202
Topic 95. 개별적 중개실무 - 7 (상가임대차보호법 - 우선변제권, 소액보증금 우선변제권, 권리금) ·············· 204
Topic 96. 개별적 중개실무 - 8 (부동산 경매1 - 경매절차) ·············· 206
Topic 97. 개별적 중개실무 - 9 (부동산 경매 - 권리분석) ·············· 208
Topic 98. 개별적 중개실무 - 10 (부동산 경매 3 - 공매, 배당순위, 배당요구) ·············· 210
Topic 99. 개별적 중개실무 - 11 (매수신청대리1 - 등록 & 범위 & 보수) ·············· 212
Topic 100. 개별적 중개실무 - 12 (매수신청대리2 - 의무, 제재 및 금지행위) ·············· 214

Part 4. Plus Topic 1-8

Plus Topic 01. 용어의 정의 (중개계약과 전형계약 차이) ···················· 218
Plus Topic 02. 고용인에 대한 개업공인중개사의 책임 ···················· 220
Plus Topic 03. 부동산거래신고 - 제19조, 제24조, 제25조 ···················· 222
Plus Topic 04. 중개실무 - (중개대상물 확인·설명서 - 서식, 작성 종합) ···················· 224
Plus Topic 05. 개별적 중개실무 - 계약갱신 거절 임대인의 손해배상 3가지 ···················· 226
Plus Topic 06. 개별적 중개실무 - 묵시적 갱신 ···················· 227
Plus Topic 07. 개별적 중개실무 - 주택임대차분쟁조정위원회 ···················· 228
Plus Topic 08. 개별적 중개실무 - 매수신청대리의 감독, 제재 정리 ···················· 230

Part 5. 서식부록

❋ 부동산중개사무소 개설등록 신청서 & 개업공인중개사 인장등록 신고서 ···················· 234
❋ 중개사무소 등록증 ···················· 236
❋ 분사무소 설치신고서 ···················· 237
❋ 휴업, 폐업, 재개, 휴업기간 변경 신고서 ···················· 238
❋ 공인중개사 자격정지의 기준 ···················· 239
❋ 개업공인중개사 업무정지의 기준 ···················· 240
❋ 일반중개계약서 ···················· 242
❋ 전속중개계약서 ···················· 244
❋ 중개보수요율표 - 서울특별시 (시·도 조례에 따른 중개보수요율표) ···················· 246
❋ 부동산 중개보수요율표 ···················· 247
❋ 과태료 정리 ···················· 248
❋ 형사처벌정리 ···················· 249
❋ 부동산거래계약 신고서 ···················· 250
❋ 과태료의 부과기준 ···················· 252
❋ 법인 주택 거래계약 신고서 ···················· 257
❋ 주택취득자금 조달 및 입주계획서 ···················· 258
❋ 외국인 부동산등 취득신고서 & 외국인 부동산등 계속보유 신고서 ···················· 260
❋ 외국인 토지취득 허가신청서 ···················· 262
❋ 토지취득자금 조달 및 토지이용계획서 ···················· 264
❋ 주택 임대차 계약 신고서 ···················· 266
❋ 중개대상물 확인·설명서 [I](주거용 건축물) ···················· 268
❋ 중개대상물 확인·설명서 [II](비주거용 건축물) ···················· 274
❋ 중개대상물 확인·설명서 [III](토지) ···················· 278
❋ 중개대상물 확인·설명서 [IV](입목·광업재단·공장재단) ···················· 281
❋ 보수 영수증 ···················· 284
❋ 매수신청대리 사건카드 ···················· 285

PART 1

WEPASS

2025 위패스 공인중개사 합격셀렉트
2차 공인중개사법령 및 실무

Topic 1-64

총칙 : **Topic 01-06**
공인중개사 : **Topic 07-09**
중개업 : **Topic 10-45**
공인중개사 협회 : **Topic 46-48**
교육 : **Topic 49-50**
지도·감독 : **Topic 51-53**
제재(형벌, 과태료) : **Topic 54-63**
한 번 더 지문 핵심 정리 : **Topic 64**

Topic 01 연혁·법적 성격 및 법 제1조(제정목적)

2025 위패스 공인중개사 합격셀렉트

Ⅰ. 공인중개사법의 목적

> 제1조(목적) 이 법은 공인중개사의 업무 등에 관한 사항을 정하여 그 전문성을 제고하고, 부동산중개업을 건전하게 육성하여 국민경제에 이바지함을 목적으로 한다.

1. 공인중개사법령의 구성
(1) 법령

법(법률), 시행령(대통령령), 시행규칙(국토교통부령)

(2) 조례

시·도 조례, 시·군·구 조례

2. 단계별 법 목적
① 전문성 제고
② 부동산중개업을 건전하게 육성
③ 국민경제에 이바지(궁극)

Ⅱ. 연혁 및 법적 성격

1. 연혁
부동산의 흥정·알선만을 주업으로 삼는 거간꾼을 '가쾌(가거간)' 또는 집주름이라 부르며, 최초의 독자적인 전문업으로서의 개업공인중개사는 '가쾌'에서부터 시작되었다. *초기 시험 기출*

2. 법적 성격
① 일반법(기본법) : 부동산중개업에 관한 다른 법에 우선하여 적용되는 일반법·기본법이다.
② 중간역(혼합법·사회법) : 공법적(자격시험, 등록, 형벌 등 제재)과 사법요소(중개계약·손해배상책임 등)를 혼합한 법률이다.
③ 민법과 상법에 대한 특별법 : 이 법 규정에 흠결(미규정)이 있을 때는 상법 총칙법 일부
(예 : 상법 제61조 – 상인의 보수청구권 등)와 민법 등이 보충적으로 적용된다.
④ 국내법 : 국내에 있는 중개대상물에 적용되어 국내에서만 효력이 있다.
⑤ 실체법 : 권리와 의무의 발생, 변경, 소멸 등 실체적 법률관계를 규정하는 법률로써 즉, 절차법이 아니다. 실체법과 절차법은 상호 보충하여 법적규제 실효성을 확보한다.

> **한끝 Point**
> - 최근 제정 목적은 출제비중이 낮지만, 출제 시 정확한 조문 암기가 되어있지 않다면 어려운 문제가 됩니다. 특히 단어의 변형으로 반복 출제됩니다.
>
> **두문자** 전 중 건 / 육 경 이
> ① **전**문성 제고
> ② 부동산**중**개업을 **건**전하게 **육**성
> ③ 국민**경**제에 **이**바지

한끝 기출 마무리

01. 부동산거래업을 건전하게 지도·육성하여 국민경제에 이바지함을 목적으로 한다.(x)[25회]

> ‖해설 및 정답‖ 부동산중개업(○), 부동산거래업(✕)

02. 공인중개사법은 공인중개사 업무 등에 관한 사항을 정하여 그 (전문성)을(를) 제고하고 (부동산중개업)을(를) 건전하게 육성하여 (국민경제)에 이바지함을 목적으로 한다.(o)[22회]

> ‖해설 및 정답‖ 부동산중개업을 적절히 규율(✕), 토지 공개념 도입을 목적으로(✕), 부동산 투기 억제를 목적으로(✕), 개업공인중개사의 재산권보호(✕), 부동산거래업의 건전한 지도·육성(✕), 국토의 효율적 이용을 목적으로(✕)

Topic 1-64

Topic 02. 용어의 정의 - 1 (법 제2조)

Ⅰ. 6가지 용어 정의

중개라 함은 「공인중개사법」 제3조의 규정에 의한 중개대상물에 대하여 거래당사자 간의 매매·교환 임대차, 그 밖의 권리의 득실·변경에 관한 행위를 알선하는 것을 말한다.

1. 중개
①중개대상물에 대하여 ②거래당사자간의 매매 교환 임대차 그 밖의 권리의 득실변경에 관한 ③행위를 알선하는 것을 말한다. → 중개의 3요소

2. 중개업
다른사람의 의뢰에 의하여 일정한 보수를 받고 중개를 업으로 행하는 것을 말한다.
→ 무상, 1회성은 중개 행위가 아님.

> **중개업 대표 판례**
> 우연한 기회에 한 번(1회성) 건물전세 계약의 중개를 하고 보수를 받았더라도 중개업이 아니다. (유상, 반복성 중요)

3. 공인중개사
이 법에 의한 공인중개사자격을 취득한 자를 말한다.
(근무하는 자 중에서 소속 공인중개사와 중개 보조원의 차이 → 자격 여부)

4. 개업공인중개사
이 법에 의하여 중개사무소의 개설등록을 한 자를 말한다.

5. 소속공인중개사
개업공인중개사에 소속된 공인중개사(개업공인중개사인 법인의 사원 또는 임원으로서 공인중개사인 자를 포함한다)로서 중개업무를 수행하거나 개업공인중개사의 중개업무를 보조하는 자를 말한다.

6. 중개보조원
공인중개사가 아닌 자로서 개업공인중개사에 소속되어 중개대상물에 대한 현장안내 및 일반서무 등 개업공인중개사의 중개업무와 관련된 단순한 업무를 보조하는 자를 말한다.

> **한끝 Point**
> - 매년 1~2문제 이상 출제됩니다. 어렵게 변형하지 않는 파트로 기본적인 득점을 반드시 해야하는 토픽입니다.
> - 6가지 용어의 정의를 명확히 이해하여야 합니다. 정의를 바탕으로 지문을 변형하니 오답에 주의하여야 합니다.
>
> 1. 유치권, 법정지상권, 법정저당권의 '성립과정'은 중개에 해당하지 않으나, '이전, 양도'는 중개에 해당한다.(Topic 05)
> 2. 중개는 유상, 반복적임을 요한다.(단, 1회성일지라도 예외적으로 간판 설치가 돼있었다면 중개로 본다.)
> 3. 최다 빈출 : 소속 공인중개사와 중개보조원의 구분, 중개인지 여부, 중개업인지 여부

한끝 기출 마무리

01. 중개라 함은 중개대상물에 대하여 거래당사자간의 매매·교환·임대차 그 밖의 권리의 득실변경에 관한 행위를 알선하는 것을 말한다.(o)[29회]

02. 법정지상권을 양도하는 행위를 알선하는 것은 중개에 해당한다.(o)[26회]

03. 공인중개사가 개업공인중개사에 소속되어 개업공인중개사의 중개업무와 관련된 단순한 업무를 보조하는 경우 에는 '중개보조원'에 해당한다.(x)[34회 *유사빈출최다*]

∥해설 및 정답∥ 개업 공인중개사의 단순 업무를 보조하는 경우에도 공인중개사 자격이 있다면 '소속 공인중개사'가 된다.

04. 개업공인중개사의 행위가 손해배상책임을 발생시킬 수 있는 '중개행위'에 해당하는지는 객관적으로 보아 사회통념상 거래의 알선·중개를 위한 행위라고 인정되는지에 따라 판단해야 한다.(o)[28회]

05. 공인중개사법령상 용어의 설명으로 틀린 것은?[33회]
① 중개는 중개대상물에 대하여 거래당사자간의 매매·교환·임대차 그 밖의 권리의 득실변경에 관한 행위를 알선하는 것을 말한다.
② 개업공인중개사는 이 법에 의하여 중개사무소의 개설등록을 한 자를 말한다.
③ 중개업은 다른 사람의 의뢰에 의하여 일정한 보수를 받고 중개를 업으로 행하는 것을 말한다.
④ 개업공인중개사인 법인의 사원 또는 임원으로서 공인중개사인 자는 소속공인중개사에 해당하지 않는다.
⑤ 중개보조원은 공인중개사가 아닌 자로서 개업공인중개사에 소속되어 개업공인중개사의 중개업무와 관련된 단순한 업무를 보조하는 자를 말한다.

∥해설 및 정답∥ ④(X) 소속공인중개사는 법인의 사원 또는 임원으로서 공인중개사인 자를 포함한다.

Topic 03. 용어의 정의 - 2 (공인중개사의 종류)

2025 위패스 공인중개사 합격셀렉트

Ⅰ. 개업공인중개사의 종류(3가지)

1. 공인중개사 개업공인중개사
　　공인중개사자격을 가지고 중개사무소 개설등록을 한 자

2. 부칙 제6조 제2항의 개업중개사 (중개인)
　　공인중개사가 아닌 자로서 사무소 개설등록으로 간주된 자

3. 법인인 개업공인중개사
　　법인 또는 협동조합 개설등록

Ⅱ. 부칙 제6조 제2항의 자(중개인)

「공인중개사법」부칙 제6조 제2항에서 규정하고 있는 개업공인중개사로서 중개사무소의 개설등록을 한 것으로 보는 자를 말한다.
① 업무범위를 위반한 경우에는 업무정지처분대상의 된다.
② 공인중개사자격증이 없다. 따라서 게시의무가 없다.
③ 명칭에 '부동산 중개' 문자만 사용해야 한다. 위반시 과태료 100만원 이하
④ 법인인 개업공인중개사의 사원·임원이나 분사무소의 책임자가 될 수 없다.

Ⅲ. 다른 법률의 규정에 의하여 중개업을 할 수 있는 법인(특수법인)

① 원칙적으로 등록은 하되, 등록기준(요건)이 적용되지 않는다.
② 중개대상물 취급범위가 법인 개업공인중개사와 다르다.
　　(법 제14조의 겸업이 불가) (다른 법률에 근거한다.)
③ 특수법인 종류
　　ⓐ[지역농업협동조합]은 농지만의 매매·교환 등의 중개 업무를,
　　ⓑ[지역산림조합]은 임목·임야의 매매·교환 등의 중개업무만을 수행할 수 있다.
　　ⓒ[산업단지관리기관]은 산업단지 내의 공장용지, 공장건물의 매매, 임대차만 가능하다.
　　ⓓ[자산관리공사]는 비업무용 부동산의 매매만 가능하다.
　　ⓐ~ⓓ는 모두 중개업 개설 등록이 불필요하다.
④ 분사무소를 설치할 수 있다. 다만, 법인인 개업공인중개사와 달리 책임자요건이 없다.

> **한끝 Point**

두문자 공/부/법

1. 공인중개사인 개업공인중개사
   - 공인중개사 자격을 취득한 자로서 「공인중개사법」에 의해 중개사무소의 개설등록을 한 자를 말한다.

2. **부**칙 규정에 의한 개업공인중개사
   (1) 업무범위
   ① 원칙 – 시(특별시,광역시)·도
   ② 예외 – 해당 가입한 정보망이 있는 경우 → 전국
   (2) 사무소 명칭
   - 공인중개사사무소✕ / 부동산중개 → 위반 시 100만 원 이하의 과태료

3. 특수**법**인
   (1) 공통점
   - 등록기준 적용✕ / 책임자 요건✕
   (2) 차이점
   ① 등록 여부 – 지역농협 : 등록✕ / 자산관리공사 : 등록○
   ② 중개대상물 – 지역농협 : 농지 / 자산관리공사 : 비업무용 자산

한끝 기출 마무리

01. 공인중개사자격을 취득한 자는 중개사무소의 개설등록 여부와 관계없이 '공인중개사'에 해당한다. (o)[34회]

02. 개업공인중개사라 함은 공인중개사 자격을 가지고 중개를 업으로 하는 자를 말한다.(x)[29회]

> ‖ 해설 및 정답 ‖ 개업공인중개사는 공인중개사자격을 가지고 중개사무소 개설등록을 한 자이다. 개설등록이 포인트이다. 중개인은 공인중개사자격증이 없이 등록으로 간주된 자이다.

03. 공인중개사에는 외국법에 따라 공인중개사 자격을 취득한 자도 포함된다.(x)[28회]

> ‖ 해설 및 정답 ‖ 국내법에 의하여 공인중개사를 취득한 자에게만 해당된다.(단, 외국인이 국내법에 따라 공인중개사를 취득하는 것은 가능하다.)

04. 개업공인중개사인 법인의 임원으로서 공인중개사인 자가 중개업무를 수행하는 경우에는 '개업공인중개사'에 해당한다.(x)[34회]

> ‖ 해설 및 정답 ‖ 공인중개사인 자가 법인의 임원으로서 중개업무를 수행하는 경우에는 소속 공인중개사이다

Topic 04. 용어의 정의-3 (소속 공인중개사 & 보조원)

Ⅰ. 소속공인중개사의 종류(공인중개사로서 소속, 수행, 보조)

1. 사원·임원(공인중개사만)으로서 소속 공인중개사
① 전원이 실무교육 이수의무가 있다.
② 1인만이라도 결격사유이면 등록이 불가하다.
③ 등록 후에는 1인만이라도 결격사유에 해당되면 법인자체가 결격이 된다. 다만, 당해 1인의 결격자를 2개월 이내에 해소하면 등록취소는 아니 된다.

2. 고용인으로서 소속공인중개사
① 실무교육 이수의무가 있다. (공인중개사는 업무 전 실무교육 필수)
② 결격사유가 발생한 경우 2개월 이내에 해소하지 않으면 개업공인중개사는 업무정지사유에 해당된다.
③ 소속공인중개사는 행정처분이나 과태료처분대상이 된다.
④ 개업공인중개사의 행정처분의 효력이 미치지 않는다.

(1) 소속공인중개사
개업공인중개사에 소속된 공인중개사로서 중개업무를 수행하거나 개업 공인중개사의 중개업무를 보조하는 자를 말한다. (개업공인중개사인 법인의 사원 또는 임원으로서 공인중개사인 자를 포함한다.)

(2) 중개보조원(자격증×, 중개업무 단순 업무 보조, 현장안내만 가능)
① 직무교육과(필수) 거래사고 예방교육의 대상이다.
② 중개업무 수행이 불가하며, 지도·감독 및 과태료처분 대상도 아니다.
③ 서명 및 날인의무가 없으며 행정처분대상이 아니다.
④ 중개보조원은 보조업무만 할 수 있기에 보조업무와 중개업무도 모두 할 수 있는 소속공인중개사와 구별된다.

> **한끝 Point**
> - 결격사유 암기 필요(Topic 18)
> - 실무교육/직무교육/연수교육의 차이점 별도 암기 필요(Topic 49)
>
> - '개업' 공인중개사는 '개설등록'을 한 공인중개사이다.
>
> **두문자** 중개보조원(ㅈ이므로) **직무교육**(ㅈ이다)

한끝 기출 마무리

01. 개업공인중개사인 법인의 사원 또는 임원으로서 공인중개사인 자는 소속공인중개사에 해당하지 않는다.(x)³⁰회/³³회*유사지문빈출*

‖해설 및 정답‖ 법인의 사원 또는 임원으로서 공인중개사인 자는 소속 공인중개사이다.

02. 개업공인중개사인 법인의 사원으로서 중개업무를 수행하는 공인중개사는 '소속공인중개사'가 아니다.(x)²⁸회*기출지문빈출*

‖해설 및 정답‖ 법인의 사원으로도, 개업공인중개사의 소속과도 무관하게 '공인중개사'로서 업무를 보조하거나 중개를 한다면 '소속 공인중개사'이다.

03. 공인중개사로서 개업공인중개사에 고용되어 그의 중개업무를 보조하는 자도 소속공인중개사이다.(o)²⁷회*기출지문빈출*

04. '중개보조원'은 개업공인중개사에 소속된 공인중개사로서 개업공인중개사의 중개업무를 보조하는 자를 말한다.(x)¹⁶회/²⁵회/²⁸회 등*유사지문빈출*

‖해설 및 정답‖ 중개보조원은 공인중개사가 아니다.

05. 중개보조원은 공인중개사가 아닌 자로서 개업공인중개사에 소속되어 개업공인중개사의 중개업무와 관련된 단순한 업무를 보조하는 자를 말한다.(o)³³회*유사지문빈출*

06. 소속공인중개사라 함은 개업공인중개사에 소속된 공인중개사(법인의 사원 또는 임원으로서 공인중개사인자 포함)로써 중개업무를 수행하거나 개업공인중개사의 중개업무를 보조하는 자를 말한다.(o)²⁹회/³⁰회/³³회*유사지문빈출*

07. 중개보조원은 중개대상물에 관한 확인·설명의무가 있다.(x)³¹회

‖해설 및 정답‖ 31회 1번 문제의 1번 지문이었다. 중개보조원은 자격이 없는 자로서, 중개대상물의 확인·설명의무가 없다.

Topic 05 중개대상물 - 1 (정의와 권리 종류)

Ⅰ. 중개대상물 및 권리 해당(3가지 요건)

1. 법 제3조에서 규정된 법정 중개대상물일 것(토건정 입광공)
① 토지
② 건축물
③ 기타 토지정착물
④ 입목·광업재단·공장재단

2. 사유물이어야 하며 거래가 가능할 것
① 공법상 제한 및 규제 : 개발제한구역 내 토지, 군사시설보호구역, 도로법상의 접도구역 내 토지 등
② 사법상의 제한 : 가압류, 가처분, 근저당 등

3. 중개행위가 개입 가능할 것
민법 제186조(법률행위에 의한 물권변동) → 지상권, 부동산환매권 임차권, 법정지상권이 설정된 토지, 유치권이 성립된 건물, 미등기, 무허가건물 등 기타 계약행위(단, 증여는 무상행위로서 해당 되지 않는다)

Ⅱ. 중개대상물 및 권리가 아닌 것

1. 법령에 규정이 없는 것
특허권, 20톤 이상 선박, 어업재단, 자동차, 광업권 공업 소유권 권리금 등

2. 국유재산법상 행정재산
시청, 구청 또는 유적지 등 → 사적거래 불가능한 것

3. 일반재산
사적지 등 무주의 부동산, 하천법상 하천, 포락지, 미채굴 광물, 바닷가(빈지)등 / 온천수, 광업권, 어업재단 등 모두 중개대상물 미해당

4. 중개행위 개입 불가능한 것
민법 제187조(법률규정에 의한 물권변동) → 상속, 수용, 경매, 판결, 점유권, 유치권(성립), 질권, 법정지상권 성립, 분묘기지권(성립 및 이전 모두 ×), 법정저당권 성립 등

> **한끝 Point**

- 입주권과 분양권의 차이에 대해 구분해야 합니다.
- **2024년 권리금 대법원 판결-권리금은 중개대상물이 아니므로 중개사가 작성할 수 없다는 판결 중요합니다.
- 허가, 무허가 여부와 관계없이 기둥, 천장, 주벽으로서 실체가 존재해야 합니다.

1. 분양권
   ① 분양권은 원칙적으로 중개대상물×
   ② 기존 건축물뿐만 아니라 장래에 건축될 건축물로 아파트의 특정 동호수에 피분양자 특정, 분양계약이 체결된 경우 중개대상물○(중개대상물은 지붕, 기둥과 주벽이 주요 요소이다.)
   ③ 장래의 건축물이라면 중개대상물○ / 현재 지위만 있는 경우 중개대상물×

2. 입주권
   ① 주택법상 '분양예정자로 선정될 수 있는 지위인 입주권(딱지)'은 중개대상물×
   ② 지위만 있는 상태 대상물× / 건축 완료된 경우 - 대상물○
   ③ 도시 및 주거환경정비법과 빈집 및 소규모주택 정비에 관한 특례법에 따른 '입주자로 선정된 지위인 입주권'은 대상물
   ④ 대토권*빈출* : 택지개발지구 내에 이주자택지를 공급받을 지위에 불과하므로 중개대상물 ×

3. 세차장 건축물(구조물)
   ① 건축물이란 '지붕과 기둥 그리고 주벽'으로 이루어진 것을 말한다. 따라서, 미등기, 무허가 건물도 중개대상물○ (허가, 무허가 여부와 관계없이 기둥, 천장, 주벽으로서 실체가 존재해야 한다.)
   ② 세차장 건축물 : 기둥과 주벽이 없으므로 건축물이라 할지라도 중개대상물×

4. 물권
   ① 분묘기지권 : 성립 및 이전 시 모두 중개대상권리× (법정지상권과 혼동하지 말 것 - 법정지상권은 성립×, 이전 ○)
   ② 점유권, 질권, 분묘기지권, 법정지상권(성립), 법정저당권(성립) 중개대상권리×(법정지상권은 성립×, 이전○)
   ③ 유치권(성립) 중개대상권리×(유치권은 피담보채권이 목적물의 점유를 함께 이전할 경우 그 이전이 가능함으로 중개대상물○)
   ④ 공매, 판결, 상속, 경매 등도 취득 후 처분시에는 중개대상물이 된다.(공/판/상/경)
   (단, 중개대상물이 아닌 것 중개할 경우 공인중개사법 적용× → 위반×)

5. 기타 중개대상물이 아닌 것
   ① 권리금(유형 + 무형재산) : 지위와 권리에 관한 것으로 중개대상물×, 권리금은 중개사가 작성할 수 없다. (24년 대법원 판결)
   ② 무체 재산권 : 특허권, 지적재산권은 단순한 권리로서 중개대상물×, 토지로부터 분리된 수목도 중개대상물×
   ③ 단, 명인방법에 의한 수목의 집단 : 독립한 부동산으로 중개대상물이 된다.
   (토지의 정착물이므로 중개대상물이므로 중개대상물이다. 2004 사건 04-01961)(단, 저당권설정 ×)
   ④ 금전채권- 중개대상물×

한끝 기출 마무리

01. '중개'의 정의에서 말하는 그 밖의 권리에 저당권은 포함되지 않는다.(x)[26회]

> ‖ 해설 및 정답 ‖ 판례는 '이 법 제2조 제1호에서 말하는 '그 밖의 권리'에는 저당권 등 담보물권도 포함되고, 그와 같은 저당권 설정에 관한 행위의 알선이 금전소비대차의 알선에 부수하여 이루어졌다 하여 달리 볼 것도 아니다'라고 하였다. 다만, 동산을 객체로 하는 질권은 중개대상물이 아니다. Topic 06

Topic 06 중개대상물 - 2 (입목, 공장 및 광업재단)

Ⅰ. 대상
① <u>입목</u>은 모든 수목을 대상으로 하나, 입목등록원부에 등록되며 등기된 것이어야 한다.
   <u>입목등기 확인은 토지등기부의 표제부를 통해 가능.</u>
② <u>광업, 공장</u>은 광업소유권, 광업권 + 설비 시설 등을 말한다. (토지, 기계, 설비 등)
③ <u>재단의 구성물</u>은 분리하여 양도하거나 소유권 외의 권리, 압류, 가압류, 가처분의 목적으로 하지 못한다.
④ <u>재단이 여러개의 공장으로 이루어진 경우</u> : 하나의 재단으로 등기 가능 / 경매시 개별 매각 가능 / 재단목록은 재단목록과 현장확인으로 일치를 확인

Ⅱ. 별개의 부동산 여부
① 입목은 등기하면 토지와 별개로 1개의 부동산이 된다. (보존등기)
   1필지의 일부에 있는 수목도 가능하고, 수종의 제한이 없다.
② 광업, 공장 재단은 재단등기부에 보존등기 → 공장 광업재단이 1개의 부동산

Ⅲ. 등기요건
① 입목 : 입목등록원부에 등록된 것만 소유권보존등기가능
② 공장, 광업 재단 : 재단목록 작성하면 등기의 일부로 취급

Ⅳ. 저당권 대상 가능 여부
입목, 재단 모두 소유권, 저당권의 대상이 가능

> ⓐ 입목 : 설정시 보험 필요(입목에 대한 저당권은 베어내어 분리된 입목에도 미치므로, 설정시 보험을 가입하여야 하는 것이다.)
> ⓑ 광업,공장 재단 : 재단의 객체 각각은 중개대상물로서 불가
>   (공장재단 및 광업재단은 전체가 1개의 부동산이므로, 집합물로서 개별적 양도 또는 압류가 불가)

Ⅴ. 저당권의 효력
① 입목 : 효력은 그 입목에 토지에 미친다.
② 광업, 공장 : 10개월 이내 저당 설정해야하며, 경과시 재단등기 효력 상실

한끝 Point

1. 토지의 구성부분
   - 온천수·광천권·온천이용권 등은 토지의 구성부분으로 중개대상물X

2. 준부동산
   - 선박 항공기, 건설기계, 자동차는(법령 규정이 없으므로) 중개대상물X

3. 수목
   ① 토지상의 개개의 수목 또는 집단수목은 토지의 일부로 중개대상물X
   ② 명인방법에 의한 수목의 집단은 독립한 부동산으로 중개대상물O(단, 저당권설정X)
      *입목은 등기 후 저당권 설정 가능
       명인방법 중개대상물은 가능하나, 저당권 설정 불가능
   ③ 토지로부터 분리된 수목은 동산으로 중개대상물X

4. 기타
   ① 쉽게이동이 가능한 판잣집, 차량주택, 컨테이너 박스와 지위인 대토권 등은 중개대상물X
   ② 광업권·공업소유권·어업재단·항만운송사업재단은 중개대상물X
   ③ 국유재산법상의 행정재산인 시청사, 구청사무주의 부동산은 중개대상물X
   ④ 일반재산인 사적지, 유적지 등은 중개대상물X

한끝 기출 마무리

01. 지목(地目)이 양어장인 토지는 중개대상물에 해당한다.(o) 32회 기출변형

02. 동·호수가 특정되어 분양계약이 체결된 아파트분양권은 중개대상물에 해당한다.(o) 33회 기출변형

03. 기둥과 지붕 그리고 주벽이 갖추어진 신축 중인 미등기상태의 건물은 중개대상물에 해당한다(o) 33회 기출변형

04. 공인중개사법령상 중개대상물에 해당하는 것을 모두 고른 것은?(다툼이 있으면 판례에 따름) 34회

> ㄱ. 근저당권이 설정되어 있는 피담보채권
> ㄴ. 아직 완성되기 전이지만 동·호수가 특정되어 분양계약이 체결된 아파트
> ㄷ. 입목에 관한 법률에 따른 입목
> ㄹ. 점포 위치에 따른 영업상의 이점 등 무형의 재산적 가치

① ㄱ, ㄹ   ② ㄴ, ㄷ   ③ ㄴ, ㄹ
④ ㄱ, ㄴ, ㄷ   ⑤ ㄱ, ㄷ, ㄹ

∥해설 및 정답∥ ② ㄱ(X) 뒷부분이 핵심이다. 근저당권이 설정되어 있는 중개대상물은 중개가 가능하지만, '채권'은 중개대상물이 될 수 없다.
ㄹ(X) 무형적 가치, 권리금은 중개대상물에 해당하지 않는다.(24년 대법원 판례 신규)

Topic 07 공인중개사 시험제도

2025 위패스 공인중개사 합격셀렉트

Ⅰ. 시험 시행 자격권자(＊원칙-시·도지사)

1. 원칙(시·도지사 시행)
공인중개사가 되려는 자는 시·도지사가 시행하는 공인중개사자격시험에 합격하여야 한다. (판례) 그러므로 시·도에서 시험을 실시할 경우 시·도지사는 행정소송의 당사자가 될 뿐만 아니라 자격취소의 처분청이다.

2. 예외(국토교통부장관 시행)
국토교통부장관이 직접 시험문제를 출제하거나 시험을 시행하려는 경우에는 심의위원회의 의결을 미리 거쳐야 한다.

Ⅱ. 응시자격

1. 원칙
결격사유에 해당하더라도 공인중개사 취득은 가능(중개업은 불가)

2. 예외
> 두문자 취3 부5 (취삼부오)

① 공인중개사자격이 취소된 자 – 3년간 응시 불가
② 시험에서 부정행위자 – 5년간 응시 불가
③ 외국인도 시험에 응시가능하다. 등록요건을 갖추어 중개업을 할 수도 있다.

Ⅲ. 응시수수료
당해 지방자치단체의 조례가 정하는 바에 따라 수수료를 납부하여야 한다. 다만 국토교통부장관이 시행하는 경우 – 국토교통부장관이 결정·공고하여야 한다.
① 응시원서 접수기간 내에 취소한 경우에는 전부 반환
② 응시원서 접수마감일의 다음 날부터 7일 이내에 접수를 취소한 자 → 납입한 수수료의 100분의 60을 반환
③ ②의 기간경과 후부터 시험시행일 10일 전까지 취소한 경우에는 100분의 50을 반환

> **한끝 Point**
> - 응시자격, 시험시행기관장, 자격증 교부권자에 관한 사항이 중요합니다.
> - 원칙상 자격증교부자 및 취소권자는 언제나 시·도지사입니다.
>   국토교통부장관은 교부 및 취소권자가 아닙니다. 23회 *기출 지문*
>
> 1. 시험은 매년 1회 이상 시행한다. 다만, 부득이한 사정이 있는 경우에는 심의위원회의 의결을 거쳐 당해 연도 시험을 시행하지 아니할 수 있다.
> 2. 시험시행기관장은 시험문제의 출제·선정·검토 및 채점을 담당할 자를 임명 또는 위촉한다.
>   단, 시험의 신뢰도 실추자는 5년간 시험의 출제위원으로 위촉을 금지한다.
> 3. 수수료를 과오납한 경우나 시험 시행기관의 귀책사유로 응시하지 못한 경우에는 납입한 수수료 전부를 반환한다.
> 4. 개략적인 공고는 매년 2월 말까지 / 구체적인 공고는 시험시행 90일 전까지다.

한끝 기출 마무리

01. 이 시험은 국토교통부장관이 시행하는 것이 원칙이나, 예외적으로 시·도지사가 시행할 수 있다. (x)22회

> ‖해설 및 정답‖ 시·도지사가 시행하는 것이 원칙이며, 예외로 국토교통부장관이 시행할 경우 심의위원회의 의결을 거쳐야 한다. 반대의 설명이다.

02. 시험시행기관장은 시험을 시행하고자 하는 때에는 시험 시행에 관한 개략적인 사항을 전년도 12월 31일까지 관보 및 일간신문에 공고해야 한다.(x)30회

> ‖해설 및 정답‖ 시험을 시행하려는 때에는 예정일시 시험방법 등 개략적인 사항을 매년 2월 말일까지 공고 후 시험시행일 90일 전까지 일간신문 관보 방송 중 하나 이상에 공고하고, 인터넷 홈페이지 등에도 공고해야 한다

03. 국토교통부장관이 직접 시험을 시행하려는 경우에는 미리 공인중개사 정책심의위원회의 의결을 거치지 않아도 된다.(x)30회

> ‖해설 및 정답‖ 원칙이 시·도지사이므로, 국토교통부장관이 시행하려는 경우에는 심의위원회의 의결을 미리 거쳐야 한다.

04. 시험시행기관장은 시험에서 부정한 행위를 한 응시자에 대하여는 그 시험을 무효로 하고, 그 처분이 있은 날부터 5년간 시험응시자격을 정지한다.(o)30회

> ‖해설 및 정답‖ 취 - 3 / 부 - 5

05. 국토교통부장관은 공인중개사시험의 합격자에게 공인중개사자격증을 교부해야 한다.(x)30회

> ‖해설 및 정답‖ 공인중개사 시험의 합격자에게 자격증을 교부하는 교부권자는 시·도지사가 된다.

Topic 08 공인중개사의 정책심의위원회

2025 위패스 공인중개사 합격셀렉트

Ⅰ. 정의
공인중개사의 업무에 관한 사항을 <u>국토교통부에</u> 정책심의위원회를 <u>둘 수 있다.</u>

Ⅱ. 심의사항
두문자 손/자/보/육
① 손해배상책임 보장 등에 관한 사항 심의
② 공인중개사의 시험 등 자격 취득에 관한 사항 심의
   ('자격취득에 관한 사항'은 특별시장, 광역시장, 도지사, 특별자치도지사는 이에 따라야 한다.)
③ 중개보수 변경에 관한 사항 심의
④ 부동산 중개업의 육성에 관한 심의

Ⅲ. 의결사항
두문자 피/부/통
① 국토교통부장관의 직접 자격시험 문제 출제 여부에 대한 의결
② 부득이한 사정에 따른 당해 연도의 시험 시행 여부 의결
③ 심의 위원에 대한 기피신청을 할 경우 의결

Ⅳ. 제척, 기피, 회피
① 제척 : 제척사유 해당할 경우 심의·의결에서 제척(당연히 배제)
② 기피 : 당사자가 공정한 심의·의결을 위해 기피신청(위원회 의결로 결정)
③ 회피 : 제척사유에 해당하는 경우 스스로 심의·의결에서 회피하는 것

Ⅴ. 심의위원회의 구성(대통령령으로 정한다.)
① 위원장 1명을 포함하여 <u>7명 이상 11명 이내의</u> 위원으로 구성한다.
② <u>위원장은 국토교통부 제1차관이</u> 된다. (*부위원장제도가 없음)
③ 위원은 국토교통부장관이 임명 또는 위촉한다.
④ 의사정족수는 재적위원 과반수의 출석으로 개의(開議)하고, 의결정족수는 출석위원 과반수의 찬성으로 의결한다. **두문자** 재과출개/출과찬의
⑤ 위원의 임기는 <u>2년</u>으로 하되, 위원의 사임 등으로 새로 위촉된 위원의 임기는 <u>전임위원 임기의 남은 기간</u>으로 한다. (단, 공무원이 위원인 경우는 제외한다.)
⑥ <u>직무대행은 위원장이 미리 지명한 위원</u>이 그 직무를 대행한다.

> **한끝 Point**
> - 재량, 기속의 단어 변형과 구성원수, 심의사항 및 관할기관에 관하여 빈출됩니다.
> - 제척, 기피, 회피에 관한 사항은 큰 논점이 아니지만 개념은 이해하고 가는 것이 좋습니다.
>
> **두문자** 세븐 일레븐
> ① 국토교통부에 심의위원회를 둘 수 있다.(임의)
> ② 심의위원장 1명을 포함하여 7인 ~ 11인 사이로 심의위원회를 구성한다.

한끝 기출 마무리

01. 심의위원회의 위원장의 부득이한 사유로 직무를 수행할 수 없을 때에는 부위원장이 그 직무를 대행한다.(x)30회

∥해설 및 정답∥ 심의위원회는 부위원장 제도가 없다. 미리 지명된 위원이 그 직무를 대행한다.

02. 공인중개사법령상 공인중개사 정책심의위원회(이하 '위원회'라 함)에 관한 설명으로 틀린 것은?34회
① 위원은 위원장이 임명하거나 위촉한다.
② 심의사항에는 중개보수 변경에 관한 사항이 포함된다.
③ 위원회에서 심의한 사항 중 공인중개사의 자격취득에 관한 사항의 경우 시·도지사는 이에 따라야 한다.
④ 위원장 1명을 포함하여 7명 이상 11명 이내의 위원으로 구성한다.
⑤ 위원이 속한 법인이 해당 안건의 당사자의 대리인이었던 경우 그 위원은 위원회의 심의·의결에서 제척된다.

∥해설 및 정답∥ ①(X) 위원은 국토교통부장관이 임명 또는 위촉한다.

03. 공인중개사법령상 공인중개사 정책심의위원회(이하 '위원회'라 함)에 관한 설명으로 옳은 것은?35회
① 위원회는 국무총리 소속으로 한다.
② 손해배상책임의 보장에 관한 사항은 위원회의 심의사항에 해당하지 않는다.
③ 위원회 위원장은 위원이 제척사유에 해당하는 데에도 불구하고 회피하지 아니한 경우에는 해당 위원을 해촉할 수 있다.
④ 위원회에서 심의한 중개보수 변경에 관한 사항의 경우 시·도지사는 이에 따라야 한다.
⑤ 국토교통부장관이 직접 공인중개사자격시험을 시행하려는 경우에는 위원회의 의결을 미리 거쳐야 한다.

∥해설 및 정답∥ ⑤(○)
①(X) 정책심의위원회는 국토교통부 소속으로 둘 수 있다.
②(X) 손해배상책임 보장 등에 관한 사항은 심의사항에 해당한다.(손.자.보.육)
③(X) 해촉은 국토교통부장관이 할 수 있다. 위원장은 국토부 제1차관이다.
④(X) 공인중개사의 시험 등 자격 취득에 관한 사항 심의일 경우 시·도지사는 이에 따라야 한다.

Topic 09 공인중개사 자격증 교부 및 양도

2025 위패스 공인중개사 합격셀렉트

Ⅰ. 교부
① 시·도지사는 시험합격자의 결정 공고일부터 <u>1개월 이내</u>에 자격증 교부대장에 기재한 후 공인중개사자격증을 교부<u>하여야</u> 한다. (수수료 없음)
② 시·도지사는 자격증관리대장(전자로 대장 작성)을 기재하여 관리하여야 한다. 단, 자격증교부대장은 전자적인 처리가 불가능한 특별한 사유가 없으면 전자적 처리가 가능한 방법으로 작성·관리하여야 한다. (전자문서가 원칙이다.)
③ 국토교통부장관은 자격증 교부자X, 언제나 <u>시·도지사가 교부권자</u>이다.

Ⅱ. 재교부
자격증을 잃어버리거나 못 쓰게 된 때에는 자격증을 교부한 시·도지사에게 재교부신청서를 제출하고 재교부받을 수 있다. <u>(수수료 납부)</u>

Ⅲ. 자격취소 및 자격정지
자격증을 <u>양도·대여하거나 또는 대여 알선</u>한 경우 자격 취소사유가 된다. 또한 <u>1년 이하의 징역 또는 1천만원 이하의 벌금</u>에 처한다. 자격증을 교부한 시·도지사가 자격 취소권자이며, 소속공인중개사에 대한 자격정지 처분권자이기도 하다.

Ⅳ. 청문
자격 취소 시의 <u>청문권자</u>, 자격증관련 위반 과태료 <u>부과</u>, 징수권자도 모두 <u>시·도지사</u>이다.

---

* 자격증을 일시로 대여하는 것도 위법이다. 자격은 일신전속적이다.
* 누구든지 다른 사람의 자격증을 양수, 대여받아 사용해서는 안된다.
  (1년/1천)(무자격자가 양수받았으므로 자격취소는 불성립)

> **한끝 Point**
>
> **금지행위의 자격 대여 인정 (판례)**
> ① 무자격자가 성사시켜 작성한 거래계약서에 공인중개사가 자신의 인감을 날인하는 방법으로 자신이 직접 업무를 수행하는 형식만 갖추었을 뿐인 경우는 자격증의 대여행위에 해당한다.
> ② 자격증 양도·대여의 판단 기준은 양도자는 고의성 및 상태 인지가 있어야 하며, 양수자가 실질적으로 공인중개사의 명의를 사용하여 업무를 수행하였는지 여부에 따라 판단한다.
>
> **판례, 제재를 잘 파악해야 합니다**
> ① 국토교통부장관은 자격증 교부자가 아니며 언제나 "시·도지사"가 교부권자입니다.
> ② 청문, 자격 취소 역시 모두 "시·도지사"임을 기억합시다!
> ③ 자격증 대여행위로 인정하는 판례의 핵심은, 명의 대여로 업무 수행하였는지와 대여를 '알면서 했는지' 여부입니다.
> ④ 금지행위 : 자격 양도한 자 자격취소 + 1년/1천(징역/벌금) / 양수받아 사용한자 1년/1천 (징역/벌금)

한끝 기출 마무리

01. 공인중개사가 아닌 자로서 공인중개사 명칭을 사용한 자는 1년 이하의 징역 또는 1천만원 이하의 벌금에 처한다.(o)[26회/33회*기출지문변출*]

02. 공인중개사의 자격취소처분은 청문을 거쳐 중개사무소의 개설등록증을 교부한 시·도지사가 행한다.(x)[34회]

> ‖해설 및 정답‖ 자격취소는 청문을 거치는 것이 맞으나, 개설등록증을 교부한 시·도지사가 아닌 자격증을 교부한 시·도지사가 행한다. (개설등록증-등록관청이 교부한다.)
> *제29조(공인중개사의 자격취소 또는 자격정지) ① 법 제35조의 규정에 따른 공인중개사의 자격취소처분 및 법 제36조의 규정에 따른 자격정지처분은 그 공인중개사자격증(이하 "자격증"이라 한다)을 교부한 시·도지사가 행한다.

03. 공인중개사법령상 공인중개사의 자격취소에 관한 설명으로 틀린 것은?[26, 29, 30, 34회 기출 다수]
① 자격취소처분은 그 자격증을 교부한 시·도지사가 행한다.
② 처분권자가 자격을 취소하려면 청문을 실시해야 한다.
③ 자격취소처분을 받아 그 자격증을 반납하고자 하는 자는 그 처분을 받은 날부터 7일 이내에 반납해야 한다.
④ 처분권자가 자격취소처분을 한 때에는 5일 이내에 이를 국토교통부장관에게 보고해야 한다.
⑤ 자격증을 교부한 시·도지사와 중개사무소의 소재지를 관할하는 시·도지사가 서로 다른 경우에는 자격증을 교부한 시·도지사가 자격취소처분에 필요한 절차를 이행해야 한다.

> ‖해설 및 정답‖ ⑤(X) 빈출 지문으로 반드시 숙지하여야 한다. 교부 시.도지사와 소재지 관할 시.도지사가 다를 때에는, 사무소 관할 시.도지사가 처분 및 절차를 이행하고 교부한 시.도지사에게 통보한다. 자격취소 처분 후 5일 이내 국토교통부장관에게 보고, 다른 시.도지사에게 통보한다.(법 제29조 제2항)

Topic 1-64

Topic 10. 공인중개사 유사명칭 사용금지 (법 제8조)

> **제8조(유사명칭의 사용금지)** 공인중개사가 아닌 자는 공인중개사 또는 이와 유사한 명칭을 사용하지 못한다.

Ⅰ. 유사명칭의 사용금지

1. 공인중개사가 아닌 자는 공인중개사 또는 이와 유사한 명칭을 사용하지 못한다.
① 유사명칭 사용금지에 위반한 경우에는 1년 이하의 징역 또는 1천만 원 이하의 벌금형에 해당한다.
② 법 부칙 제6조 제2항의 자가 명함 등에 '공인중개사'라고 표기해서는 아니 된다.
③ 중개보조원의 명함에 '등록번호 및 사무소 명칭과 대표자'를 기재한 경우 유사명칭의 사용금지규정을 위반한 것으로 볼 수 있다.

2. 유사명칭 사용으로 본 판례
① 무자격자가 자신의 명함에 '부동산뉴스 대표'라는 명칭을 기재하여 사용한 것은 공인중개사와 유사한 명칭을 사용한 것에 해당한다. (대판 2006도9334 판례)
② 공인중개사가 아닌 자가 '발품부동산' 또는 '부동산Cafe'라는 간판을 설치하고, 발품부동산 대표라는 명함을 사용한 것은 공인중개사법상에 금지되는 유사명칭에 해당된다.
(대판 2014도12437 판례)

＊ 공인중개사(개업공인중개사 / 부칙)가 명칭 잘못 사용 → 100만원 이하 과태료
＊ '아닌 자'가 유사명칭 사용 → 1년/1천 벌금

한끝 Point

- 판례 위주로 빈출되는 파트이다. 최근에는 유사명칭 부분만 따로 출제되지 않고 위반행위, 행정형벌과 묶어서 종합적으로 이해하고 있는지를 묻는 것이 트렌드입니다.
- <u>유사명칭 사용은 1년/1천('아닌 자'가 포인트!)</u>

1. 징역 또는 벌금형은 행정처분이나 과태료 처분사유에 해당하지 않는다.
   ① 벌금형 : 행정형벌(형사처벌, 전과가 남음)
   ② 과태료 : 행정질서벌(전과가 남는 것이 아님)
2. 개업공인중개사는 그 사무소의 명칭에 '공인중개사사무소' 또는 '부동산중개'라는 문자를 사용 하여야 한다. → 미사용시 100만원 이하의 과태료
3. 부칙 개업공인중개사가 사무소의 명칭에 '공인중개사사무소'의 문자를 사용한 경우에 대하여는 100만원 이하의 과태료에 처한다
4. 개업공인중개사가 <u>아닌 자</u>는 '공인중개사사무소', '부동산중개' 또는 이와 유사한 명칭을 사용 하여서는 아니 된다. → 1년/1천 벌금

한끝 기출 마무리

01. 공인중개사가 아닌 자는 공인중개사 또는 이와 유사한 명칭을 사용하지 못한다.(o)[31회]

02. 무자격자가 자신의 명함에 '부동산뉴스 대표'라는 명칭을 기재하여 사용하였다면 공인중개사와 유사한 명칭을 사용한 것에 해당한다.(o)[32회]

03. 개업공인중개사가 아닌 자가 '부동산중개'라는 명칭을 사용한 경우, 3년 이하의 징역 또는 3천만 원 이하의 벌금에 처한다.(x)[32회]

‖해설 및 정답‖ '~아닌 자'는 1년 이하의 징역, 1천만 원 이하의 벌금을 기억하자!

04. 개업공인중개사의 사무소 명칭에 "공인중개사사무소" 또는 "부동산중개"라는 문자를 사용하지 않은 경우에는 등록관청이 과태료 부과권자가 된다.(o)[27회 기출변형]

‖해설 및 정답‖ 등록증, 개설등록 등 등록에 관한 부분은 - 등록관청!

05. 개업공인중개사가 아닌 자로서 "부동산중개"라는 명칭을 사용한 자는 1년 이하의 징역 또는 1천만원 이하의 벌금에 처한다.(o)[28회]

‖해설 및 정답‖ '아닌 자' 1년/1천

06. 법률 제7638호 부칙 제6조 제2항에 따른 개업공인중개사는 그 사무소의 명칭에 '공인중개사사무소' 및 '부동산중개' 라는 문자를 사용하여서는 아니된다.(x)[34회]

‖해설 및 정답‖ 부칙에 의한 개업공인중개사는 '부동산중개'라는 문자를 사용하여야 한다. '공인중개사사무소' 문자는 부칙에 의한 중개인은 사용할 수 없으며, 사용할 경우 100만원 이하의 과태료 사유에 해당한다.

Topic 11. 공인중개사 개설등록신청 절차(개인 / 법인)

2025 위패스 공인중개사 합격셀렉트

> **제9조(중개사무소의 개설등록)** ①중개업을 영위하려는 자는 국토교통부령으로 정하는 바에 따라 중개사무소(법인의 경우에는 주된 중개사무소를 말한다)를 두려는 지역을 관할하는 시장(구가 설치되지 아니한 시의 시장과 특별자치도 행정시의 시장을 말한다. 이하 같다)·군수 또는 구청장(이하 "등록관청"이라 한다)에게 중개사무소의 개설등록을 하여야 한다.

Ⅰ. 등록신청시 구비서류(자격증 사본, 건축물대장, 법인등기는 담당공무원확인)

1. 내국인
① 등록신청서(법정서식)
② 실무교육 수료확인증 사본(등록신청일 전 1년 이내 실무교육 수료 필요)
③ 건축물대장에 기재된 사무실 확보증명 서류(소유, 전월세, 전대차 등)
④ 여권용 사진

2. 외국인과 외국법인의 경우 – 1. 항목과 함께 추가제출할 사항
① 외국인 : 결격사유 없음을 증명하는 서류
② 외국법인만 추가 해당 : 상법 제614조(영업소등기를 증명하는 서류)

Ⅱ. 등록불가에 해당되는 경우
① 공인중개사 또는 법인이 아닌 자가 중개사무소의 개설등록을 신청한 경우
② 중개사무소의 개설등록을 신청한 자가 결격사유 어느 하나에 해당하는 경우
③ 개설등록기준에 적합하지 아니한 경우
④ 그 밖에 이 법 또는 다른 법령에 따른 제한에 위반되는 경우

Ⅲ. 특징
① 1인 1등록주의를 취하고 있다.
② 일신 전속적 효력이므로 양도, 대여, 상속 등이 불가하다.
③ 등록은 적법요건이며 효력요건이 아니다. 따라서 무등록업자의 중개로 인한 거래계약은 유효하다. 단, 이 경우 행정형벌로 처벌된다.

Ⅳ. 등록관청
중개업을 영위하고자 하는 자는 중개사무소(법인은 주된 사무소)를 두고자 하는 지역을 관할하는 시장(구가 설치되지 않은 시장), 군수, 구청장(자치구, 비자치구 포함)에게 중개사무소의 개설등록을 하여야 한다.

Ⅴ. 등록 효력 상실(실효) 사항
① 사망, 법인의 해산, ② 등록취소 처분, ③ 폐업신고한 경우

> **한끝 Point**
>
> - 법인의 경우 출제할 요소들이 많기에 꼼꼼히 공부하는 것이 좋습니다.
>
> **두문자** 등 - 협, 통/10
> - 등록관청은 중개사무소 등록사항과 등록취소처분사항을 공인중개사**협회**에 다음 달 10일까지 **통보**하여야 한다.
>
> **두문자** 등 - 처/7
> - 등록처분 및 통지 : 등록신청 후 7일 이내에 종별을 구분하여 등록처분 및 통지를 한다. 이 때부터 개업공인중개사의 신분을 취득한다.
>
> 1. 개업공인중개사는 업무정지처분을 받은 경우에는 폐업을 하였더라도 그 기간 중에 다시 개설등록을 신청할 수 없다.
> 2. 등록증 교부는 업무보증 설정 확인 '후'에 '지체없이' 이루어진다.
> 3. 업무보증 설정은 등록증 교부요건 및 업무개시요건이므로 선행되어야 한다.
>   (업무보증 설정 → 등록신청 → 등록증 교부 → 이후 업무개시 가능)
> 4. 중개사무소를 두고자 하는 지역을 관할하는 시·군·구청장이 등록관청이다.
>   따라서 등록증 교부는 시·군·구청장이 한다.

한끝 기출 마무리

01. 법인인 개업공인중개사가 등록관청의 관한 구역 외의 지역에 분사무소를 두기 위해서는 등록관청의 허가를 받아야 한다.(x)[33회]

> ‖해설 및 정답‖ 허가가 아닌, 신고다.

02. 등록관청은 개설등록을 하고 등록신청을 받은 날부터 7일 이내에 등록신청인에게 서면으로 통지해야 한다.(o)[25회/29회]

03 공인중개사법령상 중개사무소의 개설등록을 위한 제출 서류에 관한 설명으로 공인중개사법령상 중개사무소의 개설등록을 위한 제출 서류에 관한 설명으로 틀린 것은?[34회]

① 공인중개사자격증 사본을 제출하여야 한다.
② 사용승인을 받았으나 건축물대장에 기재되지 아니한 건물에 중개사무소를 확보하였을 경우에는 건축물대장 기재가 지연되는 사유를 적은 서류를 제출하여야 한다.
③ 여권용 사진을 제출하여야 한다.
④ 실무교육을 위탁받은 기관이 실무교육 수료 여부를 등록 관청이 전자적으로 확인할 수 있도록 조치한 경우에는 실무교육의 수료확인증 사본을 제출하지 않아도 된다.
⑤ 외국에 주된 영업소를 둔 법인의 경우에는 상법상외국회사 규정에 따른 영업소의 등기를 증명할 수 있는 서류를 제출하여야 한다.

> ‖해설 및 정답‖ ①(X) 자격증, 건축물대장, (법인일 경우)법인등기는 담당공무원이 확인가능한 사항이다. 제출'하여야'하는 서류 항목에 해당하지 않는다.

Topic 12. 법인 개업공인중개사의 등록 -1 (기준 등)

Ⅰ. 공인중개사의 중개사무소 등록기준(개인·법인 공통 요건)
① 공인중개사 자격증이 있을 것
② 실무교육을 수료할 것(등록신청일 전 1년 이내 수료하였을 것)
③ 중개사무소를 확보할 것
④ 결격사유가 없을 것

1. 건축물대장이 있는 사무소 확보 → 가설건축물대장은 제외
단, 준공검사·사용승인 등이 된 건물은 건축물대장 작성 전에도 가능하다. (Ex. 신축 건물)
① 본인 소유의 건물일 필요는 없고 임대차 등 사용권만 있으면 가능하다.
 (전대차도 동의 후 가능하다)
② 건축법상 용도에(1종 2종 근린생활시설, 일반업무시설)적합해야 한다.
 (또한, 위반건축물 사유가 없어야 한다.)

2. 법인의 등록기준 (특수법인은 미적용)
① 대표자는 공인중개사일 것.
② 대표자를 '제외'한 임원 또는 사원(합명회사·합자회사의 무한책임사원)의 **3분의 1 이상**은 공인중개사일 것.
③ 사원·임원 전원이 실무교육을 이수할 것.
 (대표자 + 자격증 없는 사원 임원을 포함하여 전체를 말한다.)
④ 상법상 회사 또는 협동조합 기본법상의 협동조합(단, 사회적 협동조합은 제외한다)으로서 **자본금이 5천만원 이상**일 것.

> ⓐ 상법상 회사 : 합명, 합자, 유한 유한책임, 주식회사 중에 선택
> ⓑ 협동조합 기본법 : **사회적 협동조합은 제외**[빈출] (비영리를 목적으로 함)

⑤ 법 제14조에 규정된 업무만을 영위할 목적으로 설립할 것.

> **한끝 Point**
> - 법인의 개설등록이 빈출되고 있습니다.
>
> **개설등록 기준**
> ① 가설건축물은 불가(면적 제한은 없다)[27회]
> ② 신축 건물은 가능(준공검사, 사용승인 등 절차를 거치는 건물)
>   (단, 해당 사안에 한하여 가능하며, 무허가 미등기 건물은 불가)
> ③ 자본금, 법인의 1/3 이상, 대표자를 '제외', 사회적협동조합은 조건 제외가 포인트!

한끝 기출 마무리

01. 등록관청이 중개사무소등록증을 교부한 때에는 이 사실을 다음 달 10일까지 국토교통부장관에게 통보해야 한다.(x)[25회]

> ‖해설 및 정답‖ 등록사항과 등록취소처분사항을 '공인중개사협회'에 다음 달 10일까지 통보하여야 한다.(두문자 – 등-협/통 10)

02. 자본금이 5천만 원 이상인 '협동조합 기본법'상 사회적 협동조합은 중개사무소의 등록을 할 수 있다.(x)[32회/33회*유사지문기출*]

> ‖해설 및 정답‖ 협동조합 기본법에 의거하여, 사회적 협동조합은 제외한다.

03. 합명회사가 개설등록을 하려면 대표자는 공인중개사이어야 하며, 대표자를 포함하여 임원 또는 사원의 3분의 1 이상이 공인중개사이어야 한다.(x)[31회]

> ‖해설 및 정답‖ 대표자를 '제외'하고 1/3이다.

04. 대표자를 포함한 임원 또는 사원(합명회사 또는 합자회사의 무한책임사원을 말함)의 3분의 1 이상은 공인중개사일 것(x)[34회]

> ‖해설 및 정답‖ 대표자를 '제외'하고 1/3이다.

05. 외국에 주된 영업소를 둔 법인의 경우에는 「상법」상 외국회사 규정에 따른 영업소의 등기를 증명할 수 있는 서류를 제출하여야 한다.(o)[35회]

06. 공인중개사인 개업공인중개사가 법인인 개업공인중개사로 업무를 하고자 개설등록신청서를 다시 제출하는 경우 종전의 등록증은 이를 반납하여야 한다.(o)[35회]

Topic 13. 법인 개업공인중개사의 등록 -2 (겸업, 특수법인 등)

2025 위패스 공인중개사 합격셀렉트

Ⅰ. 등록관청이 다음달 10일까지 '협회'에 통보할 사항
① 사무소 이전 신고사항
② 분사무소 설치 신고사항
③ 중개업 등록사항(교부만)
④ 휴업, 폐업, 재개 휴업 기간 변경 신고사항
⑤ 행정처분사항(등록취소, 업무정지) – 자격취소, 자격정지, 형벌은 통보×
⑥ 고용인의 고용 또는 고용 관계 종료신고를 받은 때

Ⅱ. 특수법인
① 지역농업협동조합 – 농업협동 조합법 / 등록 불필요 / 조합원의 농지 중개
② 지역산림조합 – 산림조합법 / 등록 불필요 / 임목, 임야의 중개
③ 산업단지관리기관 / 산업집적 활성화 및 공장설립에 관한 법률 / 등록 불필요 / 산업단지 내 공장용지 및 건축물 등 중개
④ 자산관리공사 – 자산관리공사법 / 자산관리공사법 / <u>등록 필요</u> / 비업무용(수탁재산) 등 공매 대행

* 특수법인은 자기 업무 외의 겸업 불가하다.
* 단, 특수법인도 업무지역은 전국으로 가능하다.
* 특수법인 중 자산관리공사만 등록 필요하다. 단, 등록기준은 모두 적용되지 않는다.

Ⅲ. 법인인 개업공인중개사가 가능한 겸업(특수법인× / 개인 개공은 제한×) *Topic 25 동시 참고
① 개업공인중개사를 대상으로 중개업의 경영기법 및 경영정보 제공(<u>프랜차이즈</u>)
② 부동산의 이용 및 개발, 거래에 관한 상담(<u>컨설팅</u>)
③ 상업용 건축물 및 주택의 임대관리 등 관리대행(농업용은 대행×)
④ 주택 및 상가의 <u>분양대행</u>
⑤ 주거이전에 부수되는 이사업체 등 <u>용역의 알선</u>
⑥ 경매, 공매에 관한 권리분석, 취득 알선과 <u>매수신청의 대리</u>

> **한끝 Point**
> 1. 협회에 통지할 사항 중, 중개사무소 등록증 '재교부'한 때에는 통보하지 않아도 된다.
> 2. 행정처분 중 등록취소, 업무정지는 통보 대상이나, 자격정지나 취소, 형벌 등은 통보 대상이 아니다.
> 3. 특수법인의 업무범위는 전국이다.(부칙에 의한 부동산중개업소와 차등)
>
> [겸업]
> ① 특수법인은 일반 중개법인의 겸업이 불가하다.
> ② 중개법인의 겸업 6가지 암기코드 (겸업 규정 위반시 - 상대적 등록취소)
> ③ 개인은 겸업에 제한이 없다. 중개법인 겸업 6가지의 가능 사유를 암기해야 한다.
>
> [두문자] 특수법인 - 지, 지, 산, 자
>
> [스토리텔링 암기 - 친구이야기]
> - 프랜드(친구)가 부동산 컨설팅을 요청하고 본인이 소유한 주택과 상가 건물의 부동산 관리대행과 분양대행을 맡겼다. 아는 용역 업체들을 알선하고 친구는 부업으로 경매, 공매를 해서 매수신청 대리도 맡겨주었다.

한끝 기출 마무리

01. 법인인 개업공인중개사는 '중개업'과 '개업공인중개사를 대상으로 한 중개업의 경영기법 및 경영정보의 제공업무'를 함께 할 수 없다.(x)³³회

> ‖해설 및 정답‖ 겸업 가능 6가지 중 하나로 가능하다, 경영정보의 제공 (컨설팅)을 기억하자.

02. 법인인 개업공인중개사는 개업공인중개사를 대상으로 공제업무의 대행업무를 할 수 있다(x)
³³회

> ‖해설 및 정답‖ 겸업 6가지 사유 중 하나로서의 대행은, (주택 및 상가) 관리대행과 분양대행만이 가능하다. 공제업무 대행은 할 수 없다.

Topic 14. 이중등록, 이중소속 금지 & 무등록업자

2025 위패스 공인중개사 합격셀렉트

> **제13조(중개사무소의 설치기준)** ①개업공인중개사는 그 등록관청의 관할 구역안에 중개사무소를 두되, 1개의 중개사무소만을 둘 수 있다.

Ⅰ. 이중등록 금지

① 개업공인중개사는 1인 1등록주의 원칙이므로, 관청이나 종별을 달리할지라도 사무소는 1개만 설치할 수 있다. (이중등록의 금지)
② 위반시 제재 - 행정처분
　- 절대적 등록취소 & 행정형벌 - 1년 이하 징역 또는 1천만 원 이하의 벌금형

Ⅱ. 이중소속 금지

① 개업공인중개사 등이 다른 개업공인 중개사의 사원·임원, 소속공인중개사, 중개보조원으로 소속되어 중개업에 종사하는 것을 금지하는 것이다.
② 현재 중개업에 종사하는 자 모두가 대상이다. 위반시 - ④, ⑤, ⑥
③ 휴업 중이거나 업무정지기간 중인 개업공인중개사도 해당한다.
④ 개업공인중개사 - 절대적 등록취소와 1년 이하 징역 또는 1천만원 이하 벌금형
⑤ 소속공인중개사 - 자격정지와 1년 이하 징역 또는 1천만원 이하의 벌금형
⑥ 중개보조원 - 행정처분대상× / 형벌 1년 이하 징역 또는 1천만 원 이하 벌금형

Ⅲ. 무등록업자

1. 해당 유형

① 처음부터 등록을 하지 않은 자
② 등록취소처분을 받은 후에도 중개업을 계속하는 자
③ 폐업신고 후 중개업을 계속하는 자
④ 등록신청 후 등록처분이 있기 전에 중개업을 하는 자
⑤ 법인인 개업공인중개사가 해산한 후에도 계속 중개업을 하는 경우
　(단, 대표자의 사망은 등록효력 상실되지 않고, 새로운 대표자 선임)

2. 효력 및 제재

① 사법상 거래계약효력에는 영향이 없으나, 보수청구권이 인정되지 않는다.
② 행정형벌 사유로서 3년 이하 징역 또는 3천만원 이하의 벌금형에 해당한다.

> **한끝 Point**
>
> 1. 중개보조원의 업무상 행위가 법령을 위반하더라도 중개보조원에게 업무정지처분을 명할 수 있는 규정이 없다.^{25회}
> 2. 개업공인중개사는 다른 개업공인중개사의 중개보조원 또는 개업공인중개사인 법인의 사원·임원이 될 수 없다.^{조문}
> 3. 개업공인중개사는 이중으로 중개사무소의 개설등록을 하여 중개업을 할 수 없다.^{조문}
>   1년 이하의 징역 또는 1천만원 이하의 벌금^{조문} : 제12조의 규정을 위반하여 <u>이중으로 중개사무소의 개설등록을 하거나 2 이상의 중개사무소에 소속된 자</u>
> 4. 공인중개사인 개업공인중개사나 부칙 제6조 제2항의 개업공인중개사는 어떠한 경우에도 분사무소를 설치할 수 없다.
> 5. 이중등록(개업공인중개사)/이중소속(개업, 소속공인중개사) 모두 행정형벌로 1년/1천에 해당한다.
>   (무등록업자는 3년/3천)
> 6. 무등록업자의 보수청구권이 없으므로 약정은 무효이나, 계약 자체는 유효하다.
>   우연한 기회에 알선 후 보수받은 경우에도 보수는 유효하다.
> 7. 이중등록, 이중소속 모두 1년 이하의 징역 또는 1천만 원 이하의 벌금형에 해당된다.
>   (이중소속 - 소속공인중개사 자격정지는 <u>6개월</u>^{34회})

한끝 기출 마무리

01. 중개업자인 법인의 임원은 다른 중개업자의 중개보조원이 될 수 있다.(x)^{25회}

> ‖해설 및 정답‖ 이중등록, 이중소속 모두 금지.

02. 이중소속의 금지에 위반한 경우 1년 이하의 징역 또는 1천만 원 이하의 벌금형에 처한다. (o)^{27회}

03. 소속 공인중개사가 2 이상의 중개사무소에 소속된 경우에는 자격 정지 사유에 해당한다.(o)^{30회 기출변형}

04. 소속공인중개사가 2 이상의 중개사무소에 소속된 경우 자격 정지 6개월 이하의 사유에 해당한다.(o) ^{34회}

05. 개업공인중개사가 이중으로 중개사무소의 개설등록을 한 경우, 공인중개사법령상 등록관청이 중개사무소의 개설등록을 취소하여야 하는 사유에 해당한다.(o)^{33회}

> ‖해설 및 정답‖ 이중등록은 절대적 등록취소, 2 이상의 사무소는 상대적(임의적) 등록취소

Topic 15. 개업공인중개사 등의 의무 (명칭 사용의무, 게시의무)

> **제17조(중개사무소등록증 등의 게시)** 개업공인중개사는 중개사무소등록증·중개보수표 그 밖에 국토교통부령으로 정하는 사항을 해당 중개사무소 안의 보기 쉬운 곳에 게시하여야 한다.

> **제10조(중개사무소등록증 등의 게시)** 법 제17조에서 "국토교통부령으로 정하는 사항"이란 다음 각 호의 사항을 말한다. _{공인중개사법 시행규칙}
> 1. 중개사무소등록증 원본(법인인 개업공인중개사의 분사무소의 경우에는 분사무소설치신고확인서 원본을 말한다)
> 2. 중개보수·실비의 요율 및 한도액표
> 3. 개업공인중개사 및 소속공인중개사의 공인중개사자격증 원본(해당되는 자가 있는 경우로 한정한다)
> 4. 보증의 설정을 증명할 수 있는 서류
> 5. 「부가가치세법 시행령」 제11조에 따른 사업자등록증

Ⅰ. 중개사무소의 명칭 중 문자사용 의무
① 개업공인중개사는 그 사무소의 명칭에 '공인중개사사무소' 또는 '부동산중개'라는 문자를 사용하여야 한다.
② 개업공인중개사가 아닌 자는 '공인중개사사무소', '부동산중개' 또는 이와 유사한 명칭을 사용하여서는 아니된다.
③ 개업공인중개사가 옥외광고물을 설치하는 경우 중개사무소등록증에 표기된 개업공인중개사(법인은 대표자, 분사무소는 책임자)의 성명을 표기하여야 한다.
④ 등록관청은 사무소명칭 표시규정을 위반한 사무소의 간판 등에 대하여 철거를 명하고, 이행하지 아니하는 경우에는 「행정대집행법」에 의하여 대집행을 할 수 있다.
⑤ 개업공인중개사가 해당 문자를 사용하지 아니한 경우 100만 원 이하의 과태료에 처한다
⑥ 개업공인중개사가 아닌 자가 '공인중개사사무소', '부동산중개' 또는 이와 유사한 명칭을 사용한 경우 1년 이하의 징역 또는 1천만 원 이하의 벌금에 처한다.

Ⅱ. 개업공인중개사 등의 의무

1. 등록증 등의 게시의무
다음의 사항을 해당 중개사무소 안의 보기 쉬운 곳에 '게시하여야' 한다.
① 공인중개사 자격증(부칙에 의한 중개인은 제외) – <u>원본</u>
② 개설 등록증(분사무소는 신고확인서) – <u>원본</u>
③ 업무보증설정(예 : 공제증서)
④ 중개보수 및 실비의 요율 및 한도액 표(시·도 조례에 따름)
⑤ 사업자등록증(신설)

> **한끝 Point**
> - 유사 명칭 사용, 게시 의무는 빈출 파트이자 가성비가 높은 파트로, 꼭 외워주시고 득점을 하셔야 합니다.
>
> 1. 게시의무 사항이 아닌 것 - 협회 회원증, 실무교육 이수증, 거래정보망 가입증
>   (게시의무 5가지만 의무)
> 2. 개설등록증과 공인중개사 자격증은 반드시 '<u>원본</u>'을 게시하여야 한다.
> 3. 자격증은 소속 공인중개사의 경우에도 '공인중개사'라면 모두 게시하여야 한다.
>   (소속 공인중개사 <u>게시의무 위반 시, 개업공인중개사 100만원</u> 이하의 과태료)
>
> **옥외광고물 설치시(성명 표기 의무*)**
> ① 전화번호, 등록번호를 표기할 의무는 없다.
> ② 가명, 예명 등을 표기해서는 아니 된다.
> ③ 옥외광고물을 설치할 의무는 없다.(단, 설치시 의무와 기준이 있는 것이다.)
> ④ 분사무소는 책임자의 성명을 표기하여야 한다.
> ⑤ 개업공인중개사의 성명을 인식할 수 있는 정도의 크기로 표기하여야 한다. → 개업공인중개사(분사무소의 경우는 책임자를 말한다)가 해당 <u>문자 미사용 시 100만 원 이하의 과태료</u>에 처한다.
>   (개업공인중개사가 '아닌 자'가 공인중개사사무소 등 유사명칭 사용 시 1년/1천)
>
> **두문자** 게시의무 - 자/계/업/보/사 [35회 빈출*]
> - 원본, 사본 구분

한끝 기출 마무리

01. 소속공인중개사가 있는 경우 그 소속공인중개사의 공인중개사자격증 원본도 게시해야 한다. (o)[32회]

02. 법 제7638호 부칙 제6조 제2항에 규정된 개업공인중개사는 사무소의 명칭에 '공인중개사사무소'라는 문자를 사용해서는 안 된다.(o)[29회]

03. 공인중개사법령상 소속공인중개사를 둔 개업공인중개사가 중개사무소 안의 보기 쉬운 곳에 게시하여야 하는 것을 모두 고른 것은?[35회]

> ㄱ. 소속공인중개사의 공인중개사자격증 원본
> ㄴ. 보증의 설정을 증명할 수 있는 서류
> ㄷ. 소속공인중개사의 고용신고서
> ㄹ. 개업공인중개사의 실무교육 수료확인증

① ㄱ, ㄴ   ② ㄱ, ㄹ   ③ ㄴ, ㄷ
④ ㄷ, ㄹ   ⑤ ㄱ, ㄴ, ㄹ

‖해설 및 정답‖ ① 자/계/업/보/사를 기억하자. 단, 자격증, 개설등록증은 원본이다. ㄷ, ㄹ은 게시사항이 아니다.

Topic 1-64

Topic 16. 중개대상물 표시, 광고 (모니터링)

Ⅰ. 중개대상물 표시·광고

개업공인중개사가 아닌 자는 중개대상물에 대한 표시·광고를 하여서는 아니 된다. 이에 위반하게 되면 1년 이하의 징역 또는 1천만 원 이하의 벌금형에 해당.

1. 국토교통부장관의 표시·광고의 모니터링

① 국토교통부장관은 인터넷을 이용한 중개대상물에 대한 표시·광고가 표시 광고의 법규정을 준수하는지 여부를 모니터링 할 수 있다. (법 제18조의3)

② 국토교통부장관의 자료제출 및 조치권은 다음과 같다.

> ⓐ 모니터링을 위하여 정보통신서비스 제공자에게 관련 자료의 제출을 요구
> ⓑ 모니터링 결과에 따라 정보통신서비스 제공자에게 이 법 위반이 의심되는 표시·광고에 대한 확인 또는 추가정보의 게재 등 필요한 조치를 요구

③ 국토교통부장관은 다음 기관에 모니터링 업무를 위탁할 수 있다.

> ⓐ 공공기관
> ⓑ 정부출연연구기관
> ⓒ 「민법」상 비영리법인
> ⓓ 그 밖에 국토교통부장관이 인정하는 기관 또는 단체

④ 모니터링 기관은 업무수행 결과보고서를 다음 기한까지 국토교통부장관에게 제출해야 한다. (모니터링 계획서는 기본 – 매년 12월 31일까지 / 수시 – 수시 제출)

⑤ 국토교통부장관은 결과보고서를 시·도지사 및 등록관청에 통보하고 필요한 조사 및 조치를 요구할 수 있다.

⑥ 시·도지사 및 등록관청은 요구를 받으면 신속하게 조사 및 조치를 완료하고, 완료한 날부터 10일 이내에 그 결과를 국토교통부장관에게 통보해야 한다

⑦ 모니터링 자료제출요구 불이행시 정보통신서비스제공자 500만원 이하 과태료

2. 인터넷을 통한 광고 시 명시의무

① 소재지 ②면적 ③가격 ④중개대상물 종류 ⑤거래형태
⑥ 건축물 및 그 밖의 토지의 정착물인 경우

> ⓐ 총 층수
> ⓑ 사용승인, 사용검사, 준공검사 등을 받은 날
> ⓒ 건축물 방향, 방 개수, 욕실 개수, 입주가능일, 주차대수 및 관리비

> **한끝 Point**
>
> - 법 개정이 대폭 되었던 부분으로, 그에 따라 출제 빈도가 높아지는 파트로 득점을 필수로 해야하는 파트입니다. '아닌 자' → 1년/1천!
>
> 1. 현재 모니터링 위탁기관은 한국인터넷광고재단이다.
> 2. 모니터링 결과보고서 제출 방법 2가지(기본, 수시)(기본계획서와 구분)
>   ① 기본 모니터링 업무 : 매 분기의 마지막 날부터 30일 이내
>   ② 수시 모니터링 업무 : 해당 모니터링 업무를 완료한 날부터 15일 이내
> 3. 중개대상물의 표시·광고 방법은 국토교통부 장관이 고시한다.
> 4. 중개보조원은 표시·광고를 할 수 없으며, 성명도 표시하여서는 아니 된다.
> 5. 인터넷을 이용하여 표시 광고를 하는 때에는 중개사무소의 명칭, 소재지, 연락처 및 등록번호 외에 중개대상물의 종류별로 소재지, 면적, 가격 등의 사항을 명시하여야 한다.(+ 대표자의 성명)
>
> **두문자** 표시·광고시 중개사무소의 명시사항(인터넷 광고는 추가 명시사항 있음) - 명/명/소/연/등
> - 명칭 / 성명(대표자) / 소재지 / 연락처 / 등록번호

한끝 기출 마무리

01. 중개대상물에 대한 표시,광고를 위하여 대통령령으로 정해진 사항의 구체적인 표시,광고 방법은 국토교통부장관이 정하여 고시한다.(o)³¹회

02. 중개보조원이 있는 경우 개업공인중개사의 성명과 함께 중개보조원의 성명을 명시할 수 있다(x)³¹회

> ‖해설 및 정답‖ 중개보조원의 성명은 명시하여서는 아니 되고, 대표자의 성명만 명시한다.

03. 법인인 개업공인중개사가 의뢰받은 중개대상물에 대하여 법령에 따른 표시·광고를 하는 경우 대표자의 성명을 명시할 필요는 없다.(x)²⁹회

> ‖해설 및 정답‖ 법인인 개업공인중개사도 대표자의 성명을 명시하여야 한다.

04. 중개대상물에 대한 표시·광고를 위하여 대통령령으로 정해진 사항의 구체적인 표시·광고 방법은 국토교통부장관이 정하여 고시한다.(o)³¹회

05. 공인중개사법령상 중개대상물의 표시·광고 및 모니터링에 관한 설명으로 틀린 것은?³²회
  ① 개업공인중개사는 의뢰받은 중개대상물에 대하여 표시·광고를 하려면 개업공인중개사, 소속공인중개사 및 중개보조원에 관한 사항을 명시해야 한다.
  ② 개업공인중개사는 중개대상물이 존재하지 않아서 실제로 거래를 할 수 없는 중개대상물에 대한 광고와 같은 부당한 표시·광고를 해서는 안 된다.
  ③ 개업공인중개사는 중개대상물의 가격 등 내용을 과장되게 하는 부당한 표시·광고를 해서는 안 된다.
  ④ 국토교통부장관은 인터넷을 이용한 중개대상물에 대한 표시·광고의 규정준수 여부에 관하여 기본 모니터링과 수시 모니터링을 할 수 있다.
  ⑤ 국토교통부장관은 인터넷 표시·광고 모니터링 업무 수행에 필요한 전문인력과 전담조직을 갖췄다고 국토교통부장관이 인정하는 단체에게 인터넷 표시·광고 모니터링 업무를 위탁할 수 있다.

> ‖해설 및 정답‖ ①(X) 개업공인중개사가 아닌 자가 표시·광고를 하여서는 아니 되며, 중개보조원에 관한 사항은 명시하여서는 아니된다. 단, 소속공인중개사는 중개대상물을 표시·광고할 때 개업공인중개사의 승낙과 감독 하에 그에 대한 정보와 함께 본인 정보를 병기할 수 있다.

Topic 1-64

Topic 17 중개대상물 표시, 광고 (법령, 사무소 명칭 등)

2025 위패스 공인중개사 합격셀렉트

Ⅰ. 중개대상물 표시·광고

1. 목적
부당한 거짓 과장 광고로 인한 소비자의 피해를 방지하고, 거래가격 담합 등 부동산시장의 건전한 거래질서를 해치는 행위를 효율적으로 규제하기 위함이다.

2. 표시·광고 종류
① 개업공인중개사가 의뢰받은 중개대상물에 대한 표시·광고(전단지 등)
② 인터넷 표시, 광고(개업공인중개사만 가능하며, 중개보조원 등은 불가)
③ 개업공인중개사의 부당한 표시 광고

3. 종류별 규제 내용

(1) 전단지 등 광고
개업공인중개사가 의뢰받은 중개대상물에 대하여 표시 광고를 하려면 다음 사항을 명시하여야 한다. **단, 중개보조원에 관한 사항은 명시해서는 아니 된다.**
① 광고시에는 다음 사항을 명시하여야 한다. → (명/명/소/연/등)

> ⓐ 중개사무소의 명칭, 소재지, 연락처 및 등록번호
> ⓑ 개업공인중개사의 성명(법인인 경우에는 대표자의 성명)

② 제재 → **과태료 100만 원 이하**

(2) 인터넷에 표시·광고
개업공인중개사가 인터넷을 이용하여 중개대상물에 대한 표시·광고를 하는 때에는 (1)의 ①소재지, 면적, 가격, 종류, 거래 형태, 총 층수, 사용승인 등을 받은 날, 방향, 방의 개수 욕실의 개수 입주가능일, 주차대수 및 관리비 사항을 명시하여야 한다. → **위반시 과태료 100만 원 이하**

(3) 부당한 표시·광고 금지
① 부존재 허위의 표시·광고·위치의 도로명, 지번, 동, 층수 등 허위 표기
② 거짓, 과장의 표시 광고 → 중개대상물의 가격 등
③ 그 밖의 내용이 부동산거래질서를 해치거나 중개의뢰인에게 피해를 줄 우려가 있는 표시·광고
④ 중개대상물이 존재하지만 실제로 중개의 대상이 될 수 없는 중개대상물
⑤ 중개대상물이 존재하지만 실제로 중개할 의사가 없는 중개대상물
⑥ 존재하지 않거나 거짓, 과장, 거래질서는 해치거나 피해를 줄 우려의 광고
→ (부당한 표시·광고) **위반시 500만 원 이하의 과태료 사유**

> **한끝 Point**
>
> - 실무에서도 반드시 알아야 할 부분으로, 표시·광고에 대한 사항과 과태료 규정에 대해 숙지하여 반드시 득점을 하고 가야하는 파트입니다.
> - 표시·광고 위반 시 과태료 규정 100만 원과 500만 원을 구분하여야 합니다.
>
> 1. 개업공인중개사가 아닌 자는 중개대상물에 대한 표시 광고를 해서는 안 된다.
> 2. 공인중개사가 <u>아닌</u> 자가 공인중개사 명칭을 사용할 경우 1년 이하의 징역 또는 1천만원 이하의 벌금에 처한다. *기출 빈출*
> 3. 공인중개사자격이 없는 개인인 개업공인중개사는 사무소의 명칭에 '공인중개사사무소'라는 문자를 사용할 수 없다. *기출 빈출*

한끝 기출 마무리

01. 개업공인중개사가 설치한 옥외광고물에 성명을 거짓으로 표기한 경우에는 500만원 이하의 과태료를 부과한다.(x)24회

> ‖해설 및 정답‖ 100만 원 이하의 과태료 사유에 해당한다.

02. 법인인 개업공인중개사가 의뢰받은 중개대상물에 대하여 법령에 따른 표시·광고를 하는 경우 대표자의 성명을 명시할 필요는 없다(x)29회

> ‖해설 및 정답‖ 법인인 경우에는 법인의 대표자, 개업공인중개사인 경우에는 개업공인중개사의 성명을 명시하여야 한다.

03. 공인중개사법령상 개업공인중개사가 의뢰받은 중개대상물에 대하여 표시·광고를 하려는 경우 '중개사무소, 개업공인중개사에 관한 사항'으로서 명시해야 하는 것을 모두 고른 것은?30회

ㄱ. 중개사무소의 연락처
ㄴ. 중개사무소의 명칭
ㄷ. 소속공인중개사의 성명
ㄹ. 개업공인중개사의 성명

① ㄱ, ㄴ ② ㄴ, ㄷ ③ ㄷ, ㄹ
④ ㄱ, ㄴ, ㄹ ⑤ ㄱ, ㄷ, ㄹ

> ‖해설 및 정답‖ ㄷ(X) 소속공인중개사가 아닌 개업 공인중개사를 기재하여야 한다.

04. 중개대상물에 대한 표시·광고를 위하여 대통령령으로 정해진 사항의 구체적인 표시·광고 방법은 국토교통부장관이 정하여 고시한다.(o)31회

05. 개업공인중개사는 의뢰받은 중개대상물에 대한 표시·광고에 중개보조원에 관한 사항을 명시해서는 아니된다.(o)33회

06. 개업공인중개사가 의뢰받은 중개대상물에 대하여 표시·광고를 하려는 경우, 중개사무소의 명칭은 명시하지 않아도 된다.(x)31회

> ‖해설 및 정답‖ 사무소 명칭 역시 필수 기재사항이다. 명/명/소/연/등을 기억하자.

Topic 18. 개업공인중개사 등의 결격사유 - 1

2025 위패스 공인중개사 합격셀렉트

> **제6조(결격사유)** 제35조제1항에 따라 공인중개사의 자격이 취소된 후 3년이 지나지 아니한 자는 공인중개사가 될 수 없다.

I. 결격사유(자격취소 외에는 모두 결격사유자 시험 응시, 자격 취득 가능)

① **미**성년자(만 19세 미만 제한능력) : 등록요건 + 종사요건해결
 → 시간 경과(시험 응시 및 자격증 취득은 가능 / 종사 불가능)
② **피**성년후견인 또는 피한정후견인 : 해결 → 종료심판(피특정후견인은 결격사유 미해당)
③ **파**산선고를 받고 복권되지 아니한 자(신용불량, 개인회생은 미해당)
> ⓐ 복권결정처분(신청×) 또는 면책 결정
> ⓑ 사기 파산으로 인하여 유죄판결을 받지 아니하고 **10년이 경과**된 자

④ 금고 이상 형의 **집행유예**를 받고 그 유예기간이 만료된 날부터 **2년**이 지나지 아니한 자
 (선고유예는 결격사유 미해당 → 금고이상형의 집행유예가 해당)
⑤ 금고 이상의 **실형의 선고**를 받고 그 집행이 종료(집행이 종료된 것으로 보는 경우를 포함한다) 되거나 집행이 면제된 날부터 **3년**이 지나지 아니한 자
⑥ 자격**취소**를 받은 날로부터 3년이 지나지 아니한 자 → 응시, 등록, 종사×
⑦ 자격이 **정지**된 자로서 **자격정지 기간 중**에 있는 자 → 소속공인중개사 적용
⑧ 중개사무소의 개설**등록이 취소**된 후 3년이 지나지 아니한 자(공인중개사법 제40조 제3항〈재등록 개업공인중개사〉규정에 의하여 등록이 취소된 경우는 3년에서 폐업기간을 공제한 기간을 말한다.)
⑨ **업무정지처분을 받고 폐업신고를 한 자**로서 업무정지기간이 경과되지 아니한 자
 (폐업에도 불구하고 업무정지 기간은 진행되는 것으로 본다.)
⑩ 업무정지처분을 받은 개업공인중개사인 **법인의 업무정지의 사유가 발생한 당시의 사원 또는 임원**이었던자로서 해당 개업공인중개사에 대한 업무정지 기간이 경과되지 아니한 자
 → 법인의 사원은 경영진으로, 업무정지에 영향을 받지 않는 '직원'과는 다른 개념으로 접근해야 한다.
⑪ 「공인중개사법」을 위반하여 300만원 이상의 벌금형의 선고를 받고 3년이 경과되지 아니한 자
 → 양벌규정으로 대표자가 벌금을 받은 경우는 제외한다.
⑫ 사원 또는 임원 중 ①~⑪의 어느 하나에 해당하는 자가 있는 법인 → 2개월 내 해소하여야 하며, 위반 시 등록취소 사유에 해당한다.

> ※ 시험부정행위자는 5년간 응시자격을 정지할 뿐, 결격사유는 아니므로 보조원 또는 법인의 사원이나 임원으로 근무는 가능하다.

> **한끝 Point**
>
> **징역 (공인중개사법, 다른 법 포함)**
> ① 만기석방 → 석방일 + 3년 후부터 가능
> ② 가석방 → 잔형기 + 3년 후부터 가능
> - 유기 → 10년/7년 → 3년(잔형기) → 6년 후
> - 무기 → 무기/20년 → 10년(잔형기) → 13년 후
>
> **면제 (사면)**
> ① 특별사면 → 집행면제 → 사면일 + 3년
> ② 일반사면 → 효력 상실, 공소권 소멸 → 즉시
>
> 1. 개업공인중개사가 결격사유에 해당되면 절대적 등록취소 사유에 해당된다.
> 2. 법인의 사원 또는 임원 중 1인만 결격이어도 절대적 등록취소 사유에 해당된다.
> 3. 고용인이 결격사유에 해당되는 경우 아직 고용 전이면 고용해서는 아니 된다.(만약 고용 후 결격사유가 발생한 경우에는 2개월 이내에 사유를 해소하여야 한다. 위반시에는 업무정지 사유에 해당된다, 해소 안 할 시 절대적등록취소)
> 4. 일반사면은 형선고의 효력을 소멸시키므로 즉시 개업공인중개사 등이 될 수 있다. *기출 지문*
> 5. 다른 법률을 위반하여 벌금형을 선고받은 경우, 결격사유에 해당하지 않는다.
> 6. 유기형을 선고받고 가석방된 경우, 잔여형기+ 3년이 경과하여야 결격사유 해소
> 7. 미성년자의 경우, 법정대리인의 동의가 있거나 성년의제(혼인)가 되어도 결격자이다. 판단능력과 혼인 의제는 다르기 때문이다.
>
> - 결격사유는 자격 취득은 가능하나 중개업 종사가 불가능한 것으로 이해하면 된다.
>   단, 자격이 취소된 자는(부정한 방법 취득 or 자격증 양도 대여) 3년간 시험 응시불가
> - 결격사유 11가지 + 법인의 고용 결격사유 1가지

한끝 기출 마무리

01. 공인중개사법령상 중개사무소 개설등록의 결격사유에 해당하지 않는 자는? 24회*기출지문빈출*

① 파산선고를 받고 복권되지 아니한 자
② 형의 선고유예를 받고 3년이 경과되지 아니한 자
③ 만 19세에 달하지 아니한 자
④ 공인중개사법을 위반하여 300만원 이상의 벌금형의 선고를 받고 3년이 경과되지 아니한 자
⑤ 금고 이상의 실형의 선고를 받고 그 집행이 종료되거나 집행이 면제된 날부터 3년이 경과되지 아니한 자

> ‖ 해설 및 정답 ‖ ②(X) 선고유예는 결격사유에 해당하지 않는다. 금고 이상 형의 집행유예를 받고 2년이 지나지 아니한 자가 결격사유에 해당한다.

Topic 19. 개업공인중개사 등의 결격사유- 2

I. 공인중개사법만 해당

① 자격취소 된 후 3년 미경과
② 자격정지 된 자는 자격정지기간 중인 경우
③ 원칙 : 등록취소 된 후 3년 미경과. 단, 해당 사항은 3년의 결격 기간이 적용되지 않는다.

> ⓐ 사망, 법인의 해산으로 등록 취소
> ⓑ 등록기준 미달로 인한 등록취소
>   (재등록 개업공인중개사는 3년 – 폐업기간 공제한 기간이 결격)
> ⓒ 결격사유로 등록취소

④ [공인중개사법] 위반으로 300만 원 이상 벌금형의 경우 3년 미경과시 결격
⑤ 법인인 개업공인중개사가 업무정지 처분을 받은 경우 사유 발생 당시의 사원 또는 임원이었던 자는 해당 업무정지 기간 중 결격사유에 해당된다.
⑥ 업무정지처분을 받고 폐업한 경우 그 업무정지기간 중이 결격사유에 해당한다.

한끝 Point

1. 법인인 개업공인중개사가 업무정지처분을 받은 경우에는 '사유가 발생'한 당시의 사원 임원이 결격에 해당되며 '업무정지 처분 당시의 사원 임원'은 아니다.
2. 법인의 사원, 임원 등이 결격사유 해당하면 업무정지이고, 사유발생일로부터 2개월 이내에 그 사유를 해소하지 않으면 절대적 등록취소 사유이다.
3. 등록관청은 개업공인중개사 등이 결격사유의 어느 하나에 해당하는지 여부를 확인하기 위하여 관계 기관에 조회할 수 있다.
4. 결격사유에 해당되면 등록취소사유가 되며 자격취소사유는 아니다.
5. 도로교통법 위반으로 벌금형을 선고받은 경우나 양벌규정(법 제50조)에 따른 벌금형 선고도 결격사유에는 해당되지 않는다.
6. 결격기간인 형기 계산은 초일을 산입하며, 공소시효는 결격과 무관하다.
7. 자격취소자는 시험응시도 3년간 불가하다.(결격사유중 응시불가 유일)
8. '선고유예' 또는 '기소유예'는 결격사유에 해당하지 않는다.
9. 과태료는 행정질서벌로서 결격사유에 해당되지 않는다.
- 양벌규정에 따른 벌금형을 받는 개업공인중개사는 결격자는 해당되지 않는다.(대판 2008.05.29. 선고 2007두 26568 판결)
- 중개보조원 등이 중개업무에 관하여 사용주인 중개업자가 같은 법 제50조에 따른 양벌규정을 처벌받는 경우에는 결격사유로 보지 않는다.
- 공인중개사가 여러개의 범죄행위로 다른법과 다른죄로 경합하는 경우 결격사유 여부를 판단하기 위해 경합범은 분리선고한다.
- 재등록 개업공인중개사의 경우 → 3년 – 폐업기간

한끝 기출 마무리

01. 공인중개사법령상 중개사무소 개설등록의 결격사유에 해당하는 자를 모두 고른 것은? 29회

ㄱ. 피특정후견인
ㄴ. 형의 선고유예를 받고 3년이 경과되지 아니한 자
ㄷ. 금고 이상의 형의 집행유예를 받고 그 유예기간 중에 있는 자
ㄹ. 공인중개사자격증을 대여하여 그 자격이 취소된 후 3년이 경과되지 아니한 자

① ㄱ, ㄴ   ② ㄱ, ㄷ   ③ ㄴ, ㄷ   ④ ㄴ, ㄹ   ⑤ ㄷ, ㄹ

‖해설 및 정답‖ ⑤ ㄱ(X) 피특정후견인은 결격사유에 해당되지 않는다.
ㄴ(X) 형의 '선고유예'는 결격사유에 해당하지 않는다. 금고이상 형의 '집행유예'에 해당한 경우에 2년이 경과하면 결격사유에서 벗어난다. 반복지문이므로 필수로 암기해야 한다.

02. 공인중개사법령상 중개사무소 개설등록의 결격사유를 모두 고른 것은? 31회/32회

ㄱ. 파산선고를 받고 복권되지 아니한 자
ㄴ. 피특정후견인
ㄷ. 공인중개사 자격이 취소된 후 3년이 지나지 아니한 임원이 있는 법인
ㄹ. 개업공인중개사인 법인의 해산으로 중개사무소 개설등록이 취소된 후 3년이 지나지 않은 경우 그 법인의 대표이었던 자

① ㄱ   ② ㄱ, ㄷ   ③ ㄴ, ㄷ   ④ ㄴ, ㄹ   ⑤ ㄱ, ㄷ, ㄹ

‖해설 및 정답‖ ② ㄴ(X) 피특정후견인은 결격사유에 해당되지 않는다.
ㄹ(X) '사망, 법인의 해산'으로 인한 등록 취소는 3년의 결격사유 규정에 해당되지 않는다.

Topic 1-64

Topic 20 중개사무소 설치

> **제13조(중개사무소의 설치기준)** ①개업공인중개사는 그 등록관청의 관할 구역안에 중개사무소를 두되, 1개의 중개사무소만을 둘 수 있다.

I. 중개사무소 설치

① 개업공인중개사는 그 등록관청의 관할구역 안에 중개사무소를 두되, 1개의 중개사무소만을 둘 수 있다. → 1등록 1사무소 원칙
② 개업공인중개사는 천막 그 밖에 이동이 용이한 임시 중개시설물을 설치하여서는 아니 된다.
  Ex. 떳다방(상대적 등록취소 + 1년 / 1천)
③ 분사무소 설치신고를 받은 등록관청은 그 신고내용이 적합한 경우에는 신고확인서를 교부하고 지체없이 분사무소 설치예정지역을 관할하는 시장·군수 또는 구청장에게 이를 통보하여야 한다.
④ 개업공인중개사는 그 업무의 효율적인 수행을 위하여 다른 개업공인중개사와 중개사무소를 공동으로 사용할 수 있다. 다만 개업공인중개사가 업무의 정지기간 중에있는 경우에는 그러하지 아니하다. → 공동사무소 설치(의무·책임은 각각)
⑤ 법인인 개업공인중개사는 등록관청에 신고하고 그 관할구역 외의 지역에 분사무소를 둘 수 있다.
⑥ 특수법인도 등록관청에 신고하고 그 관할구역 외의 지역에 분사무소를 둘 수 있다.
⑦ 동일 건물 내 2개의 사무실도 기능적으로 결합되었다면 1사무소에 해당된다.

II. 중개사무소 요건

① 건축물대장에 기재된 건물에 중개사무소를 확보할 것(원칙 - 가설건축물×, 무허가건물×)
  다만, 건축물대장의 기재가 없어도 사용승인 받은 건축물은 가능하다.
② 용도의 적합성 → 제1종, 제2종 근린생활시설, 일반 업무시설 가능(전용주거지역×)
③ 사용권한 증명서류(소유(등기부), 임대차계약서 or 전대차·사용동의서 등)

한끝 Point

판례
- 1개의 중개사무소를 개설·등록한 개업공인중개사가 아파트 분양권의 전매 및 상담, 홍보를 하기 위하여 모델하우스 앞 보도상에 설치한 1평 정도의 돔형 천막은 공인중개사법상 설치가 금지되는 다른 중개사무소에 해당한다.

중개사무소를 기준으로 결정되는 사항
① 등록관청이 결정
② 개인의 업무지역범위
③ 중개보수요율
④ 입찰신청(매수신청)대리 등록법원

- 임시중개시설물(떳다방)X!
- 분사무소 설치기준 → 주된 사무소를 기준으로, 주된 사무소의 관할 등록관청에 신고한다. 시·군·구별로 1개의 분사무소만 설치할 수 있다는 점이 중요하다. *설치 기준 빈출*

한끝 기출 마무리

01. 분사무소의 설치신고를 하려는 자는 분사무소 설치신고서를 주된 사무소의 소재지를 관할하는 등록관청에 제출해야 한다.(o)23회/25회/26회*기출지문빈출*

02. 법인인 개업공인중개사가 그 등록관청의 관할구역 외의 지역에 둘 수 있는 분사무소는 시·도별로 1개소를 초과할 수 없다.(x)32회

∥해설 및 정답∥ 함정에 유의해야 한다. 시·군·구별 1개소를 초과할 수 없으며, 위의 시 기준은 구가 설치되지 아니한 시와 특별자치도의 행정시를 말한다. 시·군·구별로 1개소가 가능하다. 범위에 유의하자.

03. 개업공인중개사는 천막 그 밖에 이동이 용이한 임시 중개시설물을 설치하여서는 아니 된다.(o) 30회*기출지문빈출*

∥해설 및 정답∥ 떳다방(X)

04. 법인이 아닌 개업공인중개사는 분사무소를 둘 수 없다.(o)30회*기출지문빈출*

∥해설 및 정답∥ 개업공인중개사는 1인 1등록 원칙이다.

05. 법인이 아닌 개업공인중개사가 그 관할 구역 외의 지역에 분사무소를 설치하기 위해서는 등록관청에 신고하여야 한다.(x)34회*기출지문빈출*

∥해설 및 정답∥ 법인만 분사무소를 설치할 수 있다. 거저 주는 지문으로 오답지문으로 정답이었다. 반드시 득점하고 기본 점수를 획득하고 가야하는 문제였다.

Topic 21. 중개사무소 설치와 이전 - 1 (사무소의 이전)

2025 위패스 공인중개사 합격셀렉트

I. 사무소 이전신고(개인·법인)(국토교통부령*21회 빈칸넣기*으로 이전신고)

① 개업공인중개사는 종별구분 없이 중개사무소의 관할구역 내·외를 불문하고 전국 어디로든 이전할 수 있다.
② 개업공인중개사는 중개사무소를 이전한 때에는 <u>이전한 날부터 10일 이내</u>에 등록관청에 이전사실을 신고하여야 한다. → 사후신고 사항
③ 사무소 <u>이전신고 의무 위반시에는 100만원 이하의 과태료</u>에 해당된다
④ 중개사무소를 등록관청의 관할 지역 외의 지역으로 이전한 경우에는 <u>이전 후의 중개사무소를 관할하는 시장·군수 또는 구청장에게 신고</u>하여야 한다
⑤ <u>등록관청은 이전신고 받은 다음달 10일까지 협회에 통보</u>하여야 한다.

> **이전신고시 필요한 서류**
> ⓐ 이전신고서
> ⓑ 등록증 (분사무소는 분사무소신고확인서) (구 '신고필증' 명칭개정)
> ⓒ 건축물대장에 기재된 건물에 중개사무소 확보서류

⑥ 이전신고 전에 발생한 사유로 인한 개업공인중개사에 대한 <u>행정처분은 이전 후 등록관청</u>이 이를 행한다.
⑦ 분사무소 → <u>주된 사무소의 소재지 관할 등록관청</u>에 10일 내 이전신고 한다.
⑧ 중개인도 사무소 이전은 전국 어디로든 가능하다. 단, 특·광·도를 벗어난 이전은 업무지역 범위가 변경된다.
⑨ 관할지역 내 이전 : 등록관청은 중개사무소등록증 또는 분사무소 설치신고 확인서에 변경사항을 기재하여 교부할 수 있다.
⑩ 관할지역 외 이전

> ⓐ 신고를 받은 이전 후 등록관청은 종전의 등록관청에 관련 서류를 송부하여 줄 것을 요청하여야 한다.
> ⓑ 송부하여야 하는 서류
> - 이전신고를 한 중개사무소의 부동산중개사무소 등록대장
> - 부동산중개사무소 개설등록 신청서류
> - 최근 1년간의 행정처분 및 행정처분절차가 진행 중인 경우 관련서류

⑪ 개업공인중개사가 중개사무소 이전사실을 신고한 경우 지체없이 간판을 철거하여야 한다. (법 제21조의 2, 제1항 1호) 미이행 시 → 행정대집행할 수 있다.

한끝 Point

1. 중개사무소 이전 시, 행정처분은 이전 후 관청이 진행한다. 간판미철거의 과태료는 없으나 행정대집행으로 철거하며, 이전 미신고 100만원 이하 과태료.

2. 분사무소 이전 *별지 이전신고서 서식 참고*
   ① 관할구역 내 이전 - 재교부 or 교부(등록증, 신고확인서)할 수 있다.(can)
   ② 관할구역 외 이전 - 재교부(등록증, 신고확인서)하여야 한다.(must)

3. 이전사실의 통보
   - 분사무소의 이전신고를 받은 주된 사무소 소재지의 등록관청은 지체없이 이전 전 및 이전 후의 분사무소의 소재지를 관할하는 시·군·구청장에게 이를 통보하여야 한다.
   (이전신고는 주된 사무소 등록관청 10일 이내)

4. 관할구역 밖으로의 이전
   - 개업공인중개사가 관할구역 외의 지역으로 중개사무소를 이전한 경우에는 일정한 서류를 갖추어 이전한 날로부터 <u>10일 이내 이전 후의 등록관청</u>에 중개사무소의 이전신고를 하여야 하며, 중개사무소 이전신고를 받은 이전 후의 등록관청은 종전의 등록관청에 관련 서류를 송부하여 줄 것을 요청하여야 한다.

5. 법인 → 주된 사무소 기준 *유사 지문 빈출*
   ① 관할 지역 내·외를 잘 보아야 한다.
   ② 100만원 / 지체없이 / 이전신고 후 관청이 처분

한끝 기출 마무리

01. 법인인 개업공인중개사가 분사무소를 이전한 경우 이전 후의 분사무소를 관할하는 등록관청에 이전사실을 신고해야 한다.(x) 26회/34회 *기출지문빈출*

‖해설 및 정답‖ 주된 사무소의 소재지 관할 등록관청에 10일 이내에 이전신고 하여야 한다.

02. 이전신고를 할 때 중개사무소등록증을 제출하지 않아도 된다.(x) 32회

‖해설 및 정답‖ 이전신고시 필요한 서류 - 이전신고서, 등록증(분사무소는 분사무소신고확인서), 중개사무소 확보서류

03. 중개사무소 이전신고를 하지 않은 경우 과태료 부과대상이 아니다.(x) 31회

‖해설 및 정답‖ 이전신고 하지 아니한 경우에는 100만원 이하의 과태료이다. (이전한 날로부터 10일 내 이전신고 의무)

04. 법인인 개업공인중개사가 등록관청 관할지역 외의 지역으로 중개사무소 또는 분사무소를 이전하는 경우, 중개사무소 이전신고를 받은 등록관청은 그 내용이 적합한 경우, 중개사무소등록증의 변경사항을 기재하여 교부하거나 중개사무소등록증을 재교부하여야 한다.(x) 31회 기출변형

‖해설 및 정답‖ 관할구역 외의 이전은 등록증, 신고확인서를 재교부하여야 한다. 변경사항을 기재하여 교부하는 것은 관할구역 내 이전일 경우이다.

중개사무소 설치와 이전 - 2 (공동사무소)

Topic 22

2025 위패스 공인중개사 합격셀렉트

Ⅱ. 공동사무소(각각의 개업공인중개사가 1개 사무소 사용)
법 제 16조 제6항

1. 공동사용의 설치목적
업무의 효율적 수행과 중개사무소의 공동 활용

2. 설치요건 : 아무런 제한 없이 설치가능(종별 지역불문)
① 개업공인중개사의 종별에 대한 제한이 없다.
② 개업공인중개사의 수의 제한이 없다.
③ 등록관청이 다른 개업공인중개사 상호간에도 가능하다. (즉, 지역 무관)

3. 설치방법
① 개업공인중개사가 공동사무소로 이전신고를 하는 방법
② 하나의 사무소에 복수의 신규개설등록을 신청하는 방법

> **사무소확보서류**
> 다른 개업공인중개사의 승낙서 첨부(사용승낙서 교부 금지하는 경우 : 업무정지 개업공인중개사가 다른 개업공인중개사에게 중개사무소의 공동사용을 위하여 승낙서를 주는 것은 금지한다. 단, 업무정지 개업공인중개사가 영업정지처분을 받기 전부터 공동사용중인 다른 개업공인중개사는 예외로 한다.)

4. 특징
① 2인 이상의 개업공인중개사, 개별주의원칙
② 종별, 지역별 불문하고 가능
③ 공동사무소의 개업공인중개사의 수, 고용인 고용인원, 면적 등에 제한 없음.
④ 1등록 1사무소 원칙의 예외
⑤ 업무보증설정, 인장등록, 게시의무, 상호, 고용인의 고용과 책임, 사무소 이전도 각각하여야 한다. → 개별주의원칙, 사무소 이전신고도 각각으로 한다.

5. 이전신고
이전신고는 <u>국토교통부령</u>으로 정하는 바에 따라 등록관청에 신고하며, 이전한 날로부터 <u>10일 이내</u>에, 분사무소의 경우 <u>주된 사무소의 소재지</u>를 관할하는 등록관청에 신고해야 한다. 21회*빈칸 넣기*

> **한끝 Point**
> 1. 업무의 정지기간 중에 있는 개업공인중개사는 다른 개업공인중개사와 중개사무소를 공동으로 사용할 수 없다.
> 2. 법인이 아닌 개인 개업공인중개사는 2개 이상의 중개사무소를 둘 수 없다.
> 3. 공동(합동)사무소의 경우, 각각 개별운영의 원칙이 적용된다. 다양한 종별·유형의 설치가 가능하며 사무소 면적제한이 없다.
> 4. 공동사무소 각 개업공인중개사의 의무와 책임은 구성 개업공인중개사에게 각각 개별적으로 적용된다.
>   ① 중개사무소의 개설등록부터 인장등록, 보증설정 및 등록증 포함 5가지 게시의무, 거래계약서 보관 의무, 휴업, 폐업신고, 손해배상 책임 등 모두 각각의 개업공인중개사에게 개별 적용된다.
>   ② 공동사용하는 중개사무소의 이전도 각각 개별로 하여야 한다.
>   ③ 대표자를 선임하는 등 대표자제도로 이전하는 방법은 없다.
>   → 즉, 각각 별개의 사업체로 별도의 개업공인중개사이기 때문이다.
> 5. 공동(합동)사무소는 철저히 개별주의로, 각각의 사무소를 개별 주체로 본다.

한끝 기출 마무리

01. 이전신고 전에 발생한 사유로 인한 행정처분은 이전 전의 등록관청이 이를 행한다.(x)29회

∥해설 및 정답∥ 이전 후의 등록관청이 처분한다.

02. 공인중개사법령상 개업공인중개사가 중개사무소를 등록관청의 관할지역 외의 지역으로 이전하는 경우에 관한 설명으로 틀린 것은?29회

① 이전신고 전에 발생한 사유로 인한 행정처분은 이전 전의 등록관청이 이를 행한다.
② 이전신고는 이전한 날부터 10일 이내에 해야 한다.
③ 주된 사무소의 이전신고는 이전 후 등록관청에 해야 한다.
④ 주된 사무소의 이전신고서에는 중개사무소등록증과 건축물대장에 기재된 건물에 중개사무소를 확보한 경우 이를 증명하는 서류가 첨부되어야 한다.
⑤ 분사무소 이전신고를 받은 등록관청은 이전 전 및 이전 후의 분사무소 소재지 관할 시장·군수 또는 구청장에게 이를 지체없이 통보해야 한다.

∥해설 및 정답∥ ①(X) 이전 후의 등록관청이 처분한다.

03 개업공인중개사가 중개사무소를 공동으로 사용하려면 중개사무소의 개설등록 또는 이전신고를 할 때 그 중개사무소를 사용할 권리가 있는 다른 개업공인중개사의 승낙서를 첨부해야 한다.(o)32회

Topic 23. 중개사무소 설치와 이전 - 3 (법인 분사무소)

Ⅲ. 분사무소의 설치 및 이전

① 분사무소의 이전은 기존 분사무소 소재지 관할구역 안이나 밖 모두 이전이 가능하나, 다른 분사무소에 설치된 곳에는 설치할 수 없다.
② 개업공인중개사의 분사무소는 주된 사무소 소재지가 속한 시·군·구를 제외한 시·군·구별로 설치하여야 한다.
③ 분사무소 설치는 법인인 개업공인중개사와 특수법인에게만 허용된다.
④ 공인중개사인 개업공인중개사는 분사무소의 책임자가 될 수 없다.
⑤ 분사무소에는 공인중개사를 책임자로 두어야 한다. (특수법인의 경우에는 그러하지 아니하다.)

> **분사무소 신고서류**
> ⓐ 분사무소 책임자의 실무교육 이수증 사본(실무교육은 원본×)
> ⓑ 업무보증의 설정을 증명할 수 있는 서류
> ⓒ 중개사무소 확보 서류 : 소유시 등기부, 임대차계약서, 사용대차 등

⑥ **주된 사무소 등록관청은 분사무소설치신고확인서 교부 후 분사무소 설치예정지 관할 시·군·구청장에 지체없이 통보해야 한다.**
⑦ 분사무소설치 시 등록관청은 **공인중개사협회에 다음달 10일까지** 통보해야 한다.
⑧ 분사무소 설치신고를 하려는 자는 주된 사무소의 관할 시·군·구의 조례가 정하는 바에 따라 수수료를 납부하여야 한다.
⑨ 분사무소에는 반드시 공인중개사인 책임자를 두어야 하나, 고용인을 고용할 의무는 없다.
⑩ 분사무소의 이전시고를 받은 때에는 지체없이 그 분사무소의 이전 전 또는 이전 후의 소재지를 관할하는 시·군·구청장에게 이를 통보하여야 한다.
⑪ 개업공인중개사의 관할구역 내 이전이나 분사무소의 관할구역 내 외로 이전하는 경우에는 서류를 송부하지 않는다.
⑫ 사무소 이전신고 의무 위반시 → 100만원 이하의 과태료(개인, 법인 공통)

> ⓐ 휴업중인 개업공인중개사도 중개사무소 이전은 가능하다.
> ⓑ 업무정지 개업공인중개사도 이전은 가능하나, 이전 후 공동사용은 불가하다.

> **한끝 Point**
> - 해당 파트는 국토교통부, 시도지사, 등록관청, 시·군·구, 시·도 등의 단어를 위주로 변형하여 지문을 반복기출 하므로, 주체와 법인의 분사무소에 대해 암기한다면 필수 득점이 가능합니다.
>
> **분사무소 설치요건**
> ① 주된 사무소의 소재지가 속한 시·군·구를 제외한 시·군·구별로 설치할 것
> ② 시·군·구별로 1개소만 설치할 것
> ③ 분사무소에는 공인중개사를 책임자로 둘 것
>   다만, 특수법인의 분사무소의 경우에는 그러하지 아니하다.
>
> **분사무소 이전신고**
> - 법인인 개업공인중개사가 그 분사무소를 분사무소 소재지 관할 등록관청의 관할구역 안 또는 밖으로 이전한 때에는 이전한 날로부터 10일 이내에 다음의 서류를 첨부하여 주된 사무소의 소재지를 관할하는 등록관청에 이전신고를 하여야 한다

한끝 기출 마무리

01. 분사무소의 설치신고를 하는 자는 국토교통부령으로 정하는 바에 따라 수수료를 납부해야 한다. (x)²⁴회

∥해설 및 정답∥ 시·군·구 조례에 따라 납부한다.

02. 분사무소의 이전신고를 받은 등록관청은 지체없이 이를 이전 전 및 이전 후의 소재지를 관할하는 시장·군수 또는 구청장에게 통보해야 한다.(o)²⁴회/²⁸회/³¹회*기출지문빈출*

03. 사무소의 책임자인 공인중개사는 등록관청이 실시하는 실무교육을 받아야 한다.(x)³¹회

∥해설 및 정답∥ 실무교육은 시도지사가 실시한다.

04. 분사무소 이전신고는 이전한 날부터 10일 이내에 이전할 분사무소의 소재지를 관할하는 등록관청에 하면 된다.(x)³¹회*기출지문빈출*

∥해설 및 정답∥ 주된 사무소의 소재지를 관할하는 등록관청에 하여야 한다.

05. 분사무소의 이전신고를 하려는 경우에는 주된 사무소의 소재지를 관할하는 등록관청에 중개사무소이전신고서를 제출해야 한다.(o)³⁴회

∥해설 및 정답∥ 분사무소의 기준 - 모체인 "주된 사무소"임을 기억하자.

06. 법인인 개업공인중개사가 그 등록관청의 관할구역 외의 지역에 둘 수 있는 분사무소는 시·도별로 1개소를 초과할 수 없다.(x)³²회

∥해설 및 정답∥ 시·도별이 아닌, 시·군·구별이다. (Ex. 서울특별시, 경기도 각 1개소가 아닌, 동작구, 서초구, 관악구 등 구별 1개소가 가능하다.)

Topic 24 업무활동범위

I. 개업공인중개사 등의 업무범위

① 법인 및 공인중개사인 개업공인중개사의 업무범위는 전국이다.
② 법인인 개업공인중개사의 분사무소 업무지역도 전국이다.
③ 부칙에 의하여 개설등록을 한 것으로 보는 자(중개인)의 업무범위는 당해 사무소가 소재하는 특별시, 광역시, 도의 관할구역 내로 한다. (단, 부동산거래정보망에 가입하고 이를 이용하여 중개하는 경우에는 정보망에 공개된 관할구역 외의 중개대상물에 대해서도 중개할 수 있다.)
④ 경매, 공매알선 행위는 부칙에 의한 중개인은 불가능하다.
⑤ 특수법인의 경우, 「공인중개사법」에 상세 규정이 없으나 업무가능지역은 일반 법인 개업공인중개사와 마찬가지로 전국이다. (단, 중개대상물 차이 Ex.지역농업협동조합 - 대상물 - 농지)
⑥ 개업공인중개사의 종별에 따라 겸업범위는 다르다.
(법인인 개업공인중개사, 개업공인중개사, 중개인)

II. 부칙 규정에 의한 개업공인중개사의 지역범위 내용

① 신고 → 소개영업법 → 시·구·읍·면장
② 중개업무지역 범위 → 소재한 시(특별시, 광역시)·도 내에서만
③ 사무소 이전지역 범위 → 전국
④ 겸업 지역 범위 → 전국

> 예외 : 부칙 규정에 의한 개업공인중개사가 부동산거래정보망에 가입하고 이를 이용(해당 부동산거래정보망)하여 중개하는 경우에는 전국이 된다.
> 제재 : 6개월 범위 내에서 업무정지 처분

법인인 개업공인중개사는 원칙적으로 중개업과 공인중개사법 제14조에 규정된 업무만 겸업할 수 있고, 그 밖의 업무는 겸업할 수 없다. 따라서 법인인 개업공인중개사는 대부업, 운송업, 도배업, 감정평가업, 문구점업 등은 겸업할 수 없다.

> **한끝 Point**
> - 업무활동범위 파트는 기출이 적고 난이도는 다소 높은 파트로, 지문이 반복출제되므로 기출 핵심 지문을 위주로 공부합니다.
> 1. 법인인 개업공인중개사, 개업공인중개사, 중개인의 중개대상물은 같다.
> 2. 법인인 개업공인중개사, 개업공인중개사, 중개인의 업무범위는 다르다.(중개인)
> 3. 법인인 개업공인중개사, 개업공인중개사, 중개인의 겸업범위는 다르다.
> 4. 법인인 개업공인중개사의 제14조 위반 – 업무범위 벗어난 겸업범위를 위반하면 등록관청의 법인인 개업공인중개사의 중개사무소 개설등록을 취소할 수 있다.(법 제38조 제2항 4호)

한끝 기출 마무리

01. 중개인이라 하더라도 부동산거래정보망에 가입하고 이를 이용하여 중개하는 경우에는 당해 정보망에 공개된 관할구역 외의 중개대상물에 대하여도 중개할 수 있다.(o)[19회/22회/24회]

02. 현행 법령상 중개대상물의 범위는 개업공인중개사의 종별에 따라 차이가 없다.(o)[19회/22회/24회]

03. 중개사무소 개설등록을 한 것으로 보는 자(중개인)의 업무지역은 당해 중개사무소가 소재하는 시·군·구의 관할구역으로 한다.(x)[19회/22회]

∥해설 및 정답∥ 시·군·구는 분사무소의 설치 기준으로 외워두도록 한다. 중개인의 업무 가능 지역은 소재하는 특별시, 광역시, 도에 해당한다. (Ex. 서울특별시 / 부산광역시)

04. 법인 및 공인중개사인 개업공인중개사의 업무지역은 전국으로 한다. 다만 특수법인은 공인중개사 법령상 상세한 규정이 없으므로 전국을 업무지역으로 할 수 없다.(x)[24회]

∥해설 및 정답∥ 특수법인의 업무지역도 법인인 개업공인중개사를 준용하여 전국으로 볼 수 있다. (단, 지역농협협동조합의 '중개대상물' 범위가 농지로 제한된다.)

Topic 1-64

Topic 25. 겸업 - 1

Ⅰ. 법인인 개업공인중개사의 겸업제한

> 제14조(개업공인중개사의 겸업제한 등) ①법인인 개업공인중개사는 다른 법률에 규정된 경우를 제외하고는 중개업 및 다음 각 호에 규정된 업무와 제2항에 규정된 업무 외에 다른 업무를 함께 할 수 없다.

Ⅱ. 겸업이 가능한 6가지 *Topic 13 동시 참고*

① 상업용 건축물 및 주택의 임대관리 등 부동산의 <u>관리대행</u>(임대업은 불가)
  (공업용 건축물이나 농업용 건축물의 임대관리업은 미해당)
② 부동산의 이용 및 개발 거래에 관한 상담(컨설팅)
③ **개업공인중개사를 대상으로** 한 중개업의 경영기법 및 경영정보의 제공(프랜차이즈업)
④ 주택 및 상가의 분양 **대행**(분양계약은 중개보수 적용O / 분양대행은 보수규정X)
  (토지, 택지 분양대행 또는 공업용, 상업용지에 대한 분양대행은 해당X)
⑤ 기타 중개업에 부수되는 업무로서 주거이전에 부수되는 업무(용역 알선)
  (Ex. 도배, 이사업체의 소개. 단, 직접 업체를 운영하거나 용역제공은 불가하다.)
⑥ 경매 및 공매대상 부동산에 대한 권리분석 및 취득의 알선과 매수신청 또는 입찰신청 대리

Ⅲ. 특이사항

① 농업용 건축물 및 공업용 건축물 관리대행은 불가하다.
② 법인인 개업공인중개사는 <u>토지에 대한 분양대행은 불가</u>하다.
③ 개업공인중개사는 주택과 상가건물에 대한 규모에 제한 없이 최초분양, 미분양을 불문하고 분양대행이 가능하다.
④ 공매와 달리 경매대상 부동산의 매수신청 또는 입찰신청의 대리를 하고자 하는 때에는 요건을 갖추어 <u>법원에 등록</u>을 하고 그 감독을 받아야 한다.
⑤ 법인인 개업공인중개사가 <u>겸업제한을 위반할 경우의 제재</u> → 상대적(임의적) 등록취소
⑥ <u>겸업에 대해서는 법정 중개보수 규정을 적용하지 않는다.</u>

한끝 Point

- 겸업의 범위와 항목은 필수로 암기해야 합니다.

개인 개업공인중개사의 겸업가능 여부

① 공인중개사인 개업공인중개사는 겸업 (6가지) 및 다른 법률이 제한하지 않는 한 기타 겸업도 가능하다.(문구점, 이사업, 담배소매업 등 다양하게 모두 가능) 단, 다른 법률에서 금지 또는 제한하는 경우 불가하다. (공무원 근무 중 중개업X)
② 중개인도 ①과 같으나 다만 경·공매대상 부동산의 및 취득의 알선·대리행위는 불가능하다.

특수법인의 겸업 가능 여부

- 특수법인은 법인인 개업공인중개사의 위 6가지 겸업(법 제14조)은 성질상 할 수 없다.

두문자 관.상.경.분.용.대 (관상을 보라. 경분이와 용대의 관상을)
① 관리
② 상담(컨설팅)
③ 경영정보-프랜차이즈업
④ 분양대행
⑤ 용역알선
⑥ 대리(경공매)

한끝 기출 마무리

01. 공인중개사법령상 법인인 개업공인중개사가 겸업할 수 있는 것을 모두 고른 것은?(단, 다른 법률의 규정은 고려하지 않음)30회*기출지문빈출*

ㄱ. 상업용 건축물 및 주택의 분양대행
ㄴ. 부동산의 이용·개발 및 거래에 관한 상담
ㄷ. 개업공인중개사를 대상으로 한 중개업의 경영기법 및 경영정보의 제공
ㄹ. 중개의뢰인의 의뢰에 따른 도배·이사업체의 소개 등 주거이전에 부수되는 용역의 알선

① ㄱ, ㄴ
② ㄱ, ㄷ
③ ㄱ, ㄷ, ㄹ
④ ㄴ, ㄷ, ㄹ
⑤ ㄱ, ㄴ, ㄷ, ㄹ

‖해설 및 정답‖ ⑤ ㄱ, ㄴ, ㄷ, ㄹ(○) 반복기출/박스형 출제가 유력하므로, 겸업은 필수로 외워두어야 한다. 겸업문제는 거의 매년 출제된다.

02. 모든 개업공인중개사는 개업공인중개사를 대상으로 한 중개업의 경영기법의 제공업무를 겸업할 수 있다.(ㅇ)22회

‖해설 및 정답‖ 개업공인중개사를 대상으로 한 경영정보 및 경영기법이어야 한다.

03. 개업공인중개사를 대상으로 한 공제업무의 대행은 공인중개사법령상 법인인 개업공인중개사의 업무범위에 해당한다.(x)32회 기출변형

‖해설 및 정답‖ 공제업무의 대행은 업무범위에 해당하지 않는다. 개업공인중개사를 대상으로는 경영기법 및 정보제공을 할 수 있다. 공제업무의 대행은 어떤 중개사에게도 업무범위가 아니다.

Topic 1-64

Topic 26 겸업 - 2

Ⅰ. 법인의 겸업범위(법 제14조 규정)
① 부동산 이용·개발 및 거래에 관한 <u>상담은</u>(컨설팅업) 일반인이나 개업공인중개사 등 <u>모두를 대상</u>으로 한다.
② 개업공인중개사를 대상으로 한 <u>중개업의 경영기법 및 경영정보의 제공</u>은(프랜차이즈업) <u>개업 공인중개사만을 대상</u>으로 가능하다.
③ 부동산분양대행업자는 타인 소유 부동산의 판매에 종사하는 자로서 자신의 명의로 부동산의 판매 업무에 종사할 경우에는 상법상 위탁매매인의 지위를 갖게 된다.
④ 분양대행은 법인 개업공인중개사가 <u>주택 및 상가를</u> 분양대행하는 경우로 제한된다.
(상업용 건축물 및 주택의 분양대행은 가능, 주택용지의 분양대행은 할 수 없다.)

> 자신이 직접 개발한 택지 등의 토지와 타인에게 도급으로 건설한 건물 등을 분양, 판매하는 것은 부동산분양대행업이 아니다.

⑤ 법인인 개업공인중개사의 중개업무범위에 부동산업은 포함되지 않는다.
⑥ 주택법의 규정에 의한 입주자모집 결과 신청자 수가 공급하는 수에 미달하는 경우 그 미달하는 분의 주택 및 상가를 분양대행 할 수 있다.
⑦ 중개의뢰인의 의뢰에 따른 도배, 이사 업체의 소개 등 주거이전에 부수되는 용역의 <u>알선O.</u>
<u>단, 도배업이나 이사업체를 직접 운영 또는 제공X</u>
⑧ 경매 대리행위가 아닌 단순한 권리분석 및 취득알선은 법원에 등록할 필요가 없다.
⑨ 공매대상 부동산에 대한 권리분석 및 취득의 알선과 매수신청 또는 입찰신청의 대리는 <u>법원에 등록할 필요가 없다.</u> (경매는 반드시 등록)
⑩ 법인인 개업공인중개사는 부동산임대업, 매매업을 할 수 없다.
⑪ 법인인 개업공인중개사는 부동산 금융업, 투자업을 할 수 없다.

Ⅱ. 법인의 겸업위반 시 제재
① 상대적(임의적) 등록취소
② 6개월 이하의 업무정지(상대적 등록취소 사유는 업무정지의 사유가 된다.)(Topic 58 참고)

> **한끝 Point**
> - 법인의 겸업 범위는 빈출 파트로, 단어의 교묘한 변형을 유의하여야 합니다.
>
> 1. 경매매수청구대리 보수 – 최저매각가의 1.5% or 감정가의 1%(법원 등록)(Topic 99 참고)
> 2. 공매 보수 – 일반 중개보수 규정 적용 (자산관리공사)(21 판례)
>   - 국세징수법상 공매대상 부동산에 대한 권리분석 및 취득의 알선과 매수신청 또는 입찰 신청의 대리는 가능하나 공매대상 동산에 대한 입찰신청의 대리는 불가하다.
> 3. 법인인 개업공인중개사는 부동산거래정보망사업을 할 수 없다.(겸업제한 위반되므로)
> 4. 법인인 개업공인중개사는 직업소개업 등은 할 수 없다.
> 5. 법인인 개업공인중개사가 법 제14조 겸업범위를 위반한 경우
>   - 임의적 등록취소 또는 6개월의 범위 내의 업무정지처분 대상

한끝 기출 마무리

01. 법인인 개업공인중개사는 중개의뢰인의 의뢰에 따른 주거이전에 부수되는 용역의 제공이 가능하다(x)29회

> ‖해설 및 정답‖ 주거이전에 부수되는 용역의 제공이 아니라 용역의 알선만을 할 수 있다.

02. 공인중개사법령상 법인인 개업공인중개사가 겸업할 수 있는 업무를 모두 고른 것은?(다른 법률에 따라 중개업을 할 수 있는 경우는 제외함)26회/29회/32회*기출지문빈출*

> ㄱ. 주택의 분양대행
> ㄴ. 부동산의 이용·개발 및 거래에 관한 상담
> ㄷ. 중개의뢰인의 의뢰에 따른 이사업체의 소개
> ㄹ. 개업공인중개사를 대상으로 한 중개업의 경영기법의 제공

① ㄱ, ㄷ　　② ㄴ, ㄷ　　③ ㄱ, ㄴ, ㄷ
④ ㄱ, ㄴ, ㄹ　　⑤ ㄱ, ㄴ, ㄷ, ㄹ

> ‖해설 및 정답‖ ⑤ 분양대행의 범위(주택, 상가) / 이사업체의 '용역제공'X(소개○) 빈출

03. 겸업제한 규정을 위반한 경우, 등록관청은 중개사무소 개설등록을 취소할 수 있다.(ㅇ)25회

> ‖해설 및 정답‖ 법인의 겸업 위반은 임의적(상대적) 등록취소 사유이다. 임의적이므로 등록취소를 하지 않을 시 업무정지를 할 수 있다. 임의적 등록취소 사유를 1년 이내에 1회 위반한 경우 6개월 이내의 업무정지를 할 수 있다.

04. 법인인 중개업자가 최근 1년 이내에 겸업금지 규정을 1회 위반한 경우 업무정지 처분을 할 수 있다.(ㅇ)25회

고용인과 개업공인중개사의 책임

Ⅰ. 고용인과 개업공인중개사

① 개업공인중개사는 소속공인중개사 → 실무교육 / 중개보조원 → 직무교육을 받도록 하여야 한다.
② 업무개시 전까지 등록관청에 신고(전자문서에 의한 신고 포함)하여야 한다.
③ 고용신고를 받은 등록관청은 공인중개사 자격증을 발급한 시·도지사에게 그 소속공인중개사의 공인중개사 자격확인을 요청하여야 한다.
④ 개업공인중개사는 고용인의 고용관계가 종료된 때에는 고용관계가 종료된 날부터 10일 이내에 등록관청에 신고하여야 한다.
⑤ 외국인을 고용하는 경우에는 결격사유 중 어느 하나에 해당되지 아니함을 증명하는 서류를 첨부하여야 한다.
⑥ 고용인의 업무상 행위는 그를 고용한 개업공인중개사의 행위로 본다.
　(추정×/ 본다 = 의제한다 = 간주한다○)(모든 행위× / 업무상 행위만)
⑦ 고용인의 업무상 행위는 중개대상물의 거래에 관한 알선업무 뿐만 아니라 위 업무와 밀접한 관련이 있고, 외형상 관련된 것까지 포함하고 있다.
⑧ 의뢰인이 맡긴 계약금을 횡령한 경우도 업무 관련행위로 본다. *판례*

> ⓐ 손해배상책임(민사책임) : 개업공인중개사는 고용인의 업무상 행위에 대해 무과실책임으로서 사용자 책임을 지게 된다.
> ⓑ 형사책임(양벌규정)
> ⓒ 행정상 책임 : 고용인의 행정처분 사유 발생시 개업공인중개사가 행정처분을 책임을 진다.

Ⅱ. 중개보조원 채용제한

① 개업공인중개사 및 소속공인중개사를 합한 숫자의 5배를 초과할 수 없다.
　(위반 시 - 절대등록취소 및 1년 이하 징역 또는 1천만 원 이하벌금)
② 중개보조원 고지의무 : 중개보조원이라는 사실을 고지하여야 한다.
　(신설 : 위반 시 - 개업공인중개사, 중개보조원 500만 원 이하 과태료) *2023개정/확인설명서 추가*

> **한끝 Point**
> 1. 개업공인중개사가 고용할 수 있는 중개보조원의 수는 개업공인중개사와 소속공인중개사를 합한 수의 <u>5배</u>를 초과하여서는 아니 된다. (개공 + 소공 > 보조원 × 5)
> 2. 중개보조원은 현장안내시 고지의무 23년 10월 19일 신설 추가 기억할 것! (+ 확인설명서)
> 3. **<u>소속 공인중개사 - 실무교육 / 중개보조원 - 직무교육</u>
> 4. **<u>고용 - 업무개시 전까지 / 고용 종료 - 종료 후 10일 내 신고</u>
> 5. 행정처분
>   ① 개업공인중개사 : 등록취소 또는 업무정지
>   ② 소속공인중개사 : 자격정지
>   ③ 중개보조원 : 행정처분 ✕
>
> - 고용인의 업무상 위법행위에 대하여 개업공인중개사가 그 위반행위를 방지하기 위하여 해당 업무에 관하여 <u>상당한 주의와 감독</u>을 게을리하지 아니한 경우에는 <u>양벌규정은 적용되지 않는다</u>.[29회]
> - 개업공인중개사는 고용인의 불법에 대하여 대위배상을 한 경우에는 구상권 행사가 가능하다.
>
> **판례** *Topic 18 결격사유*
> - 개업공인중개사가 양벌규정에 따라 300만원 이상의 벌금형을 선고 받았더라도 결격자가 되지 않는다. + 등록이 취소되지 않는다.

한끝 기출 마무리

01. 개업공인중개사는 중개보조원을 고용한 경우, 등록관청에 신고한 후 업무개시 전까지 등록관청이 실시하는 직무교육을 받도록 해야 한다.(x)[28회/31회/32회]*유사지문빈출*

> ‖ 해설 및 정답 ‖ 직무교육을 받은 후 (소속 공인중개사는 실무교육) 업무개시 전까지 등록관청에 신고(전자문서에 의한 신고를 포함한다)하여야 한다.

02. 공인중개사법령상 고용인의 신고 등에 관한 설명으로 옳은 것은?[35회]
① 등록관청은 중개보조원의 고용 신고를 받은 경우 이를 공인중개사협회에 통보하지 않아도 된다.
② 개업공인중개사는 소속공인중개사를 고용한 경우에는 소속공인중개사가 업무를 개시한 날부터 10일 이내에 등록관청에 신고하여야 한다.
③ 개업공인중개사가 고용할 수 있는 중개보조원의 수는 개업공인중개사와 소속공인중개사를 합한 수의 5배를 초과하여서는 아니 된다.
④ 개업공인중개사는 소속공인중개사와의 고용관계가 종료된 때에는 고용관계가 종료된 날부터 30일 이내에 등록관청에 신고하여야 한다.
⑤ 소속공인중개사에 대한 고용 신고를 받은 등록관청은 공인중개사협회에게 그 소속공인중개사의 공인중개사 자격 확인을 요청하여야 한다.

> ‖ 해설 및 정답 ‖ ③ 매우 중요한 지문이다. ①(X) 제14조(등록사항 등의 통보) 등록관청은 다음 각 호의 어느 하나에 해당하는 때에는 그 사실을 국토교통부령이 정하는 바에 따라 법 제41조에 따른 공인중개사협회에 통보하여야 한다. - 중개사무소등록증을 교부
> - 고용신고 또는 고용종료 신고, 행정처분
> ②(X) 업무 개시 전 신고하여야 한다. ④(X) 고용관계가 종료된 경우에는 10일 이내에 등록관청에 신고하여야 한다. ⑤(X) 협회에 자격 확인을 요청하는 것이 아니라, 자격증을 발급한 시.도지사에게 요청한다.

Topic 28. 인장등록

Ⅰ. 인장등록

① 개업공인중개사 및 소속공인중개사는 업무를 <u>개시하기 전</u>에 중개행위에 사용할 인장을 등록관청에 등록하여야 한다. (전자문서에 의한 등록을 포함) <u>(보조원×)</u>
② 등록한 인장을 변경한 경우에는 개업공인중개사 및 소속공인중개사는 **변경일부터 7일 이내**에 그 변경된 인장을 등록관청에 등록(전자문서에 의한 등록을 포함)하여야 한다.
③ 개업공인중개사 및 소속공인중개사는 가족관계등록부 또는 주민등록표에 기재되어 있는 성명이 나타난 <u>7mm 이상 30mm 이내의 인장</u>을 등록하여야 한다.
④ 개업공인중개사 및 소속공인중개사는 중개행위를 함에있어서 <u>등록한 인장을 사용하여야 한다.</u>
⑤ 개업공인중개사는 중개사무소의 등록관청에 인장을 등록하여야 한다.
  다만, <u>법인의 분사무소는 주된 사무소의 등록관청</u>에 인장을 등록한다.
⑥ 개업공인중개사는 등록신청 시부터, 소속공인중개사는 고용신고시부터 업무를 개시하기 전까지 중개행위에 사용할 인장을 등록관청에 등록하여야 한다.
⑦ 인장등록 방법은 법인인 개업공인중개사는 <u>인감증명서제출로 갈음</u>하며, 개인인 개업공인중개사 및 소속공인중개사는 인장등록신고서에 날인하여 제출한다.
⑧ 인장 미등록, 등록한 인장 미사용, 변경한 <u>인장 미등록은 업무정지사유</u>에 해당한다.
  다만, 인장관련 의무 위반으로 작성한 거래계약의 효력에 영향은 없다.
⑨ 소속공인중개사는 중개행위를 한 경우 확인설명서와 거래계약서에 서명 및 날인의 의무가 있으나, 일반중개계약서 또는 전속중개계약서에는 의무가 없다.
⑩ 인장 미등록 또는 등록인장 미사용 시 - <u>6개월 이내 업무(소공 - 자격)정지</u>

> **한끝 Point**
>
> 1. 인장등록 → 업무개시 전
> 2. 등록한 인장을 변경한 경우에는 개업공인중개사 및 소속공인중개사는 변경일부터 7일 이내에 그 변경된 인장을 등록관청에 등록하여야 한다.(변7)
> 3. 법인인 개업공인중개사
>   - 「상업등기규칙」에 의해 신고된 인장을 등록하여야 한다.(must)
> 4. 법인 개업공인중개사의 인장등록 「상업등기규칙」에 따른 인감증명서 제출로 갈음한다.
> 5. 법인의 분사무소의 경우 「상업등기규칙」에 따라 법인의 대표자가 보증하는 인장을 등록할 수 있다.
> 6. 인장등록 위반 – 6개월 이하의 업무정지사유 / 소속공인중개사 – 6개월 이하 자격정지사유

한끝 기출 마무리

01. 법인인 개업공인중개사의 분사무소에서 사용할 인장은 상업등기규칙에 따라 신고한 법인의 인장으로만 등록해야 한다.(x)27회/31회*유사지문빈출*

> ‖해설 및 정답‖ 법인인 개업공인중개사의 경우에는 「상업등기규칙」에 따라 신고한 법인의 인장이어야 한다. 다만, 분사무소는 「상업등기규칙」에 따른 법인의 대표자가 보증하는 인장을 등록할 수 있다.

02. 중개보조원은 중개업무를 하기 위해 인장등록을 하여야 한다.(x)31회

> ‖해설 및 정답‖ 중개보조원은 인장등록 의무가 없다.

03. 분사무소에서 사용할 인장은 분사무소 소재지 시장, 군수 또는 구청장에게 등록해야 한다.(x)31회

> ‖해설 및 정답‖ 분사무소는 '주된 사무소'소재지를 기준으로 한다.

04. 공인중개사법령상 인장등록 등에 관한 설명으로 틀린 것은?34회

① 개업공인중개사는 중개사무소 개설등록 후에도 업무를 개시하기 전이라면 중개행위에 사용할 인장을 등록할 수 있다.
② 소속공인중개사의 인장등록은 소속공인중개사에 대한 고용 신고와 같이 할 수 있다.
③ 분사무소에서 사용할 인장의 경우에는 상업등기규칙에 따라 법인의 대표자가 보증하는 인장을 등록할 수 있다.
④ 소속공인중개사가 등록하여야 할 인장의 크기는 가로·세로 각각 7밀리미터 이상 30밀리미터 이내이어야 한다.
⑤ 소속공인중개사가 등록한 인장을 변경한 경우에는 변경 일부터 10일 이내에 그 변경된 인장을 등록해야 한다.

> 정답 및 해설 ⑤(X)
> 변경한 경우 7일 이내에 변경된 인장을 등록관청에 등록하여야 한다. (변7)

Topic 29. 개업공인중개사의 휴업과 폐업

I. 휴업과 폐업

① 개설등록 후 업무 개시하지 않고 3개월 초과하는 경우에도 휴업 신고 의무
② 개업공인중개사가 3개월 이하 휴업하는 경우에는 신고의무가 없다.
③ 3개월 초과 휴, 폐업 시에는 반드시 등록증을 첨부하여 '사전'신고 해야 한다.
　(미리신고 / 이 경우는 방문 신고만 가능하다. 전자문서에 의한 신고 불가)
④ 휴업기간 변경 횟수 제한은 없다. / 부득이한 사유 → 6개월 초과할 수 있다.
　단, 부득이한 사유의 경우 6개월을 초과할 수 있다.
⑤ 신고의 법정서식은 동일하고, 수수료는 발생하지 않는다. / 처리 기간 '즉시'
⑥ 휴업기간 중에도 중개사무소는 유지하여야 한다. 이전신고도 가능하다.
⑦ 휴업 사실의 외부 표시 의무× / 휴업중 보증설정 만료 → 개시 전 재설정
⑧ 중개사무소 재개신고를 받은 경우, 등록관청은 반납 받은 중개사무소등록증을 즉시 반환하여야 한다.
⑨ 휴업기간 만료 후 재개 뿐 아니라 휴업기간 중 재개를 하는 경우에도 사전 신고하여야 한다. (미리 신고 / 휴업기간 변경신고, 재개신고는 전자문서로 가능)
⑩ 법인의 분사무소별로 별도로 휴업, 재개업 등이 가능하다.
⑪ 등록관청에 폐업신고한 경우에는 지체없이 사무소의 간판을 철거해야 한다.
⑫ 폐업신고 전의 개업공인중개사에 대하여 위반행위를 사유로 행한 업무정지 처분의 효과는 처분일(폐업일×)로부터 1년간 다시 개설등록을 한 자에게 승계된다. *Topic 59 참고*

> **한끝 Point**
>
> 1. 방문신고는 3개월 초과하여 휴업, 폐업하는 경우에 해당한다.
>   - 신고확인서 필요 / 3개월 초과 → 등록증 반납 / 업무정지 → 반납X
> 2. 6개월 초과하여 휴업 가능한 경우 : 질병으로 인한 요양, 징집으로 인한 입영, 취학, 임신 또는 출산, 그 밖에 이에 준하는 부득이한 사유
>
> **휴업 주요내용**
>   ① 휴업신고(폐업신고 포함) : 전자문서X (고용신고, 종료신고는 규정X)
>   ② 변경신고, 재개신고 : 전자문서O
>   ③ 신고 여부 : 3개월 기준
>   ④ 휴업 기간 : 6개월 기준
>
> 3. 분사무소 설치, 이전, 휴업, 폐업 모두 '주된 사무소' 소재 기준하여 신고한다.
> 4. 등록관청은 휴업, 폐업신고사항을 다음 달 10일까지 협회에 통보하여야 한다.
> 5. 3개월 초과 휴업, 폐업, 휴업의 재개 신고 또는 휴업 기간 변경신고를 하지 아니한 자는 100만원 이하의 과태료에 처한다.
> 6. 정당한 사유없이 6개월 초과하여 휴업한 경우 - 상대적 등록취소
> 7. 휴업신고 위반 : 100만원 이하의 과태료 (휴업 일반 최대 6개월)
> 8. 업무정지기간 중 중개업무 : 절대적 등록취소 (업무정지는 최대 6개월)

한끝 기출 마무리

01. 개업공인중개사가 3개월의 휴업을 하려는 경우 등록관청에 신고해야 한다.(x)[32회]

‖해설 및 정답‖ 3개월 '초과'시 신고하여야 한다.

02. 재개신고는 휴업기간 변경신고와 달리 전자문서에 의한 신고를 할 수 없다.(x)[32회]

‖해설 및 정답‖ 3개월을 초과하는 휴업 또는 폐업은 방문신고가 필수이나, 재개신고나 휴업 기간의 변경신고는 전자문서에 의한 방법으로 가능하다.

03. 공인중개사법령상 개업공인중개사의 휴업의 신고 등에 관한 설명으로 틀린 것은?[35회]
① 법인인 개업공인중개사가 4개월간 분사무소의 휴업을 하려는 경우 휴업신고서에 그 분사무소설치 신고확인서를 첨부하여 분사무소의 휴업신고를 해야 한다.
② 개업공인중개사가 신고한 휴업기간을 변경하려는 경우 휴업기간 변경신고서에 중개사무소등록증을 첨부하여 등록관청에 미리 신고해야 한다.
③ 관할 세무서장이 「부가가치세법 시행령」에 따라 공인중개사법령상의 휴업신고서를 함께 받아 이를 해당 등록관청에 송부한 경우에는 휴업신고서가 제출된 것으로 본다.
④ 등록관청은 개업공인중개사가 대통령령으로 정하는 부득이한 사유가 없음에도 계속하여 6개월을 초과하여 휴업한 경우 중개사무소의 개설등록을 취소할 수 있다.
⑤ 개업공인중개사가 휴업한 중개업을 재개하고자 등록관청에 중개사무소재개신고를 한 경우 해당 등록관청은 반납받은 중개사무소등록증을 즉시 반환해야 한다.

‖해설 및 정답‖ ②(X) 3개월을 초과하는 경우이기에 휴업신고를 했을 것이다. 휴업신고시 이미 등록증이 반납되어있다. 이미 제출한 등록증을 또 제출하는 것은 불가능하다. 또한 변경신고 시에도 등록증을 첨부하는 규정은 없으며 이 역시 이미 등록증을 제출했기에 불가능하다.

Topic 1-64

Topic 30. 중개계약 종류

Ⅰ. 중개계약의 5가지 종류

1. 일반 중개계약(법 제 22조)
① 중개의뢰인이 불특정다수의 개업공인중개사에게 경쟁적인 중개를 의뢰하는 형태
② 거래를 성립시킨 개업공인중개사에게 보수 지급 / 우리나라에서 가장 일반화

2. 전속 중개계약
① 특정 개업공인중개사에게 중개를 의뢰하고 계약기간 동안 중개에 대한 **전속권을 인정하는 계약 방식**(법 제23조)
② 의무가 부과되며 책임중개 측면이 있으나 거래정보 확보 또는 중개대상물에 대한 전속 개업공인중개사의 태도가 중요하다.

3. 독점 중개계약
① 중개의뢰인이 특정한 개업공인중개사에게 중개를 의뢰하고, 계약기간 동안 독점적으로 중개를 인정하는 계약방식
② 계약기간 내에 중개가 완성된 경우, 거래를 체결한자와 관계없이 독점 계약한 개업공인중개사가 중개보수를 수령한다.
③ 미국에서 일반적으로 행해지는 방식 / 공인중개사가 무능하거나 업무를 태만시할 경우 거래에 문제가 된다. (지연, 안일주의)

4. 공동 중개계약
① 부동산거래정보망 또는 중개사 단체 등에 정보를 공개하거나 **다수(2인 이상)의 개업공인중개사가 중개의 완성에 공동으로 참여하는** 중개 방식
② 중개보수는 균등하게 배분하는 형태 / 신속성 확보, 효율성 확보 측면에서 유리하다.

5. 순가중개계약
① 순가중개계약이란 중개의뢰인이 미리 매도 또는 매수가격을 제시하여 그 가격을 초과하는 금액을 개업공인중개사가 보수로 취득하도록 하는 계약을 말한다.[20회]

> **한끝 Point**
> 1. 우리나라에서 가장 많이 사용되고 있는 중개계약은 일반 (보통) 중개계약이다.
> 2. 일반중개계약서도 작성 시 특별한 약정이 없는 한 3개월이다.(필수X)
> 3. 독점중개 계약은 계약이 체결되면 거래를 누가 성사시키든 간에 그 개업공인중개사가 보수를 받는 것으로, 전속중개개념과는 다르다.
> 4. 부동산중개계약은 민법상 위임계약과 유사하다 *기출지문빈출*
> 5. 전속중개계약은 '전속'이니만큼 한 곳의 개업공인중개사와 체결하여야 하지만, 일반중개계약은 이러한 제한 없이 다수의 개업공인중개사와 체결이 가능하다.(동시 다수가 아닌, 1인만이 아닌 다수와 가능하다는 의미이다.)
>
> **두문자** 중개계약 5종 - 독/일/전/공/순

한끝 기출 마무리

01. 현행법에서는 순가중개계약을 명문으로 금지하고 있지는 않으나, 법정 중개보수를 초과할 경우 위법이 된다.(o)[24회]

> ‖해설 및 정답‖ 중개보수 규정을 적용받는 중개계약은, 모두 초과보수가 금지되어 있다고 외우면 편하다. 기출빈도가 매우 낮지만 알아두면 좋은 지문이다.

02. 일반중개계약은 중개의뢰인이 중개대상물의 중개를 의뢰하기 위해 특정한 개업공인중개사를 정하여 그 개업공인중개사에 한정하여 중개대상물을 중개하도록 하는 계약을 말한다.(x)[33회]

> ‖해설 및 정답‖ 전속중개계약 형태를 말한다.

03. 중개계약은 중개대상물의 매매·교환·임대차 기타 권리의 득실·변경을 하도록 하는 중개의뢰인과 개업공인중개사 간의 계약이다.(o)[24회]

Topic 31 일반중개계약

Ⅰ. 일반중개계약
① 중개의뢰인의 청약과 이를 승낙하는 개업공인중개사가 당사자로서 체결하는 계약(법률행위)이다.
② 중개의뢰인의 일반중개계약서 작성 요청권은 임의규정이다.
③ 개업공인중개사는 법정표준서식을 사용할 의무는 없다. (권장사항일 뿐이다.)
④ 법정표준서식을 사용할 경우에는 2부를 작성하여, 중개의뢰인 일방에 교부하여야 한다. 다만, 현행법상 보관 기간에 대한 명확한 규정은 없다. (거래계약서 보관의무와 혼동하지 말 것)
⑤ 개업공인중개사는 중개의뢰인의 일반중개계약서 작성요청을 수락할 의무는 없다.
⑥ 개업공인중개사가 일반중개계약을 체결하고 거래정보망 또는 일간신문에 중개대상물에 대한 정보를 공개해야 할 의무는 없다. 다만, 중개완성 후에 거래정보사업자에게 통보할 의무이다.
⑦ 중개의뢰인은 중개의뢰내용을 명확하게 하기 위하여 필요한 경우에는 개업공인중개사에게 다음의 사항을 기재한 일반중개계약서의 작성을 요청할 수 있다.

> **두문자** 거, 위, 준, 수
> ⓐ 중개대상물의 위치 및 규모
> ⓑ 거래예정가격
> ⓒ 거래예정가격에 대하여 공인중개사법 제32조에 따라 정한 중개보수
> ⓓ 그 밖에 개업공인중개사와 중개의뢰인이 준수사항

Ⅱ. 중개계약의 법적 성격
① 유상계약, 쌍무계약(특수한 쌍무계약)
② 낙성계약, 비전형, 무명, 혼합, 계속적 계약
③ 정지조건부 계약(중개완성이 보수청구권 행사요건)
④ 위임유사계약(판례), 개업공인중개사의 선량한 관리자의 주의의무 부담

한끝 Point

1. 중개의뢰인은 중개의뢰 내용을 명확하게 하기 위하여 필요한 경우 개업공인중개사에게 일반중개계약서의 작성을 요청할 수 있다.(can)
2. 국토교통부장관은 일반중개계약의 표준이 되는 서식을 정하여 그 사용을 권장할 수 있다.(can)
3. 일반중개계약서 vs 전속중개계약서

	일반중개계약서	전속중개계약서
서식규정	권장서식있음(일반중개)	별지서식
보관연수	규정없음	3년
제재	X	업무정지
서명 또는 날인	일반, 전속 모두 서명 "또는" 날인	
기타	거래예정금액, 중개보수, 공법상 제한 기재 (일반, 전속 모두)	

- 일반중개계약은 전속중개계약과 혼합문제로 출제가 되므로, 비교하는 것이 중요합니다.
- 임의규정 / 법정서식 / 보관기간의 유·무 / 필요적 기재사항

4. 거래계약서와 확인설명서는 서명 '및' 날인 / 일반, 전속 중개계약서는 서명 '또는' 날인**

두문자 계약서 보관 기간 암기 – 거5/확3/전3
- 거래계약서 → 5년 / 확인설명서 → 3년 / 전속중개계약서 → 3년

한끝 기출 마무리

01. 중개의뢰인은 중개업자에게 거래예정가격을 기재한 일반중개계약서의 작성을 요청할 수 있다.(o)[25회]

02. 분사무소의 소속공인중개사가 중개행위를 한 경우 그 소속공인중개사와 분사무소의 책임자가 함께 거래계약서에 서명 및 날인해야 한다.(o)[27회]

‖해설 및 정답‖ 거래계약서를 의미하며, 계약서에는 공인중개사의 서명 '및' 날인 모두 하여야 한다.

03. 중개의뢰인은 동일한 내용의 일반중개계약을 다수의 개업공인중개사와 체결할 수 있다.(o)[28회]

04. 일반중개계약서는 국토교통부장관이 정한 표준이 되는 서식을 사용해야 한다.(x)[28회]

‖해설 및 정답‖ 사용을 권장할 수 있다.(재량)

05. 공인중개사법령상 개업공인중개사와 중개의뢰인의 중개계약에 관한 설명으로 틀린 것은?[35회]

① 일반중개계약은 계약서의 작성 없이도 체결할 수 있다.
② 전속중개계약을 체결하면서 유효기간을 3개월 미만으로 약정한 경우 그 유효기간은 3개월로 한다.
③ 전속중개계약을 체결한 개업공인중개사는 중개대상물의 권리자의 인적 사항에 관한 정보를 공개해서는 안 된다.
④ 중개의뢰인은 일반중개계약을 체결하면서 거래예정가격을 포함한 일반중개계약서의 작성을 요청할 수 있다.
⑤ 임대차에 대한 전속중개계약을 체결한 개업공인중개사는 중개의뢰인의 비공개 요청이 없어도 중개대상물의 공시지가를 공개하지 아니할 수 있다.

‖해설 및 정답‖ ②(X) 3개월 미만으로 협의한 경우 그 기간으로 한다.

Topic 32 전속중개계약

2025 위패스 공인중개사 합격셀렉트

I. 전속중개계약

① 중개의뢰인은 중개대상물의 중개를 의뢰하는 경우 **특정한 개업공인중개사에게 한정하여** 해당 중개대상물을 중개하도록 전속중개계약을 체결할 수 있다.

② 전속중개계약 체결시, 개업공인중개사는 **국토교통부령으로 정하는 계약서를 사용하고, 3년 간 보존하여야 한다.** (위반 시 – 업무정지)

③ 개업공인중개사의 의무사항

  ⓐ 전속중개계약서 2부 작성 3년 보존. (위반시) 업무정지
  ⓑ 정보공개 → 부동산거래정보망 또는 일간신문 **7일 이내** → (위반시) 상대적 등록취소
  ⓒ 공개내용 통지 → **지체없이** → 문서로 → (위반시) 업무정지(중개의뢰인에게 통지)
  ⓓ 업무처리상황 통보 → **2주 1회 이상** → 문서로 → (위반시) 업무정지(중개의뢰인에게 통보)
  ⓔ 거래완성 사실 통보 → **지체없이** → (위반시) 업무정지(거래정보사업자에게 통보)

④ 중개의뢰인의 의무

  ⓐ 중개완성 후 중개보수 지급 의무
  ⓑ 다음의 경우에는 법정보수 **전액을 위약금**으로 지급하여야 한다
    - 전속중개계약 유효기간 내에 **다른 개업공인중개사에게 의뢰**하여 **계약체결**
    - 전속중개계약 유효기간 내에 **당사자간 거래계약 직접체결**(배제 후 직거래)
  ⓒ 유효기간 중 의뢰인 **스스로 발견한 상대방**과 거래한 경우 → **50% 범위내 지불**

⑤ 개업공인중개사의 정보공개 의무는 중개의뢰인 **요청 시, 비공개**하여야 한다.

⑥ **전속중개계약서(법적서식) 미사용 또는 보관의무(3년) 위반시** → **업무정지**(법 39조 – 제23조 제2항의 규정을 위반하여 국토교통부령으로 정하는 전속중개계약서에 의하지 아니하고 전속중개계약 체결 또는 계약서 보존하지 아니한 경우)

⑥ **7일 이내 정보공개의무 위반 또는 비공개요청에도 공개시** → **상대적등록취소**

> **한끝 Point**
>
> 1. <u>개업공인중개사의 의무사항 내용</u> 2주일에 1회 이상 처리상황 통지*기출지문빈출*
> 2. <u>전속중개계약의 유효기간</u> – 원칙 – 3개월 / 예외 – 별도 협의시
>
> **공개할 내용** 거래예정금액 및 공시지가
> - 전속중개계약은 전속중개계약을 체결한 경우에 발생하는 정보공개 의무에 관한 사항이 핵심이므로, 주의깊게 암기하여야 합니다.
> ① 중개대상물의 종류, 소재지 지목 및 면적, 건축물의 용도·구조 및 건축연도 등 중개대상물을 특정하기 위하여 필요한 사항(필요적, 기본적 사항)
> ② 중개대상물의 권리관계에 관한 사항
>   다만, 각 권리자의 주소, 성명 등 <u>인적사항에 관한 정보는 공개하여서는 아니된다.</u>
> ③ 공법상의 이용제한 및 거래규제에 관한 사항
> ④ 벽면 및 도배의 상태
> ⑤ 수도, 전기, 가스, 소방, 열공급, 승강기 설비, 오수. 폐수. 쓰레기 처리시설 등의 상태
> ⑥ 도로 및 대중교통수단과의 연계성, 시장학교 등과의 근접성, 지형 등 입지조건, 일조. 소음. 진동 등 → 환경조건
> ⑦ 거래예정금액 및 공시지가 → <u>다만, 임대차의 경우에는 공시지가를 공개하지 아니할 수 있다.</u>

한끝 기출 마무리

01. 개업공인중개사는 전속중개계약 체결 후 중개의뢰인에게 2주일에 1회 이상 중개업무 처리상황을 문서로 통지해야 한다.(o)29회/33회*유사지문빈출*

02. 의뢰인 甲이 비공개를 요청하지 않은 경우, 개업공인중개사 乙은 전속중개계약체결 후 2주 내에 X부동산에 관한 정보를 부동산거래정보망 또는 일간신문에 공개해야 한다.(x)28회

> ‖해설 및 정답‖ 7일 이내 공개해야 한다.

03. 공인중개사법령상 개업공인중개사의 일반중개계약과 전속중개계약에 관한 설명으로 옳은 것은?33회
  ① 일반중개계약은 중개의뢰인이 중개대상물의 중개를 의뢰하기 위해 특정한 개업공인중개사를 정하여 그 개업공인중개사에 한정하여 중개대상물을 중개하도록 하는 계약을 말한다.
  ② 개업공인중개사가 일반중개계약을 체결한 때에는 중개의뢰인이 비공개를 요청하지 않은 경우, 부동산거래정보망에 해당 중개대상물에 관한 정보를 공개해야 한다.
  ③ 개업공인중개사가 일반중개계약을 체결한 때에는 중개의뢰인에게 2주일에 1회 이상 중개업무 처리상황을 문서로 통지해야 한다.
  ④ 개업공인중개사가 국토교통부령으로 정하는 전속중개계약서에 의하지 아니하고 전속중개계약을 체결한 행위는 업무정지 사유에 해당하지 않는다.
  ⑤ 표준서식인 일반중개계약서와 전속중개계약서에는 개업공인중개사가 중개보수를 과다수령 시 그 차액의 환급을 공통적으로 규정하고 있다.

> ‖해설 및 정답‖ ⑤(◯) ①(X) 특정, 지정, 한정 등의 단어가 나오면 전속중개계약일 확률이 높다. 일반과 전속을 비교하는 지문에서는 전속중개계약서에 해당하는 사항이다. ②(X) 전속중개계약서에 해당하는 내용이다.(정보공개의무) ③(X) 전속중개계약서에 해당하는 내용이다. ④(X) 전속중개계약서는 서식을 사용하고 계약서를 작성하고 보관(3년)해야 한다. 위반한 경우 업무정지사유에 해당한다.

Topic 33. 부동산거래정보망 (사업자 지정 및 제재)

2025 위패스 공인중개사 합격셀렉트

Ⅰ. 부동산거래정보사업자(법 제 24조)

① 부동산거래정보망이란 개업공인중개사 상호간 중개대상물의 중개에 관한 정보교환체계이다.
② 개인, 법인사업자 모두 가능하다. 다만 법인인 개업공인중개사는 불가하다. *Topic 26 참고*
③ 거래정보망에 복수가입이 가능/일반·전속중개계약을 체결한 개업공인중개사 모두 가능. 다만, 정보공개의무 여부에 차이점이 있다.
④ **국토교통부장관**이 지정권자, 지도·감독권자, 청문권자, 지정취소권자, 과태료 부과 징수권자(500만원 이하)가 된다.
⑤ **지정요건**은 다음과 같다.
  ⓐ 「전기통신사업법」의 규정에 의한 부가통신사업자일 것
  ⓑ 개업공인중개사 가입 전국 500인 이상/ 2개 이상 시 도에서 각 30인 이상
  ⓒ 정보처리기사 1인 이상
  ⓓ 공인중개사 1인 이상
  ⓔ 국토교통부장관이 정하는 컴퓨터 용량 및 설비를 갖출 것
⑥ 지정신청일부터 30일 이내 지정 및 지정서 교부
⑦ 지정을 받은 날로부터 3개월 이내 운영규정을 정하여 국토교통부장관의 승인(변경시 동일)을 받아야 한다.
⑧ 거래정보사업자는 지정을 받은 날부터 1년 이내에 설치·운영하여야 한다
⑨ 국토교통부장관은 그 지정을 취소할 수 있다. (임의적)
  다음 중 ⓓ를 제외하고는 청문하여야 한다.
  ⓐ 허위(거짓) 기타 부정한 방법으로 지정을 받은 경우
  ⓑ 운영규정 승인 또는 변경승인 받지 아니하거나 운영규정의 내용에 위반한 경우
  ⓒ 규정에 위반하여 정보를 공개한 경우(의뢰받은 내용과 다른 내용의 공개 등)
  ⓓ 개인인 거래정보사업자의 사망 또는 법인 해산(청문×) → 계속적 사업 불가
  ⓔ 지정을 받은 날부터 1년 이내에 설치·운영 하지 않은 경우(승인받은 날×)
⑩ (개.공 의무) 거짓공개 금지 / 거래완성 시 거래사업자에게 통보의무 → 위반 시 업무정지

한끝 Point

제재

① 거래정보사업자
- 운영규정 위반 시 500만원 이하의 과태료에 처한다.
- 정보를 차별적으로 공개하는 등의 위반은 1년 이하의 징역 또는 1천만원 이하의 벌금형에 해당한다.

② 개업공인중개사
- 정보를 거짓(허위)로 공개한 경우 → 업무정지
- 거래사실 미통보 → 업무정지

1. 거래정보사업자 지정요건 / 지정취소 사유 필수 암기
2. 부동산거래정보 사업자 part- '국토교통부장관'

한끝 기출 마무리

01. 공인중개사법령상 거래정보사업자의 지정을 취소할 수 있는 사유에 해당하는 것을 모두 고른 것은?[33회]

> ㄱ. 거짓 등 부정한 방법으로 지정을 받은 경우
> ㄴ. 정당한 사유 없이 지정받은 날부터 1년 이내에 부동산거래정보망을 설치·운영하지 아니한 경우
> ㄷ. 개업공인중개사로부터 공개를 의뢰받은 중개대상물의 내용과 다르게 부동산거래정보망에 정보를 공개한 경우
> ㄹ. 부동산거래정보망의 이용 및 정보제공방법 등에 관한 운영규정을 위반하여 부동산거래정보망을 운영한 경우

① ㄱ, ㄴ ② ㄴ, ㄷ ③ ㄷ, ㄹ
④ ㄱ, ㄷ, ㄹ ⑤ ㄱ, ㄴ, ㄷ, ㄹ

∥해설 및 정답∥ ⑤

02. 거래정보사업자가 개업공인중개사로부터 의뢰받은 정보와 다른 정보를 공개한 경우에는 500만원 이하의 과태료가 부과된다.(x)[21회]

∥해설 및 정답∥ 운영규정 위반 - 500만 원 이하 과태료 / 정보의 차별적 공개 - 1년 이하의 징역 또는 1천만원 이하의 벌금형에 처한다.

03 법인인 거래정보사업자의 해산으로 부동산거래정보망의 계속적인 운영이 불가능한 경우 국토교통부장관은 청문 없이 그 지정을 취소할 수 있다.(o)[35회]

04. 부동산거래정보망에 정보가 공개된 중개대상물의 거래가 완성된 경우 개업공인중개사는 3개월 이내에 거래정보사업자에게 이를 통보하여야 한다.(x)[35회]

∥해설 및 정답∥ 3개월 이내가 아닌, 지체없이 거래정보사업자에게 이를 통보하여야 한다.

Topic 34. 공인중개사의 의무 및 일반적 의무

2025 위패스 공인중개사 합격셀렉트

Ⅰ. 제29조(개업공인중개사등의 기본윤리)

① 개업공인중개사 및 소속공인중개사는 전문직업인으로서 지녀야 할 품위를 유지하고 신의와 성실로써 공정하게 중개 관련 업무를 수행하여야 한다. (개정 2014. 1. 28, 2020. 6. 9)

② 개업공인중개사등은 이 법 및 다른 법률에 특별한 규정이 있는 경우를 제외하고는 그 업무상 알게 된 비밀을 누설하여서는 아니된다. 개업공인중개사등이 그 업무를 떠난 후에도 또한 같다. (개정 2014. 1. 28.)

1. 일반적 의무(품위유지 및 공정중개 의무)

① 개업공인중개사 및 소속공인중개사는 전문직업인으로서의 품위를 유지하고 신의와 성실로써 공정하게 중개 관련 업무를 수행하여야 한다.
② 이는 개업공인중개사의 가장 기본적이자 필수적 의무에 해당한다.
③ 중개보조원은 전문직업인이 아니므로 품위유지의무는 없다.
④ 중개보조원은 중개업무를 수행할 수 없으므로 직접적으로 신의와 성실이나 공정하게 중개 관련 업무를 수행할 의무는 없다.

2. 개업공인중개사 등의 비밀준수의무

① 비밀누설은 반의사불벌죄가 성립하여, 피해자의 의사에 반하여 벌하지 않음
② 대상 : 개업공인중개사, 소속공인중개사, 중개보조원, 법인의 사원·임원 모두
③ 기간 : 현직 종사 및 퇴직 후에도 지켜야 한다.
④ 예외 : 공인중개사법 또는 다른 법에서 허용되는 경우에는 위법하지 않다. (Ex. 법정에서 증언, 피청문인 진술 수사기관에서 심문 등 또는 본인의 승낙, 공익과 비교교량하여 공익적인 이익이 더 큰 확인·설명의무 이행시)
⑤ 제재 : 행정형벌로서 1년 이하 징역 또는 1천만 원 이하 벌금형에 처한다.

> * 선량한관리자의 주의의무(선관주의 의무)는 법의 규정의무는 아니다. 단, 위임계약과 유사하므로 선관주의 의무가 있다고 본다. (대판 2012다74342 판결)

> **한끝 Point**
> 1. 비밀준수의무 위반한 경우, 즉 비밀누설은 반의사불벌죄이다.
> 2. 비밀준수의무는 개업공인중개사뿐만 아니라. 중개업무를 보조하는 소속공인중개사나 중개보조원, 중개법인의 사원·임원도 비밀준수의무를 부담한다.
> 3. 비밀준수의무를 이행하지 않을 경우 1년 이하의 징역이나 1천만원 이하의 벌금에 처해질 수 있다.
> 4. 개업공인중개사는 거짓된 언행 등으로 중개의뢰인이 거래상의 중요사항에 관하여 판단을 그르치게 하여서는 아니 된다.[23회]
>
> **선량한 관리자의 주의의무**
> ① 공인중개사법에 직접 규정된 의무는 아니다.
> ② 판례가 인정하는 의무에 해당한다. '중개계약은 민법상 위임유사 계약으로써 개업공인중개사는 중개의뢰계약의 본 취지에 따라 중개업무를 처리할 선량한 관리자의 주의의무가 있다'고 하였다.(보통주의 의무, 근저당의 채권최고액 확인)
> ③ 개업공인중개사는 매도자가 진정한 처분권자인지 선량한 관리자의 주의와 신의 성실로써 부동산등기사항증명서와 주민등록증, 등기권리증 등으로 확인·조사할 의무가 있다.

한끝 기출 마무리

01. 공인중개사법령상 벌칙 부과대상 행위 중 피해자의 명시한 의사에 반하여 벌하지 않는 경우는?[32회]

① 거래정보사업자가 개업공인중개사로부터 의뢰받은 내용과 다르게 중개대상물의 정보를 부동산거래정보망에 공개한 경우
② 개업공인중개사가 그 업무상 알게 된 비밀을 누설한 경우
③ 개업공인중개사가 중개의뢰인으로부터 법령으로 정한 보수를 초과하여 금품을 받은 경우
④ 시세에 부당한 영향을 줄 목적으로 개업공인중개사에게 중개대상물을 시세보다 현저하게 높게 표시·광고하도록 강요하는 방법으로 개업공인중개사의 업무를 방해한 경우
⑤ 개업공인중개사가 단체를 구성하여 단체 구성원 이외의 자와 공동중개를 제한한 경우

‖해설 및 정답‖ ②

Topic 35 법 제33조 금지행위 - 1 (범위와 위반시 제재)

Ⅰ. 금지행위 (법 제 33조 제1항)

1. 적용대상
개업공인중개사 등으로 중개업 종사자 모두(일반인 미해당)

2. 금지행위 위반에 대한 제재

(1) 금지행위 1-9호(법 제33조 제1항)

> 1호 – 중개대상물의 매매를 업으로 하는 행위(중개의뢰인과의 중개거래 아닌 업)
> 2호 – 무등록업자와의 협력 행위(악의 + 협조 – 명의대여, 의뢰 등)
> 3호 – 초과보수 또는 실비 초과수수
> 4호 – 중개의뢰인에 대한 기망(거짓 언행 등)

1-4호에 따른 두문자 업/무/초/기(1년 / 1천)
① 행정처분 – 상대적 등록취소 or 6개월 이하 업무정지(소공–자격정지)
② 행정형벌 – 1년 이하 징역 또는 1천만 원 이하 벌금

> 5호 – 분양, 임대 관련증서(알선 및 중개행위 – 입주권 지위, 청약통장 등)
> 6호 – 직접거래 또는 쌍방대리
> 7호 – 미등기전매 등 투기조장 (투기과열지구 분양권 전매, 토지거래허가구역)
> 8호 – 부당한 이익을 목적으로 시세조작 등 조장 행위(거래신고 후 해제신고)
> 9호 – 단체 구성하여 중개 제한 또는 공동중개 제한

5-9호에 따른 두문자 분/쌍/투/조/제(3년 / 3천)
① 행정처분 – 상대적 등록취소 또는 6개월 이하의 업무정지(소공 – 자격정지)
② 행정형벌 – 3년 이하의 징역 또는 3천만 원 이하의 벌금

> 일반인 : 시세 부당 영향목적으로 개업공인중개사의 업무 방해 행위
> 행정처분 - X / 행정형벌 - 3년 이하 징역 또는 3천만 원 이하 벌금

한끝 Point

1. **효과**
   ① 금지행위를 위반한 경우라 하더라도 거래계약 자체가 무효,취소,해제되지 않는 한 당연히 보수청구권이 소멸되는 것은 아니다.(단, 초과보수는 반환)
   ② 금지행위를 위반한 경우라 하더라도 거래당사자 간의 계약의 효력이 당연히 무효로 되는 것은 아니다.

2. **금지행위 1~9호 필수 암기**(1~4호 – 1년/1천 / 5~9호 – 3년/3천)
   ① 1호 매매를 업 – 중개의뢰인이 아닌자와의 매매를 업 / 계속성,반복성
   - 자연인인 개업공인중개사 부동산 임대업은 가능 (단, 법인 개업공인중개사×)
   ② 2호 무등록중개업자 협조 – '악의(알면서)' 여부 / 협조 – 중개의뢰, 명의대여
   ③ 3호 초과보수 – (법정 보수) 겸용주택 주택 1/2 이상 → 주택 / 겸업 보수 → 규정×(협의) / 분양권 전매 → 기납입금액 + P(프리미엄)
   ④ 4호 중개의뢰인에 대한 기망 – 작위(기망) / 부작위(고지않고 숨긴 채 거래 등)
   ⑤ 5호 입주권 → 지위 → 금지행위○ / 청약통장 → 지위 → 금지행위○
   ⑥ 6호 직접거래 – 중개의뢰인과의 직접거래(매매, 임대차 포함)

한끝 기출 마무리

01. 공인중개사법령상 개업공인중개사등의 금지행위에 해당하지 않는 것은?[26회/31회]

① 무등록 중개업을 영위하는 자인 사실을 알면서 그를 통하여 중개를 의뢰받는 행위
② 부동산의 매매를 중개한 개업공인중개사가 당해 부동산을 다른 개업공인중개사의 중개를 통하여 임차한 행위
③ 자기의 중개의뢰인과 직접 거래를 하는 행위
④ 제3자에게 부당한 이익을 얻게 할 목적으로 거짓으로 거래가 완료된 것처럼 꾸미는 등 중개대상물의 시세에 부당한 영향을 줄 우려가 있는 행위
⑤ 단체를 구성하여 단체 구성원 이외의 자와 공동중개를 제한하는 행위

∥해설 및 정답∥ ①(○) 1년/1천, ②(×), ③(○) 3년/3천, ④(○) 3년/3천, ⑤(○) 3년/3천
②의 경우, 금지행위에 해당할 만한 소지가 없다.

02. 법인 아닌 개업공인중개사가 중개대상물 외 건축자재의 매매를 업으로 하는 행위는 금지행위에 해당한다.(×)[28회*기출변형*]

∥해설 및 정답∥ 개업공인중개사는 임대업 또는 겸업 제한이 없다. 법인의 경우 제한을 받는다.

Topic 36 법 제33조 금지행위(제2항) - 2

2025 위패스 공인중개사 합격셀렉트

Ⅰ. 4호 기망행위

중개대상물의 거래상의 중요사항에 관하여 거짓된 언행 기타의 방법으로 판단을 그릇치게 한 기망행위

① 중개대상물의 거래상 중요사항(중대한 중개대상물 의 법적·물리적 하자 등)
② 관련 판례

> ⓐ 매도인의 의뢰가격을 숨기고 상당히 높은 가격으로 매도하고 차액취득
> ⓑ 개발제한 구역으로 편입된 임야로 매매가 어려움에도 곧바로 비싼 가격에 전매할 수 있다고 기망

Ⅱ. 5호 분양, 임대 관련증서(알선 및 중개행위 - 입주권 지위, 청약통장 등)

① 주택법 제65조에 따른 주택공급질서교란 행위 금지
  (Ex. 입주자저축증서 : 청약예금, 저축, 부금 통장, 주택상환사채, 철거민 입주권 등)
② 위반시 일반인은 주택법상 3년 이하 징역 또는 3천만 원 이하의 벌금 처벌
③ 분양·임대 등과 관련 있는 증서가 아닌 분양권(아파트, 상가) 또는 정비법상에 입주권은 중개 가능하다.
cf. 중개대상물 매매업은 금지행위에 해당한다. (1호)

Ⅲ. 6호 직접거래 또는 쌍방대리

1. 직접거래

① 직접거래는 민법과는 달리 본인의 동의를 얻어도 할 수 없다.
② 중개의뢰인에는 대리권을 수여받은 대리인, 사무처리를 위탁받은 수임인 등도 포함된다.
③ 직접거래는 단 1회도 허용되지 않는다. 모든 거래가 허용되지 않는다.

2. 쌍방대리

① 민법과는 다르게, 공인중개사법은 쌍방 동의가 있어도 금지행위이다.
② 일방대리는 원칙상 가능 / 이행행위(중도금, 잔금 등)은 쌍방 대리 가능하다.
cf. 1호~9호는 제33조 제1항 / 한 끝 포인트의 부동산거래질서교란행위(1호~5호)는 제2항

> **한끝 Point**
>
> - 금지행위 파트는 기출문제의 밭입니다. 매우 중요합니다.
>
> 1. 6호 직접 거래 및 쌍방대리 행위
>   ① 다른 개업공인중개사를 통해 체결하는 경우 → 금지행위✕
>   ② 대리인 또는 업무 관리 등 수임인과 체결 → 금지행위○
>   ③ 남편(배우자) 명의로 전세매물 체결 → 금지행위○
>   ④ 친인척 소유의 부동산 거래는 직접거래에 해당하지 않는다.
>   ⑤ 직접거래 금지규정은 강행규정이 아닌 단속규정에 해당한다.(효력○)
>
> **법 제33조 제2항**
>
> 2. (일반 포함) 누구든지 개업공인중개사 등의 업무를 방해하는 행위 (Ex. 부녀회, 담합 등)
>   ① 안내문, 온라인 커뮤니티 등을 이용하여 특정 개업공인중개사등에 대한 중개의뢰를 제한하거나 제한을 유도하는 행위
>   ② 안내문, 온라인 커뮤니티 등을 이용하여 중개대상물에 대하여 시세보다 현저하게 높게 표시·광고 또는 중개하는 특정 개업공인중개사등에게만 중개의뢰를 하도록 유도함으로써 다른 개업공인중개사등을 부당하게 차별하는 행위
>   ③ 안내문, 온라인 커뮤니티 등을 이용하여 특정 가격 이하로 중개를 의뢰하지 아니하도록 유도하는 행위
>   ④ 정당한 사유 없이 개업공인중개사등의 중개대상물에 대한 정당한 표시·광고 행위를 방해하는 행위
>   ⑤ 개업공인중개사등에게 중개대상물을 시세보다 현저하게 높게 표시·광고하도록 강요하거나 대가를 약속하고 시세보다 현저하게 높게 표시·광고하도록 유도하는 행위(제33조 제2항, 3년/3천, 행정처분✕ - 개공, 소공 아니므로)
> → 부동산거래질서교란행위에 해당 (커뮤니티로 방해, 제한 느낌 → 교란행위)

한끝 기출 마무리

01. 개업공인중개사가 중개의뢰인과 직접 거래를 하는 행위를 금지하는 규정은 효력규정이다.(✕) 29회

> ‖해설 및 정답‖ 강행규정은 단속규정/효력규정으로 나뉜다. 거래 계약은 유효하므로 단속규정으로 처벌된다.

02. 중개보조원이 중개의뢰인과 직접 거래를 하는 것은 금지되지 않는다.(✕) 30회

> ‖해설 및 정답‖ 중개업 종사자 모두가 해당되므로, 중개보조원도 예외가 되지 않는다.

03. 부동산의 매매를 중개한 개업공인중개사가 당해 부동산을 다른 개업공인중개사의 중개를 통하여 임차한 행위는 금지행위에 해당하지 않는다.(○) 31회*기출변형*

Topic 37 중개대상물의 확인·설명 - 1

2025 위패스 공인중개사 합격셀렉트

Ⅰ. 중개대상물 확인·설명(확인·설명 사항 → 서식 참고 공부 필수*)

① 개업공인중개사는 중개를 의뢰받은 경우에는 중개가 완성되기 전에 해당 중개대상물에 관한 권리를 취득하고자 하는 중개의뢰인에게 성실, 정확하게 설명하고, 대장·등기사항증명서 등 설명의 근거자료를 제시하여야 한다.

② 개업공인중개사는 확인·설명을 위하여 필요한 경우 중개대상물의 매도의뢰인, 임대의뢰인 등에게 당해 중개대상물의 상태에 관한 자료를 요구할 수 있다.

③ 개업공인중개사는 중개업무의 수행을 위하여 필요한 경우에는 중개의뢰인에게 주민등록증 등 신분을 확인할 수 있는 증표를 제시할 것을 요구할 수 있다.

④ 확인·설명 법적 의무자 → 개업공인중개사가 상대방에게
  → (권리취득 의뢰인) 매수인, 임차인 등이다. (매도인, 임대인에게는 확인·설명 의무×)

⑤ 확인·설명의무는 중개의뢰를 받은 때부터 거래계약서를 작성하는 때까지이다.

⑥ 개업공인중개사는 성실, 정확하게 구두로 설명하며 근거 서면을 제시하여야 한다.
  (서면만을 주거나 서면제시 없이 말로만 해서는 안 된다.)

⑦ 소속공인중개사도 중개대상물의 확인·설명업무를 수행할 수 있다. (재량)

⑧ 중개보조원은 중개대상물의 확인·설명업무를 수행할 수 없다.

⑨ 개업공인중개사는 매도, 임대의뢰인 등 권리를 이전하고자 하는 자에게 자료를 요구할 수 있다.

⑩ 상태에 관한 자료요구는 임의, 재량적 사항이다.

⑪ 중개대상물 상태에 관한 자료요구 사항

> ⓐ 수도, 전기, 가스 등 시설물 상태
> ⓑ 벽면, 바닥면 및 도배의 상태
> ⓒ 일조, 소음, 진동 등 환경조건

⑫ 개업공인중개사 확인·설명의무 위반 → 500만원 이하의 과태료 처분

⑬ 개업공인중개사는 중개대상물 확인·설명서에 설명사항을 기재하여 거래당사자에게 교부하고 3년간 원본, 사본 또는 전자문서를 보존하여야 한다. 다만, 확인·설명사항이 「전자문서 및 전자거래 기본법」에 따른 공인전자문서센터에 보관된 경우에는 그러하지 아니하다.

> **한끝 Point**
>
> 1. 개업공인중개사는 매도의뢰인·임대의뢰인 등이 중개대상물의 상태에 관한 자료요구에 불응한 경우에는 그 사실을 매수의뢰인·임차의뢰인 등에게 설명하고, 중개대상물확인·설명서에 기재하여야 한다. (령 제21조) 따라서 중개대상물에 대해 조사할 권한은 없고, 해당 사실을 기재하여야 한다.
> 2. 확인·설명의무자
>   - 개업공인중개사(의무) / 소속공인중개사는 의무가 없다.(재량)
> 3. 확인·설명서의 서명 및 날인의무
>   - 확인·설명서에는 개업공인중개사(법인인 경우에는 대표자 / 법인의 분사무소인 경우에는 분사무소의 책임자)가 서명 및 날인하되, 해당 중개행위를 한 소속공인중개사가 있는 경우에는 소속공인중개사가 함께 서명 및 날인하여야 한다.
> 4. 공인중개사는 서명 '및' 날인 하여야 하며, 거래당사자는 서명 '또는' 날인한다.
>
> **제재**
> ① 개업공인중개사가 확인·설명의무 미이행 또는 근거자료 미제시 → 500만원 이하의 과태료
> ② 개업공인중개사가 확인·설명서를 교부하지 아니하거나 보존하지 아니한 경우, 확인·설명서에 서명 및 날인하지 아니한 경우에는 6개월 이하의 업무정지
> ③ 소속공인중개사가 중개대상물의 확인·설명을 하지 아니하거나, 설명의 근거자료를 제시하지 아니한 경우, 중개대상물 확인·설명서에 서명 및 날인을 하지 아니한 경우 등은 자격정지 사유에 해당한다.

한끝 기출 마무리

01. 중개업무를 수행하는 소속공인중개사가 성실, 정확하게 중개대상물의 확인·설명을 하지 않은 것은 소속공인중개사의 자격정지사유에 해당한다.(o) 28회

02. 개업공인중개사는 작성된 중개대상물 확인·설명서를 거래당사자 모두에게 교부해야 한다.(o)
29회 *기출변형*

Topic 38. 중개대상물 확인·설명 - 2 (vs 전속중개계약서)

2025 위패스 공인중개사 합격셀렉트

Ⅰ. 확인·설명사항
① 중개대상물의 종류, 소재지, 지번, 지목, 면적, 용도, 구조 및 건축연도 등 중개대상 물에 관한 <u>기본적인 사항</u>
② 소유권, 전세권, 저당권, 지상권 및 임차권 등 중개대상물 <u>권리관계</u>에 관한 사항
③ 거래예정금액, 중개보수 및 실비의 <u>금액</u>과 그 산출내역
④ 토지이용계획 <u>공법상</u> 거래규제 및 이용제한에 관한 사항
⑤ <u>벽면, 바닥면 및 도배</u>의 상태
⑥ <u>수도, 전기, 가스, 소방, 열공급, 승강기 및 배수</u> 등 시설물의 상태
⑦ 일조, 소음, 진동 등 <u>환경조건</u>
⑧ <u>도로 및 대중교통수단</u>과의 연계성, 시장·학교와의 근접성 등 <u>입지조건</u>
⑨ 중개대상물에 대한 권리를 취득함에 따라 부담하여야 할 <u>조세의 종류 및 세율</u>
 (임대차는 '생략' 기재 가능)

Ⅱ. 주택임대차의 중개시 확인·설명 추가사항(*24 개정)
① 관리비 금액과 그 산출내역(세부항목 기재)
②「주택임대차보호법」에 따른 임대인의 정보 제시의무 및 소액 보증금 중 일정액의 보호에 관한 사항
③「주민등록법」에 따른 전입세대확인서의 열람 또는 교부에 관한 사항과 확정일자부여기관에 정보제공을 요청할 수 있다는 사항
④「국세징수법」및「지방세징수법」에 따라 임대인이 미납 세금(국세 또는 지방세)의 자료 제공하거나 임차인이 열람할 수 있다는 사실
⑤ 민간임대주택인 경우「민간임대주택에 관한 특별법」에 따른 임대 보증금에 대한 보증에 관한 사항 (단, 주택이 같은 법에 따른 민간임대주택인 경우만 해당함)

Ⅲ. 중개대상물의 상태에 관한 자료요구권
개업공인중개사는 매도인 등 권리이전의뢰인 등에게 자료의 제공을 요구할 수 있다.
(내·외부 시설물 상태, 벽면, 바닥면 및 도배상태, 환경조건)(두문자 – 시/도/환)

Ⅳ. 확인·설명의 상대방
확인·설명은 중개대상물에 관한 권리를 취득하고자 하는 중개의뢰인에 대해서만 확인·설명의무를 부담한다.
① 설명 → 권리취득 의뢰인(매수인, 임차인에게만 의무)
② 교부 → 쌍방(거래당사자 모두에게 교부)

한끝 Point

확인·설명사항 vs 전속중개계약

확인.설명 (설명 의무)	전속중개계약 (공개 의무)
종류, 소재지, 지목, 면적, 구조, 건축연도 등(기본)	종류, 소재지, 지목, 면적, 구조, 건축연도 등(기본)
권리관계	권리관계 → 인적사항 (단, 공개X)
공법상 → 토지이용계획 + 공법상 제한	공법상 제한 사항
수도, 전기, 가스, 배수 등 시설물의 상태	수도, 전기, 가스 등 + 오폐수, 쓰레기 등
벽면, 바닥면 및 도배의 상태	벽면 및 도배의 상태
도로, 교통, 입지조건, 일조, 소음, 진동 등 환경조건	도로, 교통, 입지조건, 일조, 소음, 진동 등 환경조건
거래예정금액, 중개보수, 실비 등 금액	거래예정금액 → 공시지가
취득 조세(임대차 생략)	(단, 임대차는 공개 하지 않을 수 있다. - 재)

두문자 공통사항 - 공(공법)/수/도/벽/기(기본)/권(권리)

한끝 기출 마무리

01. 2명의 개업공인중개사가 공동중개한 경우 중개대상물확인·설명서에는 공동중개한 개업공인중개사 중 1인만 서명 및 날인하면 된다.(x)³⁰회

‖해설 및 정답‖ 공동중개한 개업공인중개사 전부의 서명 및 날인하여야 한다.

02. 개업공인중개사는 중개대상물확인·설명서를 작성하여 거래당사자에게 교부하고 그 원본을 5년간 보존하여야 한다.(x)³⁰회

‖해설 및 정답‖ 확인·설명서의 보관의무는 3년이다. (이선생's 두문자 거5 확3 전3 기억하자!)

03. 소속공인중개사가 중개 후 작성한 중개대상물 확인·설명서에 개업공인중개사가 서명 및 날인한 경우 소속공인중개사는 서명 및 날인하지 않아도 된다.(x)²⁴회

‖해설 및 정답‖ 소속공인중개사가 중개한 경우에는 소속공인중개사도 서명 및 날인해야 한다.

04. 중개대상물에 근저당권이 설정된 경우, 실제의 피담보채무액까지 조사·확인하여 설명할 의무는 없다.(o)²⁴회*판례*

Topic 39 거래계약 (체결 및 작성)

2025 위패스 공인중개사 합격셀렉트

I. 거래계약서서식(권장O 의무X)(보관기간, 제재 중요)

① 국토교통부장관은 개업공인중개사가 작성하는 거래계약서의 표준이 되는 서식을 정하여 그 사용을 <u>권장</u>할 수 있다. (의무가 아닌 재량적 사항임)

② 개업공인중개사는 중개대상물에 관하여 중개가 완성된 때에는 거래계약서를 작성하여 거래당사자에게 교부하고 5년 동안 그 원본, 사본 또는 전자문서를 보존하여야 한다.
(단, 공인전자문서센터에 보관된 경우에는 보관의무×)

③ 중개의뢰시 작성하는 것이 아니라 <u>중개가 완성</u>(거래 계약이 체결)되면 거래계약서를 작성하여야 한다.

④ 현재 법정 표준서식은 없으나, <u>거래계약서에는 다음의 사항을 반드시 기재하여야 한다.</u>
(= 필요적 기재사항)

> ⓐ 거래당사자의 인적사항
> ⓑ 물건의 표시
> ⓒ 계약일
> ⓓ 거래대금과 계약금액 및 그 지급일자 등 지급에 관한 사항
> ⓔ 물건의 인도일시
> ⓕ 권리 이전의 내용
> ⓖ 계약의 조건이나 기한이 있는 경우에는 그 조건 또는 기한
> ⓗ 중개대상물 확인·설명서 교부일자
> ⓘ 그 밖의 약정내용(특약 등)

⑤ 개업공인중개사의 서명 '및' 날인. 법인 - <u>주된</u> 사무소는 <u>대표자</u> / <u>분사무소</u>는 <u>책임자</u>

⑥ 개업공인중개사는 거래계약서를 작성하는 때에는 거래 금액 등 거래내용을 거짓 기재하거나 서로 다른 둘 이상의 거래계약서를 작성하여서는 아니 된다.

⑦ 거짓, 이중계약서 작성위반 → 개공 - 임의(상대)적 등록취소. (소공은 자격정지)
(행정형벌은 미대상)

⑧ 거래계약서를 작성한 개업공인중개사가(법인은 대표자 또는 분사무소의 책임자) 서명 및 날인하되, 당해 업무를 수행한 소속공인중개사가 함께 서명 및 날인하여야 한다.

> **한끝 Point**
>
> 1. 거래계약서에의 서명 및 날인의무(공동중개시 - 개업공인중개사 각각 모두)
>   ① 거래계약서에는 확인·설명서의 서명 및 날인 규정을 준용한다.
>   ② 개업공인중개사(또는 소속공인중개사) - 서명 '및' 날인 / 거래당사자 - 서명 또는 날인
>
> 2. 거래계약서의 거짓기재금지(이중소속, 이중등록- 절대적등록취소)
>   - 거래금액 등 거래내용을 거짓으로 기재하거나 서로 다른 둘 이상의 거래계약서를 작성하여서는 아니 된다. 이를 위반 시 개업공인중개사는 상대적 등록취소에 해당하며, 소속공인중개사는 자격정지에 해당한다. (이중-계약서 / 소속,등록 구분)
>
> **제재** 보관, 보존 기간 - 거5/확3/전3
>   ① 개업공인중개사가 거래계약서를 미작성,미교부 또는 보존하지 아니한 경우, 거래계약서에 서명 및 날인을 하지 아니한 경우 업무정지에 해당한다.
>   ② 소속공인중개사가 거래계약서에 서명 및 날인을 하지 아니한 경우, 거래계약서에 거래금액 등 거래 내용을 거짓으로 기재하거나 서로 다른 둘 이상의 거래계약서를 작성한 경우 시·도지사는 6개월의 범위 안에서 기간을 정하여 그 자격을 정지할 수 있다.

한끝 기출 마무리

01. 중개대상물확인·설명서 교부일자는 거래계약서에 기재해야 하는 사항이다. (o) [31회/33회*기출지문빈출*]

02. 개업공인중개사가 하나의 거래계약에 대하여 서로 다른 둘 이상의 거래계약서를 작성한 경우 시·도지사는 3개월의 범위 안에서 그 업무를 정지해야 한다. (x) [31회/33회]

> ‖ 해설 및 정답 ‖ 개업공인중개사의 경우 해당 사항은 상대적(임의적) 등록취소에 해당하며/ 소속 공인중개사의 경우 자격정지에 해당한다.

03. 거래계약서에는 중개대상물 확인·설명서 교부일자를 기재해야 한다. (o) [29회/31회/32회*기출지문빈출*]

Topic 40 손해배상책임 및 업무보증설정 의무

Ⅰ. 손해배상책임

1. 손해배상책임의 성립요건
① 개업공인중개사 또는 고용인의 <u>고의 또는 과실</u>이 있을 것
② 자기의 사무소를 다른 사람의 중개행위의 <u>장소로 제공</u>할 것
③ 거래당사자의 <u>재산상의</u> 손해가 발생할 것
④ 개업공인중개사 또는 고용인의 고의, 과실과 <u>손해발생관계 인과관계</u> 있을 것

2. 손해배상책임의 보장

(1) 업무보증의 설정 및 설정시기

개업공인중개사는 중개사무소 개설등록을 한 때에는 업무를 <u>개시하기 전</u>에 손해배상책임을 보장하기 위한 조치를 한 후(보증 설정) 그 증명서류를 갖추어 등록관청에 신고하여야 한다.
(＊단, 기관이 등록관청에 통보한 경우 신고 생략 가능)

(2) 업무보증의 설정방법(① ~ ③ 중 택1)

① 보증보험가입
② 공제가입
③ 공탁기관에 공탁

3. 업무보증 설정 금액(시행령 제24조 제1항)
① 법인 개업공인중개사 → 4억원 이상(분사무소는 사무소마다 2억원 이상)
② 개인 개업공인중개사 → 2억원 이상
③ 특수법인 → 2천만 원 이상(시행령 제24조 제3항)
④ 공동사무소 → 각자 설정

4. 손해배상 후 금액의 보전(지급 기관이 구상권 청구할 수 있다.)

개업공인중개사는 보증보험금, 공제금 또는 공탁금으로 손해배상을 한 때에는 <u>15일 이내</u>에 보증보험 또는 공제에 다시 가입하거나 공탁금 중 부족하게 된 금액을 보전하여야 한다.
[다시 - 오시오(15)]
① 보증보험, 공제가입 → 15일 이내에 재가입
② 공탁 → 15일 이내에 부족금액보전

한끝 Point

1. 업무보증 설정 시기는 '업무 개시 전'이다.(세부 시기 – 등록증 교부 전)
   * 세부 절차 → 등록통지 – 업무보증설정 – 등록증교부 – 인장등록 – 사업자등록
2. 공탁한 경우, 공탁금은 개업공인중개사가 폐업 또는 사망한 날부터 3년 이내에는 회수할 수 없다.
   – 업무개시 전 → ① 고용신고, ② 인장등록, ③ 보증설정
3. 개업공인중개사는 중개가 완성된 때 거래당사자 쌍방에게 손해배상책임의 보장에 관한 다음의 사항을 설명하고, 관계증서의 사본을 교부하거나 관계증서에 관한 전자문서를 제공하여야 한다.
   (미설명 또는 미교부시 100만원 이하 과태료)
   ① 보장금액
   ② 보증보험회사, 공제사업 행하는 자, 기관 및 소재지
   ③ 보장기간

4. 업무보증 설정 위반 제재 정리
   ① 업무보증을 설정하지 않고 업무를 개시한 경우 : 상대적 등록취소 or 6개월 이하 업무정지
   ② 업무보증설정 게시의무 위반 : 100만원 이하의 과태료
   ③ 보증 서류 미교부 또는 미설명 100만원 이하의 과태료
   ④ 최초 등록이후 만료이전 재설정을 하지 않은 경우 : 업무정지 1개월 (공인중개사법 제39조 제1항 제14호)

5. 업무보증의 변경
   ① 효력기간 중 다른 보증 변경 : 이미 설정한 보증의 효력이 있는 기간 중 설정
   ② 기간만료로 인한 보증 재설정 : 해당 보증기간 만료일까지 다시 보증을 설정

한끝 기출 마무리

01. 개업공인중개사는 고의로 거래당사자에게 손해를 입힌 경우에는 재산상의 손해뿐만 아니라 비재산적 손해에 대해서도 공인중개사법령상 손해배상책임보장규정에 의해 배상할 책임이 있다. (x)[32회]

  ‖해설 및 정답‖ 비재산적 손해의 대표적인 경우는 정신적 손해배상이다. 이는 불법행위로서 민사상 책임을 별도로 진행한다.

02. 개업공인중개사가 자기의 중개사무소를 다른 사람의 중개행위의 장소로 제공하여 거래당사자에게 재산상의 해를 발생하게 한 때에는 그 손해를 배상할 책임이 있다.(o)[32회/27회/29회*기출지문빈출*]

03. 개업공인중개사 甲이 손해배상책임을 보장하기 위한 조치를 이행하지 아니하고 업무를 개시한 경우는 업무정지사유에 해당하지 않는다.(x)[34회]

  ‖해설 및 정답‖ 임의적 등록취소가 되며 업무정지를 할 수 있다

04. 개업공인중개사는 업무를 개시하기 전에 손해배상책임을 보장하기 위하여 법령이 정한 조치를 하여야 한다.(o)[29회*설정시기*]

Topic 41. 예치제도- ESCOW 등 (계약금 등의 반환채무이행 보장)

Ⅰ. 예치제도(임의규정)

1. 계약금 등의 예치권고(제31조 [계약금 등의 반환채무이행의 보장])

개업공인중개사는 거래의 안전을 보장하기 위하여 필요하다고 인정하는 경우에는 거래계약의 이행이 완료될 때까지 계약금, 중도금 또는 잔금을 개업공인중개사 또는 대통령령으로 정하는 자의 명의로 금융기관, 공제사업을 하는 자, 「자본시장과 금융투자업에 관한 법률」에 따른 신탁업자 등에 예치하도록 거래당사자에게 권고할 수 있다.

2. 예치명의자가 될 수 있는 경우(법 제31조 제1항)

두문자 은/보/신/체/공/전+개공

① 「은행법」에 따른 은행
② 「보험업법」에 따른 보험회사
③ 「자본시장과 금융투자업에 관한 법률」에 따른 신탁업자
④ 「우체국예금·보험에 관한 법률」에 따른 체신관서
⑤ 법 제42조의 규정에 따라 공제사업을 하는 자
⑥ 부동산 거래계약의 이행을 보장하기 위하여 계약금·중도금 또는 잔금(이하 이 조에서 '계약금 등' 이라 한다) 및 계약 관련서류를 관리하는 업무를 수행하는 전문회사
  + **개업 공인중개사도 가능**하다.

> ※ 예치명의자가 될 수 없는 자 : 제3자, 소속공인중개사, 공탁기관, 변호사, 거래당사자, 매도인

3. 개업공인중개사 명의로 예치하는 경우의 의무

① **약정** : 인출 동의방법, 실비, 거래안전을 위하여 필요 사항 약정하여야 한다.
② **예치금 분리** : 자기 소유 예치금과 분리하여 관리될 수 있도록 하여야 한다.
③ **동의 없이 인출 금지** : 예치된 계약금 등을 거래당사자 동의 없이 인출 금지
④ **보증설정** : 계약금 등에 해당하는 금액을 보장하는 보증보험 또는 공제에 가입하거나 공탁을 하여야 하며, 거래당사자에게 관계증서의 사본을 교부하거나 관계 증서에 관한 전자문서를 제공하여야 한다.

cf. 개업공인중개사가 자신의 명의로 계약금 등을 예치한 경우에는 이에 소요된 실비를 권리취득의뢰인에게 청구할 수 있다.

> **한끝 Point**
>
> 1. 예치제도는 임의규정이다.
>   - 예치기관 – 금융기관, 공제사업자, 신탁업자이며, 임의규정이므로 체신관서도 예치기관에 해당
> 2. 예치대상은 계약금·중도금 또는 잔금이다.[30회]
> 3. 예치기간은 거래계약이 체결된 때부터 이행이 완료될 때까지이다.
> 4. 실비약정, 분리하여 관리, 보증설정 → 필수 / 위반 시 제재 → 업무정지(1개월)
> 5. 사전수령
>   ① 계약금 등을 사전회수할 수 있는 자는 매도인, 임대인(권리이전의뢰인)이다. 매수인, 임차인(권리취득의뢰인)은 사전수령권이 없다.
>   ② 매도인, 임대인 등 권리가 있는 자는 보증서를 예치명의자에게 교부 후 계약금 등을 미리 수령할 수 있다.
> 6. 보증서 발급기관은 금융기관, 보증보험회사이다.

한끝 기출 마무리

01. 공인중개사법령상 개업공인중개사가 계약금등을 금융기관에 예치하도록 거래당사자에게 권고하는 경우 예치명의자가 될 수 없는 자는?[35회]

① 개업공인중개사
② 거래당사자 중 일방
③ 부동산 거래계약의 이행을 보장하기 위하여 계약 관련서류 및 계약금 등을 관리하는 업무를 수행하는 전문회사
④ 국토교통부장관의 승인을 얻어 공제사업을 하는 공인중개사협회
⑤ 「은행법」에 따른 은행

∥해설 및 정답∥ ②(X) 거저 주는 문제였다. 은보신체공전+개공만 가능하며, 제3자, 소속공인중개사, 공탁기관, 변호사, 거래당사자, 매도인은 예치명의자가 될 수 없다.

02. 공인중개사법령상 계약금등의 반환채무이행의 보장 등에 관한 설명으로 틀린 것은?[30회]

① 개업공인중개사는 거래의 안전을 보장하기 위하여 필요하다고 인정하는 경우, 계약금등을 예치하도록 거래당사자에게 권고할 수 있다.
② 예치대상은 계약금·중도금 또는 잔금이다.
③ 보험업법에 따른 보험회사는 계약금등의 예치명의자가 될 수 있다.
④ 개업공인중개사는 거래당사자에게 공인중개사법에 따른 공제사업을 하는 자의 명의로 계약금등을 예치하도록 권고할 수 없다
⑤ 개업공인중개사는 계약금등을 자기 명의로 금융기관 등에 예치하는 경우 자기 소유의 예치금과 분리하여 관리될 수 있도록 하여야 한다.

∥해설 및 정답∥ ④(X) 공제사업을 하는 자의 명의로 계약금 예치하도록 권고할 수 있다.

Topic 42. 중개보수 - 1 (청구권, 계산 등)

Ⅰ. 중개보수

1. 중개보수청구권

(1) 중개보수청구권의 행사요건
① 중개의뢰인과 개업공인중개사 사이에 중개계약이 존재하여야 한다.
② 거래당사자 간 거래계약의 체결이 존재하여야 한다.
③ 중개계약기간 내에 거래가 성립하여야 한다.
④ 중개행위와 거래계약의 성립 사이에는 인과관계가 존재하여야 한다.

(2) 중개보수청구권의 소멸
개업공인중개사의 고의 또는 과실로 인하여 중개의뢰인 간의 거래행위가 무효, 취소 또는 해제된 경우 중개보수를 받을 수 없고, 중개보수청구권은 소멸한다.

(3) 중개보수의 계산
① 중개보수 산정 시 산출된 금액과 한도액을 비교하여 산출액이 한도액 범위 내인 경우에는 산출액으로 하고, 그 산출액이 한도액 범위를 벗어난 경우에는 한도액이 중개보수가 된다.
  (Ex. 산출액 32만 원 / 한도액 30만 원 → 30만 원)
② 교환계약 – 교환대상 중개대상물 중 거래금액이 큰 중개대상물의 가액을 기준
③ 전세 – 전세금액을 기준으로 하여 중개보수를 산출한다.
④ 보증금 외에 차임이 있는 경우 → (월 차임 × 100) + 보증금 = 기준 금액이 된다. 다만, 합산한 금액이 5천만원 미만인 경우에는 월 단위 차임액에 70을 곱한 금액과 보증금을 합산한 금액을 거래금액으로 한다.

> ※ 월차임이 있는 임대차의 경우 요약 정리
> ⓐ 보증금 + (월 차임 × 100) 계산
> ⓑ 금액이 5천만원 미만인 경우에는 다시 보증금 + (월 차임 × 70)으로 계산

⑤ 임대차계약에서의 권리금과 교환계약에서의 보충금은 중개보수 계산에 포함되지 아니한다.
⑥ 동일한 중개대상물에 대하여 동일 당사자 간에 매매를 포함한 둘 이상의 거래가 동일 기회에 이루어지는 경우에는 매매계약에 관한 거래금액만을 적용한다.

한끝 Point

1. 중개보수 행사요건
   ① 중개계약이 유효하게 존재해야 한다.
   ② 개업공인중개사의 귀책사유(고의 과실)가 없어야 한다.
   ③ 거래당사자간에 거래계약이 유효하게 체결되어야 한다.
2. 중개보수 지급시기
   - 개업공인중개사와 중개의뢰인간의 약정에 따르되, 약정이 없을 때에는 중개대상물의 거래대금 지급이 완료된 날로 한다.(제27조의2)31회/33회/35회
3. 개업공인중개사의 고의 또는 과실로 인하여(귀책사유) 중개의뢰인간의 거래계약이 무효·취소 또는 해제된 경우에는 중개보수를 받을 수 없다.

한끝 기출 마무리

01. 공인중개사법령에서 정한 한도를 초과하는 중개보수약정은 그 한도를 초과하는 범위 내에서 무효이다.(o)28회

02. 공인중개사법령상 중개보수의 제한에 관한 설명으로 옳은 것을 모두 고른 것은?(다툼이 있으면 판례에 따름)33회*종합문제*

> ㄱ. 공인중개사법령상 중개보수 제한 규정들은 공매대상 부동산 취득의 알선에 대해서는 적용되지 않는다.
> ㄴ. 공인중개사법령에서 정한 한도를 초과하는 부동산 중개보수 약정은 한도를 초과하는 범위 내에서 무효이다.
> ㄷ. 개업공인중개사는 중개대상물에 대한 거래계약이 완료되지 않을 경우에도 중개의뢰인과 중개행위에 상응하는 보수를 지급하기로 약정할 수 있고, 이 경우 공인중개사법령상 중개보수 제한 규정들이 적용된다.

① ㄱ   ② ㄷ   ③ ㄱ, ㄴ
④ ㄴ, ㄷ   ⑤ ㄱ, ㄴ, ㄷ

‖해설 및 정답‖ ④ ㄴ, ㄷ(○), ㄱ(✕) 중개보수 제한에 관한 규정은 공매대상 부동산 취득의 알선에 대해서도 적용된다.

03. 乙이 개업공인중개사 甲에게 중개를 의뢰하여 거래계약이 체결된 경우 공인중개사법령상 중개보수에 관한 설명으로 틀린 것은?(다툼이 있으면 판례에 따름)31회

① 甲의 고의와 과실 없이 乙의 사정으로 거래계약이 해제된 경우라도 甲은 중개보수를 받을 수 있다.
② 주택의 중개보수는 국토교통부령으로 정하는 범위 안에서 시·도의 조례로 정하고, 주택 외의 중개대상물의 중개보수는 국토교통부령으로 정한다.
③ 甲이 중개보수 산정에 관한 지방자치단체의 조례를 잘못 해석하여 법정 한도를 초과한 중개보수를 받은 경우 공인중개사법 제33조의 금지행위에 해당하지 않는다.
④ 법정한도를 초과하는 甲과 乙의 중개보수 약정은 그 한도를 초과하는 범위 내에서 무효이다.
⑤ 중개보수의 지급시기는 甲과 乙의 약정이 없을 때에는 중개대상물의 거래대금 지급이 완료된 날이다.

‖해설 및 정답‖ ③(✕) 초과보수는 금지행위에 해당한다. (금지행위 제33조 제1항-업/무/초/기-1년/1천)

Topic 1-64

Topic 43. 중개보수 - 2 (요율 산정 기준 등)

Ⅰ. 중개보수 요율(서식 부록 요율표 참고)

1. 주택

주택(부속 토지를 포함)의 중개에 대한 보수와 실비의 한도 등에 관하여 필요한 사항은 국토교통부령으로 정하는 범위 안에서 국토교통부령으로 정하는 범위 안에서 특별시·광역시·도 또는 특별자치도(이하 "시·도"라 한다)의 조례로 정한다. (법 제32조)

(1) 국토교통부령

국토교통부령이 정하는 범위 내에서 시·도 조례로 정한다.
① 매매·교환 : 의뢰인 쌍방으로부터 각각 받되, 그 일방으로부터 받을 수 있는 한도는 거래금액 구간별 요율(0.4% ~ 0.7%)범위 내에서 시·도의 조례가 정하는 요율한도 이내에서 중개의뢰인과 개업공인중개사가 서로 협의하여 결정한다. (규칙 제20조 제1항)
② 임대차 등 : 중개의뢰인 쌍방으로부터 각각 받되, 그 일방으로부터 받을 수 있는 한도는 거래금액 구간별 요율(0.3% ~ 0.6%)범위 내에서 시·도의 조례가 정하는 요율한도 이내에서 중개의뢰인과 개업공인중개사가 서로 협의하여 결정한다. (규칙 제20조 제1항)

(2) 중개대상물의 종류, 계약의 종류, 거래가액에 따라 적용하는 요율과 한도액이 다르게 규정되어 있다.

2. 주택 외

(법 제32조 – 주택 외의 중개대상물의 중개에 대한 보수는 국토교통부령으로 정한다.)
주택 외의 중개대상물에 대한 중개보수는 중개의뢰인 쌍방으로부터 각각 받되 거래금액의 0.9% 이내에서(매매·교환·임대차 등) 중개의뢰인과 개업공인중개사가 서로 협의하여 결정한다.

3. 예외

오피스텔(다음 요건을 모두 갖춘 경우에 한정하여 주거용 보수)
① 전용면적이 85제곱미터 이하일 것
② 상. 하수도 시설이 갖추어진 전용입식 부엌, 전용 수세식 화장실 및 목욕시설(전용수세식 화장실에 목욕시설을 갖춘 경우를 포함한다)을 갖출 것
③ 중개의뢰인 쌍방으로부터 각각 받되, 다음 요율 범위에서 중개보수 결정

> (주거용 오피스텔) 매매·교환은 1천분의 5 / 임대차 등은 1천분의 4
> (주거용 외의 오피스텔) 매매,교환, 임대차 모두 1천분의 9 이내에서 협의
> (주거용일 경우에도 85제곱미터 초과시 1천분의 9 이내에서 협의)

> **한끝 Point**
> - 조문과 한끝요약의 내용 모두가 빈출 지문입니다. 최근 계산형 사례 또는 박스형으로 출제되므로 숫자와 기준에 따라 계산하는 방법을 익혀두어야 합니다.
>
> 1. 중개대상물의 소재지와 중개사무소의 소재지가 다른 경우에는 개업공인중개사는 <u>중개사무소의 소재지</u>를 관할하는 시·도의 조례에서 정한 기준에 따라 중개보수 및 실비를 받아야 한다.(대상물 소재지×)
> 2. 분사무소에서 중개를 완성시킨 경우에는 <u>분사무소 소재지를 관할</u>하는 시·도의 조례로 정한 기준에 따라 중개보수 및 실비를 받아야 한다.(대상물 소재지×)

한끝 기출 마무리

01. A시에 중개사무소를 둔 개업공인중개사 甲은 B시에 소재하는 乙소유의 건축물(그 중 주택의 면적은 3분의 1임)에 대하여 乙과 丙사이의 매매계약과 동시에 乙을 임차인으로 하는 임대차계약을 중개하였다. 이 경우 甲이 받을 수 있는 중개보수에 관한 설명으로 옳은 것을 모두 고른 것은? 31회*점유·개정문제/종합문제*

> ㄱ. 甲은 乙과 丙으로부터 각각 중개보수를 받을 수 있다.
> ㄴ. 甲은 B시가 속한 시·도의 조례에서 정한 기준에 따라 중개보수를 받아야 한다.
> ㄷ. 중개보수를 정하기 위한 거래금액의 계산은 매매계약에 관한 거래금액만을 적용한다.
> ㄹ. 주택의 중개에 대한 보수 규정을 적용한다.

① ㄷ ② ㄱ, ㄷ ③ ㄴ, ㄹ
④ ㄱ, ㄴ, ㄷ ⑤ ㄱ, ㄴ, ㄹ

‖해설 및 정답‖ ② ㄱ, ㄷ(○), ㄴ, ㄹ(×)

02. 공인중개사법령상 중개보수 등에 관한 설명으로 틀린 것은? 31회
① 개업공인중개사의 중개업무상 과실로 인하여 중개의뢰인간의 거래행위가 무효가 된 경우 개업공인중개사는 중개의뢰인으로부터 소정의 보수를 받을 수 없다.
② 주택의 중개에 대한 보수는 중개의뢰인 쌍방으로부터 각각 받되, 그 금액은 시·도의 조례로 정하는 요율한도 이내에서 중개의뢰인과 개업공인중개사가 서로 협의하여 결정한다.
③ 중개보수의 지급시기는 개업공인중개사와 중개의뢰인간의 약정에 따르되, 약정이 없을 때에는 중개대상물의 거래대금 지급이 완료된 날로 한다.
④ 중개대상물인 주택의 소재지와 중개사무소의 소재지가 다른 경우 중개보수는 중개대상물의 소재지를 관할하는 시·도의 조례에서 정한 기준에 따라야 한다.
⑤ 개업공인중개사는 중개의뢰인으로부터 중개대상물의 권리관계 등의 확인에 소요되는 실비를 받을 수 있다.

‖해설 및 정답‖ ④(×) 중개대상물의 소재지와 중개사무소의 소재지가 다른 경우에는 개업공인중개사는 중개사무소의 소재지를 관할하는 시·도의 조례에서 정한 기준에 따라 중개보수 및 실비를 받아야 한다.

Topic 44 중개보수 - 3 (요율계산)

I. 중개보수 요율 계산 방법(유의 - 쌍방일 경우 × 2 / 한 쪽인지 구분!)

1. 분양권 중개보수[실제거래가격(기 납입된 금액 + 프리미엄) × 요율]
분양권 전매시, 중개보수 산출 기준은 <u>기납입금액 + 프리미엄 합산한 기준</u>으로 한다.
(총분양대금×)

> Ex. 총분양대금 5억 중 기납입대금 1억, 프리미엄 5천만 원
> = 1억 5천만원의 기준으로 보수요율 적용

2. 상가겸용 주택
① 중개대상물인 건축물 중 주택의 면적이 <u>2분의 1 이상</u>인 경우에는 <u>주택</u>의 중개에 대한 중개보수 적용
② 중개대상물인 건축물 중주택의 면적이 <u>2분의 1 미만</u>인 경우에는 <u>주택 외</u>의 중개대상물에 대한 중개보수 기준으로 협의하여 결정한다.

3. 한도액 초과 시(법정한도 법 제32조 규정)
요율 계산 후 <u>한도액을 초과한 경우</u>에는 <u>한도액까지만 보수를 계산</u>한다.

> Ex. 보증금 1천만 원 / 월차임 70만 원의 임대차계약 *서울특별시 조례 기준*
> (70만 × 100) + 1천만 = 8천만 × 1천분의4 (5천만원 이상 - 1억원 미만 구간) = 32만
> 한도액 30만원이므로 30만원까지만 보수를 수령할 수 있다. (초과보수 시 형벌/질서벌)
>
> ⓐ 행정처분 : 6개월 이내 업무정지
> ⓑ 행정형벌 : 1년 이하의 징역 또는 1천만원 이하의 벌금

4. 점유개정
동일한 중개대상물에 대하여 동일 당사자 간에 매매를 포함한 둘 이상의 거래가 동일 기회에 이루어지는 경우에는 매매계약에 관한 거래금액만을 적용한다.
(점유개정 - 매도인이 임차인이 되는 경우)

> **한끝 Point**
> - 보수 요율 계산 시, 쌍방, 일방을 잘 보아야합니다. 쌍방은 보수 ×2가 됩니다.
> - 보수 계산 시, 최근 중개대상물 소재지와 사무소 소재지가 다른 사례 문제와 더불어 요율 구간, 오피스텔의 구분 등으로 종합문제가 출제되므로 계산 방법을 정확히 숙지해야 합니다.
>
> 1. 법인인 개업공인중개사의 겸업은 보수규정 미적용하며, 당사자간의 합의로 정함
> 2. 보증금 + (월세 ×100)의 기본 공식을 토대로, 예외를 반드시 알아두어야 한다.
>   - 단, 합산한 금액이 5천만원 미만이 되는 경우에는 1)의 기준을 적용하지 아니하고 월 단위 차임액에 70을 곱한 금액과 보증금을 합산한 금액을 거래금액으로 한다.
> 3. 주택, 오피스텔(주거용) 외의 기준은(상가,토지,주거 와 오피스텔) 모두 1천분의 9이내에서 협의이다.
> 4. 등기비, 취득관련 비용 등은 권리취득자가 부담한다.(판례이자 관행이다.)

한끝 기출 마무리

01. A시에 중개사무소를 둔 개업공인중개사 甲은 B시에 소재하는 乙소유의 오피스텔(건축법령상 업무시설로 전용면적 80제곱미터이고, 상·하수도 시설이 갖추어진 전용입식 부엌, 전용수세식 화장실 및 목욕시설을 갖춤)에 대하여, 이를 매도하려는 乙과 매수하려는 丙의 의뢰를 받아 매매계약을 중개하였다. 이 경우 공인중개사법령상 甲이 받을 수 있는 중개보수 및 실비에 관한 설명으로 옳은 것을 모두 고른 것은?[33회]

> ㄱ. 甲이 乙로부터 받을 수 있는 실비는 A시가 속한 시·도의 조례에서 정한 기준에 따른다.
> ㄴ. 甲이 丙으로부터 받을 수 있는 중개보수의 상한요율은 거래금액의 1천분의 5이다.
> ㄷ. 甲은 乙과 丙으로부터 각각 중개보수를 받을 수 있다.
> ㄹ. 주택(부속토지 포함)의 중개에 대한 보수 및 실비 규정을 적용한다.

① ㄹ　　　　② ㄱ, ㄷ　　　　③ ㄴ, ㄹ
④ ㄱ, ㄴ, ㄷ　　⑤ ㄱ, ㄴ, ㄷ, ㄹ

> ‖해설 및 정답‖ ④ 종합문제로 중개보수의 기준을 다 알아야 해결할 수 있는 문제이다.
> ㄱ(○) 보수 적용은 사무소 소재지를 기준으로 한다.(A시)
> ㄴ(○) 전용면적 85제곱미터 이하의 전용입식 부엌 등을 갖춘 오피스텔의 경우 주거용오피스텔로서 매매는 1천분의 5, 임대차는 1천분의 4를 기준한다.
> ㄷ(○) 쌍방으로부터 보수를 받을 수 있다.
> ㄹ(×) 오피스텔의 경우에는 별도 요율을 적용한다.

Topic 45 중개보수- 4 (실비 등)

I. 중개보수 산정 및 실비

① 실비의 한도 등에 관하여 필요한 사항은 국토교통부령이 정하는 범위 안에서 특별시·광역시 또는 도의 조례(시·도 조례)로 정한다.

② 실비는 의뢰인과 약정으로 거래계약체결과 무관하게 받을 수 있다. (규정×)

③ 실비청구 : 개업공인중개사는 영수증 등을 첨부하여 다음과 같이 청구한다.

> ⓐ 중개대상물의 권리관계 등의 확인 실비 → 권리를 **이전**하고자 하는 중개의뢰인에게 청구한다. (Ex. 교통, 숙박, 증명 등의 발급비 등)
>
> ⓑ 계약금 등의 반환채무이행 보장에 소요되는 실비 → 매수, 임차 그 밖의 권리를 **취득**하는 중개의뢰인에게 청구한다. (Ex. 보증료, 예치수수료 등)

④ 개업공인중개사 등은 법 규정에 의한 보수 또는 실비를 초과하여 금품을 받거나 그 외에 사례·증여 기타 어떠한 명목으로라도 금품을 받는 행위를 하여서는 아니 된다.

⑤ 개업공인중개사는 상인의 지위를 가지므로 상법상 상인의 보수청구권(상법 제61조)이 인정된다. 따라서 중개계약 시에 보수약정을 하지 않더라도 당연히 보수를 받을 수 있다.

⑥ 중개대상물의 소재지와 중개사무소의 소재지가 <u>다른 경우</u> → 중개사무소의 소재지를 기준으로 한다. 이 경우 <u>사무소의 소재지</u> 관할 시·도 조례에서 정한 기준에 따라 보수 및 실비를 받아야 한다. <u>법인</u>인 개업공인중개사의 분사무소는 <u>분사무소</u> 기준으로 한다.

> **한끝 Point**
> 1. 실비의 지급시기
>   - 「공인중개사법」에는 실비의 지불시기에 관한 규정을 두고 있지 않다. 따라서 시·도의 조례에 특별한 규정이 없다면 실비의 지불시기는 중개의뢰인과 개업공인중개사 간의 약정으로 정할 수 있다.
> 2. 보수 또는 실비의 지급 기준은 '사무소 소재지'(법인의 경우 분사무소 소재지) 시·도 조례로 한다.
> 3. 실비는 거래계약의 여부와는 무관하게 약정이 가능하다.

한끝 기출 마무리

01. 공인중개사법령상 중개보수 등에 관한 설명으로 옳은 것은? [33회]

① 개업공인중개사의 과실로 인하여 중개의뢰인 간의 거래행위가 취소된 경우에도 개업공인중개사는 중개업무에 관하여 중개의뢰인으로부터 소정의 보수를 받는다.
② 개업공인중개사는 권리를 이전하고자 하는 중개의뢰인으로부터 중개대상물의 권리관계 등의 확인에 소요되는 실비를 받을 수 없다.
③ 개업공인중개사는 권리를 취득하고자 하는 중개의뢰인으로부터 계약금등의 반환채무이행 보장에 소요되는 실비를 받을 수 없다.
④ 개업공인중개사의 중개보수의 지급시기는 개업공인중개사와 중개의뢰인간의 약정에 따르되, 약정이 없을 때에는 중개대상물의 거래대금 지급이 완료된 날로 한다.
⑤ 주택 외의 중개대상물의 중개에 대한 보수는 시·도의 조례로 정한다.

> ‖해설 및 정답‖ ④(○)
> ①(X) 개업공인중개사의 과실인 경우에는 보수를 청구할 수 없다.
> ②(X) 권리를 이전하고자 하는 중개의뢰인으로부터 실비를 받을 수 있다.
> ③(X) 권리를 취득하고자 하는 중개의뢰인으로부터 실비를 받을 수 있다.
> ⑤(X) 주택(부속토지를 포함)의 중개에 대한 보수와 실비 한도 등에 관하여 필요한 사항은 국토교통부령으로 정하는 범위 안에서 특별시·광역시·도 또는 특별자치도의 조례로 정하고, 주택 외의 중개대상물의 중개에 대한 보수는 국토교통부령으로 정한다.(제32조 제4항)

02. 공인중개사법령상 중개보수 등에 관한 설명으로 틀린 것은? [35회]

① 개업공인중개사의 중개업무상 과실로 인하여 중개의뢰인간의 거래행위가 무효가 된 경우 개업공인중개사는 중개의뢰인으로부터 소정의 보수를 받을 수 없다.
② 주택의 중개에 대한 보수는 중개의뢰인 쌍방으로부터 각각 받되, 그 금액은 시·도의 조례로 정하는 요율한도 이내에서 중개의뢰인과 개업공인중개사가 서로 협의하여 결정한다.
③ 중개보수의 지급시기는 개업공인중개사와 중개의뢰인간의 약정에 따르되, 약정이 없을 때에는 중개대상물의 거래대금 지급이 완료된 날로 한다.
④ 중개대상물인 주택의 소재지와 중개사무소의 소재지가 다른 경우 중개보수는 중개대상물의 소재지를 관할하는 시·도의 조례에서 정한 기준에 따라야 한다.
⑤ 개업공인중개사는 중개의뢰인으로부터 중개대상물의 권리관계 등의 확인에 소요되는 실비를 받을 수 있다.

> 정답 ④(X) 중개대상물인 주택의 소재지와 중개사무소의 소재지가 다른 경우 중개보수는 사무소 소재지의 관할 시·도 조례에서 정한 기준에 따른다.

Topic 46. 공인중개사협회- 1 (절차, 구성)

Ⅰ. 공인중개사 협회 (법 제41조)

1. 법 제41조
개업공인중개사인 공인중개사는(법 부칙 제6조 제2항의 자를 포함) 공인중개사협회를 설립할 수 있다.

2. 설립목적
ⓐ자질향상 및 품위유지와 ⓑ중개업에 관한 제도의 개선 및 운용에 관한 업무를 효율적으로 수행.

3. 협회의 법적 성격
① 비영리 사단법인(민법상 사단법인 규정 준용) → 중개업은 불가
② 인가주의(국토교통부장관) → 허가주의×
③ 협회 설립은 자유이다. (임의설립주의)
④ 개업공인중개사는 협회에 가입할 의무는 없다. (임의가입주의)
⑤ 협회 복수설립이 가능하다. (복수설립주의)

4. 설립절차
① 정관작성 – 회원 300명 이상 발기인이 되어 정관작성 후 서명·날인
② 창립총회 의결 – 회원 600명 이상 출석, 출석자의 과반수 동의
　서울특별시 100명, 광역시 및 도에서 각각 20명 이상 참석
③ 설립인가 – 국토교통부장관의 설립인가
④ 설립등기 – 주된 사무소 소재지에 설립등기(성립요건)

5. 협회의 구성
협회는 정관으로 정하는 바에 따라 시·도에 지부를, 시(구가 설치되지 아니한 시와 특별자치도의 행정시를 말한다)·군·구에 지회를 둘 수 있다.

6. 사원총회
① 필수기관 : 개업공인중개사 전원의 최고 의사 결정기관
② 총회 의결사항 : 국토교통부장관에게 지체없이 보고(must)

> **한끝 Point**
>
> 1. 협회의 주된 사무소는 전국 어디든 설치할 수 있다.
> 2. 지부(특·광·도)와 지회(시·군·구) 설립 여부는 임의적이다.
>   - 임의사항 : ①협회설립, ②회원가입, ③지부/지회설치, ④공제사업
> 3. 협회를 설립한 때에 지부 → 시·도지사 / 지회 → 등록관청에 신고의무가 있다.
>   - 지도·감독 : 국토교통부장관
>
> **숫자암기**
> ① 정관작성 300명 / 창립총회 의결 회원 600명 이상 출석(과반수 동의)
> ② 서울특별시 100명, 광역시, 도에서 각각 20명 이상 참석하여야 한다.

한끝 기출 마무리

01. 협회는 총회의 의결내용을 15일 내에 국토교통부장관에게 보고해야 한다.(x)²⁵회

  ‖해설 및 정답‖ 협회는 총회의 의결내용을 지체없이 국토교통부장관에게 보고해야 한다.

02. 공인중개사법 시행령 제30조(협회의 설립)의 내용이다. ( )에 들어갈 숫자를 올바르게 나열한 것은?³⁰회

> ◦ 공인중개사협회를 설립하고자 하는 때에는 발기인이 작성하여 서명·날인한 정관에 대하여 회원 (ㄱ)인 이상이 출석한 창립총회에서 출석한 회원 과반수의 동의를 얻어 국토교통부장관의 설립인가를 받아야 한다.
> ◦ 창립총회에는 서울특별시에서는 (ㄴ)인 이상, 광역시·도 및 특별자치도에서는 각각 (ㄷ)인 이상의 회원이 참여하여야 한다.

① ㄱ : 300, ㄴ : 50, ㄷ : 20
② ㄱ : 300, ㄴ : 100, ㄷ : 50
③ ㄱ : 600, ㄴ : 50, ㄷ : 20
④ ㄱ : 600, ㄴ : 100, ㄷ : 20
⑤ ㄱ : 800, ㄴ : 50, ㄷ : 50

  ‖해설 및 정답‖ ④

03. 협회가 그 지부 또는 지회를 설치한 때에는 그 지부는 시·도지사에게, 지회는 등록관청에 신고하여야 한다.(o)³⁰회

Topic 47. 공인중개사협회 - 2 (공제사업)

Ⅰ. 공인중개사협회의 공제 사업(법 제42조 제1항)

1. 협회의 업무

(1) 협회 고유업무(시행령 제31조)
① 회원의 품위유지를 위한 업무
② 부동산중개제도의 연구·개선에 관한 업무
③ 회원의 자질향상을 위한 지도 및 교육·연수에 관한 업무
④ 회원의 윤리헌장 제정 및 그 실천에 관한 업무
⑤ 부동산정보제공에 관한 업무
⑥ 공제사업의 경우 **비영리사업**으로서 회원간의 상호부조를 목적으로 한다.
　(비회원도 공제가입은 가능)

(2) 협회의 수탁업무

국토교통부장관, 시·도지사 또는 등록관청은 협회에 다음의 업무를 위탁할 수 있다.
① 법 제34조 실무교육, 연수교육, 직무교육, 예방교육
② 시험시행기관장은 시험의 시행에 관한 업무를 공기업, 준정부기관 또는 협회에 위탁할 수 있다.

2. 공제사업
① 임의적 사업으로서 고유업무에 해당한다.
② 공제규정에는 공제사업의 범위, 공제계약의 내용, 공제금 공제료, 회계기준 및 **책임준비금의 적립비용**(공제료 수입액의 100분의 10 이상) 등 공제사업의 공제사업의 운용에 관하여 필요한 사항을 정하여야 한다.
③ 협회는 공제사업을 다른 회계와 구분하여 별도의 회계로 관리하여야 한다.
④ 협회는 매년도의 공제사업 운용실적을 일간신문, 협회보 등을 통하여 공제계약자에게 매 회계연도 종료 후 3월 이내에 공시하여야 한다.
⑤ 공제규정 제정 또는 변경 시 국토교통부장관의 승인을 요한다.
⑥ 책임준비금 다른 용도로 사용하고자 하는 경우 국토교통부장관의 승인 필요
⑦ 국토교통부장관은 공제규정을 준수하지 아니하여 공제사업의 건전성을 해할 우려가 있다고 인정되는 경우에는 이에 대한 시정을 명할 수 있다.
⑧ 금융감독원의 원장은 국토교통부장관으로부터 요청이 있는 경우에는 협회의 공제사업에 관하여 검사를 할 수 있다.

한끝 Point
공제사업 중요 내용 정리

① 책임준비금 - 공제료 수입액의 100분의 10 이상으로 정하여야 한다.
② 회계 - 다른 회계와 구분하여 별도의 회계로 관리하여야 한다.
③ 운용실적 공시 - 운용실적을 회계연도 종료 후 3개월 이내에 공시해야 한다.
④ 시정명령 - 국토교통부장관-할 수 있다
⑤ 조사·검사 - 금융감독원장이 / 국토교통부장관의 요청이 있는 경우
⑥ 운영위원회 - 공제사업에 관한 사항 심의 및 업무집행 감독 위하여 → 협회에
⑦ 개선명령 - 국토교통부장관 / 조치를 명할 수 있다.
⑧ 협회에 관하여 이 법에 규정된 것 외에는 「민법」중 사단법인에 관한 규정을 적용

한끝 기출 마무리

01. 공인중개사법령상 공제사업에 관한 설명으로 틀린 것은? 30회/33회

① 공인중개사협회는 공제사업을 하고자 하는 때에는 공제규정을 제정하여 국토교통부장관의 승인을 얻어야 한다.
② 금융감독원의 원장은 국토교통부장관의 요청이 있는 경우에는 공제사업에 관하여 조사 또는 검사를 할 수 있다.
③ 공인중개사협회는 책임준비금을 다른 용도로 사용하고자 하는 경우에는 국토교통부장관의 승인을 얻어야 한다.
④ 책임준비금의 적립비율은 공제사고 발생률 및 공제금 지급액 등을 종합적으로 고려하여 정하되, 공제료 수입액의 100분의 10이상으로 정한다.
⑤ 공인중개사협회는 회계연도 종료 후 6개월 이내에 매년도의 공제사업 운용실적을 일간신문·협회보 등을 통하여 공제계약자에게 공시하여야 한다.

‖해설 및 정답‖ ⑤(X) 운용실적을 회계연도 종료 후 3개월 이내에 공시하여야 한다.

02. 협회에 관하여 공인중개사법령에 규정된 것 외에는 '민법' 중 조합에 관한 규정을 적용한다.(x) 24회

‖해설 및 정답‖ 사단법인에 관한 규정을 적용한다.

03. 공인중개사법령상 공인중개사협회의 업무에 해당하는 것을 모두 고른 것은? 35회

ㄱ. 회원의 윤리헌장 제정 및 그 실천에 관한 업무
ㄴ. 부동산 정보제공에 관한 업무
ㄷ. 인터넷을 이용한 중개대상물에 대한 표시·광고 모니터링 업무
ㄹ. 회원의 품위유지를 위한 업무

① ㄱ, ㄹ
② ㄴ, ㄷ
③ ㄱ, ㄴ, ㄷ
④ ㄱ, ㄴ, ㄹ
⑤ ㄱ, ㄴ, ㄷ, ㄹ

정답 ④ ㄷ(X)은 협회의 업무에 해당하지 않는다.

Topic 48. 공인중개사협회 - 3 (운영위원회 지도, 감독)

2025 위패스 공인중개사 합격셀렉트

I. 공제사업 운영위원회(공제사업 심의, 업무집행 감독)

① **법적 성격** : 협회는 공제사업과 관련하여 반드시 운영위원회를 <u>두어야 한다.</u>
② <u>구성</u>(제42조의2 제3항) : 운영위원회의 위원은 협회의 임원, 중개업, 법률, 회계, 금융, 보험, 부동산 분야 전문가, 관계 공무원 등 그 수를 <u>19명 이내</u>로 해야 한다.
③ 운영위원회의 구성(시행령 제35조의2 제2항)

> ⓐ 담당공무원과 협회의 <u>회장을 제외</u>한 위원의 임기는 2년으로 하되, 1회에 한하여 연임할 수 있으며 <u>보궐 위원의 임기는 전임자 임기의 남은 기간</u>으로 한다.
> ⓑ 운영위원회에는 **위원장과 부위원장 각각 1명을 두되, 위원장 및 부위원장은 위원 중에서 각각 호선**한다.
> ⓒ 부위원장은 위원장을 보좌하며, 위원장이 부득이한 사유로 그 직무를 수행할 수 없을 때에는 그 직무를 대행한다.
> ⓓ 운영위원회의 회의는 재적위원 과반수의 출석으로 개의하고, 출석위원 과반수의 찬성으로 심의사항을 의결한다.
> ⓓ 운영위원회의 사무를 처리하기 위하여 간사 및 서기를 두되, 간사 및 서기는 공제업무를 담당하는 협회의 직원 중에서 위원장이 임명한다.
> ⓔ 기타 운영위원회의 필요한 사항은 <u>운영위원회 심의를 거쳐 위원장이 정한다.</u>
> ⓕ 위원은 <u>19명 이내</u>로 성별 고려하되, 국토교통부장관이 소속 공무원 중에서 지명하는 사람 1명, 협회의 회장, 협회 이사회가 협회의 임원 중에서 선임하는 사람, 법률·회계·금융·보험 등 종사자 중 협회의 회장이 추천하여 국토교통부 장관의 승인을 받아 위촉하는 사람으로 구성한다. 단, 협회장 및 협회 이사회가 협회 임원 중에서 선임하는 위원은 전체 위원수의 <u>3분의 1 미만</u>이어야 한다.

④ 심의, 감독 사항

> ⓐ 사업계획·운영 및 관리에 관한 기본 방침
> ⓑ 예산 및 결산에 관한 사항
> ⓒ 차입금에 관한 사항
> ⓓ 주요 예산집행에 관한 사항
> ⓔ 공제약관, 공제규정의 변경, 제정, 개정 및 폐지에 관한 사항
> ⓕ 공제금, 공제가입금, 공제료 및 그 요율에 관한 사항
> ⓖ 정관으로 정하는 사항
> ⓗ 그 밖에 위원장이 필요하다고 인정하여 회의에 부치는 사항

⑤ 협회는 공제금 지급능력과 경영의 건전성을 확보하기 위하여 <u>재무건전성</u> 기준을 지켜야 한다. (<u>100분의 100 이상 유지</u>해야 한다.)
⑥ 협회에 관하여 공인중개사법에 규정된 것 외에는 민법 중 <u>사단법인</u>에 관한 규정을 적용한다.

> **한끝 Point**
>
> **국토교통부장관의 개선명령** 법 제42조의4
> ① 사유 – 협회의 공제사업 운영이 적정하지 아니하거나 자산상황이 불량하여 중개사고 피해자 및 공제가입자 등의 권익을 해칠 우려가 있다고 인정하는 경우
> ② 위반시 – 500만원 이하의 과태료
>
> **국토교통부장관의 개선명령 조치사항** 자/장/불/업/손/개
> ① **자**산예탁기관의 변경
> ② 자산의 **장**부가격의 변경
> ③ **불**건전한 자산에 대한 적립금의 보유
> ④ **업**무집행방법의 변경
> ⑤ 가치가 없다고 인정되는 자산의 **손**실처리
> ⑥ 그 밖에 공인중개사법 및 공제규정 미준수로 건전성을 해할 우려 – **개**선명령
>
> 1. (Topic 48) 공제사업의 운영위원회 – 두어야 한다 / 19명 이내 / 2년 임기(운영위원회는 1회 연임 가능)
> 2. (Topic 08) 정책심의위원회 – 둘 수 있다 / 위원장 1명 포함 7명 이상 11명 이내(세븐-일레븐)
> 3. 공제사업의 책임준비금 적립 비율 공제료 수입액의 100분의 10
> 4. 협회의 재무건전성 지급여력비율 100분의 100 이상 유지
> 5. 협회의 지도감독권자는 국토교통부장관이다.(금융감독원장은 요청 시 사업 조사)

한끝 기출 마무리

01. 공인중개사법령상 공인중개사협회에 관한 설명으로 옳은 것을 모두 고른 것은?[27회]

> ㄱ. 협회는 총회의 의결내용을 지체없이 국토교통부장관에게 보고하여야 한다.
> ㄴ. 협회가 지회를 설치한 때에는 시·도지사에게 신고하여야 한다.
> ㄷ. 공제사업 운영위원회 위원의 임기는 2년이며 연임할 수 없다.
> ㄹ. 금융기관에서 임원 이상의 현직에 있는 사람은 공제사업 운영위원회 위원이 될 수 없다.

① ㄱ　　　　② ㄱ, ㄷ　　　　③ ㄴ, ㄹ
④ ㄱ, ㄷ, ㄹ　　　⑤ ㄴ, ㄷ, ㄹ

‖해설 및 정답‖ ① ㄱ(○) 협회 – 국토교통부장관 보고 / 지부 – 시도지사(신고) / 지회 – 등록관청(신고), ㄴ(×) 지부 → 시도지사 / 지회 → 등록관청(신고의무), ㄷ(×) 공제사업 운영위원회 임기 2년, 연임 1회 가능하다. ㄹ(×) 임원 이상의 현직에 있는 사람도 공제사업 운영위원회 위원이 될 수 있다.

02. 공인중개사법령상 국토교통부장관이 공인중개사협회의 공제사업 운영개선을 위하여 명할 수 있는 조치를 모두 고른 것은?[29회]

> ㄱ. 업무집행방법의 변경　　　ㄴ. 자산예탁기관의 변경
> ㄷ. 자산의 장부가격의 변경　　ㄹ. 불건전한 자산에 대한 적립금의 보유

① ㄴ, ㄹ　　　　② ㄱ, ㄴ, ㄷ　　　　③ ㄱ, ㄷ, ㄹ
④ ㄴ, ㄷ, ㄹ　　　⑤ ㄱ, ㄴ, ㄷ, ㄹ

‖해설 및 정답‖ ⑤ 자.장.불.업.손.개!

Topic 49 교육 - 1 (교육의 종류와 시간 등)

2025 위패스 공인중개사 합격셀렉트

Ⅰ. 법 제34조에 따른 교육 내용

구 분	실무교육	연수교육	직무교육	예방교육
의무여부	의무교육 (등록 1년 전)	의무교육 (2년마다)	의무교육 (고용 1년 전)	임의교육 (필요시)
시 간	28~32시간	12~16시간	3~4시간	(정해진 바 없음)
교육목적	법률 지식, 중개 및 경영실무, 직업윤리 등	법·제도의 변경, 중개 및 경영실무, 직업윤리 등	직업윤리 등	부동산거래사고 예방
실시권자	시·도지사	시·도지사	시·도지사 + 등록관청	국토교통부장관, 시·도지사·등록관청

교육대상	ⓐ등록
	  신청하려는 자
	ⓑ사원·임원은
	  전원
	ⓒ분사무소의
	  책임자
	ⓓ소속공인중개사
	  (최초 교육)
		실무교육을 이수한
		개업공인중개사
		또는
		소속공인중개사
		(교육 2개월 전까지
		통지)
		*제재 - 500만원
		이하의 과태료
			중개보조원	ⓐ개업공인중개사
				ⓑ사원·임원은 전원
				ⓒ소속공인중개사
				ⓓ중개보조원
				  → 종사자 모두
				(교육일 10일 전까지
				통보)

시·도지사는 법 제45조에 따라 법 제34조 제1항부터 제4항까지의 규정에 따른 실무교육, 직무교육 및 연수교육에 관한 업무를 위탁하는 때에는 다음 각 호(①학교 ②협회 ③공기업 또는 준정부기관)의 기관 또는 단체 중 국토교통부령으로 정하는 인력 및 시설을 갖춘 기관 또는 단체를 지정하여 위탁하여야 한다. (시행령 제36조 제1항)

한끝 Point

- 교육 부분은 반드시 득점하여야 하는 필수 파트로, 표의 내용을 중심으로 암기합니다.

교육내용 중개업에 종사하고자 하는 자는 해당 교육을 반드시 이수하여야 한다.
① 실무교육 → '최초' 교육(공인중개사) / 28 ~ 32시간
② 연수교육 → 실무교육을 받은 개업공인중개사 또는 소속공인중개사 / 12 ~ 16시간
 - 시도지사는 연수교육을 실시하려는 경우 실무교육 또는 연수교육을 받은 후 2년이 되기 2개월 전까지 연수교육의 일시·장소·내용 등을 대상자에게 통지하여야 한다.
③ 직무교육 → 중개보조원 / 3 ~ 4시간

1. 거래사고예방교육은 임의적 교육이다.(교육 관련 연구에 필요한 비용을 지원할 수 있다.)
2. 국토교통부장관, 시·도지사 및 등록관청은 필요하다고 인정하면 개업공인중개사 등의 부동산거래사고 예방을 위한 교육을 실시할 수 있다. 교육을 실시하려는 경우에는 교육일 10일 전까지 교육일시·교육장소 및 교육내용, 그 밖에 교육에 필요한 사항을 공고하거나 교육대상자에게 통지하여야 한다.

한끝 기출 마무리

01. 공인중개사법령상 개업공인중개사등의 교육 등에 관한 설명으로 옳은 것은?[34회]

① 폐업신고 후 400일이 지난 날 중개사무소의 개설등록을 다시 신청하려는 자는 실무교육을 받지 않아도 된다.
② 중개보조원의 직무수행에 필요한 직업윤리에 대한 교육 시간은 5시간이다.
③ 시·도지사는 연수교육을 실시하려는 경우 실무교육 또는 연수교육을 받은 후 2년이 되기 2개월 전까지 연수교육의 일시·장소·내용 등을 대상자에게 통지하여야 한다.
④ 부동산 중개 및 경영 실무에 대한 교육시간은 36시간이다.
⑤ 시·도지사가 부동산거래사고 예방을 위한 교육을 실시하려는 경우에는 교육일 7일 전까지 교육일시·교육장소 및 교육내용을 교육대상자에게 통지하여야 한다.

‖해설 및 정답‖ ③(○)
①(X) 1년 이내에 실무교육을 이수한 경우만 해당되므로, 400일은 1년이 경과하여 실무교육을 새로 받아야 한다.
②(X) 중개보조원의 교육시간은 3~4시간이다.
④(X) 실무교육의 경우 28~32시간 / 연수교육의 경우 12~16시간이다.
⑤(X) 10일 전까지 통지하여야 한다.

Topic 50 교육 - 2 (실무교육과 연수교육)

I. 실무교육과 연수교육

① 교육내용
   - ⓐ 실무교육 : 직무수행 관련 법률지식, 중개 및 경영 실무, 직업윤리 등
   - ⓑ 연수교육 : 중개 관련 법·제도의 변경, 중개 및 경영 실무, 직업윤리 등

② 국토교통부장관은 시·도지사가 실시하는 실무교육, 직무교육 및 연수교육의 전국적인 균형 유지를 위하여 필요하다고 인정하면 해당 교육의 지침을 마련하여 시행 할 수 있다.

③ 시·도지사 또는 시험시행기관장은 업무를 위탁한 때에는 위탁받은 기관의 명칭, 대표자 및 소재지와 위탁 업무의 내용 등을 관보에 고시하여야 한다.
(교육의 일시, 장소는 고시하지 아니하여도 된다.)

④ 중개사무소의 개설등록을 신청하려는 자(법인은 사원, 임원 / 분사무소는 책임자)는 등록신청일 (분사무소는 신고일) 전 1년 이내에 시·도지사가 실시하는 실무교육을 받아야 한다.

⑤ **폐업신고 후 1년 이내에 중개사무소의 개설등록을 다시 신청**하려는 자는 실무교육을 받지 않아도 된다.

⑥ 소속공인중개사는 고용 신고일 전 1년 이내에 시·도지사가 실시하는 실무교육을 받아야 한다.

⑦ 소속공인중개사로서 고용관계 종료 신고 후 1년 이내에 <u>중개사무소의 개설등록을 신청하려는 자</u>는 실무교육을 받지 않아도 된다.

⑧ 소속공인중개사가 고용관계 종료 신고 후 1년 이내에 <u>고용 신고를 다시 하려는 경우</u>에는 실무교육을 받지 않아도 된다.

⑨ 개업공인중개사로서 <u>폐업신고를 한 후 1년 이내에</u> 소속 공인중개사로 고용 신고를 하려는 경우에는 실무교육을 받지 않아도 된다.

⑩ 실무교육을 받은 <u>개업공인중개사 및 소속공인중개사는 실무교육을 받은 후 2년마다</u> 시·도지사가 실시하는 <u>연수교육</u>을 받아야 한다.

⑪ 연수교육을 실시하려는 경우 실무교육 또는 연수교육을 받은 후 <u>2년이 되기 2개월 전까지</u> 연수교육의 일시, 장소, 내용 등을 대상자에게 통지하여야 한다.

> **한끝 Point**
>
> 1. 실무교육의 1년 기준
>   ① 법인의 사원,임원 / 분사무소 책임자 - 등록신청일 1년 이내
>   ② 폐업 후 1년 이내 다시 개설등록하려는 개업공인중개사
>   ③ 폐업 후 1년 이내 소속 공인중개사로서 고용 등록 하려는 경우
>   ④ 소속공인중개사로서 실무교육을 받은 후 1년 이내 개설등록할 경우
>   ⑤ 소속공인중개사로서 실무교육을 받은 후 1년 이내 고용신고를 다시 하는 경우
>   → 1년 이내에 실무교육을 이수한 경우에는 이직, 폐업 후 개업, 재등록 등은 실무교육이 유효하다.(실무교육·연수교육 → 모두 시·도지사)
>
> 2. 연수교육
>   ① 최초 실무교육을 이수한 후부터 적용된다.(미이행시 과태료 500만 원 규정)
>   ② 2년마다 / 2년이 되기 2개월 전까지 통지
>   ③ 과태료 500만, 2개월 전*기출지문빈출*

한끝 기출 마무리

01. 공인중개사법령상 개업공인중개사등의 교육에 관한 설명으로 옳은 것은?(단, 다른 법률의 규정은 고려하지 않음)31회

① 중개사무소 개설등록을 신청하려는 법인의 공인중개사가 아닌 사원은 실무교육 대상이 아니다.
② 개업공인중개사가 되려는 자의 실무교육시간은 26시간 이상 32시간 이하이다.
③ 중개보조원이 받는 실무교육에는 부동산 중개 관련 법·제도의 변경사항이 포함된다.
④ 국토교통부장관, 시·도지사, 등록관청은 개업공인중개사 등에 대한 부동산거래사고 예방 등의 교육을 위하여 교육 관련 연구에 필요한 비용을 지원할 수 있다.
⑤ 소속공인중개사는 2년마다 국토교통부장관이 실시하는 연수교육을 받아야 한다.

> ‖해설 및 정답‖ ④(○)
> ①(X) 법인의 사원, 임원 모두 개설등록 신청하려는 자는 실무교육을 받아야 한다.
> ②(X) 실무교육은 28~32시간이다.
> ③(X) 중개보조원은 직무교육을 이수하며, 직업윤리 등에 관한 교육을 받는다.
> ⑤(X) 2년마다 받는 것은 연수교육이 맞으나, 연수교육은 시·도지사가 실시한다.

Topic 51 포상금

I. 포상금지급사유

두문자 무/부/양/광/금(1항 - 조.제)/금(2항 - 교란5개)

① 중개사무소의 개설등록을 하지 아니하고 중개업을 한 자(무등록)
② 거짓이나 그 밖의 부정한 방법으로 중개사무소의 개설등록을 한 자(부정등록)
③ 중개사무소등록증 또는 공인중개사 자격증을 다른 사람에게 양도, 대여하거나 다른 사람으로부터 양수, 대여받은 자(양도·양수)
④ 개업공인중개사가 아닌 자로서 중개대상물에 대한 표시·광고를 하여서는 아니 된다는 규정을 위반한 자(아닌자 광고)
⑤ 부당한 이익을 얻거나 제3자에게 부당한 이익을 얻게 할 목적으로 거짓으로 거래가 완료된 것처럼 꾸미는 등 중개대상물의 시세에 부당한 영향을 주거나 줄 우려가 있는 행위를 한 자 (시세조작 등 조장행위)
⑥ 단체를 구성하여 특정 중개대상물에 대하여 중개를 제한하거나 단체 구성원 이외의 자와 공동중개를 제한하는 행위를 한 자(제한하는 행위)
⑦ 안내문, 온라인 커뮤니티 등을 이용하여 특정 개업공인중개사 등에 대한 중개의뢰를 제한하거나 제한을 유도하는 행위를 한 자(방해행위)
⑧ 안내문, 온라인 커뮤니티 등을 이용하여 중개대상물에 대하여 시세보다 현저하게 높게 표시·광고 또는 중개하는 특정 개업공인중개사 등에게만 중개의뢰를 하도록 유도함으로써 다른 개업공인중개사 등을 부당하게 차별하는 행위를 한 자
⑨ 안내문, 온라인 커뮤니티 등을 이용하여 특정 가격 이하로 중개를 의뢰하지 아니하도록 유도하는 행위를 한 자
⑩ 정당한 사유 없이 개업공인중개사 등의 중개대상물에 대한 정당한 표시·광고 행위를 방해하는 행위를 한 자
⑪ 개업공인중개사 등에게 중개대상물을 시세보다 현저하게 높게 표시·광고하도록 강요하거나 대가를 약속하고 시세보다 현저하게 높게 표시·광고하도록 유도하는 행위를 한 자 (시세조작)(법 제33조)

---

① - ② (3년/3천)
③ - ④ (1년/1천)
⑤ - ⑥ 금지행위(33조 1항 8,9호-조.제) (3년/3천) (Topic 35 금지행위*)
⑦ - ⑪ 금지행위(33조 2항 1-5호) (3년/3천) (Topic 36 금지행위 -2*)
→ 부동산거래질서교란행위 : ④ 제외 모두해당(23. 06 개정)(Topic 53 한끝 포인트 참고)

---

cf. ① 포상금의 지급은 등록관청이 한다.
② 신고 또는 고발은 등록관청, 수사기관, 부동산거래질서교란신고센터에 할 수 있다.

> **한끝 Point**
>
> **두문자** 포상금 대상 - 공/유
> ① 공소제기 또는 기소유예인 경우만 포상금
> ② 유죄판결·무죄판결(판결) → 포상금 대상○
> ③ 무혐의 → 포상금 대상×

1. 포상금은 1건당 50만원으로 한다.(법 제 46조 제1항 / 시행령 제36조의2 제1항)
2. 포상금은 행정기관에 의하여 발각되기 전에 등록관청·수사기관 또는 부동산거래질서교란행위 신고 센터에 신고 또는 고발한 자에게 그 신고 또는 고발사건에 대하여 검사가 공소제기 또는 기소유예의 결정을 한 경우에 한하여 지급한다.
3. 포상금의 지급에 소요되는 비용 중 국고에서 보조할 수 있는 비율은 100분의 50 이내로 한다.
4. 포상금을 지급받고자 하는 자는 포상금지급신청서를 등록관청에 제출하여야 한다.
5. 포상금 지급 신청서를 제출받은 등록관청(지급권자)은 그 사건에 관한 수사기관의 처분내용을 조회한 후 포상금의 지급을 결정하고, 그 결정일부터 1개월 이내에 포상금을 지급하여야 한다.(시행규칙 제28조 제2항)
6. 여러명이 신고 또는 고발한 경우 (공동신고 또는 각각신고)
   ① 등록관청은 하나의 사건에 대하여 2명 이상이 공동으로 신고 또는 고발한 경우에는 포상금을 균등하게 배분하여 지급한다.(공동신고)
   ② 포상금을 지급받을 자가 배분방법에 관하여 미리 합의하여 포상금의 지급을 신청한 경우 → 합의된 방법에 따라 지급
   ③ 등록관청은 하나의 사건에 대하여 2건 이상의 신고 또는 고발이 접수된 경우 최초로 신고 또는 고발한 자에게 포상금을 지급(시행규칙 제28조 제1항)

한끝 기출 마무리

01. 공인중개사법령상 포상금을 지급받을 수 있는 신고 또는 고발의 대상을 모두 고른 것은? [33회]

> ㄱ. 중개대상물의 매매를 업으로 하는 행위를 한 자
> ㄴ. 공인중개사자격증을 다른 사람으로부터 대여받은 자
> ㄷ. 해당 중개대상물의 거래상의 중요사항에 관하여 거짓된 언행으로 중개의뢰인의 판단을 그르치게 하는 행위를 한 자

① ㄱ　　② ㄴ　　③ ㄱ, ㄷ
④ ㄴ, ㄷ　　⑤ ㄱ, ㄴ, ㄷ

> ‖해설 및 정답‖ ②
>
> ㄴ.(○) 무/부/양/광/금(1항-조.제)/금(2항-교란5개)에 해당되는 항목은 ㄴ이다.
>
> ㄱ.(X) 1년/1천의 업.무.초.기 항목으로, 무/부/양/광/금(1항-조.제)/금(2항-교란5개) 외에는 포상금 대상 항목이 아니다.
>
> ㄷ. (X) 1년/1천의 업.무.초.기 중 "기망"행위에 해당한다. 무/부/양/광/금(1항-조.제)/금(2항-교란5개) 외에는 포상금 대상 항목이 아니다.

Topic 52. 행정수수료

Ⅰ. 법 제47조 제1항(수수료)

다음 각 호의 어느 하나에 해당하는 자는 해당 지방자치단체의 조례로 정하는 바에 따라 수수료를 납부하여야 한다. 단, 공인중개사자격시험을 국토교통부장관이 시행하는 경우 국토교통부장관이 결정, 공고하는 수수료를 납부하여야 한다.

- ⓐ 제4조에 따른 공인중개사자격시험에 응시하는 자
- ⓑ 제5조 제3항에 따라 공인중개사자격증 재교부를 신청하는 자
- ⓒ 제9조 제1항에 따라 중개사무소의 개설등록을 신청하는 자
- ⓓ 제11조 제2항에 따라 중개사무소등록증의 재교부를 신청하는 자
- ⓔ 제13조 제3항에 따라 분사무소설치의 신고를 하는 자
- ⓕ 제13조 제5항에 따라 분사무소설치신고확인서의 재교부를 신청하는 자

공인중개사자격시험 또는 공인중개사자격증 재교부 업무를 위탁한 경우에는 해당 업무를 위탁받은 자가 위탁한 자의 승인을 얻어 결정, 공고하는 수수료를 각각 납부하여야 한다.

수수료를 납부하는 경우	수수료가 면제되는 경우
① 공인중개사 자격시험 응시(시·도 조례) ② 공인중개사 자격증 재교부신청(시·도 조례) ③ 중개사무소 개설등록신청(시·군·구(자치구)의 조례) ④ 중개사무소등록증 재교부신청(시·군·구(자치구)의 조례) ⑤ 분사무소 설치신고(시·군·구(자치구)의 조례) ⑥ 분사무소설치 신고확인서 재교부신청 　(시·군·구(자치구)의 조례) ①-② 시·도조례 / ③-⑥ 시·군·구의 조례	① 공인중개사 자격증 발급시 (최초) ② 휴업·폐업·재개·변경 신고시 ③ 고용인 고용·고용 관계 종료신고시 ④ 포상금지급 신청시 ⑤ 거래정보사업자 지정 신청 ⑥ 손해배상책임보증 설정·변경 신고시

한끝 Point

행정수수료 납부 법 제47조 제1항

1. 지방자치단체의 조례로 정하는 수수료
① 공인중개사 자격시험에 응시하는 자
  - 자격시험 응시수수료 : 시·도지사 → 지방자치단체 조례 / 국토교통부장관 → 결정·공고
② 공인중개사자격증 재교부를 신청하는 자
③ 중개사무소의 개설등록을 신청하는 자
④ 중개사무소등록증의 재교부를 신청하는 자(사무소 이전신고, 종별변경 포함)
⑤ 분사무소 설치의 신고를 하려는 자
⑥ 분사무소 설치 신고고확인서의 재교부를 신청하는 자
→ 공인중개사 자격시험에 합격하여 공인중개사 자격증을 처음으로 교부받는 자는 수수료 대상자에 해당하지 않는다.[27회]

2. 업무를 위탁받은 자가 결정·공고하는 수수료
 - 공인중개사 자격시험 또는 공인중개사 자격증 재교부 업무를 위탁한 경우에는 해당 업무를 위탁받은 자가 위탁한 자의 승인을 얻어 결정·공고하는 수수료를 각각 납부하여야 한다.

한끝 기출 마무리

01. 공인중개사법령상 조례가 정하는 바에 따라 수수료를 납부해야 하는 경우를 모두 고른 것은?[30회]

> ㄱ. 분사무소설치신고필증의 재교부 신청
> ㄴ. 국토교통부장관이 시행하는 공인중개사 자격 시험 응시
> ㄷ. 중개사무소의 개설등록 신청
> ㄹ. 분사무소설치의 신고

① ㄱ, ㄴ
② ㄱ, ㄴ, ㄹ
③ ㄱ, ㄷ, ㄹ
④ ㄴ, ㄷ, ㄹ
⑤ ㄱ, ㄴ, ㄷ, ㄹ

‖해설 및 정답‖ ③
ㄱ, ㄷ, ㄹ(○) 국토교통부장관 언급이 없으면 조례에 따라 수수료를 납부한다.
ㄴ(×) 공인중개사자격시험을 국토교통부장관이 시행하는 경우 국토교통부장관이 결정·공고하는 수수료를 납부하여야 한다.

Topic 53. 부동산거래질서교란행위 신고센터의 설치·운영

Ⅰ. 신고센터의 설치·운영 (제47조의2)
① 국토교통부장관은 부동산 시장의 건전한 거래질서를 조성하기 위하여 부동산거래질서교란행위 신고센터(이하 '신고센터'라 한다)를 설치·운영할 수 있다. 운영 및 방법은 대통령령으로 정한다.
② 누구든지 부동산중개업 및 부동산 시장의 건전한 거래질서를 해치는 어느 하나에 해당하는 행위(이하 '부동산거래질서교란행위'라 한다)를 발견하는 경우 그 사실을 신고센터에 신고할 수 있다.
③ 한국부동산원은 신고센터의 업무 처리 방법, 절차 등에 관한 운영규정을 정하여 국토교통부장관의 승인을 받아야 한다. 이를 변경하려는 경우에도 또한 같다.
④ 국토교통부장관은 제2항에 따른 신고센터의 업무를 대통령령으로 정하는 기관에 위탁할 수 있다. (현재 한국부동산원에 위탁)

Ⅱ. 신고센터의 업무(법 제47조의2 제3항)
① 부동산거래질서교란행위 신고의 접수 및 상담
② 신고사항에 대한 확인 또는 시·도지사 및 등록관청 등에 신고사항에 대한 조사 및 조치 요구
③ 신고인에 대한 신고사항 처리결과 통보

Ⅲ. 신고센터의 운영 및 신고방법(시행령 제37조 제1항)
① 부동산거래질서교란행위 신고센터에 부동산거래질서교란행위를 신고하려는 자는 다음의 사항을 서면(전자문서를 포함한다)으로 제출해야 한다.
> ⓐ 신고인 및 피신고인의 인적사항
> ⓑ 부동산거래질서교란행위의 발생일시·장소 및 그 내용
> ⓒ 신고내용을 증명할 수 있는 증거자료 또는 참고인의 인적사항
> ⓓ 그 밖에 신고 처리에 필요한 사항

② 신고센터는 신고받은 사항에 대해 보완이 필요한 경우 기간을 정하여 신고인에게 보완을 요청할 수 있다. (시행령 제37조 제2항)
③ 신고센터는 신고사항에 대해 시·도지사 및 등록관청 등에 조사 및 조치를 요구해야 한다. 다만, 다음의 어느 하나에 해당하는 경우에는 국토교통부장관의 승인을 받아 접수된 신고사항의 처리를 종결할 수 있다.
> ⓐ 신고내용이 명백히 거짓인 경우
> ⓑ 신고인이 신고센터의 보완요청에 대해 보완을 하지 않은 경우
> ⓒ 신고사항의 처리결과를 통보받은 사항에 대하여 정당한 사유 없이 다시 신고한 경우로서 새로운 사실이나 증거자료가 없는 경우
> ⓓ 신고내용이 이미 수사기관에서 수사 중이거나 재판에 계류 중이거나 법원의 판결에 의해 확정된 경우

④ 신고센터의 요구를 받은 시·도지사 및 등록관청 등은 신속하게 조사 및 조치를 완료하고, **완료한 날부터 10일 이내**에 그 결과를 신고센터에 통보해야 한다.
⑤ 신고센터는 시·도지사 및 등록관청 등으로부터 처리결과를 통보받은 경우 신고인에게 신고사항 처리 결과를 통보해야 한다.
⑥ 신고센터는 **매월 10일**까지 직전 달의 신고사항 접수 및 처리결과 등을 국토교통부장관에게 제출해야 한다.
⑦ 국토교통부장관은 법 제47조의2 제4항에 따라 같은 조 제3항에 따른 신고센터의 업무를 「한국부동산원법」에 따른 한국부동산원(이하 "한국부동산원"이라 한다)에 위탁한다.
⑧ 한국부동산원은 신고센터의 업무 처리 방법, 절차 등에 관한 운영규정을 정하여 국토교통부장관의 승인을 받아야 한다. 이를 변경하려는 경우에도 또한 같다.

한끝 Point

1. 제47조의2(부동산거래질서교란행위 신고센터의 설치·운영)
2. 「공인중개사법」상 부동산거래질서교란행위 - 16가지
(23.06 개정 시행)
   ① 자격증 양도·양수·대여·알선(제7조)
   ② 유사명칭 사용(제8조)
   ③ 무등록중개행위(제9조)
   ④ 이중등록, 이중소속(제12조)
   ⑤ 임시중개시설물, 이중설치(제13조)
   ⑥ 법인 겸업제한(제14조)
   ⑦ 보조원 채용상한 초과(제15조)
   ⑧ 사무소등록증게시(제17조)
   ⑨ 중개사무소 명칭위반(제18조)
   ⑩ 중개보조원 고지의무 위반(제18조의 4)
   ⑪ 등록증 양도·양수·대여·알선(제19조)
   ⑫ 중개대상물 확인·설명 불성실(제25조)
   ⑬ 이중계약서, 거짓계약서 작성(제26조)
   ⑭ 업무상 비밀 누설(제29조)
   ⑮ 금지행위 9가지 (제33조 제1항)
   ⑯ 금지행위 5가지 (제33조 제2항)

   cf. 포상금은 Topic51 해당하는 사항만 지급함.

3. 신고센터의 조사 완료일로부터 10일 이내 통보
4. 매월 10일까지 직전 달 신고사항 접수 및 처리결과를 국토교통부장관에게 제출
5. 국토교통부장관 – 신고센터의 업무를 한국부동산원에 위탁

한끝 기출 마무리

01. 공인중개사법령상 부동산거래질서교란행위에 해당하지 않는 것은?[35회]
   ③ 개업공인중개사가 중개행위로 인한 손해배상책임을 보장하기 위하여 가입해야 하는 보증보험이나 공제에 가입하지 않은 경우

   ‖ 해설 및 정답 ‖ ③(X) 업무보증설정의무 위반은 부동산거래질서교란행위에 해당하지 않는다.

Topic 54. 행정처분 - 지도, 감독 및 제재

Ⅰ. 지도·감독·제재

1. 감독상의 명령 등
국토교통부장관, 시·도지사 및 등록관청(분사무소의 시장·군수 또는 구청장을 포함)은 개업공인중개사 또는 거래정보사업자에 대하여 그 업무에 관한 사항을 보고하게 하거나 자료의 제출 그 밖에 필요한 명령을 할 수 있으며, 소속공무원으로 하여금 중개사무소(무등록개업공인중개사의 사무소를 포함)에 출입하여 장부, 서류 등을 조사 또는 검사하게 할 수 있다. (법 제37조)

2. 감독관청
① 국토교통부장관
② 시·도지사(특별시장·광역시장·도지사)
③ 등록관청
④ 분사무소 관할 시장·군수·구청장(단, 행정처분권은×)

3. 감독대상자
① 개업공인중개사
② 무등록업자(중개보조원 대상×)
③ 거래정보사업자

4. 지도·감독의 목적
① 부동산투기 등 거래동향의 파악
② 공인중개사법 위반행위의 확인, 공인중개사의 자격취소, 정지 및 개업공인중개사에 대한 등록취소, 업무정지 등 행정처분을 위하여 필요한 경우

5. 증표의 제시
소속공무원은 사무소 출입시에 그 권한을 나타내는 국토교통부령이 정하는 증표(공무원증)를 지니고 자신의 성명, 소속기관, 직급 등을 기재한 서류(별지 제26호서식 - 조사, 검사증명서)를 관계인에게 제시하여야 한다. (조사 또는 검사 규정 - 제37조 제2항)

6. 행정절차 위반 시 무효
행정청은 자격 또는 등록의 취소를 행하는 경우 청문을 행하여야 하며, 행정처분에 앞서 사전통지 등 적법한 행정절차를 거쳐야 한다. 이를 위반한 행정처분은 그 하자가 중대하므로 무효이다.

7. 국토교통부장관
거래정보사업자에 대하여 **국토교통부장관만이 지도·감독권**이 있다. (유권해석)

> **한끝 Point**
>
> 1. 국토교통부장관, 시·도지사, 등록관청 → 개업공인중개사의 지도·감독권자
> 2. 수시 검사제를 취하고 있다.(정기 검사 규정✕)
> 3. 다음에 해당하는 처분을 하고자 하는 경우에는 <u>청문을 실시하여야</u> 한다.
>   ① 거래정보사업자의 지정취소 - 국토교통부장관
>   - <u>지정취소 사유 - 거짓, 부정 지정/ 운영규정 위반/ 정보공개의무 위반/ 지정받은날로부터 1년 이내 미설치, 미운영 / 사망 또는 해산으로 운영 불가</u>
>   ② 중개사무소개설 등록취소 - 등록관청
>   ③ 공인중개사 자격취소 - 시·도지사
>
> **제재**
> ① 개업공인중개사가 그 업무에 관한 사항을 보고, 자료의 제출 조사 또는 검사를 거부·방해 또는 기피하거나 그 밖의 명령을 이행하지 아니하거나 거짓으로 보고 또는 자료 제출을 한 경우
>   → <u>6개월의 범위 내에서 업무정지</u>
> ② 거래정보사업자가 그 업무에 관한 사항을 보고, 자료의 제출, 조사 또는 검사를 거부·방해 또는 기피하거나 그 밖의 명령을 이행하지 아니하거나 거짓으로 보고 또는 자료 제출을 한 경우
>   → <u>500만원 이하의 과태료</u>

한끝 기출 마무리

01. 공인중개사자격증을 교부한 시·도지사와 공인중개사사무소의 소재지를 관할하는 시·도지사가 서로 다른 경우, 국토교통부장관이 공인중개사의 자격취소처분을 행한다.(✕) 28회

> ‖해설 및 정답‖ 자격취소는 언제나 교부한 시·도지사이다.

02. 시·도지사가 가중하여 자격정지처분을 하는 경우, 그 자격정지기간은 6개월을 초과할 수 있다.(✕) 28회

> ‖해설 및 정답‖ 시·도지사는 위반행위의 동기, 결과 및 횟수 등을 참작하여 자격정지기간의 2분의 1의 범위 안에서 가중 또는 경감할 수 있다. 이 경우 가중하여 처분하는 때에도 자격정지기간은 6개월을 초과할 수 없다.

Topic 55 행정처분 - 1 (자격취소)

Ⅰ. 자격취소 (법 제 35조)

① 시·도지사는 공인중개사가 다음에 해당하는 경우 그 자격을 취소하여야 한다.

> ⓐ 부정한 방법 취득
> ⓑ 다른 사람에게 공인중개사자격증을 양도 또는 대여한 경우
> ⓒ 소속공인중개사 → 자격정지기간 중에 중개업무 또는 이중소속된 경우
> ⓓ 공인중개사법 위반하여 금고이상의 형을 선고받은 경우(집행유예를 포함)

② 자격이 취소된 날로부터 3년 이내에는 자격취득 + 시험응시 불가능
③ 자격을 취소한 시·도지사는 5일 이내에 국토교통부장관에게 보고하고, 다른 시·도지사에게 통보하여야 한다.
④ 7일 이내에 자격증을 교부한 시·도지사에게 자격증을 반납하여야 한다.
   → 미반납시 100만원 이하의 과태료
⑤ 자격취소처분 및 정지처분→ 공인중개사자격증을 교부한 시·도지사가 행한다.
   (청문실시 후 취소 - 5일 내 국장 등 통보 - 자격증 시·도지사 7일 내 반납)
⑥ 자격증을 교부한 시·도지사와 공인중개사사무소의 소재지를 관할하는 시·도지사가 서로 다른 경우에는 공인중개사 사무소의 소재지를 관할하는 시·도지사가 자격취소 처분 또는 자격정지 처분에 필요한 절차를 모두 이행한 후 자격증을 교부한 시·도지사에게 통보하여야 한다.
⑦ 개업공인중개사가 형법상 절도죄 위반으로 징역형을 선고 받은 경우

> ⓐ 결격이므로 등록은 반드시 취소된다.
> ⓑ 자격취소는 되지 않는다.

⑧ 이 법 위반으로 300만원 이상 벌금형 선고 받은 경우 (Topic 18, 19 결격사유 참고)

> ⓐ 3년간 결격이므로 등록이 취소된다. (단, 양벌규정일 경우에는 제외)
> ⓑ 자격은 취소되지 않는다*

> **한끝 Point**
>
> **두문자** 자격취소 – 부/대/소/집
>
> 1. 시·도지사는 공인중개사가 다음에 해당하는 경우 그 자격을 취소하여야 한다.
>   ① 부정한 방법으로 공인중개사의 자격을 취득한 경우
>   ② 다른 사람에게 자기의 성명을 사용하여 중개업무를 하게 하거나 공인중개사 자격증을 양도 또는 대여한 경우
>   ③ 소속공인중개사가 그 자격정지기간 중에 중개업무 또는 이중소속
>   ④ 공인중개사법에 위반하여 징역형의 선고를 받은 경우
>   – 징역형이 확정되어야 한다.
>   – 징역형 선고시 집행유예 판결을 받은 경우 → 자격이 취소된다.
>   – 징역형의 선고유예를 받은 경우 → 자격취소 사유 아니다.
>
> 2. 3년 내 재취득 불가 / 반납 7일 이내(100만원 이하 과태료) / 시·도지사 – 자격취소 후 5일 이내 국토교통부장관 보고 또는 다른 시·도지사에 통보
>
> 3. 시·도지사 관할, 교부 다른 경우 → 관할이 처분 / 교부한 시·도지사에 통보한다.

한끝 기출 마무리

01. 다른 사람에게 자기의 성명을 사용하여 중개업무를 하게 한 경우는 자격 취소사유에 해당한다. (o)[31회*기출변형*]

02. 공인중개사법을 위반하여 징역형의 집행유예를 받은 경우는 자격 취소사유에 해당한다.(o)[31회*기출변형*]

03. 시·도지사는 공인중개사의 자격을 취소하고자 하는 경우에는 청문을 실시해야 한다.(o)[29회/30회/33회*기출지문빈출*]

04. 시·도지사는 공인중개사가 이 법을 위반하여 300만원 이상 벌금형의 선고를 받은 경우에는 그 자격을 취소해야 한다.(x)[33회]

> ‖해설 및 정답‖ 결격사유에 해당하여 '등록취소'가 된다. 자격취소는 되지 않는다.

Topic 56 행정처분 - 2 {(소속)공인중개사의 자격정지}

2025 위패스 공인중개사 합격셀렉트

Ⅰ. 자격정지(소공에 해당하므로, 소속되지 않은 공인중개사는 대상×)

> **제36조(자격의 정지)** ① 시·도지사는 공인중개사가 소속공인중개사로서 업무를 수행하는 기간 중에 다음 각 호의 어느 하나에 해당하는 경우에는 6개월의 범위 안에서 기간을 정하여 그 자격을 정지할 수 있다.

ⓐ 둘 이상의 중개사무소에 소속된 경우
ⓑ 인장등록을 하지 아니하거나 등록하지 아니한 인장을 사용한 경우
ⓒ 성실·정확하게 중개대상물의 확인·설명을 하지 아니하거나 설명의 근거자료를 제시 하지 않은 경우
ⓓ 중개대상물확인·설명서에 서명·날인을 하지 아니한 경우
ⓔ 거래계약서에 서명·날인을 하지 아니한 경우
ⓕ 거래계약서에 거래금액 등 거래내용을 거짓으로 기재하거나 서로 다른 둘 이상의 거래계약서를 작성한 경우
ⓖ 법 제33조 제1항의 금지행위를 한 경우(Topic 35 금지행위 참고)

① 시·도지사는 위반행위의 동기·결과 및 횟수 등을 참작하여 자격정지기간의 2분의 1의 범위 안에서 가중 또는 경감할 수 있다 이 경우 가중하여 처분하는 때에도 자격정지기간은 6개월을 초과할 수 없다. (기준은 국토교통부령으로 정한다.)
② 등록관청은 공인중개사가 자격정지사유에 해당하는 사실을 알게된 때에는 지체없이 그 사실을 시·도지사에게 통보하여야 한다. (제36조 제2항)
③ 자격정지처분은 그 공인중개사자격증을 교부한 시·도지사가 행한다. (자격취소 처분시 국토교통부장관에게 보고의무가 있으나, 자격정지처분은 보고의무가 없다. [22회] / 자격정지는 자격증 반납 의무×)
④ 자격정지기간 중에 중개업무를 하거나 다른 개업공인중개사에 이중소속이 된 경우에는 반드시 자격이 취소된다.
⑤ 소속공인중개사의 자격을 정지하고자 하는 경우에는 청문대상은 아니나 의견제출기회는 주어야 한다.

한끝 Point

두문자 자격정지 기준(별표 3) – 3개월 : 인/자/서/날 (6개월 : 2/2/금)(서식 p239)
① 2 이상의 중개사무소에 소속된 경우 – 6개월
② 인장등록을 하지 아니하거나 미등록 한 인장사용 – 3개월
③ 성실·정확하게 중개대상물의 확인·설명 또는 설명의 근거자료를 제시하지 아니한 경우 – 3개월
④ 중개대상물 확인·설명서에 서명·날인을 하지 않은 경우 – 3개월
⑤ 거래계약서에 서명·날인을 하지 않은 경우 – 3개월
⑥ 거래계약서에 거짓으로 기재 또는 2 이상의 거래계약서 작성한 경우 – 6개월
⑦ 법 제33조 제1항 각호(1호 – 9호)의 금지행위 위반 – 6개월

공인중개사의 서명·날인 의무
① 공인중개사 (개업, 소속 모두 포함)는 거래계약서와 확인설명서의 서명, 날인 의무에서 서명 '및' 날인 하여야 한다.
② 단, 24.07.11부터 시행되는 개정 확인설명서의 '임대차확인사항'의 부분만 서명 '또는' 날인으로 한다.

한끝 기출 마무리

01. 공인중개사법령상 중개업무를 수행하는 소속공인중개사의 자격정지사유에 해당하지 않는 것은? [30회]
① 고객을 위하여 거래내용에 부합하는 동일한 거래계약서를 4부 작성한 경우
② 2 이상의 중개사무소에 소속된 경우
③ 고객의 요청에 의해 거래계약서에 거래금액을 거짓으로 기재한 경우
④ 권리를 취득하고자 하는 중개의뢰인에게 중개가 완성되기 전까지 등기사항증명서 등 확인·설명의 근거자료를 제시하지 않은 경우
⑤ 법인의 분사무소의 책임자가 서명 및 날인 하였기에 당해 중개행위를 한 소속공인중개사가 확인설명서에 서명 및 날인을 하지 않은 경우

‖해설 및 정답‖ ①
①(X) 단순한 실수에 해당하며, 처분 또는 제재 사유에 해당하지 않는다.
②, ③(O) 6개월 자격정지 → 2.2.금 → 2중소속, 거짓기재 + 2개 이상 계약서 / 금지행위
④, ⑤(O) 3개월 자격정지 → 인.자.서.날 → 인장, 근거자료설명, 서명, 날인 미이행

Topic 57. 행정처분 - 3 (개업공인중개사의 등록취소)

Ⅰ. 절대적(기속) 등록취소사유(법 제38조 제1항)

등록관청은 개업 공인중개사가 다음에 해당하는 경우에는 중개사무소의 개설등록을 취소<u>하여야 한다.</u>
① 개인사망, 법인해산(단, 사망으로 인한 등록취소는 반납×)
② 거짓·부정 등록(3년 / 3천만)
③ 결격사유(단, 결격 해당하는 임원 2개월 내 해소시 결격사유 해소)
④ 이중등록(1년 / 1천만)
⑤ 이중소속(1년 / 1천만)
⑥ 타인에게 성명, 상호 사용하게 하거나 등록증 양도 또는 대여(1년 / 1천만)
⑦ 업무정지 중 중개업, 자격정지 중인 소속공인중개사에게 업무하게 하는 경우
⑧ 1년 이내에 2회 이상의 업무정지 처분을 받고 다시 업무 정지 행위
⑨ 개업 공인중개사가 개업 공인중개사와 소속공인중개사를 합한 수의 5배를 초과하여 중개보조원을 고용한 경우(1년/1천만)(23.10.19 개정)

Ⅱ. 임의적(상대적) 등록취소사유(법 제 38조 제2항)

등록관청은 개업 공인중개사가 다음에 해당하는 경우에는 중개사무소의 개설등록을 취소<u>할 수 있다.</u>
① 등록기준 미달(사무소 임원)
② 둘 이상의 사무소 설치
③ 임시시설물 설치
④ 법인인 개업공인중개사의 겸업 위반
⑤ 6개월 초과 휴업
⑥ 금지행위(1년 / 1천만 또는 3년 / 3천만)
⑦ 전속중개계약시 정보 공개위반(정보 비공개 또는 비공개요청에도 정보공개)
⑧ 거래계약서 거짓기재, 이중계약서 작성
⑨ 업무보증 미설정 후 업무개시
⑩ 1년 내 3회 이상 업무정지 또는 과태료 처분 + 다시 업무정지 또는 과태료
⑪ 사업자단체 또는 그 구성원인 개업공인중개사가 독점규제 및 공정거래에 관한 법률을 위반하여 시정조치 또는 과징금을 최근 <u>2년 이내에 2회 이상</u> 받은 경우

> **한끝 Point**
>
> 1. 등록취소사유에 해당되어도 등록취소처분 전까지는 등록효력은 유지된다.
> 2. 등록이 취소되면 3년간 결격자가 되므로 중개업에 종사 자체를 할 수 없다.
> 3. 등록취소처분에 대한 청문절차는 규정하고 있지만 이의신청에 관한 규정은 두고 있지 않다.
>   (청문은 반드시 하여야 한다.)
> 4. 등록취소와 자격취소의 경우 등록증(등록관청), 자격증을(교부한 시·도지사)
>   – <u>7일 이내에 반납</u>하여야 한다. 위반시 과태료 100만원 이하(<u>취소는 반납</u>)
>
> 5. 임의적(재량)등록취소사유는 업무정지처분으로 대체하여 처벌할 수 있다.
> 6. 행정처분 중 간판을 철거하여야 하는 경우는 '등록취소'뿐이다.(철거 – 이전, 폐업, 취소)
>   그 외 옥외광고물 ①성명미표기 ②명칭잘못표기 (100만원 이하 과태료)
>
> **절대적 등록취소** 상습위반 가중처벌
>   ① 절대적 등록취소 <u>1년 2회 이상 업 + 업</u> → 예) 업, 업 + 업 → 절. 등. 취
>   ② 상대적 등록취소 <u>1년 3회 이상 업 또는 과 + 업 또는 과</u> → 예) 업, 과, 과 + 업
>   ③ 업무정지 → <u>1년 2회 이상 업 또는 과 + 과</u> → 예) 과 업 + 과
>
> **거짓 관련 내용**
>   ① 거짓, 부정 등록 → 절대적 등록취소 / 거짓 기재 → 상대적 등록취소
>   ② 거짓 공개 (중개대상물 정보) → 업무정지
>   ③ 거짓 신고 → (취득가액) 10% 이하 과태료

한끝 기출 마무리

01. 개업공인중개사가 개설등록 후 금고 이상의 형의 집행유예를 받고 그 유예기간 중에 있게 된 경우에는 개설등록을 취소하여야 한다.(o)[32회*기출변형*]

> ‖해설 및 정답‖ Topic 18 [결격사유]를 암기하여야 풀 수 있는 문제이다. 절대적 등록취소의 사유 중 하나는 결격사유에 해당하는 경우이다.

02. 개업공인중개사 甲이 최근 1년 이내에 공인중개사법령을 위반하여 1회 업무정지처분, 2회 과태료처분을 받고 다시 업무정지처분에 해당하는 행위를 한 경우에는 중개사무소의 개설등록을 취소하여야 한다.(x)[29회*기출변형*]

> ‖해설 및 정답‖ 업무정지와 과태료 2회의 경우에는 1년에 3회 이상 업무정지 또는 과태료를 받은 경우로서 그 이후 업무정지 또는 과태료 처분을 받을 경우에 '상대적 등록취소'를 할 수 있다.

Topic 58. 행정처분 - 4 (개업공인중개사의 업무정지)

I. 업무정지(법 제39조 제1항)

등록관청은 개업 공인중개사가 다음에 해당하는 경우에는 6개월의 범위 안에서 기간을 정하여 업무의 정지를 명할 수 있다. 이 경우 <u>법인인 개업공인중개사에 대하여는 법인 또는 분사무소별로 업무의 정지를 명할 수 있다.</u>

1. 업무정지 사유(별도 표시 없는 경우 모두 3개월)

① 결격사유에 해당하는 자를 고용인으로 둔 경우
　(6개월 / 다만, 2개월 이내에 그 사유를 해소한 경우X)
② 인장등록을 하지 아니하거나 등록하지 아니한 인장을 사용한 경우
③ 전속중개계약서 양식 미사용 체결 or 계약서를 보존(3년)하지 아니한 경우
④ 중개대상물에 관한 정보를 거짓 공개 또는 거래정보사업자에게 거래가 완성 된 사실을 지체 없이 통보하지 아니한 경우(6개월)
⑤ 중개대상물확인·설명서를 교부, 보존, 서명 및 날인하지 아니한 경우
⑥ 거래계약서를 작성, 교부, 보존, 서명 및 날인하지 아니한 경우
⑦ 업무보고, 자료의 제출 조사 또는 검사를 거부, 방해 또는 기피한 경우
⑧ 임의적 등록취소에 해당하는 경우 → 업무정지처분으로 대체 가능(6개월)
⑨ 최근 1년 이내에 2회 이상 업무정지 또는 과태료 처분을 받고 다시 과태료에 해당하는 위반을 한 경우(6개월)
⑩ 독점규제 및 공정거래법 위반 → 시정명령, 과징금 처분받은 경우(6개월)
⑪ 그 밖에 이 법 또는 이 법에 의한 명령이나 처분에 위반한 경우(1개월)
⑫ 중개인이 업무지역범위를 위반한 경우

2. 소멸시효 규정

<u>업무정지</u>처분은 해당 사유가 발생한 날부터 <u>3년</u>이 경과한 때에는 이를 할 수 없다. (등록취소, 자격취소 자격정지는 소멸시효X)

3. 등록관청은 업무정지 처분 후 다음달 10일까지 협회에 통보하여야 한다.

4. 업무정지 가중·감경

등록관청은 위반행위의 동기·결과 및 횟수 등을 참작하여 업무정지기간의 2분의 1의 범위 안에서 가중 또는 경감할 수 있다. 가중하여 처분하는 때에도 업무정지기간 6개월을 초과할 수는 없다.

> **한끝 Point**
>
> 1. 업무정지처분은 재량사항이다.
>   ① 사유가 발생한 날부터 3년 경과 시 처분 불가
>   ② 업무정지 전 행정처분 시에는 사전통지와 의견진술 기회를 부여하여야 한다.
>
> 2. 업무정지기간 '6개월' 해당사유
>   ① 결격사유에 해당하는 고용인 고용
>   ② 거래정보망에 거짓 공개
>   ③ 상대적 등록취소 사유
>   ④ 시정조치 + 과징금을 동시에 처분받은 경우
>   ⑤ 1년 2회 이상 업무정지 또는 과태료 처분 이후 + 과태료 처분
>
> 3. 계약서, 확인·설명서 등 문서의 '서' → 업무정지 처분 / 소공 → '서' → 자격정지 처분

한끝 기출 마무리

01. 최근 1년 이내에 이 법에 의하여 2회 이상 업무정지처분을 받은 개업공인중개사가 다시 업무정지처분에 해당하는 행위를 한 경우, 6개월의 업무정지처분을 받을 수 있다.(x)[24회]

> ‖해설 및 정답‖ 최근 1년 이내에 2회 이상 업무정지처분을 받은 자가 다시 3번째에도 업무정지처분 사유에 해당하는 경우에는 반드시 등록이 취소된다.(업+업/+업→절.등.취)

02. 중개대상물 확인·설명서를 교부하지 않은 경우에는 개업공인중개사의 업무정지사유이자 중개행위를 한 소속공인중개사의 자격정지사유에 해당한다.(x)[29회*기출변형*]

> ‖해설 및 정답‖ 함정에 유의하여야 한다. 중개대상물 확인·설명서 교부의무는 개업공인중개사에게만 있으므로, '교부'를 하지 않은 경우는 개업공인중개사의 업무정지 사유이다. 소속공인중개사의 자격정지는 확인·설명을 하지 않거나 서명·날인을 하지 않은 경우에 해당한다. '교부'의무에 유의하자.

03. 공인중개사법령상 개업공인중개사에 대한 업무정지처분을 할 수 있는 사유에 해당하는 것을 모두 고른 것은?[32회]

> ㄱ. 부동산거래정보망에 중개대상물에 관한 정보를 거짓으로 공개한 경우
> ㄴ. 거래당사자에게 교부해야 하는 중개대상물확인·설명서를 교부하지 않은 경우
> ㄷ. 거래당사자에게 교부해야 하는 거래계약서를 적정하게 작성·교부하지 않은 경우
> ㄹ. 해당 중개대상물의 거래상의 중요사항에 관하여 거짓된 언행으로 중개의뢰인의 판단을 그르치게 하는 행위를 한 경우
>
> ① ㄱ, ㄷ ② ㄴ, ㄹ ③ ㄱ, ㄴ, ㄷ
> ④ ㄴ, ㄷ, ㄹ ⑤ ㄱ, ㄴ, ㄷ, ㄹ

> ‖해설 및 정답‖ ⑤
> ㄹ. 금지행위로서 제33조 제1항의 4호에 해당한다. 금지행위는 상대적등록취소를 할 수 있는 사유가 되고, 상대적등록취소 사유는 업무정지 6개월의 사유가 될 수 있다. (Topic 35 참고)

Topic 59. 행정처분 - 5 (개업공인중개사의 행정제재처분효과 승계)

2025 위패스 공인중개사 합격셀렉트

I. 위반행위 및 처분효과의 승계처벌

등록취소 - 폐업기간 3년 초과 시 처분× / 업무정지 - 1년 초과 시 처분×

1. 지위승계

개업공인중개사가 폐업신고 후 다시 중개사무소의 개설등록을 한 때에는 폐업신고 전의 개업공인중개사의 지위를 승계한다.

2. 승계처벌

(1) 처분효과(처분 효과승계)

폐업신고 전의 개업공인중개사에 대하여 **업무정지, 과태료**의 위반행위를 사유로 행한 행정처분의 효과(즉, 처분을 받은 경우)는 그 **처분일부터 1년간** 다시 중개사무소의 개설등록을 한 자(이하 '재등록 개업공인중개사'라 한다)에게 승계된다.

> Ex. 甲 개업공인중개사가 2024년 1월과 3월에 각 1회씩 업무정지처분을 받고, 폐업한 후에 11월에 재등록을 하였다. 이후 11월 30일에 업무정지사유가 적발되었다면, 이미 1년에 2회 업무정지 처분을 받았으므로 3회차 업무정지에 해당하여 이에 대한 승계로 등록이 취소된다.

(2) 위반행위승계

재등록 개업공인중개사에 대하여 폐업신고 전의 등록취소, 업무정지의 위반행위에 대한 행정처분을 할 수 있다. 다만, 다음의 어느 하나에 해당하는 경우는 **제외**한다.

> ⓐ 등록취소사유 : 폐업신고를 한 날부터 다시 중개사무소의 개설등록을 한 날까지의 기간(이하 '폐업기간')이 **3년을 초과**한 경우
> - 행정처분을 받기 전에 폐업한 경우를 말한다.
> - 등록취소로 인한 결격기간 계산 → 3년 : 폐업기간 공제한다.
> ⓑ 업무정지사유 : 폐업신고 전의 위반행위에 대한 행정처분이 업무정지에 해당하는 경우로서 폐업기간이 **1년을 초과**한 경우

3. 행정처분

행정처분을 하는 경우에는 폐업기간과 폐업의 사유 등을 고려하여야 한다.

4. 법인의 경우에는 대표자에게 승계 규정을 적용한다.

> **한끝 Point**
>
> 1. 효과승계
>   - 폐업 전 업무정지 / 과태료 처분 효과 → 처분일로부터 1년 이내 재등록시 승계
>
> 2. 위반행위승계
>   ① 등록취소사유 - 폐업기간 - 3년 이내 사유 승계(3년 초과 폐업시 승계X)
>   ② 업무정지사유 - 폐업기간 - 1년 이내 사유 승계(1년 초과 폐업시 승계X)

한끝 기출 마무리

01. 공인중개사법령상 행정제재처분효과의 승계 등에 관한 설명으로 옳은 것을 모두 고른 것은?[33회]

> ㄱ. 폐업신고 전에 개업공인중개사에게 한 업무정지처분의 효과는 그 처분일부터 2년간 재등록개업공인중개사에게 승계된다.
> ㄴ. 폐업기간이 2년을 초과한 재등록 개업공인중개사에 대해 폐업신고 전의 중개사무소 업무정지사유에 해당하는 위반행위를 이유로 행정처분을 할 수 없다.
> ㄷ. 폐업신고 전에 개업공인중개사에게 한 과태료부과처분의 효과는 그 처분일부터 10개월 된 때에 재등록을 한 개업공인중개사에게 승계된다.
> ㄹ. 폐업기간이 3년 6개월이 지난 재등록 개업공인중개사에게 폐업신고 전의 중개사무소 개설등록 취소사유에 해당하는 위반행위를 이유로 개설등록취소처분을 할 수 없다.

① ㄱ ② ㄱ, ㄹ ③ ㄴ, ㄷ
④ ㄴ, ㄷ, ㄹ ⑤ ㄱ, ㄴ, ㄷ, ㄹ

> ‖해설 및 정답‖ ④
> ㄱ(X) 효과승계는 처분일로부터 1년간 재등록 개업공인중개사에 승계된다.
> ㄴ(O) 위반행위승계 중 업무정지사유로 인한 승계는 1년 이내이다.
> ㄷ(O) 효과승계의 업무정지, 과태료 처분은 처분일로부터 1년 이내에 승계된다.
> ㄹ(O) 등록취소사유는 3년 이내의 사유를 승계하므로 3년이 경과하면 승계할 수 없으므로 처분할 수 없다.

02. 개업공인중개사 甲이 2020. 11. 16. '공인중개사법'에 따른 과태료부과처분을 받았으나 2020. 12. 16. 폐업신고를 하였다가 2021. 10. 15. 다시 중개사무소의 개설등록을 하였다면, 위 과태료부과처분의 효과는 승계된다.(o)[32회]

> ‖해설 및 정답‖ 20.11.16 과태료 처분을 받고 한 달 후 12.16 폐업신고를 하였더라도 처분일로부터 1년 이내에 재등록하는 경우 효과 승계된다. 21.10.15는 처분일로부터 1년 이내이므로 처분의 효과가 승계된다.

Topic 60 행정형벌 - 1 (3년 이하의 징역 또는 3천만원 이하의 벌금)

2025 위패스 공인중개사 합격셀렉트

Ⅰ. 행정형벌(3년 이하의 징역 또는 3천만원 이하의 벌금)(무/부/금)

1. **공인중개사법에서는 징역형과 벌금형을 채택하고 있다.**

2. **3년 이하의 징역 또는 3천만원 이하의 벌금형 대상이 되는 경우(법 제48조)**
   ① 중개사무소의 개설등록을 하지 아니하고 중개업을 한 자(무등록)
   ② 거짓이나 그 밖의 부정한 방법으로 중개사무소의 개설등록을 한 자(부정등록)
   ③ 관계 법령에서 양도·알선 등이 금지된 부동산의 분양·임대 등과 관련 있는 증서 등의 매매·교환 등을 중개하거나 그 매매를 업으로 하는 행위
   ④ 중개의뢰인과 직접 거래를 하거나 거래당사자 쌍방을 대리하는 행위
   ⑤ 탈세 등 관계 법령을 위반할 목적으로 소유권보존등기 또는 이전등기를 하지 아니한 부동산이나 관계 법령의 규정에 의하여 전매 등 권리의 변동이 제한된 부동산의 매매를 중개하는 등 부동산투기를 조장하는 행위
   ⑥ 부당한 이익을 얻거나 제3자에게 부당한 이익을 얻게 할 목적으로 거짓으로 거래가 완료된 것처럼 꾸미는 등(시세 조작) 중개대상물의 시세에 부당한 영향을 주거나 줄 우려가 있는 행위
   ⑦ 단체를 구성하여 특정 중개대상물에 대하여 중개를 제한하거나 단체 구성원 이외의 자와 공동중개를 제한하는 행위
   ⑧ 안내문, 온라인 커뮤니티 등을 이용하여 특정 개업공인중개사 등에 대한 중개의뢰를 제한하거나 제한을 유도하는 행위
   ⑨ 안내문, 온라인 커뮤니티 등을 이용하여 중개대상물에 대하여 시세보다 현저하게 높게 표시·광고 또는 중개하는 특정 개업공인중개사 등에게만 중개의뢰를 하도록 유도함으로써 다른 개업공인중개사 등을 부당하게 차별하는 행위
   ⑩ 안내문, 온라인 커뮤니티 등을 이용하여 특정 가격 이하로 중개를 의뢰하지 아니하도록 유도하는 행위
   ⑪ 정당한 사유 없이 개업공인중개사 등의 중개대상물에 대한 정당한 표시·광고 행위를 방해하는 행위
   ⑫ 개업공인중개사 등에게 중개대상물을 시세보다 현저히 높게 표시·광고하도록 강요 또는 대가 약속하고 시세보다 현저히 높게 표시·광고하도록 유도하는 행위

   > ⓐ 금지행위(제33조 제1항의 5 - 9호 - 분/쌍/투/조/제) : ③ ~ ⑦
   > ⓑ 금지행위(제33조 제2항의 1 - 5호) : ⑧ ~ ⑫)
   > ⓒ (23.06 개정 이후) 위 ①부터 ⑫ 모두 부동산거래질서교란행위에 해당된다. (Topic 53)

한끝 Point

1. 무등록 중개업의 유형 (사례형 문제 준비)
① 원시적으로 개설등록 않은 자 또는 신청 후 등록처분 전에 중개업 한 경우 등
② 후발적으로 등록의 효력이 소멸된 자
③ 개업공인중개사가 사망, 법인의 해산 후에도 중개업을 한 경우
④ 개업공인중개사가 폐업신고 한 후 중개업을 한 경우
⑤ 개업공인중개사가 등록취소로 등록효력이 상실된 후에 중개업을 한 경우

2. 금지행위 1 ~ 9호 중 5 ~ 9호(법 제33조 제1항) – 3년/3천
① 5호- **분양**, 임대 관련증서(알선 및 중개행위 – 입주권 지위, 청약통장 등)
② 6호- 직접거래 또는 **쌍방대리**
③ 7호- 미등기전매 등 **투기조장**(투기과열지구 분양권 전매, 토지거래허가구역)
④ 8호- 부당한 이익을 목적으로 시세조작 등 **조장** 행위(거래신고 후 해제신고)
⑤ 9호- 단체 구성하여 중개 제한 또는 공동중개 **제한**

두문자 5 ~ 9호에 따른 – 분/쌍/투/조/제(공인중개사에 대한)
① 행정처분 – 임의적 등록취소 또는 6개월 이하의 업무정지
② 행정형벌 – 3년 이하의 징역 또는 3천만 원 이하의 벌금

3. 제33조 제2항 1 – 5호 금지행위(누구든지 – 일반인까지 포함)
① 행정처분✕
② 행정형벌 – 3년 이하 징역 또는 3천만 원 이하 벌금

한끝 기출 마무리

01. 공인중개사법령상 3년 이하의 징역 또는 3천만원 이하의 벌금에 처해지는 개업공인중개사 등의 행위가 아닌 것은?[33회]

① 관계 법령에서 양도가 금지된 부동산의 분양과 관련 있는 증서의 매매를 중개하는 행위
② 법정 중개보수를 초과하여 수수하는 행위
③ 중개의뢰인과 직접 거래를 하는 행위
④ 거래당사자 쌍방을 대리하는 행위
⑤ 단체를 구성하여 특정 중개대상물에 대하여 중개를 제한하는 행위

‖해설 및 정답‖ ②

②(✕) 3년/3천은 무/부/금(두문자 - 분쌍투조제 + 제33조 제2항(5개호)이다. 초과보수는 1년/1천 항목이다.
①(○) 금지행위 (제33조 제1항) 5호(분)
③, ④(○) 금지행위 (제33조 제1항) 6호(직접거래 또는 쌍방대리-쌍)
⑤(○) 금지행위 (제33조 제1항) 9호(제)

Topic 61. 행정형벌 - 2 (1년 이하의 징역 또는 1천만원 이하의 벌금)

Ⅰ. 1년 이하의 징역 또는 1천만원 이하의 벌금형 대상(법 제49조)

① 다른 사람에게 자기의 성명을 사용하여 중개업무를 하게 하거나 공인중개사자격증을 양도·대여한 자 또는 다른 사람의 공인중개사자격증을 양수·대여받은 자
② 공인중개사가 아닌 자로서 공인중개사 또는 이와 유사한 명칭을 사용한 자
③ 이중으로 중개사무소의 개설등록을 하거나 둘 이상의 중개사무소에 소속된 자
④ 둘 이상의 중개사무소를 둔 자
⑤ 임시 중개시설물을 설치한 자
⑥ 개업공인중개사가 아닌 자로서 '공인중개사사무소', '부동산중개' 또는 이와 유사한 명칭을 사용한 자 → Ex. 사무소 명칭(간판)
⑦ 개업공인중개사가 아닌 자로서 중개업을 하기 위하여 중개대상물에 대한 표시·광고를 한 자 → 표시·광고
⑧ 다른 사람에게 자기의 성명 또는 상호를 사용하여 중개업무를 하게 하거나 중개사무소등록증을 다른 사람에게 양도·대여한 자 또는 다른 사람의 성명·상호를 사용하여 중개업무를 하거나 중개사무소등록증을 양수·대여받은자
⑨ 개업공인중개사로부터 공개를 의뢰받은 중개대상물의 정보에 한하여 이를 부동산거래정보망에 공개하여야 하며, 의뢰받은 내용과 다르게 정보를 공개하거나 어떠한 방법으로든지 개업공인중개사에 따라 정보가 차별적으로 공개되도록 하여서는 아니 된다는 규정을 위반하여 정보를 공개한 거래정보사업자
⑩ 「공인중개사법」및 다른 법률에 특별한 규정이 있는 경우를 제외하고는 그 업무상 알게 된 비밀을 누설하여서는 아니 되며, 이 규정을 위반하여 업무상 비밀을 누설한 개업공인중개사 등(단, 반의사불벌죄는 적용된다.)
⑪ 중개대상물의 매매를 업으로 하는 행위
⑫ 중개사무소의 개설등록을 하지 아니하고 중개업을 영위하는 자인 사실을 알면서 그를 통하여 중개를 의뢰받거나 그에게 자기의 명의를 이용하게 하는 행위(무등록)
⑬ 사례, 증여, 그 밖의 어떠한 명목으로도 「공인중개사법」제32조 제3항의 규정에 의한 중개보수 또는 실비를 초과하여 금품을 받는 행위
⑭ 해당 중개대상물의 거래상의 중요사항에 관하여 거짓된 언행 그 밖의 방법으로 중개의뢰인의 판단을 그르치게 하는 행위(기망행위)
⑮ 개업공인중개사와 소속공인중개사를 합한 수의 5배를 초과 중개보조원 고용
⑯ 누구든지 ①,⑧에서 금지한 행위를 알선한 자

> ⑪~⑭ 제33조 제1항 1호 - 4호 금지행위(업.무.초.기)

> **한끝 Point**
>
> 1. 금지행위 1 ~ 9호 중 1 ~ 4호(법 제33조 제1항) – 1년/1천
>   ① 1호 – 중개대상물의 매매를 업으로 하는 행위(중개의뢰인과의 중개거래 아닌 업)
>   ② 2호 – 무등록업자와의 협력 행위(악의 + 협조 – 명의대여, 의뢰 등)
>   ③ 3호 – 초과보수 또는 실비 초과수수
>   ④ 4호 – 중개의뢰인에 대한 기망(거짓 언행 등)
>
>   두문자 1 ~ 4호에 따른 – 업/무/초/기
>   ① 행정처분 – 임의적 등록취소 or 6개월 이하 업무정지
>   ② 행정형벌 – 1년 이하 징역 또는 1천만 원 이하 벌금
>
> 2. 양벌규정법 (제50조) – 행정형벌은 양벌규정이 적용된다.
>   ① 고용인 또는 법인의 사원·임원이 중개업무에 관하여 행정형벌에 해당하는 위반행위를 한 때에는 그 행위자를 벌하는 외에 그 개업공인중개사에 대하여도 해당 조문에 규정된 벌금형을 과한다. 단, 그 개업공인중개사가 상당한 주의와 감독을 게을리하지 아니한 경우에는 그러하지 아니하다.(과실책임주의)
>   ② 고용인의 위반행위가 과태료나, 행정처분에 해당할 때 → 양벌규정 미적용

한끝 기출 마무리

01. 공인중개사법령상 1년 이하의 징역 또는 1천만원 이하의 벌금에 해당하지 않는 자는? 29회

① 공인중개사가 아닌 자로서 공인중개사 또는 이와 유사한 명칭을 사용한 자
② 개업공인중개사가 아닌 자로서 중개업을 하기 위하여 중개대상물에 대한 표시·광고를 한 자
③ 개업공인중개사가 아닌 자로서 '공인중개사사무소', '부동산중개' 또는 이와 유사한 명칭을 사용한 자
④ 관계 법령에서 양도·알선 등이 금지된 부동산의 분양·임대 등과 관련 있는 증서 등의 매매·교환 등을 중개한 개업공인중개사
⑤ 다른 사람에게 자기의 상호를 사용하여 중개업무를 하게 한 개업공인중개사

> ‖ 해설 및 정답 ‖ ④
> ④(X) 금지행위 5 ~ 9 각호(분/쌍/투/조/제)는 3천/3천 행정형벌을 과한다.

Topic 62. 행정질서벌 - 과태료 - 500만 원 / 징수권자

Ⅰ. 과태료 500만원 이하 사유(공인중개사법 제51조)

1. 개업공인중개사 - 부당한 표시·광고를 한 경우
① 부존재하는 중개대상물에 대한 표시·광고
② 가격 등을 사실과 다르게 거짓으로 표시·광고하거나 과장되게 표시·광고
③ 부동산거래질서를 해치거나 중개의뢰인에게 피해를 줄 우려 있는 표시·광고
④ 성실·정확하게 중개대상물을 확인·설명하지 않거나 근거자료 미제시한 자
⑤ 중개보조원 사실 고지의무 위반한 경우(개공 + 보조원 / 23년 신설)

2. 정보통신서비스 제공자
① 국토교통부장관의 '정보통신서비스 제공자'에 대한 모니터링 관련자료 제출 요구시 불응한 경우
② 국토교통부장관이 모니터링 결과 법 위반이 의심되어 확인 또는 추가정보의 게재 등 필요한 조치를 하였으나 '정보통신서비스 제공자'가 불응한 경우

3. 부동산거래정보사업자
① 운영규정의 승인 또는 변경승인을 얻지 아니하거나 운영규정 내용에 위반
② 지도, 감독상 명령 위반 → 업무보고 자료의 제출, 조사 또는 검사를 거부·방해 또는 기피, 그 밖의 명령을 이행하지 아니하거나 거짓으로 보고 또는 자료제출을 한 경우

4. 공인중개사협회
① 공제사업 운용실적 미공시(일간신문, 협회보 등 회계연도 종료 후 3개월 이내)
② 공제업무 개선명령 불이행
③ 임원에 대한 징계, 해임요구 불이행 또는 시정명령을 이행하지 아니한 자
④ 지도, 감독상 명령위반 즉, 업무보고, 자료의 제출, 조사 또는 검사를 거부, 방해 또는 기피하거나 그 밖의 명령을 이행하지 아니하거나 거짓으로 보고 또는 자료 제출을 한 자

5. 개업공인중개사·소속공인중개사
실무교육을 받은 후 2년마다 시도지사가 실시하는 연수교육을 받지 않은 경우

> **한끝 Point**
>
> 1. 과태료 부과·징수권자
>   ① 거래정보사업자와 협회 → 국토교통부장관
>   ② 자격증 미반납자, 연수교육 미수료자 → 시·도지사
>   ③ 개업공인중개사 → 등록관청
>   ④ 분사무소의 위법행위 → <u>주된 사무소</u>의 등록관청이 법인인 개업공인중개사에게
>   (분사무소 등록관청은 지도, 감독 / 처분은 주된 사무소)
>
> 2. 부과·징수절차 : 질서위반행위규제법의 절차에 따라 부과·징수한다.
>
> 3. <u>과태료 500만 원 23년 신설 항목(법 제18조 제4항 위반)</u>
>   개업공인중개사, 중개보조원(보조원 사실 미고지한 경우)
>   중개의뢰인에게 본인이 중개보조원이라는 사실을 미리 알리지 아니한 사람 및 그가 소속된 개업공인중개사.(다만, 개업공인중개사가 그 위반행위를 방지하기 위하여 해당 업무에 관하여 상당한 주의와 감독을 게을리하지 아니한 경우는 제외)

한끝 기출 마무리

01. 중개대상물이 존재하지 않아서 거래할 수 없는 중개대상물을 광고한 개업공인중개사는 벌금부과 기준에 해당하는 자이다.(x)[31회*기출변형*]

> ‖해설 및 정답‖ 500만 원 이하의 과태료에 해당하는 사항이다.

02. 공인중개사법령상 개업공인중개사의 행위 중 과태료 부과대상이 아닌 것은?[32회]
  ① 중개대상물의 거래상의 중요사항에 관해 거짓된 언행으로 중개의뢰인의 판단을 그르치게 한 경우
  ② 휴업신고에 따라 휴업한 중개업을 재개하면서 등록관청에 그 사실을 신고하지 않은 경우
  ③ 중개대상물에 관한 권리를 취득하려는 중개의뢰인에게 해당 중개대상물의 권리관계를 성실 정확하게 확인·설명하지 않은 경우
  ④ 인터넷을 이용하여 중개대상물에 대한 표시·광고를 하면서 중개대상물의 종류별로 가격 및 거래형태를 명시하지 않은 경우
  ⑤ 연수교육을 정당한 사유 없이 받지 않은 경우

> ‖해설 및 정답‖ ①
> ①(X) 행정형벌로서 1년/1천에 해당한다.
> ②, ④(O) 100만 원 이하의 과태료에 해당한다.
> ③, ⑤(O) 500만 원 이하의 과태료에 해당한다.

행정질서벌 - 과태료 - 100만 원 / 과태료 부과정리

Topic 63

2025 위패스 공인중개사 합격셀렉트

Ⅰ. 100만원 이하의 과태료 해당사유(공인중개사법 제51조)

① 중개사무소등록증 등을 게시하지 아니한 자
② 사무소의 명칭에 '공인중개사사무소', '부동산중개'라는 문자를 사용하지 아니한 자 또는 옥외광고물에 성명을 표기하지 아니하거나 거짓으로 표기한 자 → 사무소 명칭(간판)
③ 개업공인중개사가 의뢰받은 중개대상물에 대하여 표시·광고를 하는 경우로서 중개사무소, 개업공인중개사에 관한 사항 등을 명시하여야 하며, 중개보조원에 관한 사항은 명시해서는 아니 된다는 규정을 위반하여 표시·광고한 경우 → 표시·광고(광고)[23년*신설*]
④ 개업공인중개사가 인터넷을 이용하여 중개대상물에 대한 표시·광고를 하는 때에는 중개대상물의 종류별로 소재지, 면적, 가격 등의 사항을 명시하여야 한다는 규정을 위반하여 표시·광고한 경우 → 표시·광고(광고)
⑤ 중개사무소의 이전신고를 하지 아니한 자
⑥ 휴업, 폐업, 휴업한 중개업의 재개 또는 휴업기간의 변경신고 하지 아니한 자
⑦ 손해배상책임에 관한 사항을 설명하지 아니하거나 관계 증서의 사본 또는 관계 증서에 관한 전자문서를 교부하지 아니한 자
⑧ 공인중개사자격증을 반납하지 아니하거나 공인중개사자격증을 반납할 수 없는 사유서를 제출하지 아니한 자 또는 거짓으로 공인중개사자격증을 반납할 수 없는 사유서를 제출한 자
⑨ 중개사무소등록증을 반납하지 아니한 자
⑩ 부칙 : 규정에 의한 개업공인중개사가 사무소의 명칭에 '공인중개사사무소'의 문자를 사용한 경우 → 사무소 명칭(간판)

> 과태료 가중 또는 감경
> ⓐ 1/2의 범위에서 가능
> ⓑ 500 → 500이내에서 1/2 범위
> ⓒ 100 → 100이내에서 1/2 범위

> **한끝 Point**
>
> 1. 과태료 부과 내용 정리 (아닌 자 → 1년/1천 형별, 과태료는 각각 암기!)
>   ① 유사명칭(명함) – 공인중개사가 아닌 자 → 1년/1천만 (과태료X)
>   ② 사무소명칭(간판) – 개업공인중개사가 아닌 자 → 1년/1천만
>   개·공 → 100만 원 이하 과태료(부칙개공 -100만 원)
>   ③ 표시·광고(광고) – 개업공인중개사가 아닌 자 → 1년/1천만
>   개업공인중개사 - 부당광고 – 500만 원 이하 과태료 / 명시 위반 -100만 원 이하
>
> 2. 500만 원 이하 과태료 point
>   ① 거래정보사업자, 협회, 정보통신서비스 제공자 → 국토교통부장관이 처분(can)
>   ② 개업공인중개사, 소속공인중개사의 연수교육 위반 → 시·도지사가 처분(can)
>   ③ 개업공인중개사의 확인·설명의무 위반 → 등록관청이 처분(can)
>
> 3. 100만 원 이하 과태료 point
>   ① 공인중개사의 자격증 미반납 → 시·도지사(can) →자격증은 시·도지사
>   ② 개업공인중개사의 등록증 반납 위반 → 등록관청(can) →사무소는 등록관청

한끝 기출 마무리

01. 공인중개사법령상 과태료의 부과대상자와 부과기관이 바르게 연결된 것을 모두 고른 것은?[31회]

> ㄱ. 부동산거래정보망의 이용 및 정보제공방법 등에 관한 운영규정의 내용을 위반하여 부동산거래정보망을 운영한 거래정보사업자 – 국토교통부 장관
> ㄴ. 공인중개사법령에 따른 보고의무를 위반하여 보고를 하지 아니한 거래정보사업자 – 국토교통부 장관
> ㄷ. 중개사무소등록증을 게시하지 아니한 개업공인중개사 – 등록관청
> ㄹ. 공인중개사 자격이 취소된 자로 공인중개사자격증을 반납하지 아니한 자 – 등록관청
> ㅁ. 중개사무소 개설등록이 취소된 자로 중개사무소등록증을 반납하지 아니한 자 – 시·도지사

① ㄱ, ㄷ   ② ㄱ, ㄴ, ㄷ   ③ ㄴ, ㄹ, ㅁ
④ ㄱ, ㄴ, ㄷ, ㄹ   ⑤ ㄱ, ㄴ, ㄷ, ㄹ, ㅁ

> ‖해설 및 정답‖ ②
> ㄹ(X) 자격증은 시·도지사
> ㅁ(X) 등록증은 등록관청으로 암기한다.

Topic 64 공인중개사법령 필수 지문 핵심 정리 (법령, 판례)

2025 위패스 공인중개사 합격셀렉트

I. 한 번 더 보고 가는 법령 정리

① 공인중개사란 공인중개사법에 의해 공인중개사자격을 취득한 자를 말한다.
(외국에서 부동산 중개관련 자격을 취득한 자는 이 법상 공인중개사가 아니다.)

② 공인중개사는 3가지 개업공인중개사 종별 중에 법 부칙 제6조 제2항의 개업공인중개사 (중개인)로는 신규등록이 불가하다. (기존 자격유지로 사무실 유지)

③ 공인중개사법은 공인중개사의 업무 등에 관한 사항을 정하여 그 전문성을 제고하고 부동산중개업을 건전하게 육성하여, 국민경제에 이바지함을 목적으로 한다.
(법 제1조 목적 조문 정확한 암기 필요)

④ 법인인 개업공인중개사는 규모의 제한 없이 미분양 여부를 불문하고 상업용 건축물 및 주택의 분양대행을 할 수 있다. 다만 토지분양 대행은 할 수 없다. (법인 아닌 개업공인중개사는 겸업 제한이 없다.)

⑤ 개업공인중개사가 중개보조원과의 고용관계가 종료된 때에는 10일 이내에 등록관청에 신고하여야 한다. 위반시에는 업무정지 처분사유에 해당된다.

⑥ 비밀누설금지의무는 자격여부 불문 중개업 종사자 모두에게 적용되는 의무다.

⑦ 중개사무소 등록증 등의 게시의무와 중개사무소 이중등록의 금지의무는 개업 공인중개사에게만 적용된다.

⑧ 인장등록의무와 품위유지 및 공정중개의무는 개업공인중개사 및 소속공인중개사만의 의무이다. 공인중개사 자격이 없는 사원·임원은 이에 해당되지 않는다.

⑨ 개업공인중개사는 고용인(소속공인중개사, 중개보조원)을 고용하여 중개업무를 보조하게 할 수 있다. 다만, 결격사유자는 고용해서는 아니 된다.

> 개업공인중개사가 고용할 수 있는 중개보조원의 수는 개업공인중개사와 소속공인중개사를 합한 수의 5배를 초과하여서는 아니 된다. (개공 + 소공 > 보조원 × 5)

⑩ 개업공인중개사는 보증보험금. 공제금 또는 공탁금으로 손해배상을 한 때에는 15일 이내에 보증보험 또는 공제에 다시 가입하거나 공탁금 중 부족하게 된 금액을 보전하여야 한다.

⑪ 특수법인도 원칙적으로 등록을 하여야 한다. (Ex. 한국자산관리공사) 다만, 지역농업협동조합이 농지의 임대차에 관한 중개업무를 하려면 공인중개사법에 따라 중개사무소 개설등록을 해야 한다.

⑫ 공인중개사법을 위반하여 300만원 이상 벌금형의 선고를 받으면 3년간 결격에 해당된다. 그러나 개업공인중개사가 법 제50조의 양벌규정으로 인하여 300만원 이상 벌금을 받는 경우에는 결격사유에 해당되지 않는다.

⑬ 휴업 재개신고나 변경신고는 방문 및 전자문서 신고가 모두 가능하다.

⑭ 개업공인중개사는 등록신청시부터 업무를 개시하기 전까지 인장을 등록관청에 등록하여야 한다. (등록신청 – 인장등록 – 업무개시)
⑮ 공인중개사법 위반으로 행정형벌(3년 이하의 징역 또는 3천만원 이하의 벌금 또는 1년 / 1천 포함) 위반으로 징역형(집행유예 포함)의 선고를 받은 경우에는 자격취소 사유가 된다. (벌금형을 선고 받은 경우에는 자격 취소사유×)

Ⅱ. 한 번 더 보고 가는 판례 정리

① 개업공인중개사의 중개사무소가 건축법상 사무실로 사용하기에 적합한 건물이 아니라고 하더라도 중개업을 영위하는 사무소에 해당하는 한 이중사무소 개설에 해당한다. *판례*
② 중개계약에 따른 개업공인중개사의 확인·설명의무와 이에 위반한 경우의 손해배상의무는 중개의뢰인이 개업공인중개사에게 소정의 보수를 지급하지 아니하였다고 해서 당연히 소멸되는 것이 아니다. *판례*
③ 중개행위에 해당하는지 여부는 개업공인중개사의 주관적 의사에 의하여 결정할 것이 아니라 개업공인중개사의 행위를 객관적으로 보아 사회통념상 거래의 알선·중개를 위한 행위라고 인정되는지 여부에 의하여 결정 하여야 한다. *판례*

PART 2

WEPASS

2025 위패스 공인중개사 합격셀렉트
2차 공인중개사법령 및 실무

Topic 65-79

부동산거래신고 : Topic 65-69
주택임대차거래신고 : Topic 70-71
외국인 등의 부동산 취득 특례 : Topic 72-73
토지거래허가 : Topic 74-76
제재 및 벌칙 : Topic 77
포상금 : Topic 78

Topic 65: 부동산 거래신고- 1 (대상 & 절차)

2025 위패스 공인중개사 합격셀렉트

Ⅰ. 신고대상(부동산 매매계약 / 공급계약 / 지위 매매계약)

① 토지, 건축물의 <u>매매계약</u>(단, 임대차, 교환, 증여, 지상권, 저당권설정, 경매, 상속, 판결 등은 ×)
② 다음 부동산 분양관련법에 따른 <u>공급계약</u>은 신고하여야 한다. (즉, 최초의 분양가액)

> ⓐ 「건축물의 분양에 관한 법률」
> ⓑ 「공공주택 특별법」
> ⓒ 「도시개발법」
> ⓓ 「도시 및 주거환경정비법」
> ⓔ 「빈집 및 소규모주택 정비에 관한 특례법」
> ⓕ 「산업입지 및 개발에 관한 법률」
> ⓖ 「주택법」
> ⓗ 「택지개발촉진법」

③ 다음에 해당하는 <u>지위의 매매계약</u>(분양권, 입주권)

> ⓐ 계약을 통하여 부동산을 공급받는 자로 선정된 지위(토지, 주택, 상가 등 분양권)
> ⓑ 도시 및 주거환경정비법 및 빈집 및 소규모주택 정비에 관한 특례법상 취득한 입주자로 선정된 지위(입주권)

Ⅱ. 신고절차

① 거래당사자는 계약을 체결한 경우 그 실제 거래가격 등을 거래계약의 체결일부터 <u>30일 이내</u>에 그 권리의 대상인 <u>부동산 등의 소재지를 관할하는 시장·군수 또는 구청장</u>('신고관청')에게 <u>공동으로 신고</u>하여야 한다.
② <u>거래당사자 중 일방이 국가</u> 등(국가, 지방자치단체, 공공기관, 지방직영기업, 지방공사 및 지방공단)인 경우에 <u>국가 등이 신고</u>를 하여야 한다.
③ 신고 또는 제출을 하려는 사람은 주민등록증. 여권 등 본인의 신분증명서를 신고관청에 보여주어야 한다.
④ 신고기한은 <u>거래계약의 체결일로부터 30일 이내</u>로 한다. (잔금 지급일×)
⑤ 신고를 받은 신고관청은 그 신고내용을 확인한 후 신고인에게 신고필증을 지체없이 발급하여야 한다. (신고관청 – 부동산 등의 소재지 관할 시·군·구청장)

한끝 Point

1. 신고대상 +
   ① 토지, 상가, 아파트, 오피스텔 등에 대한 최초분양계약과 분양권 전매 → 신고 대상
   ② 입목, 공장재단, 광업재단은 → 신고대상이 아니다.

2. 신고절차 +
   ① 거래당사자 중 일방이 신고를 <u>거부</u>하는 경우에는 <u>단독</u>으로 <u>신고</u>할 수 있다.
   ② <u>개업공인중개사가 거래계약서를 작성·교부한 경우에는 개업공인중개사가 신고를 하여야 한다.</u> (거래 당사자에게는 신고의무가 없다.)
   ③ 공동으로 중개를 한 경우에는 해당 개업공인중개사가 공동으로 신고하여야 한다. 다만, 개업공인중개사 중 일방이 신고를 <u>거부</u>한 경우에는 <u>단독</u>으로 <u>신고</u>할 수 있다.
   ④ 검인 의제 → 부동산 등의 매수인은 신고인이 신고필증을 발급받은 때에 검인을 받은 것으로 본다.
      a. 부동산 등의 매수인은 신고인이 신고필증을 발급받은 때에 검인을 받은 것으로 본다.
      b. 외국인이 부동산거래신고를 한 경우 외국인 취득신고를 면제한다.
   (단, 토지거래허가증 또는 농지취득자격증명을 받은 경우, 매매의 경우라면 별도로 부동산거래신고를 하여야 한다.)

3. 신고절차 정리
   부동산 등 → 계약(매매) → 계약일로부터 30일 이내 신고관청 → 신고의무자 → 신고사항
   → (추가신고사항) → 부동산거래계약신고서 제출 → 검증 → 정정(원시적-보완, 반려, 수정 사유)
   or 신고필증 발급 / 변경신고(후발적-신고내용 변경된 경우) 또는 해제신고(무효, 취소, 해제된 경우)

한끝 기출 마무리

01. 부동산 거래신고 등에 관한 법령상 부동산 거래신고의 대상이 되는 계약이 아닌 것은?[30회, 35회 유사빈출]

① 주택법에 따라 공급된 주택의 매매계약
② 택지개발촉진법에 따라 공급된 토지의 임대차계약
③ 도시개발법에 따른 부동산에 대한 공급계약
④ 체육시설의 설치·이용에 관한 법률에 따라 등록된 시설이 있는 건물의 매매계약
⑤ 도시 및 주거환경정비법에 따른 관리처분계약의 인가로 취득한 입주자로 선정된 지위의 매매계약

∥해설 및 정답∥ ②

②(X) 임대차 계약이 아닌 '매매'계약에서 신고의무가 있다. (주택임대차보호법의 조건에 따른 지역별 임대차 전월세신고제와 혼선을 빚으면 안된다. 부동산 거래신고 등에 관한 법령에 따른 매매 신고의무임을 기억하여야 한다.)

02. 매수인은 신고인이 거래신고를 하고 신고필증을 발급받은 때에 부동산등기 특별조치법에 따른 검인을 받은 것으로 본다.(o)[29회]

Topic 66. 부동산 거래신고 - 2 (의무자 및 신고사항 - ①)

2025 위패스 공인중개사 합격셀렉트

Ⅰ. 신고의무자
① 거래당사자간에 <u>직접 매매</u>에 관한 거래계약서를 작성한 경우에는 <u>공동</u>으로 신고한다.
  (단, 1인이 제출하며 전자문서에 의한 제출 포함)
② <u>국가 등이 거래당사자 중 일방인 경우에는 국가 등이 신고</u>한다.
③ 개업공인중개사가 <u>중개한 경우 개업공인중개사가 신고</u>한다. 단, <u>공동으로 중개를 한 경우</u>에는 해당 개업공인중개사가 공동으로 신고하여야 한다. (신고관청O / 등록관청X)
④ 부동산거래계약시스템을 통하여 부동산 거래계약을 체결한 경우에는 부동산 거래계약이 <u>체결된 때</u>에 부동산거래계약 신고서를 제출한 것으로 본다.

Ⅱ. 대행신고

1. 거래당사자
① 거래당사자의 <u>위임을 받은</u> 사람은 신고서 등의 제출을 대행할 수 있다. (단, 전자문서 신고는X)
② 대행방식 : 신분증명서 + 제출을 위임한 거래당사자가 서명 또는 날인한 위임장
  (법인은 법인인감을 날인한 위임장)과 제출을 위임한 거래당사자의 신분증명서 사본

2. 개업공인중개사
① 위임받은 소속 공인중개사가 대행가능(단, 전자문서 신고는 대행X / 신분증 제시, 위임장은 불필요)
② 대행인은 신분증명서를 시장·군수 또는 구청장에게 제시해야 한다.
  (<u>'개업공인중개사'가 아닌 '거래당사자'의 신분증명서 사본이나 인감증명서 제출</u>)

Ⅲ. 신고사항 및 제출서류
① <u>법인</u>의 주택 추가신고(지역, 금액 불문)

> ⓐ자금의 조달계획 및 주택의 이용계획 + ⓑ자금의 조달계획 증명하는 서류 + ⓒ법인의 등기 현황

② <u>개인</u>의 주택 추가신고 : 자금조달계획 및 입주계획 신고
  비규제지역 → 실제 거래가격 6억 이상
  조정대상지역 및 투기과열지구 → 모든 주택(금액무관)
③ 자금조달계획증명서류(Ex. 예금잔액증명서 등) 제출 → <u>투기과열지구</u>의 주택을 매수한 자는 <u>금액 관계없이 제출</u>한다. (개인, 법인 모두)

한끝 Point

1. **신고대상계약**
   - 신고대상계약은 <u>오직 매매계약에 한한다</u>. 따라서 교환, 증여, 판결, 상속, 경매 등은 부동산 거래신고의 무가 없다.

2. **공동신고사항**(일방이 신고를 거부하는 경우 상대방이 단독신고할 수 있다. 단, 사유서 첨부)
   *공법상 제한, 권리관계는 신고사항 X

   ① 거래당사자의 인적사항
   ② 계약 체결일, 중도금 지급일 및 잔금 지급일
   ③ 거래대상 부동산 등(부동산을 취득할 수 있는 권리에 관한 계약의 경우에는 그 권리의 대상인 부동산을 말한다)의 소재지·지번·지목 및 면적
   ④ 부동산 등의 종류(부동산을 취득할 수 있는 권리)
   ⑤ 실제 거래가격
   ⑥ 계약의 조건이나 기한이 있는 경우 조건 또는 기한
   ⑦ 개업공인중개사 작성 시 – 인적사항, 중개사무소 상호·전화번호 및 소재지
   ⑧ 매수인이 외국인인 경우로서 국내에 주소 또는 거소(잔금 지급일부터 60일 을 초과하여 거주하는 장소)를 두지 않을 경우 위탁관리인의 인적사항

한끝 기출 마무리

01. 개업공인중개사의 위임을 받은 소속공인중개사가 부동산 거래계약 신고서의 제출을 대행하는 경우, 소속공인중개사는 신분증명서를 신고관청에 보여주어야 한다.(o)[28회]

02. 개업공인중개사가 거래계약서를 작성·교부한 경우에는 거래당사자 또는 해당 개업공인중개사가 신고할 수 있다.(x)[31회]

> ‖해설 및 정답‖ 개업공인중개사가 거래계약서를 작성, 교부한 경우에는 개업공인중개사가 거래신고를 해야한다.(동일 지문 28회 기출)

03. 부동산 거래계약을 신고하려는 개업공인중개사는 부동산 거래계약 신고서에 서명 또는 날인하여 관할 등록관청에 제출하여야 한다.(x)[31회]

> ‖해설 및 정답‖ 등록관청이 아닌, 신고관청에 제출하여아 한다.

Topic 67. 부동산 거래신고 - 3 (신고사항 - ②)

2025 위패스 공인중개사 합격셀렉트

Ⅰ. 거래계약을 체결하는 경우 법인(주택) / 개인, 법인(토지) 신고서 및 금액

1. 주택 거래계약 – 법인의 현황에 관한 다음의 사항

① 법인이 법인의 현황에 관한 <u>다음의 내용을 신고</u>해야 하는 경우에는 부동산거래계약 신고서를 제출할 때 법인 주택 거래계약 신고서를 신고관청에 함께 제출해야 한다. (단, 개발촉진법, 주택법 등 대통령령으로 정하는 법률에 따른 부동산에 대한 공급계약 또는 택지개발촉진법, 주택법 등 대통령령으로 정하는 법률에 따른 계약을 통하여 부동산을 공급받는 자로 선정된 지위에 해당하는 경우는 제외)

   ⓐ 법인의 등기 현황
   ⓑ 법인과 거래상대방 간의 <u>관계가 다음의 어느 하나에 해당하는지 여부</u>
   – 거래상대방이 개인– 해당 개인이 해당 법인의 임원이거나 법인의 임원과 친족관계가 있는 경우
   – 거래상대방이 법인– 거래당사자인 매도법인과 매수법인의 <u>임원 중 같은 사람</u>이 있거나 <u>임원 간 친족관계</u>가 있는 경우
   → 법인의 현황은 매도인, 매수인이 법인일 때 모두 신고/ 일방 개인일 때 법인만 신고 / 일방 국가일 경우 신고×

② 주택 취득 목적 및 취득 자금 등에 관한 다음의 사항(<u>법인이 주택의 매수자인 경우만</u> 해당)
   (매도인이 국가 등인 경우에도 매수법인 신고의무○)

   ⓐ 거래대상인 주택의 취득 목적
   ⓑ 거래대상 주택의 취득에 필요한 자금의 조달계획 및 지급방식. 이 경우 투기과열지구에 소재하는 주택의 거래계약을 체결한 경우에는 자금의 조달계획을 증명하는 서류로서 국토교통부령으로 정하는 서류를 첨부해야 한다.
   ⓒ 임대 등 거래대상 주택의 이용계획

③ 법인신고서 등 별도 제출
   법인 또는 매수인은 법인 주택거래계약신고서, 자금조달·입주(이용)계획서를 거래계약의 체결일부터 30일 이내 별도로 제출할 수 있다.

④ 법인 또는 매수인 <u>외의</u> 자가 법인신고서 등을 제출하는 경우
   법인 또는 매수인 외의 자가 법인 주택거래계약신고서 또는 자금조달입주(이용)계획서를 제출하는 경우, 법인 또는 매수인은 거래계약의 체결일부터 <u>25일</u> 이내에 제공하여야 한다. (단, 제공하지 않을 경우에는 법인 또는 매수인이 직접 제출한다.)

2. 토지 거래계약

실제 거래가격이 <u>수도권 등에 소재하는 토지의 경우 1억원 이상</u> / 수도권 등(수도권, 광역시 및 세종특별자치시) <u>외의 지역</u>에 소재하는 토지의 경우 <u>6억원 이상</u>인 토지를 매수하는 경우 다음의 내용을 신고하여야 한다. 단, 토지의 지분 매수는 수도권 모든 거래에 해당

   ⓐ 거래대상 토지의 취득에 필요한 <u>자금의 조달계획</u>
   ⓑ 거래대상 <u>토지의 이용계획</u>

한끝 Point

1. 주택 → '자금조달계획서' 및 '입주계획서'
   ① 규제지역(조정대상지역, 투기과열지구) → 모든 거래 신고(개인, 법인 모두)
   - 투기과열지구의 모든 거래는 증빙서류 첨부하여야 한다.
   ② 비규제지역 → 개인 - 6억 이상 / 법인 - 모든거래(개인간, 법인간 모두)

2. 토지 → '자금조달계획서' 및 '토지이용계획서'
   ① 토지매수 - 수도권 등에 소재 - 1억원 이상 / 수도권 외 소재 - 6억원 이상
   ② 토지지분매수 - 수도권 등에 소재 - 모든 거래 / 수도권 외 - 6억원 이상

3. 공통신고사항 외 추가신고사항
   ① 법인이 주택을 매수하는 경우 추가신고
   ② 자연인이 주택을 매수하는 경우 추가신고
   ③ 토지를 매수하는 경우 추가신고
   → 단, 추가신고 사항이 있어도 매수인이 국가 등인 경우에는 추가신고X

4. 의제규정 : 신고필증 발급받은 때「부동산등기특별조치법」에 따른 검인을 받은 것으로 본다.
5. 신고관청의 신고필증 발급 → 확인 후 신고필증을 '지체없이' 발급하여야 한다.

한끝 기출 마무리

01. 부동산 거래신고 등에 관한 법령상 부동산 거래신고에 관한 설명으로 틀린 것은? [29회]
① 지방자치단체가 개업공인중개사의 중개 없이 토지를 매수하는 경우 부동산거래계약 신고서에 단독으로 서명 또는 날인하여 신고관청에 제출해야 한다.
② 개업공인중개사가 공동으로 토지의 매매를 중개하여 거래계약서를 작성·교부한 경우 해당 개업공인중개사가 공동으로 신고해야 한다.
③ 매수인은 신고인이 거래신고를 하고 신고필증을 발급받은 때에 부동산등기특별조치법에 따른 검인을 받은 것으로 본다.
④ 공공주택 특별법에 따른 공급계약에 의해 부동산을 공급받는 자로 선정된 지위를 매매하는 계약은 부동산 거래신고의 대상이 아니다.
⑤ 매매계약에 조건이나 기한이 있는 경우 그 조건 또는 기한도 신고해야 한다.

‖해설 및 정답‖ ④
④(X) 공급계약에 의해 부동산을 공급받는자로 선정된 지위, 분양권 매매계약에 관한 설명이다. 분양권 매매 계약은 부동산 거래신고의 대상이다. 토지, 상가, 오피스텔 모두 최초 분양 분 아니라 분양권을 매매할 때에도 거래신고의 대상이 된다. (Topic 65 신고대상 참고)

부동산 거래신고 - 4 (해제, 정정, 변경신고)

Ⅰ. 계약신고의 해제 등의 신고

① 거래당사자는 신고한 후 해당 거래계약이 해제, 무효 또는 취소된 경우 **해제 등이 확정된 날부터 30일 이내**에 해당 신고관청에 공동으로 신고하여야 한다. (개업공인중개사가 신고하는 경우, 공동으로 중개를 한 경우에는 해당 개업공인중개사가 공동으로 신고할 수 있다.) 다만, **거래 당사자 중 일방이 신고를 거부**하는 경우에는 국토교통부령으로 정하는 바에 따라 **단독으로 신고**할 수 있다.

② 부동산거래계약시스템을 통하여 부동산 거래계약 해제 등을 한 경우에는 **부동산 거래계약 해제 등이 이루어진 때**에 신고서를 제출한 것으로 본다.

③ 일방이 국가 등인 경우에는 국가 등이 신고하여야 한다.

Ⅱ. 정정신청(원시적 요인)

① 거래당사자 또는 개업공인중개사는 부동산 거래계약 신고 내용 중 잘못 기재된 경우에는 신고관청에 신고 내용의 정정을 신청할 수 있다. (전자문서 포함)

② 정정신청을 하려는 거래당사자 또는 개업공인중개사는 발급받은 신고필증에 **정정사항을 표시**하고 해당 정정부분에 서명 또는 날인하여 **신고관청에 제출**하여야 한다.

③ 거래당사자의 주소, 전화번호 또는 휴대전화번호가 잘못 기재된 경우에는 거래당사자가 단독으로 정정신청 가능할 수 있다. (단, 전자문서로는 할 수 없다.)

④ 신고관청은 정정사항을 확인 후 해당 내용을 수정하여 지체없이 신고필증을 재발급하여야 한다.

Ⅲ. 변경신고(후발적 요인)

① 거래당사자 또는 개업공인중개사는 부동산 거래계약 **신고내용이 변경**된 경우에는 부동산에 관한 **등기신청 전**에 신고내용의 변경을 신고할 수 있다.

② 부동산 등의 **면적 변경이 없는** 상태에서 **거래가격이 변경**된 경우에는 **거래계약서 사본 등 그 사실을 증명할 수 있는 서류를 첨부**하여야 한다. (단, 전자문서 ×)

③ 변경신고사항인 거래가격 중 **분양가격 및 선택품목은 거래당사자 일방이** 단독으로 변경신고를 할 수 있다. 이 경우 거래계약서 사본 등 그 사실을 증명할 수 있는 서류를 첨부하여야 한다. (단, 전자문서 ×)

> **한끝 Point**

1. 해제
① 거래당사자 중 일방이 국가 등인 경우 국가 등이 단독으로 서명 또는 날인하여 신고관청에 제출할 수 있다.

② <u>단독으로 부동산거래계약의 해제 등을 신고</u>하려는 자는 부동산거래계약 해제 등 신고서에 단독으로 서명 또는 날인한 후 다음의 서류를 첨부하여 신고관청에 제출해야 한다. 신고관청은 단독신고 사유에 해당 여부를 확인해야 한다.
- 확정된 법원의 판결문 등 해제 등이 확정된 사실을 입증할 수 있는 서류
- 단독신고사유서

2. 정정신청(원시적)
① 부동산의 소재지, 계약일, 실제거래금액, 매도인·매수인의 성명, 주민등록번호 (법인의 경우 법인명 및 법인등록번호) 등은 정정신청이 불가하다.

② 정정신청 해당 항목
- 거래당사자의 주소, 전화번호 또는 휴대전화번호(<u>해당 거래당사자 일방이 단독으로 서명 또는 날인하여 정정신청할 수 있다.</u>)
- 거래 지분 비율
- 개업공인중개사의 전화번호, 상호 또는 사무소 소재지
- 거래대상 건축물의 종류
- 거래대상 부동산 등(부동산을 취득할 수 있는 권리)의 지목, 면적, 거래 지분 및 대지권 비율

3. 변경신고(후발적)
① 소재지, 건축물의 종류, 매수인, 물건의 추가 또는 교체 등은 변경신고 불가

② <u>등기신청 전에 신고내용의 변경을 신고할 수 있는 사항</u>
- 거래 지분 비율
- 거래대상 부동산 등의 면적
- 거래 지분
- 거래가격
- 계약의 조건 또는 기한
- 중도금·잔금 및 지급일
- 공동매수의 경우 일부 매수인의 변경(매수인 중 일부가 제외되는 경우만 해당한다.)
- 거래대상 부동산 등이 다수인 경우 일부 부동산 등의 변경 (거래대상 부동산 등 중 일부가 제외되는 경우만 해당한다.)
- 위탁관리인의 인적사항

한끝 기출 마무리

01. 거래신고 후에 매도인이 매매계약을 취소하면 매도인이 단독으로 취소를 신고해야 한다.(x)[34회]

‖해설 및 정답‖ 해제 역시 공동신고가 원칙이다. 거부한다는 별도의 조건이 주어지지 않는한 원칙대로 풀어야 한다.

02. 개업공인중개사가 매매계약을 신고한 경우에 그 매매계약이 해제되면 그 개업공인중개사가 해제를 신고할 수 있다.(o)[34회]

‖해설 및 정답‖ 신고할 수 있다(can)에 유의한다. (개업공인중개사 must ✕)

부동산 거래신고 - 5 (위반시 제재 및 법정신고서)

Topic 69
2025 위패스 공인중개사 합격셀렉트

Ⅰ. 위반시 제재

1. 3천만원 이하의 과태료(기준금액의 5분의 1 범위 내 가중·감경 가능)
① 매매계약을 체결하지 아니하였음에도 거짓으로 신고
② 신고 후 해제되지 않았음에도 해당 계약을 거짓으로 해제 신고한 자
③ 거래대금지급 증명자료 미제출 또는 거짓 제출, 기타 조치 불이행

2. 500만원 이하의 과태료(기준금액의 2분의 1 범위 내 가중·감경 가능)
① 개업공인중개사에게 부동산거래신고를 하지 않게 하거나 거짓으로 신고하도록 요구한 자
② 부동산거래신고를 하지 아니한 자(공동신고 거부자 포함)
③ 거래대금지급 증명자료 외의 자료 요구에 미제출, 거짓 제출
④ 부동산거래신고에 대하여 거짓신고를 조장하거나 방조하는 행위
⑤ 부동산거래 해제 등의 신고를 하지 아니한 자(공동신고 거부자 포함)

3. 취득가액의 100분의 10 이하에 상당하는 금액의 과태료(5분의 1범위 내)
① 거래당사자가 부동산거래신고를 거짓으로 한 경우
② 개업공인중개사가 부동산거래신고를 거짓으로 한 경우
③ 신고 의무자가 아닌 자가 거짓된 내용의 부동산거래신고를 한 경우

> ⓐ 과태료의 감경은 범위 내, 가중 할 경우에도 각 최대한도를 넘어서는 아니된다.
> ⓑ 위반사실을 자진신고한 자에 대하여 과태료 50% 감경 또는 면제할 수 있다.

4. 3년 이하의 징역 또는 3천만원 이하의 벌금
부당하게 재물이나 재산상 이득을 취득하거나 제3자로 하여금 이를 취득하게 할 목적으로
ⓐ, ⓑ(법 제4조 제4호 또는 5호)를 위반한 자

> ⓐ 부동산거래신고대상 계약을 체결하지 아니하였음에도 불구하고 거짓으로 부동산거래신고를 한 자
> ⓑ 부동산거래신고 후 해당 계약이 해제 등이 되지 아니하였음에도 불구하고 거짓으로 해제 등의 신고를 한 자

5. (토지거래허가구역) 벌금
① 2년 이하의 징역 또는 계약체결 당시 공시지가의 100분의 30이내 범위에서 벌금
→ 토지거래허가구역 내에서 허가를 받지 아니하고 토지취득계약을 체결하거나 부정한 방법으로 허가를 받은 자
② 허가 취소, 처분 또는 조치명령을 위반한 자 → 1년 이하의 징역 또는 1천만원 이하의 벌금

한끝 Point

제재
① 과태료는 <u>신고관청이 부과·징수</u>한다.
② 신고관청은 부과일부터 <u>10일 이내</u> 해당 개업공인중개사의 <u>사무소</u>(법인은 주된 사무소) <u>소재</u> 관할 시장·군수·구청장에 과태료 부과 사실을 통보하여야 한다.

자진신고자 감면제도
신고관청은 위반사실을 자진 신고한 자에 대하여 과태료를 감경 또는 면제할 수 있다.
① 면제 – 조사 시작 전 자진 신고
② 50% 감경 – 조사 시작 후 자진 신고하였거나 자진 신고하였으나 증거자료 제출이 부족한 경우
③ 감면 불가한 경우
  a. 위반한 사실 등이 관계기관으로부터 조사기관에 통보된 경우
  b. 과거 1년 이내에 자진 신고를 하여 3회 이상 과태료의 감경 또는 면제를 받은 경우

법정신고서 + (신고서 양식 총 ①~⑪)
① 당사자간 직접거래는 공동으로 신고서에 서명 또는 날인을 하여 거래당사자 중 일방이 신고서를 제출한다.
② 물건별 거래가격란에는 각각의 부동산별 거래가격을 적는다.
③ 총 실제 거래가격란에는 전체 거래가격을 적고(둘 이상의 부동산을 함께 거래하는 경우 각각의 부동산별 거래가격의 합계 금액), 계약금 / 중도금 / 잔금 및 그 지급일을 적는다.
④ 거래대상의 종류가 공급계약(분양) 또는 전매계약(분양권 입주권)인 경우, 물건별 거래가격 및 총 실제 거래가격에 <u>부가가치세를 포함한 금액</u>을 적는다.
⑤ 거래당사자가 <u>외국인인 경우</u> 거래당사자의 국적을 반드시 기재하여야 한다. 또한 매수용도란의 주거용(아파트), 주거용(단독주택), 주거용(그 밖의 주택), 레저용, 상업용, 공장용, 그 밖의 용도 중 하나에 V 표시한다.
⑥ '법인신고서등'란은 법인 주택 거래계약 신고서, 주택 취득자금 조달 및 입주계획서, 토지취득자금 조달 및 이용계획서를 이 신고서와 함께 제출하는지 또는 별도로 제출하는지를 √표시한다.
⑦ 계약대상 면적에는 실제 거래면적을 계산하여 적되, 건축물 면적은 <u>집합건축물의 경우 전용면적을 적고, 그 밖의 건축물의 경우 연면적</u>을 적는다.
⑧ <u>종전 부동산란은 입주권 매매의 경우에만 작성</u>하고, 거래금액란에는 추가지불액 등(프리미엄 등 분양가격을 초과 또는 미달하는 금액) 및 권리가격, 합계 금액, 계약 그 중도금, 잔금을 적는다.

한끝 기출 마무리

01. 거래대상의 종류가 공급계약(분양)인 경우 물건별 거래가격 및 총 실제거래가격에 부가가치세를 제외한 금액을 적는다. (x) 33회*기출지문빈출*

  ‖해설 및 정답‖ 부가가치세를 포함한 금액을 적는다.

02. '종전 부동산'란은 입주권 매매의 경우에만 작성한다. (o) 33회

Topic 65-79

Topic 70. 부동산 거래신고 - 6 (주택임대차계약의 신고)

Ⅰ. 신고대상 및 지역

1. 주택임대차 계약의 신고 대상
① 주택임대차 계약의 신고 대상인 '주택'은 주택임대차보호법 제2조에 따른 주택을 말하며, 주택을 취득할 수 있는 권리를 포함한다.
② 업무용 오피스텔의 경우 또는 근린생활시설인 목적물인 경우에도 **실질적으로 주거용으로 임대차계약을 체결한 경우라면 주택임대차계약신고 대상이 된다.**
③ 초과 보증금 또는 월 차임(갱신계약 포함 - 금액의 증감이 있는 경우 대상) 주택임대차 계약이 **대통령령으로 정하는 금액을 초과하는 경우 신고대상**
④ (법 제6조의2 제1항)**보증금이 6천만원을 초과하거나 월차임이 30만원을 초과**하는 주택 임대차 계약(시행령 제4조의3)

> **예시**
> ⓐ 대상지역 보증금 5천만 원 / 월 차임 35만원 → **신고대상O**
> ⓑ 대상지역 보증금 8천만 원 / 월 차임 20만원 → **신고대상O**
> ⓒ 대상지역 보증금 6천만 원 / 월 차임 30만원 → **신고대상X**
> - **기간만 연장하는 경우로서 보증금 및 월차임의 증감이 없다면 신고X**

2. 대상 지역
주택 임대차 계약의 신고는 임차가구 현황 등을 고려하여 대통령령으로 정하는 지역에 적용한다. 법 제6조의2 제2항에서 '대통령령으로 정하는 지역'이란 특별자치시·특별자치도·시·군(광역시 및 경기도의 관할구역에 있는 군으로 한정)·구(자치구)를 말한다. (시행령 제4조의3)

Ⅱ. 신고의무자

1. 공동신고 원칙
임대차계약당사자는 주택에 대하여 임대차 계약의 체결일부터 30일 이내에 주택 소재지를 관할 하는 신고관청에 공동으로 신고하여야 한다. '임대차계약당사자'란 부동산등의 임대인과 임차인을 말한다. (외국인 등 포함)

2. 공동신고 간주
임대차계약당사자 일방 또는 제6조의5에 따른 계약당사자의 위임을 받은 사람이 임대차계약당사자의 서명이나 날인이 되어 있는 주택임대차 계약서를 신고관청에 제출하면 임대차계약당사자가 공동으로 임대차 신고서를 제출한 것으로 본다.

> **한끝 Point**
>
> **신고의무자 +**
>
> 1. 단독신고 가능한 경우(예외)
>   ① 일방이 거부한 경우(신고관청 사유 확인하여야 함)
>   ② 일방이 국가인 경우
> 2. 개업공인중개사는 신고의무가 없다.(부동산거래신고는 매매 - 의무○)
>
> **신고사항** 법 제6조의2 제1항 본문에서 '그 보증금 또는 차임 등 국토교통부령으로 정하는 사항'이란 다음 각 호의 사항을 말한다.
>
>> 1. 임대차계약당사자의 인적사항
>>   가. 자연인인 경우 : 성명, 주소, 주민등록번호(외국인인 경우에는 외국인등록번호) 및 연락처
>>   나. 법인인 경우 : 법인명, 사무소 소재지, 법인등록번호 및 연락처
>>   다. 법인 아닌 단체인 경우 : 단체명, 소재지, 고유번호 및 연락처
>> 2. 해당 주택 임대차 계약을 중개한 개업공인중개사의 사무소 명칭, 사무소 소재지, 대표자 성명, 등록번호, 전화번호 및 소속공인중개사 성명
>> 3. 임대차 목적물(주택을 취득할 수 있는 권리에 관한 계약인 경우에는 그 권리의 대상인 주택을 말한다)의 소재지, 종류, 임대 면적 등 임대차 목적물 현황
>> 4. 보증금 또는 월 차임
>> 5. 계약 체결일 및 계약 기간
>> 6. 「주택임대차보호법」제6조의3에 따른 계약갱신요구권의 행사 여부(계약을 갱신한 경우만 해당)

한끝 기출 마무리

01. 부동산 거래신고 등에 관한 법령상 주택 임대차계약의 신고에 관한 설명으로 옳은 것은?(단, 다른 법률에 따른 신고의 의제는 고려하지 않음)[35회]

① A특별자치시 소재 주택으로서 보증금이 6천만원이고 월 차임이 30만원으로 임대차계약을 신규 체결한 경우 신고 대상이다.
② B시 소재 주택으로서 보증금이 5천만원이고 월 차임이 40만원으로 임대차계약을 신규 체결한 경우 신고 대상이 아니다.
③ 자연인 甲과 『지방공기업법』에 따른 지방공사 乙이 신고 대상인 주택 임대차계약을 체결한 경우 甲과 乙은 관할 신고관청에 공동으로 신고하여야 한다.
④ C광역시 D군 소재 주택으로서 보증금이 1억원이고 월 차임이 100만원으로 신고된 임대차계약에서 보증금 및 차임의 증감 없이 임대차 기간만 연장하는 갱신계약은 신고 대상이 아니다.
⑤ 개업공인중개사가 신고 대상인 주택 임대차계약을 중개한 경우 해당 개업공인중개사가 신고하여야 한다.

> ‖해설 및 정답‖ ④
> ①, ②(X) 6천만원 초과 or 30만원 초과
> ③(X) 국가가 일방 - 단독가능
> ⑤(X) 공인중개사 의무

Topic 71 부동산 거래신고 - 7 (주택임대차계약의 변경 및 해제신고)

2025 위패스 공인중개사 합격셀렉트

I. 주택임대차 계약의 변경 및 해제신고

① 임대차계약당사자는 주택임대차 계약신고를 한 후 해당 주택임대차 계약의 보증금, 차임 등 임대차 가격이 변경되거나 임대차 계약이 해제된 때에는 변경 또는 해제가 확정된 날부터 30일 이내에 해당 신고관청에 공동 신고하여야 한다. (일방이 국가 등인 경우에는 국가 등이 신고)
② 일방이 신고를 거부하는 경우에는 단독으로 신고할 수 있다.
③ 변경 및 해제신고를 받은 신고관청은 그 신고 내용을 확인한 후 신고인에게 신고필증을 지체없이 발급하여야 한다.
④ 신고관청은 변경 및 해제 사무에 대한 해당 권한의 일부를 그 지방자치단체의 조례로 정하는 바에 따라 읍면·동장 등에게 위임 할 수 있다.
⑤ 주택임대차 계약 신고의 금지행위, 주택임대차 계약 신고 내용의 검증, 주택임대차 계약 신고 내용의 조사 등에 관하여는 부동산거래신고 내용을 준용한다.

II. 다른 법률에 따른 신고 등의 의제

1. 전입신고 의제
임차인이 전입신고를 하는 경우 주택 임대차 계약의 신고를 한 것으로 본다.

2. 공공주택특별법 민간임대주택에 관한 특별법
「공공주택 특별법」에 따른 공공주택사업자 및 「민간임대주택에 관한 특별법」에 따른 임대사업자는 관련 법령에 따른 주택 임대차 계약의 신고 또는 변경신고를 하는 경우 이 법에 따른 주택 임대차 계약의 신고 또는 변경신고를 한 것으로 본다.

3. 확정일자 부여 의제
① 주택임대차 계약 신고의 접수를 완료한 때에는 「주택임대차보호법」에 따른 확정일자를 부여한 것으로 본다. (임대차계약서가 제출된 경우로 한정한다.)
② 이 경우 신고관청은 「주택임대차보호법」에 따라 확정일자부를 작성하거나 「주택임대차보호법」의 확정일자부여기관에 신고 사실을 통보하여야 한다.

III. 신고필증의 발급 (최초 신고도 동일하게 적용한다.)

① 신고사항 누락 여부 등을 확인한 후 신고필증을 지체없이 발급하여야 한다.
② 신고 및 신고필증 발급절차 그 밖에 필요한 사항 – 국토교통부령으로 정한다.

한끝 Point

위반 시의 제재

1. 제6조의2 또는 제6조의3에 따른 신고를 하지 아니하거나(공동신고를 거부한 자를 포함한다) 그 신고를 거짓으로 한 자는 <u>100만원 이하의 과태료</u>에 처한다.
   ① <u>주택임대차신고를 30일이내에 하지 아니한 자</u>
   ② <u>주택임대차 변경신고를 하지 아니한 자</u>
   ③ <u>주택임대차 해제신고를 하지 아니한 자</u>
   ④ <u>주택임대차신고를 거짓으로 한 자</u>

2. <u>자진신고</u> – 신고관청은 위반사실을 자진 신고한 자에 대하여 <u>과태료 감경(100분의 50)</u> (증거자료 부족하였으나 협조)또는 면제(자료제공과 협조)할 수 있다.

제출대행 / 준용규정

① <u>제출대행</u> – 임대차계약당사자의 위임을 받은 사람은 임대차신고서, 임대차 변경신고서 및 임대차 해제 신고서의 작성·제출 및 정정신청을 대행할 수 있다.
② 대행자는 신분증명서를 신고관청에 제시하고, 위임한 임대차계약당사자의 서명 또는 날인이 있는 <u>위임장과 신분증명서 사본을 제출</u>하여야 한다.
③ <u>주택임대차계약에 대한 준용</u>
   – 부동산거래신고의 ⓐ<u>금지행위 규정</u> 준용, ⓑ<u>검증규정</u> 준용, ⓒ<u>조사규정</u> 준용

한끝 기출 마무리

01. 甲이 서울특별시에 있는 자기 소유의 주택에 대해 임차인 乙과 보증금 3억원의 임대차계약을 체결하는 경우, 부동산 거래신고 등에 관한 법률에 따른 신고에 관한 설명으로 옳은 것을 모두 고른 것은?(단, 甲과 乙은 자연인임)[34회]

> ㄱ. 보증금이 증액되면 乙이 단독으로 신고해야 한다.
> ㄴ. 乙이 주민등록법 에 따라 전입신고를 하는 경우 주택 임대차 계약의 신고를 한 것으로 본다.
> ㄷ. 임대차계약서를 제출하면서 신고를 하고 접수가 완료되면 주택임대차보호법에 따른 확정 일자가 부여된 것으로 본다.

① ㄱ   ② ㄴ   ③ ㄱ, ㄴ
④ ㄴ, ㄷ   ⑤ ㄱ, ㄴ, ㄷ

‖해설 및 정답‖ ④
ㄱ(X) 공동신고가 원칙이다. 예외사항이 없는 경우에는 원칙으로 해결한다.

Topic 72. 부동산 거래신고-8(외국인의 부동산 취득 특례-적용범위/사후신고)

2025 위패스 공인중개사 합격셀렉트

Ⅰ. 외국인 등(정의와 범위)

1. 다음의 어느 하나에 해당하는 개인·법인 또는 단체를 말한다. (법 제2조)

① 대한민국 국적을 보유하고 있지 아니한 개인
② 외국의 법령에 의하여 설립된 법인 또는 단체
③ 사원, 구성원 또는 업무집행 사원, 임원의 2분의 1 이상이 외국인인 법인 또는 단체
④ 외국인 또는 외국법인, 단체가 자본금 또는 의결권의 2분의 1 이상을 가지고 있는 법인 또는 단체
⑤ 외국 정부
⑥ 대통령령으로 정하는 국제기구

　ⓐ 국제연합과 그 산하기구, 전문기구
　ⓑ 정부간 기구
　ⓒ 준정부간 기구
　ⓓ 비정부간 국제기구

2. 상호주의(법 제7조)

국토교통부장관은 대한민국 국민 등에 대하여 자국 안의 토지의 취득 또는 양도를 금지하거나 제한하는 국가의 개인 등에 대하여는 대한민국 안의 토지의 취득 또는 양도를 금지하거나 제한 할 수 있다. 다만, 조약의 이행에 필요한 경우는 그러하지 아니하다.

3. 외국인 등의 부동산 취득·보유 신고(법 제8조)

① **계약 – 신고**(부동산 소재지 관할 시장·군수 또는 구청장) : 외국인 등이 대한민국 안의 부동산 등을 취득하는 교환, 증여에 의한 계약(부동산거래신고를 한 경우 제외)을 체결하였을 때에는 계약 체결일부터 60일 이내에 신고관청에 신고하여야 한다. (교환, 증여의 경우이며 / 매매는 부동산거래신고 하므로 제외한다) → 신고 않거나 거짓 신고시 300만 원 이하의 과태료

② **계약 외 – 신고** : 외국인 등이 상속, 경매, 건축물의 신축, 증축, 개축, 재축 등 계약 외의 원인으로 대한민국 안의 부동산 등을 취득한 때에는 부동산 등을 취득한 날부터 6개월 이내에 신고관청에 신고하여야 한다.

③ **계속 보유 – 신고** – 외국인으로 변경된 날로부터 6개월 이내 → (②, ③ 공통) 신고 않거나 거짓신고시 100만 원 이하의 과태료

> **한끝 Point**
>
> **외국인 등의 부동산 취득 등에 관한 특례 신고정리**
> ① 계약(교환, 증여) → 60일 이내 신고X → 300만 원 이하 과태료
>   (매매계약은 부동산거래신고대상 → 30일 이내 신고X → 500만 원 이하 과태료)
> ② 계약 이외(상속, 경매, 합병, 판결, 신축, 개축 등) → (경매는 대금 납부일이 취득일)
>   → 6개월 이내 신고X → 100만 원 이하 과태료
> ③ 계속 보유 → 시민권자 → 외국인으로 변경된 날 → 6개월 이내 신고X → 100만 원 이하 과태료
>
> **관련법률 (법 제8조)**
> ① 부동산 등 소유권 취득시에만 적용되므로, 지상권, 저당권 등에는 적용되지 아니한다. 또한 부동산 등을 양도·처분할 때에도 적용되지 아니한다.
> ② 외국에서 영주권을 취득한 대한민국의 국민(재일교포 등)은 신고의무가 없다.

한끝 기출 마무리

01. 국제연합의 전문기구가 경매로 대한민국 안의 부동산 등을 취득한 때에는 부동산 등을 취득한 날부터 3개월 이내에 신고관청에 신고하여야 한다.(x)[30회]

> ‖해설 및 정답‖ 국제연합은 외국인 등에 해당되는 대통령령으로 정하는 국제기구 중 하나로서, 외국인 등이 계약 이외의 원인 (상속, 경매, 합병, 판결)으로 부동산 소유권을 취득한 경우에는 6개월 이내에 신고관청에 신고하여야 한다.

02. 외국인이 건축물의 신축을 원인으로 대한민국 안의 부동산을 취득한 때에는 신고관청으로부터 부동산 취득의 허가를 받아야 한다.(x)[33회]

> ‖해설 및 정답‖ 신축을 원인으로 한 것은 계약 이외의 사항으로 6개월 이내에 신고관청에 '신고'하여야 하며, 미신고 또는 거짓신고시 100만 원 이하의 과태료가 부과된다.

03. 외국인이 부동산 거래신고의 대상인 계약을 체결하여 부동산 거래신고를 한 때에도 부동산 취득신고를 해야 한다.(x)[28회]

> ‖해설 및 정답‖ 60일 이내에 신고관청에 신고하여야 하는 부분은 원칙상 옳다. 단, 부동산 실거래신고계약은 제외한다. (법 제8조 제1항), 즉, 부동산 거래신고를 한 때에는 별도로 다시 신고를 할 필요가 없다.

Topic 73. 부동산 거래신고 - 9 (외국인의 토지소유권 취득 특례 - 사전허가)

Ⅰ. 관련 법률 제9조 - 외국인 등의 토지거래허가(신고×)

외국인 등이 취득하려는 토지가 다음의 어느 하나에 해당하는 구역, 지역 등에 있으면 토지를 취득하는 계약을 체결하기 전에 신고관청으로부터 토지취득의 허가를 받아야 한다.
(단, 토지거래계약 허가를 받은 경우에는 그러하지 아니하다.)

① 「군사기지 및 군사시설 보호법」의 군사기지 및 군사시설 보호구역, 그 밖에 국방목적을 위하여 대통령령으로 정하는 지역
② 「문화재보호법」 지정문화재와 이를 위한 보호물 또는 보호구역
③ 「자연환경보전법」 생태·경관보전지역
④ 「야생생물 보호 및 관리에 관한 법률」 야생생물 특별보호구역

Ⅱ. 신고 또는 허가방법과 절차

① 신고 또는 허가신청은 방문 또는 전자문서로 할 수 있다.
  (단, 전자문서로 하는 경우에는 대행할 수 없다.) / 외국인 등의 위임 받은 사람은 대행 가능하다.
② 신고관청의 제출의무 : 신고내용을 매 분기 종료일로부터 1개월 이내에 특별시장·광역시장·도지사 또는 특별자치도지사에게 제출하여야 한다. (전자문서에 의한 제출을 포함한다.)
  단, 특별자치시장은 직접 국토교통부장관에서 제출하여야 한다.
③ 시·도지사의 제출의무 : 신고내용을 제출받은 특별시장·광역시장·도지사 또는 특별자치도지사는 제출받은 날로부터 1개월 이내에 그 내용을 국토교통부장관에게 제출하여야 한다.
④ → 사전허가 규정을 위반하여 체결한 토지취득계약은 그 효력이 발생하지 아니한다.

Ⅲ. 제재

토지거래허가구역 내에서 허가를 받지 아니하고 토지취득계약을 체결하거나 부정한 방법으로 허가를 받은 외국인 등은 2년 이하의 징역 또는 2천만원 이하의 벌금에 처한다. (제26조 제1항)

한끝 Point

외국인

1. 외국인으로부터 토지취득의 허가 신청서를 받은 신고관청은 신청서를 받은 날부터 <u>15일 이내</u>에 허가 또는 불허가 처분을 해야 한다.[33회]
   - 군사시설보호구역 등은 30일이며, 30일 연장 가능하다.

2. 부동산 등의 취득을 신고한 경우 신고관청의 의무 – 매 분기 종료일부터 1개월 이내에 <u>특별시장·광역시장·도지사 또는 특별자치도지사에게 제출</u>하여야 한다.
   ① 단, 특별자치시장은 직접 국토교통부장관에게 제출
   ② 외국인의 토지 취득 – 30일 이내 신고 / 증여 60일 이내 / 상속 6개월 이내

3. 허가 vs 신고
   - 부동산 소유권 취득 → 사후 신고

토지 등 허가 사전허가 – 위반시 무효, 2년/2천
   - 신고관청 → 법 제9조 ①②③④ 지역·구역의 경우 → 15일 이내 처분must(군사시설 30일)
   - 외국인 무허가 또는 부정 방법 허가 → 2년 이하 징역 또는 2천만원 이하 벌금

한끝 기출 마무리

01. 부동산 거래신고 등에 관한 법령상 국내 토지를 외국인이 취득하는 것에 관한 설명이다. ( )에 들어 갈 숫자로 옳은 것은?(단, 상호주의에 따른 제한은 고려하지 않음)[34회]

> ○ 외국인이 토지를 매수하는 계약을 체결하면 계약체결일부터 (ㄱ)일 이내에 신고해야 한다.
> ○ 외국인이 토지를 증여받는 계약을 체결하면 계약체결일부터 (ㄴ)일 이내에 신고해야 한다.
> ○ 외국인이 토지를 상속받으면 취득일부터 (ㄷ) 개월 이내에 신고해야 한다.

① ㄱ : 30, ㄴ : 30, ㄷ : 3
② ㄱ : 30, ㄴ : 30, ㄷ : 6
③ ㄱ : 30, ㄴ : 60, ㄷ : 6
④ ㄱ : 60, ㄴ : 30, ㄷ : 3
⑤ ㄱ : 60, ㄴ : 60, ㄷ : 6

‖해설 및 정답‖ ③

02. 외국인등이 허가 없이 '자연환경보전법'에 따른 생태경관보전지역 안의 토지를 취득하는 계약을 체결한 경우 그 계약은 효력이 발생하지 않는다.(o)[32회]

‖해설 및 정답‖ 사전 허가를 받아야 하는 구역·지역에 해당하므로, 해당 지역·구역을 사전허가 없이 계약 체결한 경우 '무효'이다.

Topic 74: 부동산 거래신고 - 10 (토지거래허가구역 지정 및 허가대상)

2025 위패스 공인중개사 합격셀렉트

Ⅰ. 토지거래허가구역 지정

1. 지정권자
① 둘 이상 시·도 → 국토교통부장관이 지정
② 동일한 시·도 안의 일부지역 → 시·도지사가 지정
(단, 투기 거래가 성행하거나 지가가 급격히 상승 또는 우려가 있는 지역은 국토교통부장관이 지정가능)

2. 지정요건
투기적 거래가 성행하거나 지가가 급격히 상승하는 지역과 그러한 우려가 있는 지역으로서 다음의 지역에 지정할 수 있다. (국토교통부장관이 지정)
① 광역도시계획 등 토지이용계획이 새로 수립·변경되는 지역
② 법령의 제정·폐지 등으로 토지이용에 대한 행위제한이 완화·해제되는 지역
③ 개발사업이 진행 중이거나 예정되어 있는 지역과 그 인근 지역
④ 투기우려 인정 지역 또는 관계 행정기관장이 투기우려로 요청하는 지역

3. 지정기간
5년 이내의 기간으로 지정한다.

Ⅱ. 지정절차

1. 도시계획위원회 심의
허가구역으로 지정하고자 하는 때에는 중앙(시·도) 도시계획위원회의 심의를 거쳐야 한다.
재지정하고자 하는 때에는 심의 전에 시·도지사 및 시장·군수·구청장의 의견을 들어야 한다.

2. 지정공고
허가구역으로 지정·해제·축소한 때에는 이를 공고하고, 국토교통부장관은 시·도지사를 거쳐 시장·군수 또는 구청장에게 통지하여야 한다. 시·도지사는 국토교통부장관, 시장·군수 또는 구청장에게 통지하여야 한다.

3. 공고기간
시장·군수·구청장은 관할 등기소의 장에게 통지하여야 하며 7일 이상 공고하고 15일간 일반이 열람할 수 있도록 하여야 한다.

4. 허가구역지정의 효력발생시기
① 허가구역의 지정 → 국토교통부장관 또는 시·도지사가 허가구역의 지정을 공고한 날로부터 5일 후에 그 효력이 발생 *빈출*
② 해제, 축소한 경우 및 재지정을 한 경우 → 지정·공고한 날로부터 효력이 발생

> **한끝 Point**

허가대상 계약 및 기준면적

1. 토지에 관한 소유권·지상권을 이전·설정하는 <u>유상계약</u>(예약포함)을 체결하려는 경우는 <u>허가를 받아야</u> 한다.(단, 건물 전세권 지역권 저당권 증여, 상속은 허가X)
   단, 당사자의 한쪽 또는 양쪽이 국가 등인 경우 시장·군수·구청 장과 협의하여 성립된 때는 허가를 받은 것으로 본다.

2. 다음의 면적 이하의 토지는 허가가 필요하지 아니하다.
   단, 지정권자가 다음 기준면적의 10% 이상 300% 이하의 범위에서 따로 정하여 공고한 경우에는 그에 의한다.
   (1) <u>도시지역</u> (해당 면적 이하인 경우 허가X)
      ① <u>주거지역 : 60㎡</u> 이하,   ② <u>상업지역 : 150㎡</u> 이하
      ③ <u>공업지역 : 150㎡</u> 이하, ④ <u>녹지지역 : 200㎡</u> 이하
      ⑤ <u>용도지역의 미지정 : 60㎡</u> 이하
   (2) 도시 외 지역 (해당 면적 이하인 경우 허가X)
      – <u>기타 250㎡</u> 이하, <u>농지법에 따른 농지 500㎡</u> 이하, <u>임야 1,000㎡</u> 이하
   (3) 토지거래계약을 체결하려는 당사자 또는 그 계약의 대상이 되는 토지가 허가대상자 아닌 경우 / 허가 대상 용도와 지목 등 공고 사항에 해당하지 아니하는 경우

3. 기준면적의 산정방법
   ① 계약체결 후 1년 이내에 일단의 토지이용을 위해 <u>일부계약</u> → 토지 전체에 대한 거래로 본다.
   ② 허가구역의 <u>지정 후 분할된 토지</u> → <u>분할 후 최초의 거래</u>에 한하여 허가의 대상이 된다.
   ③ 허가구역의 지정 후 공유지분으로 거래 → <u>최초거래에 한하여</u> 허가의 대상이 된다
   (허가구역 지정 당시 기준면적을 초과하는 토지가 허가구역 지정 후에 분할로 기준면적 이하가 된 경우 분할된 해당 토지에 대한 분할 후 최초의 토지거래계약은 기준면적을 초과하는 토지거래계약으로 본다.)

4. 다음 각 호의 경우에는 1.에 따른 규정을 적용하지 아니한다.(토지거래허가 대상 아닌 경우)
   ① 국가 등이 시행 또는 경·공매 – 국·공유재산의 입찰처분, 경매, 수탁재산 공매(3회 이상 유찰시), 토지의 수용, 법률에 따른 토지 공급, 조세 물납, 조세 체납처분 또는 강제집행의 경우, 환매, 협의 취득
   ② 외국인 등의 토지취득허가를 받은 경우
   ③ 그 외의 사항(주택, 상가, 택지, 공장용지 분양, 건물, 전세권, 임차권, 토지공급 재개발사업이나 신도시 개발사업

> **한끝 기출 마무리**

01. '민사집행법'에 따른 경매의 경우에는 허가구역 내 토지 거래에 대한 허가의 규정은 적용하지 아니한다.(o)28회

02. 부동산 거래신고 등에 관한 법령상 '허가구역 내 토지거래에 대한 허가'의 규정이 적용되지 않는 경우를 모두 고른 것은?35회

> ㄱ. 『부동산 거래신고 등에 관한 법률』에 따라 외국인이 토지취득의 허가를 받은 경우
> ㄴ. 『공익사업을 위한 토지 등의 취득 및 보상에 관한 법률』에 따라 토지를 환매하는 경우
> ㄷ. 『한국농어촌공사 및 농지관리기금법』에 따라 한국농어촌공사가 농지의 매매를 하는 경우

① ㄱ   ② ㄴ   ③ ㄱ, ㄷ   ④ ㄴ, ㄷ   ⑤ ㄱ, ㄴ, ㄷ

‖해설 및 정답‖ ⑤

Topic 75. 부동산 거래신고 - 11 (토지거래허가절차와 선매제도)

Ⅰ. 허가절차
① 허가권자 : 시장·군수·구청장
② 허가신청 : 당사자가 공동 신청주의(토지취득자금조달계획서 첨부하여 제출)
③ 처분기한 : 민원 처리에 관한 법률상의 처리기간 내에 허가증을 발급하거나 불허가처분 사유를 서면으로 알려야 한다. 선매협의가 진행 중인 경우에는 그 사실을 신청인에게 알려야 한다.
④ 신청서를 받은 날로부터 15일 이내에 허가, 변경 또는 불허가 처분 하여야 한다. 기간 내에 허가증의 발급 또는 불허가처분 사유의 통지가 없거나 선매협의 사실의 통지가 없는 경우에는 처리기간 끝난 다음날 허가가 있는 것으로 본다.

Ⅱ. 선매제도(제15조)

1. 선매자 지정
국가, 지방자치단체, 한국토지공사, 기타 공공 기관 또는 공공단체 중에서 시장·군수·구청장이 지정한다.

2. 선매 대상 토지
국가, 지방자치단체, 한국토지주택공사. 그 밖에 공공기관 또는 공공단체 중 지정된 선매자의 선매 대상 토지

> ⓐ 공익사업용 토지
> ⓑ 토지거래계약허가를 받아 취득한 토지를 그 이용목적대로 이용하고 있지 아니한 토지

3. 선매절차
① 허가신청이 있는 날부터 1개월 이내에 선매자를 지정 및 통지한다.
② 선매자는 지정통지일부터 15일 이내에 선매협의를 하여야 하며 지정통지일부터 1개월 이내에 선매협의조서를 시장·군수·구청장에게 제출하여야 한다.
③ 선매자는 지정통지를 받은 날부터 1개월 이내에 선매협의를 끝내야 한다.

4. 선매가격
감정가격을 기준으로 하되 허가신청서에 적힌 가격이 낮은 경우 허가신청서에 적힌 가격으로 할 수 있다.

한끝 Point

불허가처분 토지에 대한 매수청구

① 이의신청-허가 또는 불허가처분에 이의가 있는 자는 그 처분을 받은 날부터 1개월 이내에 시장·군수 또는 구청장에게 이의를 신청할 수 있다.
② 불허가처분 토지에 관한 매수 청구(제16조) – 허가신청에 대하여 불허가처분을 받은 자는 그 통지를 받은 날부터 1개월 이내에 시장 · 군수 또는 구청장에게 해당 토지에 관한 권리의 매수를 청구할 수 있다.
③ 매수청구를 받은 시장·군수 또는 구청장은 매수 권한이 있는 기관(=아래의 매수자(국가~)) 중에서 매수할 자를 지정하여, 매수할 자로 하여금 예산의 범위에서 공시지가를 기준으로 하여 해당 토지를 매수하게 하여야 한다.
  다만, 공시지가를 기준으로 매수하되, 허가신청서에 적힌 가격이 낮은 경우 허가신청서에 적힌 가격으로 매수할 수 있다.
→ 선매제도의 경우는 '감정가격' 기준 / 매수청구는 '공시가격' 기준

다른 법률에 따른 인가·허가 등의 의제(제20조)

① 농지취득자격증명 의제 – 농지에 대하여 토지거래계약의 허가를 받은 경우에는 농지취득자격증명을 받은 것으로 본다.
② 검인의제- 허가증을 교부받은 경우에는 검인을 받은 것으로 본다.

매수자

– 국가, 지방자치단체, 한국토지주택공사, 한국농수산식품유통공사, 대한석탄공사, 한국관광공사, 한국농어촌공사, 한국도로공사, 한국석유공사, 한국수자원공사, 한국전력공사, 한국철도공사

한끝 기출 마무리

01. 부동산 거래신고 등에 관한 법령상 토지거래계약 불허가처분 토지에 대하여 매수청구를 받은 경우, 매수할 자로 지정될 수 있는 자를 모두 고른 것은? 30회

ㄱ. 지방자치단체	ㄴ. 한국은행법에 따른 한국은행
ㄷ. 지방공기업법에 따른 지방공사	ㄹ. 한국석유공사법에 따른 한국석유공사
ㅁ. 항만공사법에 따른 항만공사	ㅂ. 한국관광공사법에 따른 한국관광공사

① ㄴ, ㅁ   ② ㄱ, ㄹ, ㅂ   ③ ㄴ, ㄷ, ㅁ
④ ㄱ, ㄹ, ㅁ, ㅂ   ⑤ ㄱ, ㄴ, ㄷ, ㄹ, ㅁ, ㅂ

‖해설 및 정답‖ ②
ㄱ, ㄹ, ㅂ(○) 매수청구를 받은 시장, 군수, 구청장이 지정한 매수청구자 종류 암기 문제다.

Topic 76. 부동산 거래신고 - 12 (토지이용 의무기간과 이행강제금)

Ⅰ. 토지이용 의무 기간 (토지 취득일로부터 N년 동안 허가 목적대로 이용의무)
① 대체토지, 농업 등(어·축산·임업), 복지, 편익시설, 주택용지 → 2년(협의, 양도)
② 사업 시행(단, 분양목적 및 진행은×) → 4년(4년 – 사업)
③ 현상보존, 임대사업, 기타 → 5년(현상, 보존, 목적, 토지, 취득)
④ 위 ①에서 ③외 → 5년의 범위 내에서 / 대통령령이 정하는 기간 동안 / 허가받은 목적대로 이용하여야 한다.

Ⅱ. 이행강제금(토지취득가액 기준 - 방치10/임대7/변경5/기타(그외)7)
① 허가관청은 3개월의 기간을 정하여 문서로 이용의무를 이행하도록 명할 수 있다.(이행명령) 시장·군수 또는 구청장은 이행명령이 정하여진 기간에 이행되지 아니한 경우에는 토지 취득가액(실제 거래가격)의 100분의 10의 범위에서 다음에서 정하는 금액의 이행강제금을 부과한다. (강제징수 가능)

> ⓐ 토지거래계약허가를 받아 토지를 취득한 자가 당초의 목적대로 **이용하지 아니하고 방치한 경우** : 토지 취득가액의 100분의 10에 상당하는 금액
> ⓑ 토지거래계약허가를 받아 토지를 취득한 자가 직접 이용하지 아니하고 임대한 경우 : 토지 취득가액의 100분의 7에 상당하는 금액
> ⓒ 토지거래계약허가를 받아 토지를 취득한 자가 **허가관청의** 승인없이 당초의 이용목적을 변경하여 이용하는 경우 : 토지 취득가액 100분의 5에 상당하는 금액
> ⓓ 위 ⓐ부터 ⓒ까지에 해당하지 아니하는 경우 : 토지 취득가액의 100분의 7에 상당하는 금액

② 시장·군수 또는 구청장은 최초의 이행명령이 있었던 날을 기준으로 1년에 한 번씩 그 이행명령이 이행될 때까지 반복하여 이행강제금을 부과, 징수할 수 있다.
③ 시장·군수 또는 구청장은 이행명령을 받은 자가 그 명령을 이행하는 경우에는 **새로운 이행강제금의 부과를 즉시 중지**하되, 명령을 이행하기 전에 이미 부과된 이행강제금은 징수하여야 한다.
④ 이행강제금 부과처분을 받은 자는 이의를 제기하려는 경우에는 부과처분을 고지받은 날부터 30일 이내에 하여야 한다.
⑤ 시장·군수 또는 구청장은 이용 의무기간이 지난 후에는 이행강제금을 부과할 수 없다.
⑥ 이행강제금의 부과, 납부, 징수 및 이의제기 방법 등에 필요한 사항은 대통령령으로 정한다. (토지거래계약을 허가받은 자가 허가받은 목적대로 이용하고 있는지를 조사하는 방법은 국토교통부령으로 정하는 바에 따른다.)

> **한끝 Point**
>
> **허가목적별 의무이용 기간 '키워드'**
> ① 2년 → 어업, 임업, 축산업, 농업, 복지시설, 편익시설, 자기거주용 주택용지
> ② 2년 → (농지외의 토지) 공익사업용으로 협의, 양도 또는 수용된 자가 3년 이내에 그 허가구역 안에서 대체되는 토지를 취득
> ③ 4년 → 사업 시행
> ④ 5년 → 현상보존 목적 토지 취득 + 임대사업 목적 취득
> ⑤ 5년 → '위의 사항 이외' 모두 포함

한끝 기출 마무리

01. 부동산 거래신고 등에 관한 법령상 토지거래계약허가를 받아 취득한 토지를 허가받은 목적대로 이용하고 있지 않은 경우 시장·군수·구청장이 취할 수 있는 조치가 아닌 것은?[32회]

① 과태료를 부과할 수 있다.
② 토지거래계약허가를 취소할 수 있다.
③ 3개월 이내의 기간을 정하여 토지의 이용 의무를 이행하도록 문서로 명할 수 있다.
④ 해당 토지에 관한 토지거래계약 허가신청이 있을 때 국가, 지방자치단체, 한국토지주택공사가 그 토지의 매수를 원하면 이들 중에서 매수할 자를 지정하여 협의 매수하게 할 수 있다.
⑤ 해당 토지를 직접 이용하지 않고 임대하고 있다는 이유로 이행명령을 했음에도 정해진 기간에 이행되지 않은 경우, 토지 취득가액의 100분의 7에 상당하는 금액의 이행강제금을 부과한다.

> ‖ 해설 및 정답 ‖ ①
> ①(X) 규정이 없다. ②, ③, ④, ⑤(○) 까지는 규정이 있다.

02. 부동산 거래신고 등에 관한 법령상 이행강제금에 관한 설명이다. ( )에 들어갈 숫자로 옳은 것은?[33회]

> 시장·군수는 토지거래계약허가를 받아 토지를 취득한 자가 당초의 목적대로 이용하지 아니하고 방치한 경우 그에 대하여 상당한 기간을 정하여 토지의 이용 의무를 이행하도록 명할 수 있다. 그 의무의 이행기간은 (ㄱ)개월 이내로 정하여야 하며, 그 정해진 기간 내에 이행되지 않은 경우, 토지 취득가액의 100분의 (ㄴ)에 상당하는 금액의 이행강제금을 부과한다.

① ㄱ: 3, ㄴ: 7   ② ㄱ: 3, ㄴ: 10   ③ ㄱ: 6, ㄴ: 7
④ ㄱ: 6, ㄴ: 10   ⑤ ㄱ: 12, ㄴ: 15

> ‖ 해설 및 정답 ‖ ②   ㄱ(3), ㄴ(10) 단순 암기는 반드시 득점하여야 한다.

03. 시장·군수 또는 구청장은 최초의 이행명령이 있었던 날을 기준으로 1년에 두 번씩 그 이행명령이 이행될 때까지 반복하여 이행강제금을 부과·징수할 수 있다. (x)[31회]

> ‖ 해설 및 정답 ‖ 1년에 1회 부과·징수할 수 있으며 문서로 하여야 한다.

Topic 77 부동산 거래신고 - 13 (제재 - 벌칙 등 정리)

I. 제재처분 등

1. 허가 취소 등

국토교통부장관, 시·도지사, 시장·군수 또는 구청장은 다음 각 호의 어느 하나에 해당하는 자에게 제11조에 따른 허가 취소 또는 그 밖에 필요한 처분을 하거나 조치를 명할 수 있다.

법 제21조(제재처분 등)
① 제11조에 따른 토지거래계약에 관한 허가 또는 변경허가를 받지 아니하고 토지거래계약 또는 그 변경계약을 체결한 자
② 제11조에 따른 토지거래계약에 관한 허가를 받은 자가 그 토지를 허가받은 목적대로 이용하지 아니한 자
③ 부정한 방법으로 제11조에 따른 토지거래계약에 관한 허가를 받은 자

2. 청문

국토교통부장관, 시·도지사, 시장·군수 또는 구청장은 토지거래계약 허가의 취소처분을 하려면 청문을 하여야 한다.

3. 행정형벌

허가취소, 처분 또는 조치명령을 위반한 자는 1년 이하의 징역 또는 1천만원 이하의 벌금에 처한다.

II. 행정형벌(벌칙)(Topic 69 참고)

(1) 2년 이하의 징역이나 토지가격 30% 이하의 벌금(= 100분의 30이하의 벌금)

토지거래 허가 또는 변경허가를 받지 아니하고 토지거래계약을 체결하거나, 속임수나 그 밖의 부정한 방법으로 토지거래계약 허가를 받은 자는 2년 이하의 징역 또는 계약 체결 당시의 개별공시지가에 따른 해당 토지가격의 100분의 30에 해당하는 금액 이하의 벌금에 처한다.

(2) 1년 이하의 징역이나 1천만원 이하의 벌금

제21조에 따른 허가 취소, 처분 또는 조치명령을 위반한 자는 1년 이하의 징역 또는 1천만원 이하의 벌금에 처한다. (법 제26조)

한끝 Point

지위 승계

① 권리·의무승계 : 제10조부터 제20조까지에 따라 토지의 소유권자, 지상권자 등에게 발생되거나 부과된 권리·의무는 그 토지 또는 건축물에 관한 소유권이나 그 밖의 권리의 변동과 동시에 그 승계인에게 이전한다.(법 제22조 제1항)

② 처분 등의 승계 : 이 법 또는 이 법에 따른 명령에 의한 처분, 그 절차 및 그 밖의 행위는 그 행위와 관련된 토지 또는 건축물에 대하여 소유권이나 그 밖의 권리를 가진 자의 승계인에 대하여 효력을 가진다.(법 제22조 제2항)

부동산거래신고 등에 관한 법률 형벌 행정형벌 (1 ~ Topic73 / 2,3 ~ Topic77 '제재, 행정형벌 참조')

① 2년/2천만원 : 외국인 등 허가X → 체결 또는 부정 허가 체결
② 2년/토지가격 30% : 토지거래허가구역 내 허가, 변경 허가X(포상금 50만원)
③ 1년/1천만원 : 토지거래허가구역 내 허가취소, 처분, 조치명령 위반

한끝 기출 마무리

01. 부동산 거래신고 등에 관한 법령상 2년 이하의 징역 또는 계약 체결 당시의 개별공시지가에 따른 해당 토지가격의 100분의 30에 해당하는 금액 이하의 벌금에 처해지는 자는? [33회]

① 신고관청의 관련 자료의 제출요구에도 거래대금 지급을 증명할 수 있는 자료를 제출하지 아니한 자
② 토지거래허가구역 내에서 토지거래계약허가를 받은 사항을 변경하려는 경우 변경허가를 받지 아니하고 토지거래계약을 체결한 자
③ 외국인이 경매로 대한민국 안의 부동산을 취득한 후 취득 신고를 하지 아니한 자
④ 개업공인중개사에게 부동산거래신고를 하지 아니하게 한 자
⑤ 부동산의 매매계약을 체결한 후 신고 의무자가 아닌 자가 거짓으로 부동산거래신고를 하는 자

∥해설 및 정답∥ ② Topic 69 참고
①(X) 과태료 3천만원 이하(Topic 69)
③(X) 과태료 100만 원 이하 (Topic 72)
④(X) 과태료 500만 원 이하(Topic 69)
⑤(X) 취득가액의 10% 이하 과태료(100분의 10)(Topic 69)

부동산 거래신고 - 14 (포상금)

Ⅰ. 신고포상금

1. 지급권자와 포상금 지급 대상

① 시장·군수·구청장은 다음의 어느 하나에 해당하는 자를 관계 행정기관이나 수사기관에 **신고하거나 고발**한 자에게 예산의 범위에서 포상금을 지급할 수 있다.

> ⓐ 부동산 등의 **실제 거래가격을 거짓으로 신고**한 자
> (신고의무자가 아닌 자가 거짓으로 신고를 한 경우를 포함한다.)
> ⓑ **계약을 체결하지 아니하였음에도** 불구하고 거짓으로 부동산거래신고를 한 자
> ⓒ 신고 후 해당 계약이 **해제 등이 되지 아니하였음에도** 불구하고 거짓으로 **부동산거래의 해제 등 신고**를 한 자
> ⓓ **주택임대차계약**의 신고, 변경 및 해제 신고 규정을 위반하여 주택임대차계약의 보증금·차임 등 **계약금액을 거짓으로 신고**한 자
> ⓔ **토지거래**허가 또는 변경허가를 받지 아니하고 토지거래계약을 체결한 자 또는 **거짓**이나 그 밖의 **부정**한 방법으로 토지거래계약허가를 받은 자
> ⓕ 토지거래계약허가를 받아 **취득한 토지에 대하여 허가받은 목적대로 이용하지 아니**한 자

② 포상금의 지급에 드는 비용은 시·군·구의 재원으로 충당한다.
③ 다음의 어느 하나에 해당하는 경우에는 포상금을 **지급하지 아니할 수 있다.**

> ⓐ **공무원이 직무와 관련하여 발견한 사실**을 신고하거나 고발한 경우
> ⓑ 해당 위반행위를 하거나 위반행위에 **관여한** 자가 신고하거나 고발한 경우
> ⓒ 익명이나 가명으로 신고 또는 고발하여 **신고인 또는 고발인을 확인할 수 없는 경우**

2. 포상금 지급절차

① 포상금 지급사유 해당하는 자를 신고하려는 자는 신고서 및 증거자료 제출
② 수사기관 조사 → 종료 / 공소제기 또는 기소유예 등 → 지체없이 허가관청 통보
③ 통보받은 신고관청 포상금 여부 결정 / 지급시 신고인 또는 고발인 → 신청서 작성
④ 포상금 지급하는 경우 <u>신청서 접수된 날부터 2개월 내 지급</u>하여야 한다.
⑤ <u>2명 이상 신고 → 균등 / 2명 이상 각각 신고시 → 최초 신고자에게 지급</u>

> **한끝 Point**
>
> 1. 포상금 지급액 (거래신고→과태료의 100분의 20/ 토지거래허가→ 50만원)
> 2. 포상금은 신고 또는 고발 건별로 다음의 구분에 따라 지급한다.
>   ① 거래가격 또는 계약금액을 거짓으로 신고한 자의 포상금 : 부과되는 과태료의 100분의 20(20%)에 해당하는 금액을 지급한다.(지급한도액은 1천만원으로 한다.)
>   ② 토지거래허가 또는 변경허가를 받지 아니하고 토지거래계약을 체결한 자 또는 거짓이나 그 밖의 부정한 방법으로 토지거래계약허가를 받은 자, 토지거래계약허가를 받아 취득한 토지에 대하여 허가 받은 목적대로 이용하지 아니한 자에 따른 포상금 : 50만 원
> 3. 포상금 지급 기준
>   ① 거래, 계약 관련하여 거짓, 미신고 등 – 입증자료 제출+과태료 부과된 경우(20%)
>   ② 토지거래허가 – 공소제기 또는 기소유예의 결정을 받은 경우에 지급한다.(건당50)
>   ③ 목적대로 이용하지 않은 경우 – 적발 전 이행명령이 있었던 경우(건당50)

한끝 기출 마무리

01. 부동산 거래신고 등에 관한 법령상 신고포상금 지급대상에 해당하는 위반행위를 모두 고른 것은?[32회]

> ㄱ. 부동산 매매계약의 거래당사자가 부동산의 실제 거래가격을 거짓으로 신고하는 행위
> ㄴ. 부동산 매매계약에 관하여 개업공인중개사에게 신고를 하지 않도록 요구하는 행위
> ㄷ. 토지거래계약허가를 받아 취득한 토지를 허가 받은 목적대로 이용하지 않는 행위
> ㄹ. 부동산 매매계약에 관하여 부동산의 실제 거래가격을 거짓으로 신고하도록 조장하는 행위

① ㄱ, ㄷ   ② ㄱ, ㄹ   ③ ㄴ, ㄹ
④ ㄱ, ㄴ, ㄷ   ⑤ ㄴ, ㄷ, ㄹ

‖해설 및 정답‖ ①

02. 부동산 거래신고 등에 관한 법령상 포상금의 지급에 관한 설명으로 부동산 거래신고 등에 관한 법령상 포상금의 지급에 관한 설명으로 틀린 것을 모두 고른 것은?[34회]

> ㄱ. 가명으로 신고하여 신고인을 확인할 수 없는 경우에는 포상금을 지급하지 아니할 수 있다.
> ㄴ. 신고관청에 포상금지급신청서가 접수된 날부터 1개월 이내에 포상금을 지급하여야 한다.
> ㄷ. 신고관청은 하나의 위반행위에 대하여 2명 이상이 각각 신고한 경우에는 포상금을 균등하게 배분하여 지급한다.

① ㄱ   ② ㄱ, ㄴ   ③ ㄱ, ㄷ
④ ㄴ, ㄷ   ⑤ ㄱ, ㄴ, ㄷ

‖해설 및 정답‖ ④
ㄴ(X) 2개월 이내에 지급하여야 한다.
ㄷ(X) 2명 이상이 각각 신고한 경우에는 별도의 사전 협의가 없는 한 최초 신고자에게 지급한다.

PART 3

WEPASS

2025 위패스 공인중개사 합격셀렉트
2차 공인중개사법령 및 실무

Topic 79-100

중개실무 총론 : **Topic 79**
중개대상물 조사 및 확인 : **Topic 80-84**
중개대상물 확인·설명서 : **Topic 85-87**
부동산 전자계약 : **Topic 88**
개별적 중개실무(부동산등기법) : **Topic 89-90**
개별적 중개실무(주택임대차보호법) : **Topic 91-93**
개별적 중개실무(상가임대차보호법) : **Topic 94-95**
부동산 경·공매 및 매수신청대리 : **Topic 96-100**

중개실무 - 1 (개념 및 범위)

I. 중개실무 총설
① 중개실무는 중개와 관련하여 전개하는 중개활동이어야 한다. (중개기능성)
② 중개실무의 시간적인 범위는 중개계약에서 거래계약 사이의 행위여야 한다.
③ 중개실무는 「공인중개사법」의 규정에 따라서 그 범위 내에서 행해지는 중개활동이어야 한다.

II. 중개실무 정의
중개실무라 함은 개업공인중개사가 중개의뢰인과 중개계약을 체결하고, 거래당사자간의 거래계약체결까지 행하는 일체의 업무를 말한다.

III. 중개계약의 종류(독.일.전.공.순)

1. 일반중개계약(보통중개계약, Open Listing)
의뢰인이 불특정 다수의 개업공인중개사에게 경쟁적으로 중개를 의뢰하는 유형으로 우리나라에서 가장 많이 쓰여지는 중개계약(경쟁적, 분쟁가능성이 높음)

2. 독점중개계약(Exclusive Right to Sell Listing)
특정 개업공인중개사에게 독점적으로 중개의뢰를 하는 유형으로서 미국에서 주로 이용
(전속중개와 다르다. 누가 계약성립했는지 여부 관계없이 독점 보수 확보)

3. 전속중개계약(Exclusive Agency Listing)
중개의뢰인이 어느 한 개업공인중개사에게 일정기간(3개월간) 부동산 중개의 전속적 권한을 부여하는 계약(요식 - 계약서 작성 의무 / 미보존 - 업무정지 / 단, 무효X)

4. 공동중개계약(Multiple Listing)
개업공인중개사의 단체나 부동산 거래센터, 기타 2명 이상 개업공인중개사들의 공동 활동에 중개를 의뢰하는 계약(↔ 단독중개계약)

5. 순가중개계약(Net Usting) (단, 초과보수는 중개사법에 위반된다.)
중개의뢰인이 개업공인중개사에게 미리 매도가격 또는 매입가격을 제시하여 그 가격을 초과하는 금액은 개업공인중개사가 중개보수로 취득하게 하는 중개계약

한끝 Point

중개계약 (Listing) 정의
① 개업공인중개사와 중개의뢰인간에 성립하는 사법계약(매매, 교환, 임대 권한 의미)
② 법적 성격은 법률행위로써 유상, 낙성, 불요식, 쌍무계약(편무계약 가까운 특수한 조건부)

중개실무의 과정
1. 중개계약체결(Listing) → 중개대상물 조사·확인 → 중개활동 → 거래계약체결
   ① 거래계약 : 계약체결, 계약서 교부, 중개대상물 확인·설명서, 업무보증서 교부 등
   ② 중개계약과 거래계약의 순서 혼동하여서는 안된다.

2. 중개실무에 해당되지 않는 사항(준비행위, 이행행위〈인도, 등기 이전 등〉)
   ① 실무 전 준비단계
      - ⓐ중개사무소 개설 위한 실무교육 →
        ⓑ업무보증의 설정 →
        ⓒ인장등록 →
        ⓓ개설등록 →
        ⓔ거래정보망의 가입
   ② 실무 전/후 단계 - 중개업 경영의 일환으로 중개사무소 광고 등
   ③ 계약 후 단계 - 거래계약체결 이후의 이행업무
      - 목적물의 인도 대금지급, 등기이전 절차안내, 확정일자 대행 등

한끝 기출 마무리

01. 다음에서 설명하고 있는 중개계약의 유형으로 옳은 것은?[23회]

> 부동산거래정보망에 가입한 개업 공인중개사가 제공한 중개대상물 정보를 컴퓨터 등을 통해 상호 교환함으로써 신속 정확한 중개활동이 가능하게 한 정보통신시대에 적합한 중개계약형태로 다수의 개업공인중개사가 상호 협동하여 거래계약을 완성시킨다.

① 일반중개계약　　② 독점중개계약　　③ 전속중개계약
④ 공동중개계약　　⑤ 순가중개계약

‖ 해설 및 정답 ‖ ④(○)

02. 중개계약은 권리를 이전하고자 하는 자와 권리를 취득하고자 하는 자 사이에 체결되는 계약이다.(x)[21회]

‖ 해설 및 정답 ‖ 중개계약은 개업공인중개사와 중개의뢰인간에 성립하는 사법계약으로, 법적 성격은 법률행위로써 유상, 낙성, 불요식, 특수한 쌍무계약이다. 위의 설명은 매매, 임대차 등과 같은 '거래계약'에 대한 설명이다.

Topic 80 중개실무 - 2 (중개대상물의 조사, 확인 - 공부(서면) 조사)

2025 위패스 공인중개사 합격셀렉트

Ⅰ. 중개대상물에 대한 조사·확인 의의

중개대상물에 대한 조사·확인은 중개대상물의 확인·설명서의 작성과 개업공인중개사의 손해배상책임의 근거가 된다.

Ⅱ. 공부상의 확인

1. 기본 공부(공적 서면)
① 소재지, 지목, 면적 등 부동산의 상태에 관한 사항 → 토지대장, 임야대장
② 소재지, 구조, 용도, 면적, 소유자, 연면적 등 사실에 관한 사항 → 건축물대장
③ 소유권과 제한물권 등 권리관계 → 등기사항증명서
④ 공법상의 이용제한 및 거래규제에 관한 사항 → 토지이용계획확인서
⑤ 토지의 지형, 지세, 위치, 이용 현황 도로, 철도 등 → 지형도
　(단, 예외로서 경계 부분은 실제가 아닌 도면상의 부분으로 한다.)
⑥ 지목, 경계, 축적, 지번, 지형, 위치, 방향 등 → 지적도, 임야도

2. 기타 공부(공적 서면) 및 발급처
① 소재지, 대지권지분비율, 소유권지분, 소유자 → 대지권등록부(시·군·구청)
② 소재지, 소유권지분, 소유자 → 공유지연명부(시·군·구청)
③ 환지에 관한 지목, 면적 → 환지예정지 지정증명원(사업시행청 발급)
④ 미성년자 확인, 가족관계, 상속관계, 법정대리인 → 가족관계등록부(시·군·읍면)
⑤ 후견등기사항증명서(부존재증명서 포함) → 제한능력자, 피성년, 피한정후견인
　(법원〈가정법원이 있는 경우 가정법원〉 / 후견인부존재 증명서는 온라인 발급 가능)

Ⅲ. 기본 서면의 기재사항이 다를 경우
① 토지대장, 임야대장, 건축물대장, 등기사항전부증명서에는 '소유자' 기재 되어있다.
② 권리관계가 건축물대장과 등기부가 다를 때 → 등기부 우선
③ 객관적 사실관계(면적 등)가 건축물대장과 등기부가 다를 때 → 대장 우선
④ 지적도상의 경계가 실제경계가 다를 때 → 지적도상의(도면) 경계 우선

한끝 Point

기본적 공적 서면 (필수 확인)

1. 등기부 (권리관계에 관한 부분)
   ① 표제부 → 부동산의 표시에 관한 사항(소재지, 면적, 용도, 구조 등)
   ② 갑구 → 소유권에 관한 사항(가압류, 가처분 등)
   ③ 을구 → 소유권 이외의 제한물권 등(저당권, 전세권, 임차권등기명령 등)

2. 건축물대장, 토지대장 등의 대장 (건물의 객관적 사실에 관한 부분)
   ① 소재지, 구조, 용도, 면적, 소유자 / 준공년도, 연면적(건축물대장) 등 사실에 관한 사항
   ② 집합건물은 전용면적, 공용면적 확인 / 지번, 층, 동, 호수 확인 / 내진설계, 위반 여부

3. 토지이용계획확인서 (공법상 이용제한 및 거래 규제에 관한 사항)
   - 용도지역, 지구, 구역, 도시계획시설, 개발제한구역, 토지거래허가구역 등 일부 확인

그 외 공적 서면
① 대지권등록부 → 소재지, 대지권지분비율, 소유권지분, 소유자
② 공유지연명부 → 소재지, 소유권지분, 소유자
③ 환지예정지 지정증명원 → 환지예정지에 대한 지목, 면적
④ 후견등기사항증명서 → 제한능력자 여부와 피한정, 피성년후견인 증명 서류

한끝 기출 마무리

01. 개업 공인중개사가 중개의뢰인에게 중개대상물에 대하여 설명한 내용으로 옳은 것을 모두 고른 것은?(다툼이 있으면 판례에 따름)27회

ㄱ. 토지의 소재지, 지목, 지형 및 경계는 토지대장을 통해 확인할 수 있다.
ㄴ. 분묘기지권은 등기사항증명서를 통해 확인할 수 없다.
ㄷ. 지적도상의 경계와 실제경계가 일치하지 않는 경우 특별한 사정이 없는 한 실제경계를 기준으로 한다.
ㄹ. 동일한 건물에 대하여 등기부상의 면적과 건축물대장의 면적이 다른 경우 건축물대장을 기준으로 한다.

① ㄱ, ㄷ　　② ㄴ, ㄹ　　③ ㄱ, ㄴ, ㄷ
④ ㄱ, ㄷ, ㄹ　　⑤ ㄴ, ㄷ, ㄹ

‖해설 및 정답‖ ② ㄴ, ㄹ(○)
ㄱ(X) 지형 및 경계 등은 지적도를 통해 확인할 수 있다.
ㄷ(X) 지적도상과 실제경계 불일치 지적도(도면)상의 경계를 우선한다.

Topic 81 중개실무 - 3 (공부(서면) 및 현장조사 병행)

Ⅰ. 현장조사 확인사항
① 공부상 확인내용과 현장과 일치 여부 확인
② 공부상 확인할 수 없는 물리적 사항에 대한 조사. 확인(건물의 방향, 토지의 지세 등)
③ 권리관계 → 주택, 상가임차권, 법정지상권, 법정저당권, 유치권, 분묘기지권, 점유권, 임차인의 수 등을 조사
④ 미공시 중요시설 및 물건에 관한 사항(Ex. 종물로서 정원석, 고급조명 등)확인

Ⅱ. 중개대상물 조사·확인할 사항(공적장부 및 현장답사 병행)
① 중개대상물의 종류, 소재지, 지번, 지목, 면적, 용도, 구조 및 건축년도 등 중개대상물에 관한 기본적인 사항
② 소유권, 전세권, 저당권, 지상권 및 임차권 등 중개대상물의 권리관계에 관한 사항
③ 거래예정금액 / 중개보수 및 실비의 금액과 그 산출 내역
④ 토지이용계획 공법상의 거래규제 및 이용제한에 관한 사항
⑤ 수도, 전기, 가스, 소방, 열공급, 승강기 및 배수 등 시설물의 상태
⑥ 벽면 및 도배의 상태
⑦ 일조, 소음, 진동 등 환경조건
⑧ 도로 및 대중교통수단과의 연계성, 시장,학교와의 근접성 등 입지조건
⑨ 중개대상물에 대한 권리를 취득함에 따라 부담하여야 할 조세의 종류 및 세율

Ⅲ. 중개대상물 상태자료 요구하여 확인할 사항
① 개업공인중개사는 권리이전의뢰인에게 중개대상물에 관한 자료를 요구할 수 있다.
  (Ex. 내·외부상태, 벽면 및 도배의 상태, 환경조건 등에 관한 자료)
② 이에 불응한 경우에는 개업공인중개사는 그러한 사실을 매수·임차의뢰인에게 설명하고 중개대상물의 확인·설명서에 기재하여야 한다.
③ 다가구주택의 경우 선순위임차보증금 합계 등 전입세대 관련

> 확정일자 부여현황, 최우선변제 기준 금액, 국세, 지방세 등 열람 권한 등은 계약체결 후 임차인의 권리가 발생하므로 열람 가능함.

> **한끝 Point**
>
> **현장답사(현지조사, 실지조사) 확인사항**
>
> 1. 물리적 현황(실체적 확인)
>   ① 토지 : 소재지, 면적, 지목, 경계, 지세, 지반, 토질, 도로상황 등
>   ② 건물 : 연면적, 용도, 구조, 방향, 부대시설 등
>   ③ 입목 : 생육상태 등
>   ④ 공장재단 광업재단 : 재단목록상의 내용과 실제 현황의 일치 여부를 확인
>   ⑤ 지역현황 : 도로의 인접 여부, 전철역 유무, 상권형성 정도, 장래 발전가능성
>
> 2. 권리관계
>   ① 등기사항증명서상의 소유자와 사실상의 소유자의 일치 여부
>   ② 등기되지 않는 권리 : 법정지상권, 법정저당권, 유치권, 점유권, 특수지역권, 분묘기지권, 채석권 등 등기를 요하지 않는 권리 확인
>
> **관련 POINT**
> ① 토지의 소재지 확인은 지적공부에 의하고 리·동은 지번까지 토지가 수필지인 경우에는 지번을 모두 조사한다.
> ② 지목은 지적·임야도로 확인한다.(토지대장·임야대장으로도 확인 가능)
> ③ 구분소유권은 전유부분과 공용부분의 면적을 모두 확인
> ④ 지형은 토지의 형상을 말하며 지적도나 임야도를 통하여 조사한다.
> ⑤ 건물의 방향, 지세는 공적장부로 확인이 불가하므로 현장답사를 통해 조사
> ⑥ 기능상·외형상 문제, 건축물 노후 정도, 건축마감재, 부속건축물 유무 등은 현장답사를 통해 조사. 확인한다.

한끝 기출 마무리

01. 부동산의 경우 판결이나 상속으로 인한 물권변동은 확인이 필요하나, 신축건물에 대한 소유권의 원시취득은 등기부를 통해서 확인을 해야 한다.(x)[24회]

> ‖해설 및 정답‖ 신축으로 인한 원시취득은 민법 제187조에 의하여 등기를 요하지 않아도 취득하는 경우로, 상속과 판결과 같은 경우에 해당한다. 또한 신축 건물의 경우 등기부가 아직 생성되지 않는 경우도 있으므로 현장 확인을 하여야 한다.

중개실무 - 4 (중개대상물 조사, 확인 - 분묘기지권)

Ⅰ. 분묘기지권

1. 분묘기지권의 개념

타인의 토지에 분묘를 설치한 자가 그 분묘를 소유하기 위하여 그 묘지 부분의 타인 소유 토지를 사용(소유×) 할 수 있는 권리이다. 분묘기지권은 지상권과 유사한 물권의 성질을 갖는다. 따라서 분묘 기지권은 점유의 성질상 분묘기지권자에게 소유의 의사가 추정되지 않는다. (관습법상 특수지상권)

2. 분묘기지권의 성립

(1) 성립조건(등기를 요하지 않는다.)

① 「장사 등에 관한 법률」이 시행되기 이전에 설치된 분묘이어야 한다.
　(2001.01.13. 이전에 설치된 분묘는 분묘기지권 시효취득 할 수 있다.)
② 시신이 안장된 봉분의 형태로 분묘가 설치되어야 한다.
　이 때 평장 암장 및 가묘는 인정되지 아니한다.

(2) 성립요건(대법원 판례)

① 승낙한 경우 – 토지소유자의 승낙으로 분묘 설치
② 시효취득 – 토지소유자의 승낙없이 20년간 평온·공연하게 점유
③ 양도 – 분묘의 이장 또는 철거 특약없이 자기 토지 처분(단, 지료 지급 의무는 발생)

3. 분묘기지권의 효력

(1) 존속기간

분묘기지권의 존속기간 : 분묘기지권자(권리자)가 분묘의 수호와 봉행을 계속하고 그 분묘가 존속하고 있는 동안은 분묘기지권은 존속한다.

(2) 소멸 여부

분묘가 멸실된 경우라 하더라도 유골이 존재하여 분묘의 원상회복이 가능하여 일시적인 멸실에 불과한 경우라면 분묘기지권은 소멸하지 아니하고 존속한다.

(3) 지료

시효취득시 토지소유자의 청구가 있는 때로부터 지급의무가 있다.
양도형은 분묘기지권이 성립한 때로부터 있다.

한끝 Point

분묘기지권 효력의 범위 정리

① 분묘기지와 분묘를 수호하고 봉행하는 데 필요한 주위의 공지를 포함한 지역까지 미친다. (「장사 등에 관한 법률」에 규정된 면적에 구속되지 아니한다.)
② 단, 사성이 조성되었다 하더라도 사성까지 효력이 미치는 것은 아니다.
③ 분묘기지권의 효력이 미치는 일단의 범위 내에서는 이장 또는 합장된 분묘도 분묘기지권의 효력이 유지되지만 이장하기 전의 토지 부분은 분묘기지권의 효력이 소멸한다.
④ 여러기의 분묘가 집단설치된 경우에, 그 분묘기지권 중 일부가 분묘기지권이 미치는 범위 내에서 이장되었다면 분묘기지권의 효력은 유지된다.
⑤ 분묘기지권의 효력이 미치는 범위 내로 새로운 분묘가 설치될 권능은 없다. 따라서 기존분묘에 합장을 위한 쌍분이나 단분 형태의 분묘설치도 허용되지 아니한다.
⑥ (존속기간 약정 없는 경우) 분묘의 수호와 봉사를 계속하는 동안 존속한다.
⑦ 분묘가 멸실된 경우라도 유골이 존재하고 원상회복 가능한 경우는 소멸X
⑧ 분묘기지권 포기 – 점유까지 포기하여야만 소멸하는 것은 아니다.(의사표시로○)
⑨ 승낙형 분묘기지권 – 성립 당시 지료 지급 등에 관하여 약정한 경우, 그 약정의 효력은 분묘기지의 승계인에 대하여도 미친다.

한끝 기출 마무리

01. 분묘기지권의 효력이 미치는 지역의 범위 내라고 할지라도 기존의 분묘 외에 새로운 분묘를 신설한 권능은 포함되지 않는다.(o)³⁰회

02. 甲이 자기 소유 토지에 분묘를 설치한 후 그 토지를 乙에게 양도하면서 분묘를 이장하겠다는 특약을 하지 않음으로써 甲이 분묘기지권을 취득한 경우, 특별한 사정이 없는 한 甲은 분묘의 기지에 대한 토지사용의 대가로서 지료를 지급할 의무가 없다.(x)³²회

∥해설 및 정답∥ 대법원 판례이므로 익혀두어야 한다. 자기 소유 토지에 분묘를 설치한 사람이 그 토지를 양도하면서 분묘를 이장하겠다는 특약을 하지 않음으로써 분묘기지권을 취득한 경우, 특별한 사정이 없는 한 분묘기지권자는 분묘기지권이 성립한 때로부터 토지소유자에게 그 분묘의 기지에 대한 토지사용의 대가로서 지료를 지급할 의무가 있다고 보아야 한다.(대판전합체 2021527, 2020다295892)

03. 개업공인중개사가 토지를 매수하려는 중개의뢰인에게 분묘기지권에 관하여 설명한 내용으로 옳은 것을 모두 고른 것은?(다툼이 있으면 판례에 따름)³⁵회

ㄱ. 분묘기지권을 시효취득한 사람은 시효취득한 때부터 지료를 지급할 의무가 발생한다.
ㄴ. 특별한 사정이 없는 한 분묘기지권자가 분묘의 수호와 봉사를 계속하는 한 그 분묘가 존속하는 동안은 분묘기지권이 존속한다.
ㄷ. 분묘기지권을 취득한 자는 그 분묘기지권의 등기 없이도 고 분묘가 설치된 토지의 매수인에게 대항할 수 있다.

① ㄴ   ② ㄱ, ㄴ   ③ ㄱ, ㄷ   ④ ㄴ, ㄷ   ⑤ ㄱ, ㄴ, ㄷ

∥해설 및 정답∥ ④ ㄴ, ㄷ(○)
ㄱ(X) 시효취득시에는 토지소유자의 청구가 있는 때부터 지급의무가 있다.

Topic 83. 중개실무 - 5 (중개대상물 조사, 확인 - 장사 등에 관한 법률)

2025 위패스 공인중개사 합격셀렉트

Ⅰ. 사설묘지의 설치면적 (*공설묘지-시·도지사 또는 시장·군수·구청장이 운영)
① 개인묘지 : 30㎡ 이내(합장포함) / 가족묘지 : 100㎡ 이내(시장 등의 허가)
② 종중·문중묘지 : 1천㎡ 이내 / 법인묘지 : 10만㎡ 이상 - 모두 시장 등의 허가
③ 개인묘지 → 묘지를 설치한 후 30일 이내에 시장·군수·구청장 → 사후신고
④ 가족묘지, 종중, 문중묘지 또는 법인묘지 설치, 관리하려는 자 → 사전허가

Ⅱ. 사설묘지의 제한 사항 (법 제17조)
① 설치금지지역 - 주거 상업 및 공업지역, 녹지지역 중 대통령령이 정하는 지역, 상수원보호구역 등
② 개인묘지 및 가족묘지의 설치의 거리 제한 - 20호 이상의 인가밀집지역, 학교, 그 밖에 공중이 수시로 집합하는 시설 또는 장소로부터 300m 이내 및 도로, 철도, 하천 및 그 예정지로부터 200m 이내에는 묘지를 설치할 수 없다.
③ 묘지의 사전매매 등의 금지 - 묘지는 매장할 자가 사망하기 전에는 매매, 양도, 임대, 사용계약 등을 할 수 없다.

Ⅲ. 분묘설치의 제한

1. 분묘 1기 및 시설물의 점유면적
① 개인묘지 안에 설치 → 30㎡를 초과할 수 없다.
② 가족, 종중 문중묘지, 법인묘지 안에 설치 → 10㎡(합장은 15㎡) 초과×

2. 타인의 토지 등에 설치된 분묘 등의 처리
① 승낙 없이 타인의 토지 또는 묘지에 설치한 분묘는 시장·군수·구청장의 허가를 받아 개장할 수 있다.
② 개장시 연고자를 알면 미리 3개월 이상의 기간을 정하여 통보하여야 하고, 모르면 그 뜻을 공고하여야 한다.

Ⅳ. 분묘의 존속기간(최장 60년 / 조례로 5-30년 내에 단축 가능)
① 분묘의 설치기간은 30년으로 한다.
② 연장을 신청하는 경우 → 1회에 한하여 30년으로 하여 연장하여야 한다.
③ 설치기간이 만료된 분묘의 연고자는 설치기간이 끝난 날부터 1년 이내에 해당 분묘에 설치된 시설을 철거 후 매장된 유골을 화장하거나 봉안하여야 한다.
(토지소유자나 연고자의 승낙없이 설치한 분묘는 시장 등 허가 받아 개장 가능)

> **한끝 Point**
>
> **장사 등에 관한 법률 정리**
>
> 1. 묘지설치
>   ① 개인묘지 - 사후신고 / 30일 이내 / 30㎡ 이하 / 점유면적 규정×
>   ② 가족묘지 - 사전허가 / 100㎡ 이하 / 점유면적 규정 - 10㎡(합장 15㎡)
>   ③ 종중·문중묘지 - 사전허가 / 1000㎡ 이하 / 점유면적 규정 - 10㎡(합장 15㎡)
>   ④ 법인묘지 - 사전허가 / 10만㎡ 이상 / 점유면적 규정 - 10㎡(합장 15㎡)
>   → 특별자치시장·특별자치도지사, 시·군·구청장에게
>
> 2. 자연장지
>   ① 개인장지 - 사후신고 / 30일이내 / 30㎡ 미만 / 점유면적 규정×
>   ② 가족장지 - 사전신고 / 100㎡ 미만 / 점유면적 규정×
>   ③ 종중·문중장지 - 사전신고 / 2000㎡ 이하 / 점유면적 규정×
>   ④ 종교단체 - 사전허가 / 4만㎡ 이하 / 점유면적 규정×
>   ⑤ 법인자연장지(공공법인. 재단법인) - 사전허가 / 5만㎡ 이상 / 점유면적 규정×
>   → 특별자치시장·특별자치도지사, 시·군·구청장에게 (=시장 등)

한끝 기출 마무리

01. 개업공인중개사가 '장사 등에 관한 법률' 등에 관한 법률」에 대해 중개의뢰인에게 설명한 것으로 틀린 것은?[27회]

① 개인묘지는 20㎡를 초과해서는 안된다.
② 매장을 한 자는 매장 후 30일 이내에 매장지를 관할하는 시장등에게 신고해야 한다.
③ 가족묘지란 민법에 따라 친족관계였던 자의 분묘를 같은 구역 안에 설치하는 묘지를 말한다.
④ 시장 등은 묘지의 설치·관리를 목적으로 민법에 따라 설립된 재단법인에 한정하여 법인묘지의 설치·관리를 허가할 수 있다.
⑤ 설치기간이 끝난 분묘의 연고자는 설치기간이 끝난 날부터 1년 이내에 해당 분묘에 설치된 시설물을 철거하고 매장된 유골을 화장하거나 봉안해야 한다.

‖ 해설 및 정답 ‖ ①(×) 개인묘지는 30㎡를 초과해서는 안된다.(30㎡ 이하)

02. 토지를 매수하여 사설묘지를 설치하려는 중개의뢰인에게 개업공인중개사가 장사 등에 관한 법령에 관하여 설명한 내용으로 옳은 것은?[35회]

① 개인묘지를 설치하려면 그 묘지를 설치하기 전에 해당 묘지를 관할하는 시장등에게 신고해야 한다.
② 가족묘지를 설치하려면 해당 묘지를 관할하는 시장등의 허가를 받아야 한다.
③ 개인묘지나 가족묘지의 면적은 제한을 받지만, 분묘의 형태나 봉분의 높이는 제한을 받지 않는다.
④ 분묘의 설치기간은 원칙적으로 30년이지만, 개인묘지의 경우에는 3회에 한하여 그 기간을 연장할 수 있다.
⑤ 설치기간이 끝난 분묘의 연고자는 그 끝난 날부터 1개월 이내에 해당 분묘에 설치된 시설물을 철거하고 매장된 유골을 화장하거나 봉안해야 한다.

‖ 해설 및 정답 ‖ ② (○) ①(×) 개인묘지는 사후신고이다. ③(×) 개인묘지, 가족묘지 모두 분묘 형태나 봉분 높이 제한을 받는다. ④(×) 1회에 한하여 30년 연장 가능하다.(최장 60년) ⑤(×) 1개월이 아닌 1년 이내에 하여야 한다.

Topic 84 중개실무 - 6 (농지법)

I. 농지법
① 전·답·과수원, 그 밖에 법적 지목(地目) 불문하고 실제 농작물 경작지 또는 다년생식물 재배지로 이용되는 토지는 농지로 본다. (유실수, 생육기간 2년 이상 식물 조경 등의 묘목 등)
② 지목이 임야인 토지로서 그 형질을 변경하지 아니하고 다년생식물의 재배에 이용되는 토지는 농지로 보지 아니한다.
③ 지목이 전·답·과수원이 아닌 토지로서, 농작물 경작지 또는 다년생식물재배지로 계속하여 이용되는 기간 이 3년 미만인 토지는 농지로 보지 아니한다.
④ 「초지법」에 따라 조성된 초지는 농지로 보지 아니한다.

II. 농지취득자격증명 발급(원칙 - 발급, 7일이내 / 시·구·읍·면장<군수>)절차
① 농업경영계획서 / 주말 체험 영농계획서(농업진흥지역 내 농지취득은 불가)
② 작성 제외의 경우 → 4일 이내 발급
③ 작성 → 시·군·읍·면장 제출 → 7일이내 발급(원칙 – 농지위원회 심의대상 : 14일)

> **판례**
> 농지취득자격증명은 자격이 있음을 증명하는 서류일뿐, 법률행위의 효력을 발생시키는 요건은 아니다. (대판 1998. 2. 27. 97다49251)

III. 농지소유 제한(상한제)(*이내, 미만 유의)
① 상속, 이농(상속 – 비농업인 / 이농 – 8년 이상 경영인 기준) → 10,000㎡이내
② 주말체험영농 → 1,000㎡미만(세대 합산 기준)

> 농지소유자는 해외여행(3개월 이상), 치료(3개월 이상), 질병, 취학, 선거에 따른 공직 취임, 교도소 등 수용 중이거나 징집, 임신 또는 분만 후 6개월 내인 경우 외에는 원칙적으로 소유 농지를 위탁경영할 수 없다.

IV. 주말·체험 농지(농업진흥지역 내 농지취득 불가 / 세대원 합산1,000㎡미만)
법인은 취득 불가 / 농지의 면적(공유 지분의 비율 및 각자가 취득하려는 농지의 위치 표시한다) 등을 기재한 주말체험영농계획서를 작성한다. / 증명 서류 첨부하여 제출한다. / 원칙적으로 임대 또는 휴경은 불가하다. / 분산취득 가능하다.

한끝 Point

1. 농지취득자격증명 발급 '필요'한 경우
① 국가나 지방자치단체로부터 취득
② 농지취득의 원인이 매매, 교환, 증여, 경매, 공매, 판결, 조서로 농지를 취득하는 경우
③ 주말 체험 영농을 위해 농지를 취득하는 경우
④ 농지전용허가를 받거나 농지전용신고를 한 자가 그 농지를 소유하는 경우
⑤ 도시지역 중 녹지지역 내의 농지를 취득하는 경우

2. 농지취득자격증명 발급 '불필요'한 경우
① 국가 또는 지방자치단체가 농지를 소유
② 상속으로 농지를 취득하여 소유하는 경우
③ 농업법인의 합병으로 농지를 취득하는 경우
④ 농지전용협의를 마친 농지를 소유하는 경우
⑤ 공유 농지의 분할
⑥ 시효의 완성으로 농지를 취득
⑦ 담보농지를 취득하여 소유하는 경우
⑧ 토지거래허가를 받은 경우
⑨ 주거지역, 상업지역, 공업지역 내의 농지 / 녹지지역 중 도시계획 사업에 필요한 농지

3. 농지임대차
① 서면계약 원칙(임대차계약, 사용대차계약)
② 임대차 최단기간은 3년 이상으로 하여야 한다.(단, 다년생식물, 비닐하우스는 5년 이상) 기간을 정하지 아니하거나 3년 미만으로 정한 경우에는 3년으로 본다. 단, 임차인은 위 미만 기간의 유효함을 주장할 수 있다. 갱신시에도 적용 된다.

4. 이행강제금(농업경영을 하지 않거나 소유상한 면적 초과 등 사유)
– 시·군·구청장이 부과(6개월 내 처분명령) / 매년 1회 / 100분의 25 이내(25%)에서 부과

한끝 기출 마무리

01. 개업공인중개사가 농지법에 대하여 중개의뢰인에게 설명한 내용으로 틀린 것은?(다툼이 있으면 판례에 따름) 29회

① 경매로 농지를 매수하려면 매수신청시에 농지자격취득증명서를 제출해야 한다.
② 개인이 소유하는 임대 농지의 양수인은 농지법에 따른 임대인의 지위를 승계한 것으로 본다.
③ 농지전용협의를 마친 농지를 취득하려는 자는 농지취득자격증명을 발급받을 필요가 없다.
④ 농지를 취득하려는 자가 농지에 대한 매매계약을 체결하는 등으로 농지에 관한 소유권이전등기청구권을 취득하였다면, 농지취득자격증명 발급신청권을 보유하게 된다.
⑤ 주말·체험영농을 목적으로 농지를 소유하려면 세대원 전부가 소유하는 총 면적이 1천제곱미터 미만이어야 한다.

‖ 해설 및 정답 ‖ ①(X) 경매로 농지를 취득하는 경우는 농취증 발급이 필요한 경우로서, 시·구·읍면장으로부터(군수) 농지취득자격증명을 발급받아야 한다. 단, 경매 매수신청시가 아니라 매각 허가·불허가 결정기일까지 농지취득자격증명을 제출하여야 한다.
②, ④(○) 지문은 별도로 숙지해둔다.

Topic 85. 중개실무 - 7 (중개대상물 확인·설명서 - 주거용 [Ⅰ])

2025 위패스 공인중개사 합격셀렉트

Ⅰ. 주거용 확인·설명서(Ⅰ)(서식 필수 참조*)

① 개업공인중개사는 중개대상물에 관한 권리를 취득하려는 중개의뢰인에게 성실·정확하게 설명하고 토지대장, 등기사항증명서 등 설명의 근거자료를 제시하여야 한다.

② 주택 중개보수는 시·도 조례로 정한 요율에 따르거나, 시·도 조례로 정한 요율한도에서 중개의뢰인과 개업 공인중개사가 서로 협의하여 결정하도록 한 요율에 따르며 부가가치세는 별도로 부과될 수 있다.

Ⅱ. 주거용 확인·설명서(Ⅰ) 중요사항 check

1. 개업공인중개사 기본 확인사항

개업공인중개사가 확인한 사항을 기재함 : 대상물건 표시 / 권리관계 / 토지이용계획과 공법상 이용제한 및 거래규제에 관한 사항 / 입지조건 / 관리에 관한 사항 / 비선호시설 / 거래예정금액 등 / 취득 시 부담할 조세 종류 및 세율(임대차의 경우 생략) / 임대차 확인사항(*24년 7월 개정분)

2. 개업공인중개사 세부 확인사항

개업공인중개사가 매도 또는 임대의뢰인에게 자료를 요구하여 고지한 사항 / 실제권리관계 또는 공시되지 않은 물건의 권리사항 / 내부·외부 시설물의 상태 / 벽면, 바닥면 및 도배상태 / 환경조건 / 현장안내 사항(*24년 7월 개정분)

3. 내·외부의 시설물 상태(건축물)

수도, 전기, 가스(취사용), 소방(단독경보형 감지기), 난방방식 및 연료공급, 승강기, 배수, 그 밖의 시설물

> ⓐ 소방 : 단독경보형 감지기는 주택용 소방시설로서 아파트(주택으로 사용하는 층수가 5개층 이상인 주택)를 제외한 주택의 경우만 작성
> ⓑ 그 밖의 시설물 : 가정자동화 시설(Home Automation 등 IT 시설)설치 여부

4. 벽면, 바닥면 및 도배상태

벽면, 바닥면 및 도배상태

5. 환경조건

일조량, 소음, 진동

한끝 Point

주거용(Ⅰ) (24.07.02 개정 최종) 요약 – 시행규칙 [별지 제20호서식]

- ⓐ 확인·설명 자료 → 오피스텔(주거용인 경우)
- ⓑ 확인·설명 자료 → 확정일자 부여현황, 전입세대확인서, 국세납세증명서, 지방세납세증명서 표시
- ⓒ ④임대차확인사항 → 이 부분만 공인중개사 서명 '또는' 날인
- ⓓ 확정일자 부여현황, 국세 및 지방세 체납정보, 전입세대 확인서, 최우선변제금 → 자료제출 여부, 열람 동의 여부, 권리설명 여부 표시
- ⓔ ⑥관리비 세부내역(부과방식 등)
- ⓕ ⑭현장안내자 표시

한끝 기출 마무리

01. 공인중개사법령상 개업공인중개사가 주거용 건축물의 중개대상물 확인·설명서[Ⅰ]를 작성하는 방법에 관한 설명으로 틀린 것은?[28회]

① 개업공인중개사 기본 확인사항은 개업공인중개사가 확인한 사항을 적어야 한다.
② 건축물의 내진설계 적용여부와 내진능력은 개업공인중개사 기본 확인사항이다.
③ 거래예정금액은 중개가 완성되기 전 거래예정금액을 적는다.
④ 벽면 및 도배상태는 매도(임대)의뢰인에게 자료를 요구하여 확인한 사항을 적는다.
⑤ 아파트를 제외한 주택의 경우, 단독경보형감지기 설치여부는 개업공인중개사 세부 확인사항이 아니다.

‖해설 및 정답‖ ⑤(X) 아파트를 제외한 주택의 경우만 적는 것은 옳다. 단, 세부확인사항에 포함되어있다.(주거용)

⑪ 내부·외부 시설물의 상태	소방	단독경보형 감지기	[ ] 없음 [ ] 있음(수량: 개)	※「소방시설 설치 및 관리에 관한 법률」 제10조 및 같은 법 시행령 제10조에 따른 주택용 소방시설로서 아파트(주택으로 사용하는 층수가 5개층 이상인 주택을 말한다)를 제외한 주택의 경우만 적습니다.

02. 개업공인중개사가 주택의 임대차를 중개하면서 중개대상물 확인·설명서[Ⅰ] (주거용 건축물)를 작성하는 경우 제외하거나 생략할 수 있는 것을 모두 고른 것은?[33회]

ㄱ. 취득 시 부담할 조세의 종류 및 세율
ㄴ. 개별공시지가(㎡당) 및 건물(주택)공시가격
ㄷ. 다가구주택 확인서류 제출여부
ㄹ. 건축물의 방향

① ㄱ, ㄴ　　② ㄱ, ㄷ　　③ ㄷ, ㄹ
④ ㄱ, ㄴ, ㄹ　　⑤ ㄴ, ㄷ, ㄹ

‖해설 및 정답‖ ① ㄱ, ㄴ(○)
ㄷ, ㄹ(X) 임대차인 경우에도 생략할 수 없는 필수 기재사항이다.

중개실무 - 8 (중개대상물 확인·설명서 - 비주거용 [Ⅱ])

2025 위패스 공인중개사 합격셀렉트

Ⅰ. 비주거용 확인·설명서 (Ⅱ) (서식 필수 참조*)

① ⑧실제 권리관계 또는 공시되지 않은 물건의 권리 사항은 매도(임대)의뢰인이 고지한 사항 (법정지상권, 유치권, 「상가건물 임대차보호법」에 따른 임대차, 토지에 부착된 조각물 및 정원수, 계약 전 소유권 변동여부, 도로의 점용허가 여부 및 권리·의무 승계 대상여부 등)을 적는다.

② 임대차계약의 경우 임대보증금, 월 단위의 차임액, 계약기간, 장기수선충당금의 처리 등을 확인하고, 근저당 등이 설정된 경우 채권최고액을 확인하여 적는다.

③ ⑨내부·외부 시설물의 상태(건축물), ⑩벽면 및 바닥면은 중개대상물에 대해 개업공인중개사가 매도(임대)의뢰인에게 자료를 요구하여 확인한 사항을 적는다.

④ 벽면, 바닥면 및 도배의 상태(주거용) → 비주거용은 도배×

⑤ 비주거용(Ⅱ)는 '환경조건' 없음

⑥ 비주거용(Ⅱ)는 '비선호시설' 없음

⑦ (24.07.10 개정 이후) 관리비와 그에 따른 세부항목은 주거용만 기재

⑧ 주거용 확인·설명서의 '소방'란에는 단독경보형 감지기 설치 여부를 기재하고, 비주거용 확인·설명서에는 소화전, 비상벨을 기재한다.

⑨ '내진설계 적용여부와 내진능력'은 주거용 확인·설명서와 비주거용 확인·설명서에 공통적인 기재사항이다.

⑩ 공동중개 시 참여한 개업공인중개사(소속공인중개사를 포함) 모두 서명 및 날인해야 하며, 2명을 초과하는 경우에는 별지로 작성하여 첨부한다. (Ⅰ-Ⅳ 공통)

> **한끝 Point**
>
> **주거용 확인설명서에 있으나 비주거용 확인·설명서에 없는 항목**
>
> ⓐ - ⓒ : 기본 확인사항
>   ⓐ 주거용 ⑤ 입지조건중 "교육시설(초,중,고)"
>   (단, 이 중 판매, 의료시설은 개정된 주거용 설명서에서 삭제)
>   ⓑ 관리비 항목 및 세부내역(주거용 ⑥) (24.07.11 신설 추가)
>   (단, 관리에 관한 사항으로 경비실 및 관리주체 여부는 있다.)
>   ⓒ 비선호시설(1km 이내)
> ⓓ - ⓕ : 세부 확인사항
>   ⓓ 주거용의 벽면, 도배 및 바닥상태 → [Ⅱ](비주거용) → 벽면, 바닥면만 (도배X)
>   ⓔ 환경조건(일조량, 소음, 진동) → 비주거용은 모두 기재X(주거용 ⑬)
>   ⓕ 현장안내자(주거용 ⑭) (24.07.11 신설 추가)

한끝 기출 마무리

01. 공인중개사법령상 중개대상물 확인·선명서 [Ⅱ] (비주거용 건축물)에서 개업공인중개사 기본 확인사항이 아닌 것은?[35회]

① 토지의 소재지, 면적 등 대상물건의 표시
② 소유권 외의 권리사항 등 등기부 기재사항
③ 관리비
④ 입지조건
⑤ 거래예정금액

> ‖해설 및 정답‖ ③(X) 2024.07.10. 공인중개사법 확인·설명서의 개정에 따른 주거용[Ⅰ] 확인·설명서의 추가된 내용을 답으로 추가한 문제이다. 비주거용 확인·설명서[Ⅱ]에 없는 항목임을 알고 있어야 풀 수 있는 문제이다. 주거용 확인설명서[Ⅰ]의 개정사항만 암기한 경우에는 비교하여 풀기 어렵다.

02. 공인중개사법령상 중개대상물 확인·설명서[Ⅱ] (비주거용 건축물)에서 개업공인중개사의 확인사항으로 옳은 것을 모두 고른 것은?[29회]

> ㄱ. '단독경보형감지기' 설치 여부는 세부 확인사항이다.
> ㄴ. '내진설계 적용여부'는 기본 확인사항이다.
> ㄷ. '실제권리관계 또는 공시되지 않은 물건의 권리 사항'은 세부 확인사항이다.
> ㄹ. '환경조건(일조량·소음·진동)'은 세부 확인사항이다.

① ㄱ, ㄴ   ② ㄱ, ㄹ   ③ ㄴ, ㄷ
④ ㄱ, ㄴ, ㄷ   ⑤ ㄴ, ㄷ, ㄹ

> ‖해설 및 정답‖ ③
> ㄱ(X) 단독경보형감지기는 주거용[Ⅰ]에만 해당된다.
> ㄴ(O) 기본확인사항의 ① 대상물건의 표시 항목으로 주거용, 비주거용 모두 해당된다.
> ㄷ(O) 서식 Ⅰ에서 Ⅳ까지 모든 서식의 세부 확인사항으로 포함된다.
> ㄹ(X) 환경조건(일조량, 소음, 진동)은 주거용[Ⅰ]의 세부 확인사항이다.

Topic 87

중개실무-9 (중개대상물 확인·설명서 – 토지[Ⅲ] / 입목·광업재단·공장재단[Ⅳ])

2025 위패스 공인중개사 합격셀렉트

Ⅰ. 토지(Ⅲ) / 입목·광업재단·공장재단(Ⅳ) 확인설명서(서식 필수 참조*)

1. 서식[Ⅲ]과 [Ⅳ]에만 없는 사항(= [Ⅰ]에만 또는 [Ⅰ], [Ⅱ]에만 있는 항목)

(1) 기본확인사항

　④ 입지조건 – 도로, 대중교통만 [Ⅲ]에 포함. ([Ⅱ]는 도로, 대중교통 + 주차장만)
　⑤ 관리에 관한 사항([Ⅰ]은 관리비 세부내역까지 / [Ⅱ]는 경비실, 관리주체만)

(2) 세부확인사항

　⑩ 내부·외부 시설물의 상태(건축물 등) – 수도, 전기, 가스, 소방, 난방방식, 승강시, 배수, 그 밖의 시설물
　⑪ 벽면·바닥면 및 도배 상태 – 벽면, 바닥면, 도배(단, [Ⅱ]는 벽면, 바닥은 있으나 도배×)
　⑫ 환경조건(환경조건, 현장안내자)는 [Ⅰ]만 있음.
　→ 공시되지 않은 권리사항 항목만 존재한다.

2. 서식 [Ⅰ]부터 [Ⅳ] 공통 기재사항

　① 확인·설명 근거자료
　② 대상물건의 상태에 관한 자료요구 사항
　③ 대상물건의 표시
　④ 권리관계
　⑤ 거래예정금액 등
　⑥ 취득시 부담할 조세의 종류 및 세율
　⑦ 실제 권리관계 또는 공시되지 않은 물건의 권리 사항 (세부확인사항)
　⑧ 중개보수 (부가세 별도 가능)

3. 서식 [Ⅳ]의 〈재단목록 또는 임목의 생육상태〉

　① 공장재단 및 광업재단 : 재단목록과 등기사항증명서
　② 입목 : 입목등록원부와 입목 등기사항증명서

4. 서식 [Ⅲ]과 [Ⅳ]의 "실제 권리관계 또는 공시되지 않은 물건의 권리 사항"

　① 토지(Ⅲ) : 임대차, 지상에 점유권 행사여부, 구축물, 적치물, 진입로, 경작물, 계약 전 소유권 변동여부
　② 입목, 광업재단, 공업재단(Ⅳ) : 임대차, 법정지상권, 법정저당권, 유치권, 계약 전 소유권 변동여부 등

한끝 Point

토지[Ⅲ] vs 입목·광업재단·공장재단[Ⅳ] 차이점

1. 토지[Ⅲ]
   ③ 토지이용계획, 공법상이용 제한 및 거래 규제에 관한 사항(토지)
   ④ 입지조건
   ⑤ 비선호시설([Ⅰ], [Ⅲ]에만 기재사항)
   ⑧ 실제 권리관계 또는 공시되지 않은 물건의 권리 사항
   → 매도(임대)의뢰인이 고지한 사항(임대차, 지상에 점유권 행사 여부, 구축물, 적치물, 진입로, 경작물, 계약 전 소유권 변동 여부 등)

2. 입목·광업재단·공장재단[Ⅳ]
   ③ 공법상 제한X → 재단목록 또는 입목의 생육상태(입목, 광업재단, 공장재단)
   ④ 그 밖의 참고사항
   ⑦ 실제 권리관계 또는 공시되지 않은 물건의 권리 사항
   → 매도(임대)의뢰인이 고지한 사항(임대차, 법정지상권, 법정저당권, 유치권, 계약 전 소유권 변동 여부 등)

한끝 기출 마무리

01. 공인중개사법령상 개업공인중개사가 확인·설명하여야 할 사항 중 중개대상물 확인·설명서[Ⅰ](주거용 건축물), [Ⅱ](비주거용 건축물), [Ⅲ](토지), [Ⅳ](입목·광업재단·공장재단) 서식에 공통적으로 기재되어 있는 것을 모두 고른 것은?[31회]

> ㄱ. 권리관계(등기부 기재사항)
> ㄴ. 비선호시설
> ㄷ. 거래예정금액
> ㄹ. 환경조건(일조량·소음)
> ㅁ. 실제 권리관계 또는 공시되지 않은 물건의 권리사항

① ㄱ, ㄴ   ② ㄴ, ㄹ   ③ ㄱ, ㄷ, ㅁ
④ ㄱ, ㄷ, ㄹ, ㅁ   ⑤ ㄱ, ㄴ, ㄷ, ㄹ, ㅁ

‖해설 및 정답‖ ③ 확인설명서 서식 Ⅰ에서 Ⅳ를 모두 이해하고 있어야 한다. 공통점과 차이점 위주로 이해, 암기하여 문제를 해결하여야 한다.
ㄴ(X) 비선호시설은 주거용[Ⅰ]과 토지[Ⅲ]에만 있는 기본확인사항이다.
ㄹ(X) 환경조건은 주거용[Ⅰ]에만 있는 세부확인사항이다.

Topic 88 중개실무 - 10 (부동산 전자계약)

Ⅰ. 부동산 전자계약 시스템(국토교통부장관이 효율적 관리를 위해 구축·운영 can)

1. 의의(종이서류 대신 온라인 시스템 전자계약으로 전자서명하는 방식)
첨단 ICT기술과 접목, 공인인증·전자서명, 부인방지 기술을 적용하여 종이·인감 없이도 온라인 서명으로 부동산 전자계약을 체결하여 계약서류를 공인된 문서 보관센터에 보관하는 전자적 방식의 부동산거래 계약서 작성 및 체결 시스템

2. 전자계약의 취지
정부에서 추진하는 투명한 부동산 거래질서 확립에 동참하고, 방문계약 대신 전자로 계약을 체결함으로서 매수자의 편의와 업무의 효율성을 도모하기 위함

3. 진행절차
개업공인중개사 로그인 → 계약서 작성·생성 → 전체 계약서명 확인 후 계약서 최종확정 → 타임스탬프 생성 → 실거래신고·확정일자 → 공인전자문서 센터보관

4. 전자계약 수정 및 해제
① 최종 전자서명이 완료되기 전까지는 계약내용을 수정할 수 있다. 최종 전자서명이 완료된 후 계약내용 수정은 계약해제 후 계약서를 다시 작성하여야 한다.
② 개업공인중개사 및 법인사용자는 해제시 해제사유 발생일, 해제구분, 사유 등을 입력한다. 해제서명이 완료된 기존의 계약건은 해제처리 된다.

5. 전자계약의 장점(공통)
① 24시간 시간의 제약이 없다. 시간적, 물리적 제한 감소
② 거래안정성 (타임스탬프, 신원 인증) / 서류 교부 등의 편리성 - 전자적 확인
③ 당사자 본인확인 절차 확보 → 대리인 전자계약 불가 - 안정성 향상

> 무자격자, 무등록자는 신원 확인 불가로 전자계약 체결 불가(소공은 가능)

> **한끝 Point**
>
> - 전자계약은 매매, 전세, 월세 가능하며 **공인중개사를 통한 중개거래 한하여** 가능
>
> **전자계약의 장점**
>
> 1. 거래당사자의 장점
>   - 공인중개사 신분 확인, 계약결과 안내 서비스
>   - 주택임대차 확정일자 자동부여(수수료 면제)
>   - 대출우대금리 적용 / 등기수수료 30% 절감 / 도장이 불필요
>   - 계약서류 위, 변조방지(타임스템프 - 시간, 날짜 표시) / 거래당사자 신분확인 용이
>   - 부실 확인·설명 차단 → 확인·설명 작성 후 거래계약체결
>
> 2. 공인중개사의 장점
>   - 매매의 경우 부동산 실거래 신고 의무 면제(제출 의제 규정)
>   - 종이계약서 보관 불필요 (공인전자문서 보관) / 확인·설명, 인장 불필요(전자)
>   - 부동산 서류 발급 생략 가능(건축물대장, 토지대장 등) - 자동조회
>   - 인증절차를 거치므로 무자격, 무등록 중개업자 차단
>   - 개인정보 암호화 → 거래의 안정성 + 중개사고 예방

한끝 기출 마무리

01. '전자문서 및 전자거래 기본법'에 따른 공인전자문서센터에 보관된 경우, 공인중개사법령상 개업공인중개사가 원본, 사본 또는 전자문서를 보존기간 동안 보존해야 할 의무가 면제된다고 명시적으로 규정된 것을 모두 고른 것은?[32회]

> ㄱ. 중개대상물 확인·설명서
> ㄴ. 손해배상책임보장에 관한 증서
> ㄷ. 소속공인중개사 고용신고서
> ㄹ. 거래계약서

① ㄱ ② ㄱ, ㄹ ③ ㄴ, ㄷ
④ ㄴ, ㄷ, ㄹ ⑤ ㄱ, ㄴ, ㄷ, ㄹ

> ‖해설 및 정답‖ ② ㄱ, ㄹ(○) 해당 파트는 출제 빈도가 낮지만 출제 문제가 어렵지 않다. 반드시 득점하고 가야하는 문제다.

02. 개업공인중개사가 부동산거래 계약시스템을 통하여 부동산거래 계약을 체결한 경우 부동산거래계약이 체결된 때에 부동산거래계약 신고서를 제출한 것으로 본다.(o)[30회]

Topic 89. 개별적 중개실무 - 1 (부동산등기 특별조치법 - 검인제도)

Ⅰ. 등기신청의무

1. 소유권이전등기신청의무 – 60일이내
① 매매, 교환 – 반대급부 이행 완료일로부터 60일 / 증여 – 효력 발생일로부터 60일
② '보존'등기신청의무 – 60일이내(등기 가능 – 체결일 ~ 60일 / 불가능 – 가능한날 ~ 60일)

Ⅱ. 검인제도
① 부동산의 소재지를 관할하는 시·군·구의 장 또는 그 권한의 위임을 받은 자(읍·면·동의 장)의 검인을 받은 계약서를 등기신청 서면으로 제출하여야 한다.
(읍·면·동장에게 검인을 위임한 때에는 지체없이 관할 등기소장에게 통지)
② **계약을 원인으로 한 소유권 이전등기를 신청한 때에는 계약의 일자 및 종류를 불문하고** 계약서 원본 또는 확정판결정본(화해·인락조서 포함)에 **검인을 받아 제출**하여야 한다.

1. 검인계약서 필수 기재사항
① 당사자 / ② 목적 부동산 / ③ 계약 연월일
④ 대금 및 지급일자 등 지급에 관한 사항 또는 평가액 및 그 차액에 관한 사항
⑤ 개업공인중개사가 있을 때에는 개업공인중개사
⑥ 계약의 조건이나 기한이 있을 때에는 그 조건 또는 기한

2. 검인신청자
① 계약을 체결한 당사자 중 1인이나 그 위임을 받은 자가 신청할 수 있다.
② 계약서를 작성한 변호사나 법무사, 개업공인중개사가 신청할 수 있다.
(단, 개업공인중개사의 검인 신청 의무는 없다.)

3. 기타
① 검인신청을 받은 경우 시장·군수·구청장은 계약서 또는 판결서 등의 형식적 요건의 구비 여부만을 확인하고 그 기재에 흠결이 없다고 인정한 때에는 지체없이 검인을 하여 검인신청인에게 교부하여야 한다. (규칙 제1조 제3항)
② 전매시 검인신청의무 위반 → 1년 이하의 징역 또는 3천만원 이하의 벌금
③ 탈세 목적 위반 또는 등기원인 허위기재 → 3년 이하 징역 또는 1억 이하 벌금
④ 검인을 한 때에는 그 계약서 또는 판결서 등의 사본을 2통 작성하여 1통은 보관하고, 1통은 부동산 소재지를 관할하는 세무서장에게 송부한다.

한끝 Point

- 해당 파트는 난이도가 높은 반면 출제 빈도가 낮으므로, 고득점을 위해서 공부하는 파트입니다.

① 검인대상은 '계약을 원인으로 소유권이전등기' 신청할 때 검인을 받아야 한다.
  (용익물권 설정이나 담보물권인 근저당, 저당권설정계약은 검인 대상×)
② 검인은 계약을 체결한 당사자 중 1인이나 그 위임을 받은 자, 계약서를 작성한 변호사와 법무사 및 개업공인중개사가 신청할 수 있다.(규칙 제1조 제1항)
③ 부동산거래 신고필증을 교부받으면 검인은 의제되므로, 받지 않아도 된다.[24회]

검인대상 (검인을 받아야 하는 경우 – 유상, 무상계약)
① 매매·교환 증여계약서 / 명의신탁해지약정, 양도담보계약서
② 공유물분할계약서
③ 가등기에 기한 본등기시 원인증서
④ 집행력 있는 판결서(화해, 인락조서, 조정조서 등)
⑤ 재산분할판결에 의하여 이혼당사자 중 일방의 지분에 대한 농지 소유권이전등기를 신청하는 경우
⑥ 미등기건물에 대한 아파트분양계약서 / 무허가건물
⑦ 공공용지취득합의서에 의한 소유권 이전

검인을 받지 아니하는 경우
① 경매·공매, 상속, 취득시효, 권리포기, 수용 등을 원인으로 한 소유권 이전
② 부동산거래계약신고 완료 후 신고필증을 교부 받은 때
③ 토지거래허가를 받은 매매계약서
④ 선박, 입목 광업재단, 공장재단의 등기
⑤ 주택전세계약서, 지상권, 저당권설정계약서 *기출*
⑥ 국가·지방자치단체가 계약의 일방당사자인 경우
⑦ 소유권이전청구권보전을 위한 가등기 원인증서

한끝 기출 마무리

01. X토지 매수의뢰인이 X토지에 대하여 매매를 원인으로 소유권이전청구권보전을 위한 가등기에 기하여 본등기를 하는 경우, 매매계약서는 검인의 대상이 된다.(o)[24회]

02. 부동산의 매수인은 신고인이 부동산거래계약 신고필증을 발급받은 때에「부동산등기 특별조치법」에 따른 검인을 받은 것으로 본다.(o)[28회, 35회]

개별적 중개실무 - 2 (부동산 실권리자명의 등기에 관한 법률)

2025 위패스 공인중개사 합격셀렉트

Ⅰ. 의의
① 누구든지 부동산에 관한 물권(소유권 지상권 전세권 저당권 등)을 명의신탁약정에 의하여 명의수탁자의 명의로 등기하여서는 아니 된다. (동법 제3조 제1항)
② 부동산에 관한 소유권 및 기타 물권에 적용(가등기 포함)한다.
   단, 임대차에는 적용하지 않는다.

Ⅱ. 명의신탁약정의 효력
① 명의신탁약정은 무효로 한다.
② 명의신탁약정에 따른 물권변동도 무효이다 다만, 부동산에 관한 물권을 취득하기 위한 계약에서 명의수탁자가 그 일방당사자가 되고 그 타방이 되는 당사자는 명의신탁약정이 있다는 사실을 알지못한 경우(계약명의신탁)에는 유효하다.
③ 제3자는 선의·악의를 불문하고 완전 유효하게 소유권 기타물권을 취득한다. (동법 제4조)
   (= 선악을 불문하고 제3자에게 대항하지 못한다.)
④ 선의 또는 악의의 판단은 계약체결시를 기준으로 한다. (잔금시×)

Ⅲ. 명의신탁에서 약정이 적용 제외되는 경우
① 양도담보, 가등기담보
② 상호명의신탁
③ 신탁법 또는 신탁업법에 의한 신탁재산인 경우

Ⅳ. 2자간 명의신탁
① 명의수탁자가 제3자에게 매각시 횡령죄가 성립하지 않는다. *판례*
② 수탁자에게서 취득한 제3자는 선·악을 불문 소유권을 취득(적극가담은 취득×)
③ 명의신탁자와 명의수탁자 사이의 명의신탁약정은 무효(소유권 복귀)

Ⅴ. 3자간 명의신탁(신탁자가 계약하는 경우)
① 명의수탁자가 제3자에 매각시 횡령죄가 성립하지 않는다. *판례*
② 명의신탁자는 명의수탁자를 상대로 명의신탁해지 원인으로 이전등기를 청구×
③ 명의신탁자는 매도자를 대위하여 명의수탁자 명의의 등기 말소를 청구O (can)

Ⅵ. 계약형(위임형) 명의신탁(수탁자가 계약하는 경우)
① 명의수탁자가 제3자에 매각시 횡령죄가 성립하지 않는다. *판례*
② 매도인과 명의수탁자 사이의 매매계약은 유효하다. → 수탁자가 소유권을 취득
③ 신탁자는 소유권이전청구권 행사불가하나, 수탁자 상대로 부당이득반환청구 가능

한끝 Point

종중, 배우자 및 종교단체에 대한 특례

1. 조세 포탈, 강제집행의 면탈 또는 법령상 제한의 회피를 목적으로 하지 않는 경우에는 명의신탁약정 효력은 인정되며, 명의수탁자로서의 등기이전은 유효하다.(과징금, 이행강제금, 벌칙 등 미적용)

2. 유형
   ① 종중이 보유한 부동산에 관한 물권을 종중외의 자의 명의로 등기한 경우
      (종중과 그 대표자를 같이 표시하여 등기한 경우를 포함한다.)
   ② 배우자 명의로 부동산에 관한 물권을 등기한 경우(단, 사실혼은 제외)
   ③ 종교단체의 명의로 그 산하 조직이 보유한 부동산에 관한 물권을 등기한 경우

명의신탁약정의 제재

1. 벌칙(행정형벌)
   ① 명의신탁자, 거짓기재한 실채무자 : 5년 이하의 징역 또는 2억원 이하의 벌금
   ② 명의수탁자 : 3년 이하의 징역 또는 1억원 이하의 벌금

2. 과징금
   - 명의신탁자에게 부동산가액의 30%에 해당하는 금액의 범위에서 과징금을 부과

3. 이행강제금
   ① 과징금 부과일로부터 1년이 경과한 경우 → 부동산가액의 10%
   ② 또 다시 1년이 경과한 경우 부동산가액의 20%

한끝 기출 마무리

01. 개업공인중개사가 중개의뢰인에게 '부동산 실권리자명의 등기에 관한 법률'의 내용에 관하여 설명한 것으로 옳은 것을 모두 고른 것은?(다툼이 있으면 판례에 따름) 33회

> ㄱ. 부동산의 위치와 면적을 특정하여 2인 이상이 구분소유하기로 하는 약정을 하고 그 구분소유자의 공유로 등기한 경우, 그 등기는 '부동산 실권리자명의 등기에 관한 법률'위반으로 무효이다.
> ㄴ. 배우자 명의로 부동산에 관한 물권을 등기한 경우 조세 포탈, 강제집행의 면탈 또는 법령상 제한의 회피를 목적으로 하지 아니하는 경우 그 등기는 유효하다.
> ㄷ. 명의신탁자가 계약의 당사자가 되는 3자간 등기명의신탁이 무효인 경우 명의신탁자는 매도인을 대위하여 명의수탁자 명의의 등기의 말소를 청구할 수 있다.

① ㄱ ② ㄴ ③ ㄱ, ㄷ
④ ㄴ, ㄷ ⑤ ㄱ, ㄴ, ㄷ

∥해설 및 정답∥ ④
ㄱ(X) 상호명의신탁(구분소유적 공유)에 해당되므로 이 법률의 적용제외 대상이다.

Topic 91. 개별적 중개실무 - 3 (주택임대차보호법 - 적용범위&대항력)

2025 위패스 공인중개사 합격셀렉트

> **제1조(목적)** 이 법은 주거용 건물의 임대차(賃貸借)에 관하여 「민법」에 대한 특례를 규정함으로써 국민 주거생활의 안정을 보장함을 목적으로 한다.

Ⅰ. 적용범위
① 주거용 건물의 전부 또는 일부의 임대차에 관하여 이를 적용한다.
② 공부상 용도가 주거용이 아님에도 주거용으로 전입신고 하는 경우에도 주거용으로 전입신고한 것으로 본다.
③ 임차주택의 일부가 주거 외의 목적으로 사용되는 겸용 건물인 경우에도 적용된다.
   (단, 상가의 목적 임대차 후 일부 주거용 사용시 주거용 적용×)
④ 미등기건물, 무허가건물, 전대차에도 적용된다.
⑤ 원칙상 법인은 적용되지 않으나, <u>중소기업기본법 제2조</u>에 따른 중소기업 보호 대상 또는 주택도시기금을 재원으로 하여 저소득층의 무주택자에게 주거생활안정을 목적으로 전세임대주택을 지원하는 법인(한국토지주택공사, 지방공사)은 적용된다.

Ⅱ. 대항력(주택의 인도 + 주민등록을 마친 다음날 0시부터 대항력 발생)

1. 의의
임차주택이 타인에게 양도되거나 경락되더라도 새로운 소유자에게 임대기간이 종료될 때까지 거주 및 임대보증금 전액을 반환받을 수 있는 권리
① <u>공동주택(아파트, 다세대주택 등)은 동·호수 또는 지번의 누락 또는 오기재하여 전입신고를 하였다면 대항력을 취득하지 못한다.</u>
② 임차주택의 양수인(임대할 권리를 승계한 자 포함)은 임대인의 지위를 승계한 것으로 본다.
③ 대항력을 인정받기 위한 점유와 주민등록은 취득요건이자, 존속요건(배당요구 종기까지)이다.
④ 가족의 주민등록을 유지하고 계약 당사자인 임차인만 주민등록을 일시적으로 다른 곳으로 옮긴 경우, 임대차의 제3자에 대한 대항력을 상실하지 아니한다.
⑤ 가압류 등기가 된 주택을 임차하여 입주한 후 주민등록을 마친 경우에는 그 강제경매절차에서 임차인은 대항 할 수 없다.

한끝 Point

주택임대차보호법

① 대항력 중요 부분 – 임차인이 등기가 없는 경우에도 주택의 인도와 주민등록을 마치면 익일 0시부터 제3자에 대하여 효력이 생긴다.
② 주택임대차 계약기간의 정함이 없거나 2년 미만으로 정한 임대차는 그 기간을 2년으로 본다.
단, 임차인은 2년 미만으로 정한 기간의 유효함을 주장할 수 있다.
③ 대항력과 확정일자를 갖춘 임차인은 우선변제권이 인정된다.
④ 차임이나 보증금의 증액청구는 약정한 차임 등의 20분의 1의 금액을 초과하지 못한다.
다만, 여건을 고려하여 증액청구 상한을 조례로 정할 수 있다.
④ 증액청구는 임대차계약 또는 약정한 차임 등의 증액이 있은 후 1년 이내에는 하지 못한다.
(계약 기간 무관, 1년마다)
⑤ 매매계약과 동시에 임대차계약을 체결한 경우(점유개정)는 소유권이전등기를 경료한 다음날에 대항력이 발생한다.
⑦ 저당권의 설정일과 입주, 주민등록, 확정일자일이 모두 동일한 경우에는 저당권자가 우선한다.
⑧ 임차인이 대항력을 취득한 후 확정일자를 받은 날과 저당권설정일이 동일한 경우에는 임차인과 저당권자는 동순위로서 안분배당을 받는다.(우선변제권자 해당)

한끝 기출 마무리

01. 개업공인중개사가 주택임대차보호법의 적용에 관하여 설명한 내용으로 틀린 것을 모두 고른 것은?(다툼이 있으면 판례에 따름) 34회

ㄱ. 주택의 미등기 전세계약에 관하여는 주택임대차보호법을 준용한다.
ㄴ. 주거용 건물에 해당하는지 여부는 임대차목적물의 공부상의 표시만을 기준으로 정하여야 한다.
ㄷ. 임차권등기 없이 우선변제청구권이 인정되는 소액임차인의 소액보증금반환채권은 배당요구가 필요한 배당요구채권에 해당하지 않는다.

① ㄱ ② ㄴ ③ ㄱ, ㄷ
④ ㄴ, ㄷ ⑤ ㄱ, ㄴ, ㄷ

‖해설 및 정답‖ ④ ㄴ(X) 실제이용목적에 따라 주거용 건물에 해당하는지를 판단한다.
ㄷ(X) 소액임차인의 우선변제권(최우선변제권)은 대항력을 확보하고 배당요구만 하면 된다. 임차권등기는 요건이 아니다.

02. '지방공기업법'에 따라 주택사업을 목적으로 설립된 지방공사는 주택임대차보호법상 대항력이 인정되는 법인이 아니다.(x) 26회

‖해설 및 정답‖ 법인의 적용 예외에 해당하는 (중소)기업, (토지주택, 지방)공사는 인정된다.

Topic 92. 개별적 중개실무-4 (주택임대차보호법 - 임차권등기명령 / 주택임차권 승계)

2025 위패스 공인중개사 합격셀렉트

Ⅰ. 임차권등기명령(민법상의 임대차등기와 구분)

법원의 집행명령에 따른 등기를 마치면 임차인에게 **대항력 및 우선변제권을** 유지하며 점유를 이전하여 임차주택에서 자유롭게 이사할 수 있게 하는 제도이다.

Ⅱ. 임차권등기명령 효과(임차권등기 관련 지출한 비용은 임대인에게 청구가능)

1. 임차인이 임차권등기명령 이전에 이미 대항력이나 우선변제권을 취득한 경우

그 대항력이나 우선변제권은 그대로 유지되며, 임차권등기 이후에 대항요건을 상실하더라도 이미 취득한 대항력이나 우선변제권을 상실하지 않는다. (「주택임대차보호법」 제3조의3제5항 단서). 따라서 임차인이 임차권등기 이후에 이사를 가더라도 여전히 종전의 임차주택에 대한 대항력과 우선변제권은 유지되므로 보증금을 우선하여 변제받을 수 있다.

2. 대항력 및 우선변제권의 신규 취득

임차인이 임차권등기명령 이전에 대항력이나 우선변제권을 취득하지 못한 경우에, 임차권등기가 마쳐지면 등기와 동시에 대항력과 우선변제권을 취득하게 된다. (「주택임대차보호법」 제3조의3제5항 본문)

Ⅲ. 주택임차권의 승계

1. 상속권자가 없는 경우

공동생활을 하던 **사실상 혼인관계**에 있는 자가 임차인의 권리·의무를 승계한다.

2. 상속권자가 있는 경우

상속인이 **공동생활을 하고 있는 때**에는 상속인이 권리·의무를 승계한다.
상속인이 **공동생활을 하고 있지 아니한 때**에는 사실상의 혼인관계에 있는 자와 2촌 이내의 친족이 공동으로 임차인의 권리·의무를 승계한다.

3. 승계포기

임차인의 사망 후 **1개월 이내에 임대인에 대하여 반대의사를** 표시하여야 한다. (동법 제9조)

한끝 Point

- 임차권등기 경료 후 임차한 임차인에게는 최우선변제권이 인정되지 않는다. 단, 우선변제는 적용된다. (금융기관 등은 임차인 대위하여 임차권등기명령 신청 가능)

임차권등기명령 후 보증금의 반환과 임차권등기의 말소의무 관계
- 원칙적으로는 만기 시에 동시 이행하여야 하지만, 임차권등기명령의 경우에는 임대인의 미이행으로 인한 것으로 보증금의 반환이 선이행되어야 한다. 반환을 확인한 후 임차권등기명령을 말소한다. (임차인 단독 진행, 임대인 동의 불필요)

주택임차권의 승계 내용 정리
1. 법정 상속인 있는 경우
   ① 상속인이 가정공동생활○ → 단독승계
   ② 상속인이 가정공동생활X → 사실혼배우자 + 2촌 이내 친족

2. 법정 상속인 없는 경우
   ① 가정공동생활○ → 단독승계(사실혼 배우자)
   ② 가정공동생활X → 국고 귀속

한끝 기출 마무리

01. 임차권등기명령의 집행에 따른 임차권등기가 끝난 주택을 그 이후에 임차한 임차인은 보증금 중 일정액을 다른 담보물권자보다 우선하여 변제받을 권리가 없다.(o) 29회*기출지문빈출*

02. 임차인이 상속인 없이 사망한 경우 그 주택에서 가정공동생활을 하던 사실상의 혼인 관계에 있는 자가 임차인의 권리와 의무를 승계한다.(o) 29회*기출지문빈출*

03. 임차권등기명령의 집행에 따른 임차권등기를 마친 임차인은 이후 대항요건을 상실하더라도 이미 취득한 대항력 또는 우선변제권을 상실하지 아니한다.(o) 33회*기출지문빈출*

04. 임차권등기를 한 이후에는 이행지체에 빠진 임대인의 보증금반환의무가 임차인의 임차권등기 말소 의무보다 먼저 이행되어야 한다.(o) 35회*기출변형*

Topic 93

개별적 중개실무 - 5 (주택임대차보호법 - 우선변제권, 소액보증금, 소액보증금 우선변제권, 계약갱신요구권)

2025 위패스 공인중개사 합격셀렉트

Ⅰ. 우선변제권(Topic91 '한끝 포인트' 병행 참조)

1. 의의
주택임차인의 대항요건과 계약서상의 확정일자증서를 갖춘 경우 경매 또는 공매시 임차주택(대지를 포함한다)의 환가 대금에서 후순위 권리자 및 기타 채권자보다 우선하여 보증금을 변제받을 권리를 말한다.

2. 요건 : 대항요건 + 확정일자

3. 배당요구종기까지 배당요구를 하여야 한다.(경매시)

Ⅱ. 소액보증금 우선변제권(= 최우선변제권)(확정일자는 요건이 아니다.)

① 대통령령으로 정하는 소액보증금의 임차인이 부동산 경·공매 시 임차주택(대지를 포함)의 환가대금 1/2이내에서 보증금 중 일정액에 대하여 후순위담보권자, 일반채권자뿐만 아니라 선순위담보권자보다도 우선하여 변제받을 수 있는 권리
② 보증금 중 일정액의 범위 - (경·공매시)임차주택(대지포함)의 대금 2분의1 범위
③ 임차인은 주택에 대한 경매신청등기 전에 대항요건을 갖추어야 한다.

Ⅲ. 계약갱신요구권(묵시적갱신은 +Topic 06 참조)

임대인은 임차인이 임대차기간이 끝나기 6개월 전부터 2개월 전까지의 기간 이내에 계약갱신을 요구할 경우 정당한 사유 없이 거절하지 못한다.
다만, (주택의 경우) 9가지에 해당하는 경우 에는 그러하지 아니하다.
① 임차인 2기의 차임액에 해당하는 금액에 이르도록 차임을 연체한 사실
② 임차인이 거짓이나 그 밖의 부정한 방법으로 임차한 경우
③ 서로 합의하여 임대인이 임차인에게 상당한 보상을 제공한 경우
④ 임차인이 임대인의 동의 없이 목적 주택의 전부 또는 일부를 전대(轉貸)
⑤ 임차인이 임차한 주택의 전부 또는 일부를 고의나 중대한 과실로 파손한 경우
⑥ 임차한 주택의 전부 또는 일부 멸실되어 임대차의 목적을 달성하지 못할 경우
⑦ 임대차계약 체결 당시 공사시기 및 소요기간 등을 포함한 철거 또는 재건축계획을 임차인에게 구체적으로 고지하고 그 계획에 따르는 경우
⑧ 임대인(임대인의 직계존속·직계비속을 포함)이 목적 주택에 실제 거주
⑨ 그 밖에 임차인이 임차인으로서의 의무를 현저히 위반 또는 중대 사유

한끝 Point

우선변제권

① 보증금은 채권으로서, 주택임차인의 전입신고와 같은 날짜로 저당권설정등기가 이루어졌다면 채권인 보증금의 대항력은 익일 0시에 발생하므로, 당일 효력이 발생하는 물권이 앞서게 된다. 따라서, 해당 주택의 경매가 실행될 때 임차인은 경락인에게 대항할 수 없다.
② 채권의 물권화일 뿐, 주택임대차계약이라는 채권의 성질이 물권으로 변하는 것은 아니므로 임차인에게 '경매신청권' 또는 '전전세권'이 부여되지는 않는다.

최우선변제권

1. 요건
① 확정일자는 요건이 아니다. 대항력이 요건이며, 배당요구를 하여야 한다.
② 임차권등기 경료된 후 임차한 신규 임차인은 최우선변제를 받을 수 없다.

2. 소액보증금 우선변제권의 범위 (23.02.21 최신 개정 기준)

①	서울특별시	1억 6,500만 원 이하 / 5,500만 원까지
②	과밀억제권역(서울시X), 세종특별자치시, 김포시, 화성시, 용인시(과세김화용)	1억 4,500만 원 이하 / 4,800만 원까지
③	광역시(과밀억제권역X, 군지역X), 안산시, 광주시, 파주시, 이천시, 평택시	8,500만 원 이하 / 2,800만 원까지
④	그 밖의 지역	7.500만 원 이하 / 2,500만 원까지

계약갱신요구권(주택)

① 임차인은 1회 한하여 사용할 수 있다.
② 갱신되는 존속기간은 2년으로 본다.
③ 묵시적갱신과 마찬가지로, 임대차의 존속기간 2년의 규정에도 불구하고 임차인은 언제든지 임대인에게 계약해지를 통지할 수 있다. 갱신되는 임대차의 해지는 임대인이 그 통지를 받은 날부터 3개월이 지나면 그 효력이 발생한다.
④ 임대인의 계약갱신거절사유 중 실제거주를 하지 않고 제3자에게 목적 주택을 인도한 경우, 손해배상에 대한 방법 3가지가 있다.(+Topic 05 참고)

한끝 기출 마무리

01. 임차인이 계약갱신요구권을 행사하여 임대차계약이 갱신된 경우 임차인은 언제든지 임대인에게 계약해지를 통지할 수 있다.(o)[35회]

‖해설 및 정답‖ 24년 신규 대법원 판례가 35회에 출제되었다. 매우 중요한 지문이다.

02. 임차인은 임차주택에 대한 경매신청의 등기 전에 대항요건을 갖추지 않은 경우에도 보증금 중 일정액에 대해서는 다른 담보물권자보다 우선하여 변제받을 권리가 있다.(x)[33회]

‖해설 및 정답‖ 경매신청 등기 전에 대항요건을 갖추어야 한다. 단, 소액보증금 우선변제권은 대항요건만 갖추면 되고, 확정일자는 요건이 아니다.

개별적 중개실무 - 6 (상가임대차보호법 - 적용범위&대항력, 계약갱신요구권)

2025 위패스 공인중개사 합격셀렉트

Ⅰ. 적용범위(상가임대차보호법 제2조)

사업자등록의 대상이 되는 영업용 건물의 임대차에 대하여 적용되며, 적용대상 보증금액을 초과하는 경우에는 적용되지 않는다.
(단, 종친회, 동창회, 향우회, 교회 문중, 자선단체 등은 적용되지 않는다.)

Ⅱ. 대항력

상가건물임대차는 그 등기가 없는 경우에 임차인이 건물의 인도와 「부가가치세법」, 「소득세법」 또는 「법인세법」에 따른 사업자등록 신청하면 그 다음 날부터 제3자에 대하여 효력이 생긴다. 확정일자는 관할 세무서장으로부터 받는다.

Ⅲ. 존속기간

상가건물임대차 계약기간을 정함이 없거나 기간을 1년 미만으로 정한 임대차는 그 기간을 1년으로 본다.

Ⅳ. 계약갱신요구권 8가지(주택임대차보호법은 9가지 - '실거주 요건' 포함)

임대인은 임차인이 임대차기간 만료 전 6개월 전부터 1개월까지 행하는 계약갱신요구에 대하여 정당한 사유 없이 이를 거절하지 못한다.
① 임차인이 3기의 차임액에 해당하는 금액에 이르도록 차임을 연체한 사실
② 임차인이 거짓이나 그 밖의 부정한 방법으로 임차한 경우
③ 서로 합의하여 임대인이 임차인에게 상당한 보상을 제공한 경우
④ 임차인이 임대인의 동의 없이 목적 건물의 전부 또는 일부를 전대
⑤ 임차인이 임차한 건물의 전부 또는 일부를 고의나 중대한 과실로 파손한 경우
⑥ 임차한 건물 전부 또는 일부가 멸실되어 임대차의 목적을 달성하지 못할 경우
⑦ 임대인이 목적 건물의 전부 또는 대부분을 철거하거나 재건축하기 위하여 목적 건물의 점유를 회복할 필요가 있는 경우
⑧ 그 밖에 임차인이 임차인으로서의 의무를 현저히 위반하거나 임대차를 계속하기 어려운 중대한 사유가 있는 경우

> **한끝 Point**

「상가건물 임대차보호법」 적용대상 보증금액(환산보증금 적용 기준)

1. 환산보증금 적용 기준

①	서울특별시	9억 원 이하
②	과밀억제권역, 부산광역시	6억 9천만 원 이하
③	광역시(군지역 제외). 세종특별자치시, 파주시, 화성시, 안산시, 용인시, 김포시, 광주시	5억 4천만 원 이하
④	그 밖의 지역	3억 7천만원 이하

2. 다음의 경우는 보증금을 초과하는 임대차에도 적용된다.
   ① 권리금 보호규정 : 보증금을 초과하더라도 권리금 관련 규정은 적용된다.
   ② 차임연체와 해지 : 3기에 달하는 차임연체 시 계약해지가 가능하다.
   ③ 임차인의 계약갱신요구권 : 보증금을 초과한 임대차의 경우도 <u>10년을 넘지 않는 범위 내에서</u> 인정된다.(단, 최초 임대차계약기간을 포함한다.)
   ④ 대항력 : 양수인은 전 임대인의 지위를 승계한다.
   ⑤ 표준계약서 작성 : 법무부장관은 국토교통부장관과 협의를 거쳐 상가건물 임대차 표준계약서를 정하여 그 사용을 권장할 수 있다.
   ⑥ 폐업으로 인한 임차인의 해지권(상가건물 임대차보호법 제11조의2)
      ㉠ 임차인은「감염병의 예방 및 관리에 관한 법률」에 따른 집합제한 또는 금지조치(운영시간을 제한한 조치를 포함한다)를 총 3개월 이상 받음으로써 발생한 경제사정의 변동으로 폐업한 경우에는 임대차계약을 해지할 수 있다.
      ㉡ 위 ㉠에 따른 해지는 임대인이 계약해지의 통고를 받은 날부터 3개월이 지나면 효력이 발생한다.
   * <u>보증금을 초과하는 임대차는 5% 초과 금지규정이 적용되지 않는다.</u>

경매에 의한 임차권 소멸

– 임차권은 임차건물에 대하여「민사집행법」에 따른 경매가 실시된 경우에는 그 임차건물이 매각되면 소멸한다. 다만, 보증금이 전액 변제되지 아니한 <u>대항력 있는 임차권은 그러하지 아니하다.</u>

한끝 기출 마무리

01. 甲(임차인)이 건물을 인도 받고 '부가가치세법'에 따른 사업자등록을 신청하면 그 다음 날부터 대항력이 생긴다.(o)[35회]

02. 개업공인중개사가 중개의뢰인에게「상가건물 임대차보호법」의 내용에 관하여 설명한 것으로 옳은 것을 모두 고른 것은?[33회]

> ㄱ. 대통령령으로 정하는 보증금액을 초과하는 임대차인 경우에도「상가건물 임대차보호법」상 권리금에 관한 규정이 적용된다.
> ㄴ. 임차인이 2기의 차임액에 해당하는 금액에 이르도록 차임을 연체한 사실이 있는 경우, 임대인은 임차인의 계약갱신요구를 거절할 수 있다.
> ㄷ. 임대인의 동의를 받고 전대차계약을 체결한 전차인은 임차인의 계약갱신요구권 행사기간 이내에 임차인을 대위하여 임대인에게 계약갱신요구권을 행사할 수 있다.

① ㄱ   ② ㄴ   ③ ㄱ, ㄷ   ④ ㄴ, ㄷ   ⑤ ㄱ, ㄴ, ㄷ

∥해설 및 정답∥ ③ ㄱ, ㄷ(○) ㄴ(X) 상가임대차의 경우는 3기를 기준으로 한다.

Topic 95 개별적 중개실무 - 7 (상가임대차보호법 - 우선변제권, 소액보증금 우선변제권, 권리금)

2025 위패스 공인중개사 합격셀렉트

Ⅰ. 우선변제권

1. 의의
대항요건과 계약서상의 확정일자증서를 갖춘 경우 경매 또는 공매시 임차건물(대지를 포함한다)의 환가 대금에서 후순위 권리자 및 기타 채권자보다 우선하여 보증금을 변제받을 권리를 말한다.

2. 요건 : 대항요건 + 확정일자(상가임대차 - 관할 세무서장)

3. 임차인은 임차건물을 양수인에게 인도하여야 보증금을 받을 수 있다.

Ⅱ. 소액보증금 우선변제권(= 최우선변제권)

① 대통령령으로 정하는 소액보증금의 임차인이 부동산 경·공매 시 상가건물(대지를 포함한다)의 환가대금에서 보증금 중 일정액에 대하여 후순위담보권자, 일반채권자뿐만 아니라 선순위담보권자보다도 우선하여 변제받을 수 있는 권리
② 보증금 중 일정액의 범위 - (경·공매시)임차건물(대지포함)의 대금 2분의1 범위
③ 배당요구종기까지 배당신청을 하여야 한다.

Ⅲ. 권리금

임대인은 임대차기간이 끝나기 6개월 전부터 임대차 종료 시까지 다음의 어느 하나에 해당하는 행위를 함으로써 권리금 계약에 따라 임차인이 주선한 신규임차인이 되려는 자로부터 권리금을 지급받는 것을 방해하여서는 아니 된다.
① 임차인이 주선한 신규임차인이 되려는 자에게 권리금을 요구하거나 임차인이 주선한 신규임차인이 되려는 자로부터 권리금을 수수하는 행위
② 임차인이 주선한 신규임차인이 되려는 자로 하여금 임차인에게 권리금을 지급하지 못하게 하는 행위
③ 임차인이 주선한 신규임차인이 되려는 자에게 상가건물에 관한 조세, 공과금, 주변 상가건물의 차임 및 보증금, 그 밖의 부담에 따른 금액에 비추어 현저히 고액의 차임과 보증금을 요구하는 행위
④ 그 밖에 정당한 사유 없이 임대인이 임차인이 주선한 신규임차인이 되려는 자와 임대차계약의 체결을 거절하는 행위

한끝 Point

최우선변제권 (임차인의 보증금과 차임 기준은 환산한 금액으로 한다.)

	지역	기준
①	서울특별시	6,500만 원 이하(환산보증금 기준) / 2,200만 원까지(보증금)
②	과밀억제권역(서울시X)	5,500만 원 이하(환산보증금 기준) / 1,900만 원까지(보증금)
③	광역시(군지역 제외), 세종특별자치시, 파주시, 화성시, 안산시, 용인시, 김포시, 광주시	3,800만 원 이하(환산보증금 기준) / 1,300만 원까지(보증금)
④	그 밖의 지역	3,000만 원 이하(환산보증금 기준) / 1,000만 원까지(보증금)

권리금

1. 임대인이 권리금 관련 규정을 위반하여 임차인에게 손해를 발생하게 한 때에는 그 손해를 배상할 책임이 있다. 손해배상액은 <u>신규임차인이 임차인에게 지급하기로 한 권리금</u>과 임대차 종료 당시의 권리금 중 <u>낮은 금액을 넘지 못한다.</u>
2. 손해배상을 청구할 권리의 <u>소멸시효</u> - 임대차가 종료된 날부터 <u>3년 내 행사</u>
3. 권리금 거절 정당 사유 또는 불인정 사유
   ① 임차인이 주선한 신규 임차인이 보증금 또는 차임 지급할 자력이 없는 경우
   ② 신규임차인이 되려는 자의 의무 위반 우려 또는 유지가 어려운 상당한 사유
   ③ 상가건물을 1년 6개월 이상 영리목적으로 사용하지 아니한 경우
   ④ 임대인이 선택한 신규임차인이 임차인과 권리금 체결 후 권리금 지급한 경우
   ⑤ 대규모 점포(대형마트, 백화점 등)로 3000㎡ 초과하는 경우(권리금 보호X)
   ⑥ 임차건물이 국·공유재산인 경우 (권리금 보호X)
   → <u>위 ① ~ ④는 거절 정당 사유 / ⑤ ~ ⑥는 권리금 미보호 사유에 해당한다.</u>
   → <u>단, 「전통시장 및 상점가 육성을 위한 특별법」 전통시장은 권리금 보호대상이다.</u>

한끝 기출 마무리

01. 건물의 경매 시 甲(임차인)은 환가대금에서 우선변제권에 따른 보증금을 지급받은 이후에 건물을 양수인에게 인도하면 된다.(x)[35회*기출지문빈출*]

∥해설 및 정답∥ 대항력을 갖춘 임차인은 임차건물을 양수인에게 인도하여야 보증금을 받을 수 있다.

02. 대통령령으로 정하는 보증금액을 초과하는 임대차인 경우에도 '상가건물 임대차보호법'상 권리금에 관한 규정이 적용된다.(o)[33회*기출지문빈출*]

03. 임대차는 그 등기가 없는 경우에도 임차인이 건물의 인도와 법령에 따른 사업자등록을 신청하면 그 다음날부터 제3자에 대하여 효력이 생긴다.(o)[29회]

Topic 96 개별적 중개실무 - 8 (부동산 경매1 - 경매절차)

2025 위패스 공인중개사 합격셀렉트

Ⅰ. 경매절차(민사집행법)

① 경매신청 및 경매개시결정(송달 또는 등기가 된 때 압류 효력 발생)
   - 채무자에게 결정 송달 및 경매개시결정등기 + 법원의 기입등기(촉탁)
② 배당요구의 종기결정 및 공고
   - 배당요구종기 : 첫 매각기일 이전으로 법원이 정한 날까지만 배당요구 가능
   (*주택, 상가임차인으로 우선,최우선변제권자는 반드시 배당요구를 하여야 한다.)
③ 매각절차
   - ⓐ 입찰물건명세서 작성(최저입찰가격제안), 감정평가서, 현황조사보고서(차임, 보증금액 수 점유관계 등) 매각기일 1주일 전까지 법원비치(일반인 열람가능하다)
   - ⓑ 현황조사와 채권관계자 최고 / 부동산의 평가 및 최저매각가격의 결정
④ 매각 및 매각결정기일의 지정(공고 통지) : 직권으로 매각(입찰)기일(14일 전) + 공고(법원게시판, 일간신문)
⑤ 매각의 실시(매각기일)
   - ⓐ 매각방법 - ㉠호가경매, ㉡기일입찰(1기일 2회까지 입찰 가능), ㉢기간입찰(1주일 이상-1월 이하)
   - ⓑ 매수신청보증금 → 최저매각가격의 10% (입찰가 10% 아님에 유의)
   - ⓒ 최고가매수신고인의 결정(2인 이상일 때에는 해당인들만 추가입찰)
   - ⓓ 차순위 매수신고인의 결정(2인 이상일 때 신고가 높은자, 동일시 추첨)
   - ⓔ 새매각 → 유찰된 경우 통상 20% 저감(재매각과 구분)
⑥ 매각허용여부 결정
   - ⓐ 매각허용여부에 대한 이해관계인은 1주일 내 즉시항고 가능
   - ⓑ 항고공탁금은 매각대금의 10% (항고기각시 채무자, 소유자 공탁금 몰수)
   - ⓒ 농지취득자격증명은 매각허가 결정기일까지 제출해야 한다. (제출시 불허가)
⑦ 매각대금의 납부
   - ⓐ 매수인은 대금지급기한 전까지 매각대금을 완납하고 소유권 취득
   - ⓑ 최고가자 및 차순위매수신고인의 대금미납시 보증금 몰수, 재매각(저감×)
⑧ 배당절차 - 매각대금완납 + 법원은 배당기일을 정하고 배당을 실시
⑨ 소유권이전등기 등의 촉탁, 소유권 이전(말소) 등기촉탁
⑩ 인도명령, 매각대금 납부 후 6개월 이내에 채무자, 소유자 또는 부동산의 점유자에 대하여 인도명령이 가능하다. 단, 매수인에게 대항할 수 있는 권원에 의하여 점유하고 있는 것으로 인정되는 점유자는 인도명령의 대상이 되지 아니 한다.

한끝 Point

경매 종류 *빈출*

(경매- 채권액을 위하여 채무자 재산에 대한 채권자의 강제 환가절차)
① **강제경매** - 집행권원을 받아 채권자가 강제집행 / 일반재산(인적책임)
  - 집행권원 : 공적문서로서 판결문, 공증된 채권문서 등 통해 권원 효력 발생
② **임의경매** - 저당권, 전세권 등 담보권의 실행 / 특정재산(물적 책임)
  - 사전에 등기부에 찍힌 권리로 권원이 있어 바로 집행 가능

매수신청(경매참여)의 제한

다음에 해당하는 사람은 매수신청 할 수 없다.
1. 집행관 및 그 친족(4촌 이내)
2. 경매부동산을 평가한 감정인 및 그 친족
3. 집행법원을 구성하는 법관, 법원 사무관
4. 재매각에 있어서 전 매수인
5. 채무자(단, 채무자의 가족은 가능)
6. 경매관련죄로 유죄의 판결을 받고 2년이 경과되지 아니한 자

경매 point

① 배당요구 종기 공고 : 압류 효력 생긴 후 1주일 내 첫 매각기일 이전으로 종기일 정하여 공고
② 입찰실시 단계 : 입찰보증금 **최저매각가격의 10%(입찰가의 10% 아님)**
③ **새매각** : 유찰시 저감율은 20 ~ 30%(보통 20% 남짓) / 매각불허가는 저감X
④ **재매각** : 대금을 납부하지 않은 경우 재매각 - 저감률X
⑤ 경락허가 후 : 농취증 미제출시 불허가되며 불허가시 저감률 없이 새매각
⑥ 공유자 및 「임대주택법」상 임차인은 매각기일까지 보증을 제공하고 최고매수신고가격과 같은 가격으로 채무자의 지분을 우선매수신고 할 수 있다.(공유자의 우선매수권)
  (단, 임차인 우선매수권은 특별법으로 한시적 - 2년 - 적용)
⑦ 대항력 없는 임차인에 대금납부 후 6개월 이내 인도명령신청 가능(단, 대항력 있는 경우 인도 불가)
⑧ (근)저당권자, (가)압류권자, 임차권등기명령에 의한 등기권자는 배당요구하지 아니하여도 배당을 받을 수 있다.(당연배당 채권자)

한끝 기출 마무리

01. 매수인은 매각대금을 다 낸 때에 매각의 목적인 권리를 취득한다.(o)[33회*기출지문빈출*]

02. 차순위매수신고는 그 신고액이 최고가매수신고액에서 그 보증액을 뺀 금액을 넘는 때에만 할 수 있다.(o)[31회*기출지문빈출*]

03. 재매각절차에서는 전(前)의 매수인은 매수신청을 할 수 없으며 매수신청의 보증을 돌려 줄 것을 요구하지 못한다.(o)[31회]

04. 경매개시결정을 한 부동산에 대하여 다른 강제경매의 신청이 있는 때에는 법원은 뒤의 경매신청을 각하해야 한다.(x)[28회]

‖해설 및 정답‖ 다시 경매개시 결정을 할 뿐, 각하는 하지 않는다. 즉, 나중의 경매신청을 각하하지 않고 하나로 통합하여 진행한다. 단, 먼저 경매 개시결정을 한 집행절차에 따라 경매한다.

Topic 97 개별적 중개실무 - 9 (부동산 경매 - 권리분석)

2025 위패스 공인중개사 합격셀렉트

Ⅰ. 권리분석(소멸주의 vs 인수주의)

1. 소멸주의(법 제91조 제2항, 3항)

말소기준권리를 기준으로 앞서는 등기는 매수인이 인수하고, 후순위권리는 소멸하는 것이 원칙이다.

① 저당권, 근저당, 압류, 가압류, 담보가등기 → 말소기준권리 - 항상소멸
② 경매개시결정등기보다 늦게 경료된 경우(Ex. 지상권, 임차권, 가등기 등)
③ 말소기준권리보다 뒤에 설정된 용익물권(Ex. 지상권, 임차권, 가등기 등)
④ 말소기준권리 이전 전세권자가 배당을 요구한 경우(제91조 제4항)(저당권, 근저당권, 압류, 가압류, 담보가등기는 매각으로 항상 소멸한다. 이 권리들 중에 가장 먼저 설정된 권리를 말소기준권리라 한다. 말소기준권리를 기준으로 하여 권리의 소멸 또는 인수가 결정된다.)

> * 경매신청이 취하되면 압류의 효력은 소멸된다. 28회

⑤ 담보가등기는 소멸되지만, 보전가등기는 소멸되지 않는다.

2. 인수주의(법 제91조 제4항)

① 유치권, 법정지상권, 분묘기지권 → 항상 인수.
   단, 유치권자의 점유가 경매등기 전에 개시되어야 매수인에게 대항할 수 있다.
② 보증금이 전액 변제되지 않은 대항력 있는 임차인은 인수된다.
③ 말소기준권리보다 앞서 설정된 용익물권은 인수된다. (소멸×)

> 용익물권 - 지상권, 지역권, 전세권

3. 판례

① 유치권자는 매수인에 대하여 그 피담보채권의 변제가 있을 때까지 유치목적물의 부동산의 인도를 거절할 수 있을 뿐 그 피담보채권의 변제를 청구할 수 없다.
② 유치권은 인수권리에 해당하나, 경매개시결정등기가 경료되어 압류의 효력이 발생한 이후에 점유를 취득한 경우에는 대항할 수 없다.

> **한끝 Point**
>
> 저당권 2억원과 1억원의 전세권이 있을 때 낙찰자가 2.5억원에 낙찰받은 경우
>
> 1. 소멸주의 예시
>   ① 저당권이 말소기준권리가 될 때(저당권 설정 후 전세권 설정한 경우)
>   ② 저당권의 말소기준권리 2억원을 저당권자에게 배당 후 전세권자에게 차액 0.5억 지급
>
> 2. 인수주의 예시
>   ① 전세권이 먼저 설정된 경우로, 말소기준권리에 해당되지 않고 인수되는 경우
>   ② 전세권자에게 1억원을 배당한 후 저당권자에게 차액 1.5억 지급 (전세권자는 전세권 만료시 지급한다. 2.5억 낙찰가액 중 저당권자에게 1.5억만을 지급받게 되어 5천만 원 손실)
>
> 3. 인수주의 대표 빈출 지문
>   - 매수인은 매각 대상 부동산에 경매개시결정의 기입등기가 마쳐진 후 유치권을 취득한 자에게는 그 유치권으로 담보하는 채권을 변제할 책임이 없다.

한끝 기출 마무리

01. 매수인은 매각 대상 부동산에 경매개시결정의 기입등기가 마쳐진 후 유치권을 취득한 자에게 그 유치권으로 담보하는 채권을 변제할 책임이 있다.(x)31회•기출지문빈출•

‖해설 및 정답‖ 유치권은 인수되는 권리이나, 경매개시결정등기가 된 이후가 포인트가 된다. 경료 후 압류의 효력이 발생하므로 이후 점유 취득한 자는 새로운 매수인에게 유치권으로 대항할 수 없다. '경매개시결정 기입등기 이후' 유치권자에게는 매수인이 채권 변제할 책임이 없다.

02. 매각부동산의 후순위저당권자가 경매신청을 하여 매각되어도 선순위저당권은 매각으로 소멸되지 않는다.(x)29회/33회 변형 재기출

‖해설 및 정답‖ 저당권자의 경매신청으로 매각이 되는 경우, 해당 부동산의 저당권 순위 여부를 불문하고 모든 저당권이 소멸한다. 즉, 후순위 저당권자가 신청했더라도 경매로 매각되는 경우 선순위저당권은 소멸된다. (소멸주의 - 저당권)

03. 전세권 및 등기된 임차권은 저당권·압류채권·가압류채권에 대항할 수 없는 경우에는 매각으로 소멸된다.(o)33회

04. 최선순위의 전세권자는 배당요구 없이도 우선변제를 받을 수 있으며, 이 때 전세권은 매각으로 소멸한다.(x)34회

‖해설 및 정답‖ 이의제기 문제였으나, 받아들여지지 않고 해당 지문만이 옳지 않은 지문으로 변동 없이 정답이 되었다. 말소기준권리보다 앞서 설정된 용익물권은 인수되므로 매각으로 소멸하지 않는다. 단, 배당요구를 한 전세권은 순위에 관계없이 소멸한다. 본 문제에서는 1) 최선순위인 점, 2) 배당요구가 없었다는 전제이므로 소멸하지 않고 인수된다. 최선순위 전세권자는 배당요구를 하여야 우선변제를 받을 수 있다. 배당요구를 할 경우에는 매각으로 언제나 소멸한다.

Topic 98 개별적 중개실무 - 10 (부동산 경매 3 - 공매, 배당순위, 배당요구)

2025 위패스 공인중개사 합격셀렉트

Ⅰ. 공매(주체 - 국가 또는 지자체 / 한국자산관리공사)

1. 종류

(1) 압류부동산 공매

압류부동산 공매는 국세징수법 등에 근거하여 행해지는 공매로서 세금체납자의 재산을 압류한 후 체납된 세금을 받기위해 국가기관(세무서 또는 지방자치단체) 등이 한국자산 관리공사에 공매 대행을 의뢰하는 절차(경매와 유사하나 국가기관이 공매를 의뢰한다는 점에서 차이가 있다.)

(2) 수탁재산 부동산 공매(비업무용)

한국자산관리공사가 금융기관 등이 소유하고 있는 부동산과 기업체가 소유하고 있는 비업무용 부동산을 이들로부터 부동산 매각을 위임받은 대리인이 되어 위탁매각의뢰를 받아 일반인에게 매각하는 절차

(3) 유입부동산 공매

한국자산관리공사가 부실채권정리기금으로 금융기관의 부실 채권을 양수하여 부실 채권을 회수하는 과정에서 담보부동산을 한국자산 관리공사의 명의로 취득하여 일반인에게 매각하는 공매를 말한다.

Ⅱ. (법원)경매 vs (비업무용 부동산)공매

1. 경매(법률 근거 - 민사집행법)

① 명도책임이 낙찰자(매수인)에게 귀속 (단, 매수인이 대금을 낸 뒤 6월 이내에 신청 → 채무자, 소유자, 부동산 점유자에 대하여 부동산을 매수인에게 인도하도록 법원 명령 가능)
② 지정기한 내 완납의무(기한까지 일시납)
③ 매각방법 - 입찰(복수입찰 불가능, 전 낙찰자 불가능)
④ 저감률 - 통상 20%(~30%)
⑤ 허가사항 - 농업취득자격증명 제외하고 토지허가절차를 면제한다.

2. 공매(법률 근거 - 국세징수법)

① 금융기관과 자산공사가 명도책임(단, 압류부동산은 경매절차 준용 - 낙찰자)
② 최장 5년까지 분할납부 가능
③ 매각방법 - 입찰 or 수의계약(복수입찰 가능, 전 낙찰자 재입찰 가능)
④ 저감률 - 통상 10%(압류부동산의 경우는 공매시에도 10%적용)
⑤ 허가사항 - 3회 이상 유찰시 면제이나, 원칙상 면제×
　　단, 압류부동산 경·공매의 경우 토지거래허가를 면제한다.

한끝 Point

- 해당 토픽은 출제빈도와 비중이 낮지만, 배당순위와 공매는 알아두어야 합니다.

배당순위 정리 (22회 기출 – 순위 배열 문제)

0순위 - 경매비용(신청 수수료, 감정비 등 제반비용), 부동산의 제3취득자
　　　　(소유권자, 지상권자, 전세권자 등)가 지출한 필요비와 유익비
1순위 - 주택, 상가 소액보증금 우선변제
　　　　근로자의 직전 3개월분 임금채권, 3년분 퇴직금, 재해보상금
2순위 - 당해세, 집행의 목적물에 대하여 부과된 국세, 지방세(상속·증여, 재산세 등)
　　　　단, 임차인확정일자가 당해세의 법정기일보다 앞선 경우 주택임차보증금 우선지급
3순위 - 당해세(특정연도에 해당되는 세금)를 제외한 국세, 지방세,
　　　　담보물권, 등기된 임차권, 임대차보증금 우선변제권자(확정일자순)
4순위 - 1순위의 임금채권, 퇴직금을 제외한 일반임금채권
5순위 - 담보권 이후에 성립된 국세, 지방세
6순위 - 의료보험법, 산업재해보상보험법, 국민연금법에 의한 보험료 등 공과금
7순위 - 기타 일반채권(확정일자 받지 않은 임차인 포함)

배당요구를 하여야만 배당이 되는 경우

① 집행권원을 부여받은 채권자(집행력 있는 정본 – 판결문 등)
② 우선변제 또는 최우선변제청구권자(채권에 의한 대항력 있는 임차권자)
③ 첫 경매개시 결정등기 이후 등기한 채권자(가압류한 채권자)
④ 근로자의 임금 및 퇴직금 채권자 등

배당요구를 하지 않아도 배당이 되는 경우

① 경매신청한 채권자(압류 등)
② 경매개시 결정등기 전 등기한 권리자로 매각으로 인하여 소멸되는 권리자
　　(저당권, 근저당권, 전세권 등 담보권자 및 등기된 임차권자 등)
③ 경매개시 결정등기 전에 가압류한 채권자
④ 체납처분에 의한 압류권자

한끝 기출 마무리

01. 개업공인중개사가 「민사집행법」에 따른 강제경매에 관하여 중개의뢰인에게 설명한 내용으로 틀린 것은? 35회

① 법원이 경매절차를 개시하는 결정을 할 때에는 동시에 그 부동산의 압류를 명하여야 한다.
② 압류는 부동산에 대한 채무자의 관리·이용에 영향을 미치지 아니한다.
③ 제3자는 권리를 취득할 때에 경매신청 또는 압류가 있다는 것을 알았을 경우에도 압류에 대항할 수 있다.
④ 경매개시결정이 등기된 뒤에 가압류를 한 채권자는 배당요구를 할 수 있다.
⑤ 이해관계인은 매각대금이 모두 지급될 때까지 법원에 경매개시결정에 대한 이의신청을 할 수 있다.

∥해설 및 정답∥ ③(X) 권리 취득 당시 경매신청 또는 압류가 있는 경우에는 압류에 대항할 수 없다.
민사집행법 제92조(제3자와 압류의 효력) ①제3자는 권리를 취득할 때에 경매신청 또는 압류가 있다는 것을 알았을 경우에는 압류에 대항하지 못한다.

Topic 99. 개별적 중개실무 - 11 (매수신청대리1 - 등록 & 범위 & 보수)

2025 위패스 공인중개사 합격셀렉트

Ⅰ. 매수신청대리인 등록

<u>등록신청 가능자</u> - 법인 또는 공인중개사인 개업공인중개사(부칙×)
<u>등록관청</u> - 중개사무소(법인은 주된 중개사무소) 관할 지방법원의 장에게 등록

1. 등록요건 (개공 또는 법인 개공) (*소공×)

(1) 실무교육(32시간 이상 44시간 이내)

매수신청대리인등록을 하고자 하는 개업공인중개사(법인은 대표자).
단, 폐업신고 후 1년 이내에 다시 등록신청의 경우 이수 의무 면제

(2) 보증설정금액(등록 전 보증설정하여야 한다)

법인인 개업공인중개사는 4억원 이상(분사무소는 2억원), 공인중개사인 개업공인중개사는 2억원 이상(지방법원장은 14일 이내에 개업공인중개사 또는 법인으로 구분 등록하여 처분)

(3) 등록의 결격사유에 해당하지 않을 것

2. 결격사유

① 매수신청대리인 등록 취소 후 3년 미만인 자. (폐업신고는 제외)
② 매수신청대리업무에 관하여 업무정지처분 후 폐업신고하여 정지기간중 미경과
③ 경매에 관하여 유죄판결을 받고 판결확정일로부터 2년 미경과된 자(「민사집행법」제108조 제4호 해당)
④ 매수신청대리업무에 관하여 업무정지처분을 받은 법인으로 업무정지사유 발생 당시 사원 또는 임원으로 해당 법인 개업공인중개사의 업무정지기간중인 자
⑤ 위 ①부터 ④에 해당하는 자가 사원 또는 임원으로 있는 법인 개업공인중개사

3. 신청서류 (등록신청 수수료 개인 2만원, 법인 3만원 - 정부수입인지로 납부)

①등록신청서 ②여권용 사진 2매 ③실무교육 이수증 사본 ④업무보증설정증서 사본 ⑤공인중개사자격증 사본 1부 ⑥중개사무소개설등록증 사본 1부 ⑦법인인 경우 법인등기사항전부증명서 1부

Ⅱ. 매수신청대리 대상물

① 토지
② 건물 그 밖의 토지의 정착물
③ 「입목에 관한 법률」에 따른 입목
④ 「공장 및 광업재단 저당법」에 따른 광업재단
⑤ 「공장 및 광업재단 저당법」에 따른 공장재단

한끝 Point

매수신청대리권의 범위
① 매수신청보증의 제공　　② 입찰표의 작성 및 제출
③ 차순위매수신고　　　　④ 공유자의 우선매수신고
⑤ 매수신청의 보증을 돌려 줄 것을 신청하는 행위
⑥ 구「임대주택법」상 임차인의 임대주택 우선매수신고
⑦ 공유자 또는 임대주택 임차인의 우선매수신고에 따라 차순위매수신고인으로 보게 되는 경우 그 차순위 매수신고인의 지위를 포기하는 행위

매수신청대리인의 보수 공인중개사의 매수신청대리인 등록 등에 관한 규칙 제17조(보수, 영수증)

1. 상담 및 권리분석의 보수
   ① 개별매각 – 50만 원 이내에서 협의(단, 여러 부동산의 경우 1부동산당 5만원 범위 증액 상한)
   　(Ex. 3개 부동산-60만원)
   ② 일괄매각 – 4개 이상 부동산의 일괄 매각은 3개 초과시 1부동산 당 5만원 선에서 상한
   　(Ex. 4개 부동산-55만원)
   *매수신청대리는 보수 영수증발행이 필수이다. 서명·날인하여야 하며 등록된 인장으로 날인
   (중개보수는 영수증발행 의무×)

2. 매수신청대리의 보수
   ① 최고가 매수신고인 또는 매수인으로 된 경우 : 감정가의 1% 이하 또는 최저매각가격의 1.5% 이하의 범위 안에서 당사자의 협의
   ② 최고가매수신고인 또는 매수인으로 되지 못한 경우 : 50만원 이내 당사자 협의
   ③ 보수의 지급 시기 – 약정이 없을 때에는 매각대금의 지급기한일

3. 실비
   – 매수신청대리 대상물의 권리관계 확인, 현장확인 등 발생하는 실비는 30만원 이내 당사자간 협의에 의한다.(단, 통상의 실비 – 교통비, 등기발급비 등은 보수에 포함된 것으로 본다.)

한끝 기출 마무리

01. 공인중개사의 매수신청대리인 등록 등에 관한 규칙에 따라 매수신청대리인으로 등록한 甲에 관한 설명으로 틀린 것은? 29회

① 甲은 공인중개사인 개업공인중개사이거나 법인인 개업공인중개사이다.
② 매수신청대리의 위임을 받은 甲은 민사집행법에 따른 공유자의 우선매수신고를 할 수 있다.
③ 폐업신고를 하여 매수신청대리인 등록이 취소된 후 3년이 지나지 않은 甲은 매수신청대리인 등록을 할 수 없다.
④ 甲의 공인중개사 자격이 취소된 경우 지방법원장은 매수신청대리인 등록을 취소해야 한다.
⑤ 甲은 매수신청대리권의 범위에 해당하는 대리행위를 할 때 매각장소 또는 집행법원에 직접 출석해야 한다.

‖해설 및 정답‖ ③(×) 폐업신고한 경우는 위반행위가 아니므로 3년의 결격사유에 해당하지 않는다.(빈출지문)

Topic 100 개별적 중개실무-12 매수신청대리2-의무, 제재 및 금지행위 +Topic 08

Ⅰ. 매수대리인의 업무상 의무(법원휘장을 사무소의 간판이나 명칭에 표시×)
① 사건카드의 작성 및 보존 – 사건카드 비치, 내용과 서명·날인 후 <u>5년 보존</u>*서식집
② 등록증 게시 – 등록증, 매수신청대리 보수표, 보증설명 증명 서류
③ 매수신청대리 대상물의 확인·설명 – 계약체결 후 서면 <u>확인·설명 후 5년 보존</u>
- 확인·설명사항

> ⓐ 당해 매수신청대리 대상물의 표시 및 권리관계
> ⓑ 법령의 규정에 따른 제한사항
> ⓒ 당해 매수신청대리 대상물의 경제적 가치
> ⓓ 당해 매수신청대리 대상물에 관한 소유권을 취득함에 따라 부담하거나 인수하여야 할 권리 등 사항

* 매수신청대리인 등록을 한 개업공인중개사는 법원행정처장이 인정하는 특별한 경우를 제외하고는 '<u>법원</u>'의 명칭이나 휘장 등을 표시하여서는 아니 된다.

1. 개업공인중개사의 의무(확인·설명 의무 포함)
① 공정한 업무수행의무(신의성실의무) : 개업공인중개사는 신의와 성실로써 공정하게 매수신청대리업무를 수행하여야 한다.
② 비밀준수의무 : 개업공인중개사는 다른 법률에서 특별한 규정이 있는 경우를 제외하고는 그 업무상 알게 된 비밀을 누설하여서는 아니 된다. 개업공인중개사가 그 업무를 떠난 경우에도 같다.
③ 질서유지의무 : 매각절차의 적정과 매각장소의 질서유지를 위하여 「민사집행법」의 규정 및 집행관의 명령에 따라야 한다.

2. 금지행위(중개업의 금지행위와 유사 but 구분)
① <u>이중</u>으로 매수신청대리인 <u>등록신청</u>을 하는 행위
② 매수신청대리인이 된 사건에 대해 매수신청인으로서 직접 매수신청 하는 행위
③ 동일 부동산에 대하여 <u>이해관계가 다른 2인 이상의 대리인</u>이 되는 행위
④ <u>명의를 대여하거나 등록증을 대여 또는 양도</u>하는 행위
⑤ <u>다른 개업공인중개사의 명의를 사용</u>하는 행위
⑥ 「형법」 제315조에 규정된 경매·입찰<u>방해죄</u>에 해당하는 행위
⑦ 사건카드 등을 확인·설명서에 허위로 기재 또는 <u>필수기재사항 누락</u>하는 행위
⑧ 그 밖에 다른 법령에 따라 금지되는 행위

> **한끝 Point**
>
> **제재 관련 정리 (행정처분권자는 사무소 소재지 관할 지방법원장)** +Topic 08
> ① 매수신청대리인 등록 취소 된 때 – 사무실 내·외부에 업무에 관한 표시 제거
> ② 업무정지받은 때 – 해당 중개사사무소 출입문에 업무정지사실 표시하여야 한다.
> ③ 업무정지 기간 – 1개월 이상 2년 이하의 범위(중개업은 6개월 이내)
> ④ 등록관청 – 사무소 관할 지방법원장(중개업은 관할 시·군·구청장)
> ⑤ 등록취소 – 7일 이내 지방법원장에게 등록증 반납(중개업은 등록관청)
> (*유의 – 사망시-중개업 등록증 반납의무X / 매수신청대리-반납의무○)(제재X)

한끝 기출 마무리

01. 공인중개사의 매수신청대리인 등록 등에 관한 규칙에 따라 甲은 매수신청대리인으로 등록하였다. 이에 관한 설명으로 틀린 것은?[31회]

① 甲이 매수신청대리의 위임을 받은 경우 민사집행법의 규정에 따라 차순위매수신고를 할 수 있다.
② 甲은 매수신청대리권의 범위에 해당하는 대리행위를 할 때 매각장소 또는 집행법원에 직접 출석해야 한다.
③ 매수신청대리 보수의 지급시기는 甲과 매수신청인의 약정이 없을 때에는 매각대금의 지급 기한일로 한다.
④ 甲이 중개사무소를 이전한 경우 그 날부터 10일 이내에 관할 지방법원장에게 그 사실을 신고하여야 한다.
⑤ 甲이 매수신청대리 업무의 정지처분을 받을 수 있는 기간은 1월 이상 6월 이하이다.

∥해설 및 정답∥ ⑤(X) 매수신청대리업무의 업무정지처분 기간 범위는 1개월에서 24개월 이하이다.

02. '공인중개사의 매수신청대리인 등록 등에 관한 규칙'의 내용으로 틀린 것은?[26회]

① 개업공인중개사의 중개업 폐업신고에 따라 매수신청대리인 등록이 취소된 경우는 그 등록이 취소된 후 3년이 지나지 않더라도 등록의 결격사유에 해당하지 않는다.
② 개업공인중개사는 매수신청대리인이 된 사건에 있어서 매수신청인으로서 매수신청을 하는 행위를 해서는 아니된다.
③ 개업공인중개사는 매수신청대리에 관하여 위임인으로부터 수수료를 받은 경우, 그 영수증에는 중개행위에 사용하기 위해 등록한 인장을 사용해야 한다.
④ 소속공인중개사는 매수신청대리인 등록을 할 수 있다.
⑤ 매수신청대리인 등록을 한 개업공인중개사는 법원행정처장이 인정하는 특별한 경우 그 사무소의 간판에 '법원'의 휘장 등을 표시할 수 있다.

∥해설 및 정답∥ ④(X) 소속공인중개사는 매수신청대리인 등록이 불가하다.(개공 또는 법인인 개공만) ⑤(○) 법원에서 인정하는 특별한 경우'이므로 법원의 휘장을 표시하는 것이며, '특별한 경우를 제외' 하고는 법원의 휘장을 표시할 수 없다.

PART 4

WEPASS

2025 위패스 공인중개사 합격셀렉트
2차 공인중개사법령 및 실무

+Topic 01-08

Topic 01 용어의 정의 (중개계약과 전형계약 차이)

전형계약	전형 계약 특징	중개 특징	공통점
도급	ⓐ일의 완성이 목적 ⓑ보수 지급 조건 ⓒ도급인(대금지급)과 수급인(공사완성의무)의 의무	ⓐ반드시 해당 공인중개사와의 진행이 유지될 의무 없음 ⓑ중개 완성의 의무는 없음	중개와 도급 모두 보수 수령을 목적으로 한다는 점에서 동일
위임	ⓐ수임사무(맡겨서 진행) ⓑ원칙은 무상 ⓒ신뢰를 기반으로 함	ⓐ신뢰관계전제하지 않음 (신의성실과는 다름*) ⓑ유상이 원칙 ⓒ완성의 의무없음	선관주의(선량한 관리자의 주의) 의무가 있다는 법원 판례
대리	ⓐ법률행위 대리 ⓑ효과가 본인에게 귀속 (본인을 대리함)	ⓐ사실행위 ⓑ제3자로 참가, 보조적 역할이며 사실행위	본인의 법률효과를 얻기위한 거래 등에 영향을 주는 행위
고용	ⓐ노무의 제공 조건 ⓑ완성여부와 무관하게 보수 지급 의무	ⓐ독자적 업무수행 ⓑ일의 완성이 되면(중개계약) 보수 지급	노무(중개) 제공
이행관계 (중도금 및 잔금)	계약 체결 후 중도금 및 잔금은 이행행위(이행관계)	거래계약 체결로 중개완성	중개영역도 이행관계의 종료까지 선관주의의무(판례)
현상광고	ⓐ요물계약 중 1개에 해당 (현.대.계.보) ⓑ일의 완성을 조건으로 지급	거래계약 체결로 중개 완성	중개영역도 이행관계의 종료까지 선관주의의무(판례)

한끝 Point

1. 위임은 당사자간의 신뢰관계를 기초로 한 무상계약이 원칙이고 수임인은 사무를 적극적으로 처리해야 할 의무를 부담한다.
2. 중개는 유상계약이 원칙이고 반드시 적극적으로 중개를 성사시켜야 할 의무를 부담하는 것은 아니다.
3. 민법상, 부동산 중개 모두 쌍방 대리가 금지된다. 단, 민법상 채무의 이행은 쌍방대리가 가능하다.
4. <u>저당권설정행위의 알선은 중개에 해당되나 금전소비대차 알선, 권리금조정, 알선은 중개가 아니다.</u>
5. 중개행위에 해당하는지 여부는 개업공인중개사의 주관적 의사에 의해 결정할 것이 아니라 개업공인중개사의 행위를 객관적으로 보아 <u>사회통념상 거래 알선·중개를 위한 행위라고 인정되는지 여부에 의해 결정</u>하여야 한다.
6. 중개계약은 민법상의 위임계약과 유사하며 위임계약의 본질상 각 당사자는 언제든지 이를 해지할 수 있다.

한끝 기출 마무리

01. 중개사무소 개설등록을 하지 않고 부동산 거래를 중개한 자가 거래당사자들에게서 단지 보수를 받을 것을 약속하거나 요구하는 데 그친 경우라도 공인중개사법령상 처벌 대상이 된다.(x)[22회]

> ‖해설 및 정답‖ 보수의 약속·요구만은 중개업 성립으로 볼 수 없으나, 당좌수표를 보수로 받은 후 부도나 반환은 중개업으로 볼 수 있다. (판례)

02. 고용과 중개행위는 일의 완성에 따른 보수지급 여부에 있어 차이가 있다.(o)[22회]

03. 도급과 중개는 일의 완성을 보수지급요건으로 하는 점에서는 같으나, 도급은 일의 완성결과 하자가 있으면 보수를 감액할 수 있다는 점에서 중개행위와 구별된다.(o)[22회]

Topic 02 고용인에 대한 개업공인중개사의 책임

① 고용인의 모든 행위가 아니라 '업무상 행위'만 개업공인중개사의 행위로 간주
② 고용인의 업무상 위법행위에 대하여 개업공인중개사는 고용인과 언제나 동일한 책임을 지는 것은 아니다.
③ 공동사무소의 경우 고용인에 대한 책임은 그를 고용한 개업공인중개사만 책임이 있다.
④ 고용인과의 관계에서 피해자에게도 과실이 있다면 개업공인중개사는 손해배상책임의 범위를 정함에 있어서 과실상계를 주장할 수 있으며, 법원은 '과실상계'를 참작하여야 한다.
⑤ 고용인의 업무상 위법행위에 대하여 양벌규정(법 제50조)에 따라 개업공인중개사는 벌금형을 받을 수 있다.
⑥ 고용인의 업무상 위법행위에 대하여 개업공인중개사가 그 위반행위를 방지하기 위하여 해당 업무에 관하여 상당한 주의와 감독을 게을리하지 아니한 경우에는 양벌규정은 적용되지 않는다.
⑦ 개업공인중개사가 양벌규정에 따라 300만원 이상의 벌금형을 선고 받았더라도 결격자가 아니 된다. *판례* + 등록이 취소되지 않는다. *판례*
⑧ 개업공인중개사는 고용인의 불법에 대하여 대위배상을 한 경우에는 구상권 행사가 가능하다.

> **한끝 Point**
> 1. 개업공인중개사는 고용인의 업무상 행위에 대해 무과실책임으로서 사용자 책임을 지게 된다.
> 2. 고용인(과실책임) / 개업공인중개사(무과실책임)
>   ① 고용인의 과실에 따른 민사상 불법행위 → 개업공인중개사의 무과실책임
>   ② 선택청구, 연대청구 가능 / 개업공인중개사가 배상 후 고용인에게 구상권 가능

한끝 기출 마무리

01. 중개보조원의 업무상 행위는 그를 고용한 개업공인중개사의 행위로 추정한다.(x)[26회/30회]

> ‖해설 및 정답‖ 추정과 간주는 다르다. 행위간주 규정을 기억하여야 한다.

02. 소속공인중개사 乙이 징역 또는 벌금형을 선고받은 경우 개업공인중개사 甲은 乙의 위반 행위 방지를 위한 상당한 주의·감독을 게을리 하지 않았더라도 벌금형을 받는다.(x)[29회]

> ‖해설 및 정답‖ 고용인의 업무상 위법행위에 대하여 개업공인중개사가 그 위반행위를 방지하기 위하여 해당 업무에 관하여 상당한 주의와 감독을 게을리 하지 아니한 경우에는 양벌규정은 적용되지 않는다.

03. 중개보조원 乙로 인하여 손해를 입은 중개의뢰인은 개업공인중개사 甲과 乙에 대하여 연대 또는 선택적으로 손해배상을 청구할 수 있다. (o)[21회]

+Topic 03 부동산거래신고-제19조, 제24조, 제25조

2025 위패스 공인중개사 합격셀렉트

> **제19조(지가 동향의 조사)** 국토교통부장관이나 시·도지사는 토지거래허가 제도를 실시하거나 그 밖에 토지정책을 수행하기 위한 자료를 수집하기 위하여 대통령령으로 정하는 바에 따라 지가의 동향과 토지거래의 상황을 조사하여야 하며, 관계 행정기관이나 그 밖의 필요한 기관에 이에 필요한 자료를 제출하도록 요청할 수 있다. 이 경우 자료 제출을 요청받은 기관은 특별한 사유가 없으면 요청에 따라야 한다.

1. 국토교통부장관의 조사

국토교통부장관은 연 1회 이상 전국의 지가변동률을 조사하여야 하며, 국토교통부장관은 필요한 경우에는 「한국부동산원법」에 따른 한국부동산원의 원장으로 하여금 매월 1회 이상 지가동향, 토지거래상황 및 그 밖에 필요한 자료를 제출하게 할 수 있다. 이 경우 실비의 범위에서 그 소요비용을 지원하여야 한다.

2. 시 도지사의 지가동향 조사 등

① 관할구역의 지가동향 및 토지거래상황을 조사하여야 하며, 그 결과 필요한 경우에는 토지거래허가구역을 지정, 축소 또는 해제를 요청할 수 있다. (시행령 제17조)

② 시·도지사는 영 제17조 제3항에 따라 다음 각 호의 순서대로 지가동향 및 토지거래상황을 조사하여야 한다. (시행규칙 제20조)

ⓐ ~ ⓒ의 순서대로 지가동향 및 토지거래상황을 조사해야 한다.

ⓐ 개황조사
관할구역 안의 토지거래상황을 파악하기 위하여 분기별로 1회 이상 개괄적으로 실시하는 조사

ⓑ 지역별 조사
개황조사 결과 등에 따라 토지거래허가구역 지정요건을 충족시킬 수 있는 개연성이 높다고 인정되는 지역에 대하여 지가동향 및 토지거래상황을 파악하기 위하여 매월 1회 이상 실시하는 조사

ⓒ 특별집중조사
지역별 조사 실시 결과 허가구역의 지정요건을 충족시킬 수 있는 개연성이 특히 높다고 인정되는 지역에 대하여 지가동향 및 토지거래상황을 파악하기 위하여 실시하는 조사

※제5장 부동산 정보 관리(33회 기출)

> **제24조(부동산정책 관련 자료 등 종합관리)** ① 국토교통부장관 또는 시장·군수·구청장은 적절한 부동산정책의 수립 및 시행을 위하여 부동산 거래상황, 주택 임대차 계약상황, 외국인 부동산 취득현황, 부동산 가격 동향 등 이 법에 규정된 사항에 관한 정보를 종합적으로 관리하고, 이를 관련 기관·단체 등에 제공할 수 있다.〈개정 2020. 8. 18.〉
> ② 국토교통부장관 또는 시장·군수·구청장은 제1항에 따른 정보의 관리를 위하여 관계 행정기관이나 그 밖에 필요한 기관에 필요한 자료를 요청할 수 있다. 이 경우 관계 행정기관 등은 특별한 사유가 없으면 요청에 따라야 한다.
> ③ 제1항 및 제2항에 따른 정보의 관리·제공 및 자료요청은 「개인정보 보호법」에 따라야 한다
>
> **제25조(부동산정보체계의 구축·운영)** 국토교통부장관은 효율적인 정보의 관리 및 국민편의 증진을 위하여 대통령령으로 정하는 바에 따라 부동산거래 및 주택 임대차의 계약·신고·허가·관리 등의 업무와 관련된 정보체계를 구축·운영할 수 있다.〈개정 2020. 8. 18.〉

1. **국토교통부장관은 효율적인 정보의 관리 및 국민편의 증진을 위하여 대통령령으로 정하는 바에 따라 부동산거래 및 주택 임대차의 계약·신고·허가·관리 등의 업무와 관련된 정보체계를 구축·운영할 수 있다.**

    (위탁 – 국토교통부장관은 부동산거래가격 검증체계 구축·운영업무, 신고내용 조사업무 중 대상자 선정·자료접수 등, 부동산정보체계 구축·운영업무를 한국부동산원에 위탁한다.)

2. **정보체계 구축·운영대상**
    ① 부동산거래신고 정보
    ② 부동산거래계약 등 부동산거래 관련 정보
    ③ 검증체계 관련 정보
    ④ 「부동산등기 특별조치법」에 따른 검인 관련정보
    ⑤ 외국인 등의 부동산취득·보유신고 자료 및 관련 정보
    ⑥ 토지거래계약의 허가 관련 정보
    ⑦ 주택임대차계약신고, 변경 및 해제신고 정보

한끝 기출 마무리

01. 부동산 거래신고 등에 관한 법령상 부동산정보체계의 관리 대상 정보로 명시된 것을 모두 고른 것은? [33회]

> ㄱ. 부동산 거래계약 등 부동산거래 관련 정보
> ㄴ. 「부동산등기 특별조치법」제3조에 따른 검인 관련 정보
> ㄷ. 중개사무소의 개설등록에 관한 정보
> ㄹ. 토지거래계약의 허가 관련 정보

① ㄱ, ㄷ　　② ㄴ, ㄹ　　③ ㄱ, ㄴ, ㄹ
④ ㄴ, ㄷ, ㄹ　　⑤ ㄱ, ㄴ, ㄷ, ㄹ

‖해설 및 정답‖ ③

Topic 04 중개실무 - (중개대상물 확인 설명서 - 서식, 작성 종합)

2025 위패스 공인중개사 합격셀렉트

I. 확인설명서 필수 체크사항 정리

① 개업공인중개사는 중개가 완성되어 거래계약서를 작성 하는 때에는 확인·설명사항을 서면으로 작성하여 거래당사자에게 교부하고 일정기간 동안 그 원본, 사본을 보존하여야 한다. 단, 확인·설명사항이 「전자문서 및 전자거래 기본법」에 따른 공인전자문서센터에 보관된 경우에는 그러하지 아니하다.

② 개업공인중개사는 중개가 완성되어 거래계약서를 작성하는 때에는 확인·설명서를 3부를 작성한다. (공동중개시에는 개업공인중개사의 수만큼 추가)

③ 개업공인중개사가 성실, 정확하게 중개대상물의 확인·설명을 하지 아니하거나 설명의 근거자료를 제시하지 아니한 경우 500만원 이하의 과태료 사유에 해당한다.

④ 중개대상물 확인·설명의무를 게을리 한 과실로 인하여 계약이 해제되는 등 중개의뢰인에게 재산상 손해를 발생하게 한 때에는 그 손해도 배상할 책임이 있다. *판례*

⑤ 개업공인중개사가 확인·설명 의무 위반으로 계약이 무효 취소, 해제된 경우 중개보수청구권은 소멸된다. (고의, 과실의 경우에는 보수 청구권×)

⑥ 중개대상물 확인·설명서 작성은 중개사고에 대한 개업공인중개사의 면책 또는 손해배상책임 발생 여부를 결정하는 증명서류가 된다.

⑦ <u>기본 확인사항과 세부 확인사항을 구분</u>하여 암기한다. (확인·설명서식)

⑧ 분양권 중개의 경우에도 확인·설명서는 작성하여야 한다.

⑨ 공인중개사 (개업공인중개사(법인 포함), 분사무소 책임자, 소속공인중개사 등 중개에 참여한 공인중개사) → <u>서명 '및' 날인</u>(2p의 설명부분만 유일한 '또는')

권리이전의뢰인(매도, 임대)과 권리취득의뢰인(매수, 임차) → <u>서명 '또는' 날인</u>

> **한끝 Point**
>
> 1. 확인·설명서는 주거용 건축물[Ⅰ], 비주거용 건축물[Ⅱ], 토지[Ⅲ], 입목·광업재단·공장재단[Ⅳ]으로 부동산 종류별 총 4종으로 구분되어 있다.
> 2. 거래당사자 쌍방에 각 1부씩 교부하고 개업공인중개사는 3년 동안 보관한다.
>   (보관의무기간 - 거5/확3/전3을 기억하자)
>
> **확인설명서(Ⅰ부터 Ⅳ) 공통 기재사항**
> ① 대상물건의 표시
> ② 권리관계
> ③ 거래예정금액 등
> ④ 취득 시 부담할 조세의 종류 및 세율
> ⑤ 실제 권리관계 또는 공시되지 않은 물건의 권리 사항
> ⑥ 중개보수 (부가세 별도 가능)
>
> **확인설명서(Ⅰ부터 Ⅳ) 임대차의 경우** 생략 가능한 경우
> ① 공법상 이용제한 및 거래규제   ② 공시가격
> ③ 권리를 취득함에 따라 부담할 조세의 종류 및 세율   ④ 개별공시지가

한끝 기출 마무리

01. 공인중개사법령상 중개업자의 중개대상물확인·설명서 작성에 관한 설명으로 옳은 것은?^{25회/28회}

① 중개업자는 중개가 완성되어 거래계약서를 작성하는 때, 확인·설명사항을 서면으로 작성하여 거래당사자에게 교부하고 확인·설명서 사본을 5년간 보존해야 한다.
② 중개업자는 중개대상물의 상태에 관한 자료요구에 매도의뢰인이 불응한 경우, 그 사실을 매수의뢰인에게 설명하고 중개대상물확인·설명서에 기재해야 한다.
③ 중개대상물확인·설명서에는 중개업자가 서명 또는 날인하되, 당해 중개행위를 한 소속공인중개사가 있는 경우에는 소속공인중개사가 함께 서명 또는 날인해야 한다.
④ 공동중개의 경우, 중개대상물확인·설명서에는 참여한 중개업자(소속공인중개사 포함) 중 1인이 서명·날인하면 된다.
⑤ 중개가 완성된 후 중개업자가 중개대상물확인·설명서를 작성하여 교부하지 아니한 것만으로도 중개사무소 개설 등록 취소사유에 해당한다.

> ‖해설 및 정답‖ ②
> ①(X) 당사자에게 교부하고 확인·설명서 원본, 사본 또는 전자문서를 '3년'간 보존해야 한다.
> ②(O) 확인설명서에 공란 또는 누락을 하여서는 아니된다. 불응 시 기재한다.
> ③(X) 공인중개사 → 서명 '및' 날인 기억하자!
> ④(X) 공동중개시에는 참여한 모든 개업공인중개사가 서명 및 날인한다.
> ⑤(X) 업무정지사유이다.

Topic 05. 개별적 중개실무 - 계약갱신 거절 임대인의 손해배상 3가지

Ⅰ. 손해배상 방법

임대인이 목적 주택에 실제 거주하려는 사유로 갱신을 거절하였음에도 불구하고 갱신요구가 거절되지 아니하였더라면 갱신되었을 기간이 만료되기 전에 정당한사유 없이 제3자에게 목적 주택을 임대한 경우 임대인은 갱신거절로 인하여 임차인이 입은 손해를 배상하여야 한다.
(법 제6조의 3 제5항)

손해배상액은 합의가 이루어지지 않는 한 다음의 금액 중 큰 금액으로 한다. (법 제6조의3 제6항)

① 갱신거절 당시 월차임(차임 외에 보증금이 있는 경우에는 그 보증금을 연 10% 또는 한국은행 기준금리에 2%를 더한 비율 중 낮은 비율에 따라 월 단위의 차임으로 전환한 금액을 포함)의 3개월 분에 해당하는 금액
② 임대인이 제3자에게 임대하여 얻은 환산월차임과 갱신거절 당시 환산월차임 간 차액의 2년 분에 해당하는 금액
③ 임대인이 실제 거주할 목적인 갱신거절로 인해 임차인이 입은 손해액

+Topic 06 개별적 중개실무 – 묵시적 갱신

2025 위패스 공인중개사 합격셀렉트

I. 묵시적 갱신 (주택)

임대인이 임대차기간이 만료되기 6개월 전부터 1개월 전까지 사이에 임차인에게 갱신거절의 통지 또는 조건 변경의 통지를 하지 아니한 경우에는 그 기간이 만료된 때에 전 임대차와 동일한 조건으로 다시 임대차한 것으로 본다.(「주택임대차보호법」제6조제1항)

이 경우 임대차의 존속기간은 *전 임대차와 달리 2년으로 본다. 그러나 계약이 갱신된 경우 임차인은 언제든지 임대인에게 계약해지(契約解止)를 통지할 수 있으며, 이러한 해지는 임대인이 그 통지를 받은 날부터 3개월이 지나면 그 효력이 발생한다.(「주택임대차보호법」제6조제2항)

※ 다만, 2기(期)의 차임액(借賃額)에 달하도록 연체하거나 그 밖에 임차인으로서의 의무를 현저히 위반한 임차인에 대하여는 이를 적용하지 않는다.(「주택임대차보호법」제6조 제3항)

* 상가임대차의 경우, *전 임대차와 달리 존속기간은 1년으로 본다.
* 상가임대차의 경우, 상임법 적용 기준 보증금액을 초과하는 임대차의 경우에는 묵시적 갱신을 인정하지 않는다.(상임법 제2조 제3항)

한끝 기출 마무리

01. 개업공인중개사 甲의 중개로 乙과 丙은 丙소유의 주택에 관하여 임대차계약(이하 '계약'이라 함)을 체결하려 한다. 「주택임대차보호법」의 적용에 관한 甲의 설명으로 틀린 것은?(임차인 乙은 자연인임)[32회]

① 乙과 丙이 임대차기간을 2년 미만으로 정한다면 乙은 그 임대차기간이 유효함을 주장할 수 없다.
② 계약이 묵시적으로 갱신되면 임대차의 존속기간은 2년으로 본다.
③ 계약이 묵시적으로 갱신되면 乙은 언제든지 丙에게 계약해지를 통지할 수 있고, 丙이 그 통지를 받은 날부터 3개월이 지나면 해지의 효력이 발생한다.
④ 乙이 丙에게 계약갱신요구권을 행사하여 계약이 갱신되면, 갱신되는 임대차의 존속기간은 2년으로 본다.
⑤ 乙이 丙에게 계약갱신요구권을 행사하여 계약이 갱신된 경우 乙은 언제든지 丙에게 계약해지를 통지할 수 있다.

‖해설 및 정답‖ ①
①(X) 乙이 임차인이므로, 임차인은 그 정한 기간의 유효함을 주장할 수 있다.(임대인이 주장할 수 없다.
②(O) 지문을 잘 보아야 한다. (묵시적 갱신의 특징)

Topic 07 개별적 중개실무 - 임대차분쟁조정위원회

Ⅰ. 주택임대차분쟁조정위원회

1. 주택임대차분쟁조정위원회 설치

(1) 공단, 공사, 감정원

이 법의 적용을 받는 주택임대차와 관련된 분쟁을 심의·조정하기 위하여 대통령령으로 정하는 바에 따라 「법률구조법」제8조에 따른 대한법률구조공단(이하 '공단'이라 한다)의 지부, 「한국토지주택공사법」에 따른 한국토지주택공사(이하 '공사'라 한다)의 지사 또는 사무소 및 한국부동산원법에 따른 한국부동산원(이하 '한국부동산원')의 지사 또는 사무소에 주택임대차분쟁조정위원회(이하 '조정위원 회'라 한다)를 둔다. (법 제14조 제1항)

(2) 시·도

특별시·광역시·특별자치시·도 및 특별자치도(이하 '시·도'라 한다)는 그 지방자치단체의 실정을 고려하여 조정위원회를 둘 수 있다. (법 제14조 제1항)

2. 조정위원회 심의 조정사항

조정위원회는 다음 각 호의 사항을 심의·조정한다. (법 제14조 제2항)
① 차임 또는 보증금의 증감에 관한 분쟁
② 임대차기간에 관한 분쟁
③ 보증금 또는 임차주택의 반환에 관한 분쟁
④ 임차주택의 유지·수선의무에 관한 분쟁
⑤ 공인중개사 보수 등 비용부담에 관한 분쟁(대통령령

3. 조정위원회 구성 및 운영

(1) 구성

조정위원회는 위원장 1명을 포함하여 5명 이상 30명 이하의 위원으로 성별을 고려하여 구성한다. (제 16조 제1항)

(2) 위원

① 위원 임명
조정위원회의 위원은 조정위원회를 두는 기관에 따라 공단 이사장, 공사 사장, 감정원 원장 또는 조정위원회를 둔 지방자치단체의 장이 각각 임명하거나 위촉한다. (제16조 제2항)
② 조정위원의 자격 및 구성
주택임대차에 관한 학식과 경험이 풍부한 사람으로서, 위원중 5분의 2 이상은 판사, 검사 또는 변호사로 6년 이상 재직한자이어야 한다.

③ 위원장

조정위원회의 위원장은 제3항 제2호에 해당하는 위원 중에서 위원들이 호선한다. (제16조 제5항) 조정위원회위원장은 조정위원회를 대표하여 그 직무를 총괄한다. (제16조 제5항) 조정위원회위원 장이 부득이한 사유로 직무를 수행할 수 없는 경우에는 조정위원회위원장이 미리 지명한 조정위원이 그 직무를 대행한다. (제16조 제6항)

④ 위원 임기

조정위원의 임기는 3년으로 하되 연임할 수 있으며, 보궐위원의 임기는 전임자의 남은 임기로 한다. (제16조 제6항)

4. 조정신청의 과정

(1) 조정의 신청

주택임대차분쟁의 당사자는 해당 주택이 소재하는 공단 또는 시·도 조정위원회에 분쟁의 조정을 신청할 수 있다.

(2) 조정절차

송달 받은 피신청인이 조정에 응하고자 하는 의사를 조정위원회에 통지하면 조정절차가 개시된다.

(3) 처리기간

조정신청을 받은 날부터 60일 이내에 그 분쟁조정을 끝내야 한다. 단, 부득이한 사정이 있는 경우 위원회의 의결을 거쳐 30일의 범위에서 그 기간을 연장 할 수 있다.

(4) 조정의 성립

당사자가 조정안을 수락한 경우 조정안과 동일한 내용의 합의가 성립된 것으로 본다.
조정안을 통지 받은 당사자가 통지를 받은 날부터 14일 이내에 수락의 의사를 서면으로 표시하지 아니한 경우, 조정을 거부한 것으로 본다.

Ⅱ. 상가건물임대차 분쟁조정위원회

1. 위원회의 설치

대한법률구조공단, 한국토지주택공사, 한국부동산원의 지부 등에 둔다. (현재는 한국부동산원에 모두 위임)(시·도 – 둘 수 있다.)

2. 구성 및 임기

위원장 1명(호선)을 포함 5명 이상 30명 이하의 위원으로 구성, 위원의 임기 3년으로 하며, 연임할 수 있다.

3. 조정사항

차임, 보증금 증감, 임대차기간, 반환, 수선, 중개보수, 권리금 분 쟁 등(이외의 사항은 주택임대차분쟁조정위원회를 준용한다.)

Topic 08. 개별적 중개실무 - 매수신청대리의 감독, 제재 정리

Ⅰ. 지도·감독

① 감독 대상 : 법원행정처장은 <u>협회를 감독</u>, 지방법원장은 협회의 시·도 지부와 개업 공인중개사를 감독
② 감독상 명령 방법 : 행정명령, 행정조사
③ 지방법원장은 지원장과 협회의 시·도 지부에 감독사무를 위탁할 수 있다.
  (단, 위탁받은 지부는 감독 결과를 보고하여야 한다.)
④ 통지 : 공인중개사협회는 등록관청으로부터 <u>등록, 등록취소</u> 등 통보받은 사항을 <u>10일</u> 내에 법원행정처장에게 통지 → 법원행정처장은 다시 지방법원장 통지 지방법원장은 매월 매수신청대리인 등록 등의 사항 <u>다음 달 10일까지</u> 법원행정처장에게 통지 → 법원행정처장은 다시 <u>다음 달 15일까지 공인중개사협회에 통지하여야 한다.</u>

Ⅱ. 등록취소

1. 절대적 등록취소 : 지방법원장은 다음의 경우 등록을 취소하여야 한다.
① 개업공인중개사가 결격사유에 해당하는 경우
② 중개업, 매수신청대리의 업을 폐업신고 한 경우
③ 공인중개사자격이 취소된 경우
④ 중개사무소 개설등록이 취소된 경우
⑤ 등록 당시 매수신청대리인의 등록요건을 갖추지 않았던 경우
⑥ 등록 당시 매수신청대리인의 결격사유가 있었던 경우

2. 상대적 등록취소(절대업무정지) : 지방법원장은 등록을 취소할 수 있다.
① 등록 후 매수신청대리인의 등록요건을 갖추지 못하게 된 경우
② 등록 후 매수신청대리인의 결격사유가 있게 된 경우
③ 사건카드를 작성하지 아니하거나 보존하지 아니한 경우
④ 매수신청대리 대상물의 확인·설명서를 교부하지 아니하거나 보존 하지 아니한 경우
⑤ 보수 이외의 명목으로 보수를 받은 경우, 예규에서 정한 보수를 초과하여 받은 경우, 보수의 영수증을 교부하지 아니한 경우
⑥ 비밀준수의무를 위반한 경우
⑦ 집행관의 명령위반한 경우
⑧ 매수신청대리의 금지행위를 위반한 경우
⑨ 감독상의 명령이나 중개사무소의 출입, 조사 또는 검사에 대하여 기피, 거부 또는 방해하거나 거짓으로 보고 또는 제출한 경우 - 상대적(임의적) 업무정지 가능
⑩ 최근 1년 안에 이 규칙에 따라 2회 이상 업무정지처분을 받고 다시 업무정지처분에 해당하는 행위를 한 경우

Ⅲ. 업무정지

1. 절대적 업무정지 : 지방법원장은 업무를 정지하는 처분을 하여야 한다.
① 휴업하였을 경우
② 공인중개사자격을 정지당한 경우
③ 중개업의 업무의 정지를 당한 경우
④ 상대등록취소사유에 해당하는 경우(지도·감독상 명령 불응 제외), 업무정지기간은 1개월 이상 2년 이하로 한다.

2. 임의적(상대적) 업무정지사유
지방법원장은 매수신청대리인 등록을 한 개업공인 중개사가(분사무소 포함) 다음에 해당하는 경우에는 기간(1개월 이상 2년 이하)을 정하여 업무의 정지를 명할 수 있다.
① 「민사집행법」 제108조 제1호 내지 제3호(다른 사람의 매수신청을 방해 하거나 담합 등의 행위)중 어느 하나에 해당하는 경우
② 등록증 등을 게시하지 아니한 경우
③ 등록인장을 사용하지 아니하여 서명·날인한 경우
④ 사무소 이전 등의 신고를 하지 아니한 경우
⑤ 감독상 명령 등을 위반한 경우
⑥ 법원의 명칭이나 휘장 등을 표시하였을 경우
⑦ 그 밖에 이 규칙에 따른 명령이나 처분에 위반한 경우

3. 의견진술의 기회 부여
등록취소, 업무정지처분시는 10일 이상의 기간을 두어 의견진술 부여하여야 한다.

4. 등록이 취소된 경우
개업공인중개사 사망시는 세대를 같이 하고 있는 자가, 법인인 개업공인중개사가 해산한 경우에는 당해 법인의 대표자 또는 임원이었던 자가 7일 이내에 등록증을 관할 지방법원장에게 반납하여야 한다.
(*중개사무소 개설등록증은 사망 시 반납의무×, 매수신청대리 등록증은 반납의무○)

PART 5

WEPASS

2025 위패스 공인중개사 합격셀렉트
2차 공인중개사법령 및 실무

서식 부록

※ **부동산중개사무소 개설등록 신청서 & 개업공인중개사 인장등록 신고서**

■ 공인중개사법 시행규칙[별지 제5호서식] 〈개정 2016. 12. 30.〉

[ ] 부동산중개사무소 개설등록신청서
[ ] 개업공인중개사 인장등록 신고서

※ [ ]에는 해당하는 곳에 √표를 합니다.

접수번호	접수일		처리기간	7일
신청인	성명(대표자)		주민등록번호(외국인등록번호)	
	주소(체류지)			
	(전화번호:	휴대전화:	)	
	공인중개사 자격증 발급 시·도			
개업공인중개사 종별	[ ] 법인 [ ] 공인중개사			
사무소	명칭		전화번호(휴대전화)	
	소재지			

「공인중개사법」 제9조·제16조 및 같은 법 시행규칙 제4조·제9조에 따라 위와 같이   [ ] 부동산중개
사무소 개설등록 신청서를   [ ] 개업공인중
개사 인장등록 신고서를   제출합니다.

년   월   일

신청인   (서명 또는 인)

시장·군수·구청장   귀하

		수수료
신청인 제출서류	1. 「공인중개사법」 제34조제1항에 따른 실무교육의 수료확인증 사본 1부(영 제36조제1항에 따라 실무교육을 위탁받은 기관 또는 단체가 실무교육 수료 여부를 등록관청이 전자적으로 확인할 수 있도록 조치한 경우는 제외합니다). 2. 여권용(3.5cm×4.5cm) 사진 1매 3. 건축물대장(「건축법」 제20조제5항에 따른 가설건축물대장은 제외합니다)에 기재된 건물(준공검사, 준공인가, 사용승인, 사용검사 등을 받은 건물로서 건축물대장에 기재되기 전의 건물을 포함합니다)에 중개사무소를 확보하였음을 증명하는 서류 1부(건축물대장에 기재되지 않은 건물에 중개사무소를 확보하였을 경우에는 건축물대장 기재가 지연되는 사유를 적은 서류도 함께 내야 합니다). 4. 다음 각 목의 서류 각 1부(외국인이나 외국에 주된 영업소를 둔 법인의 경우로 한정합니다) 　가. 「공인중개사법」 제10조제1항 각 호의 어느 하나에 해당되지 아니함을 증명하는 다음의 어느 하나에 해당하는 서류 　　1) 외국 정부나 그 밖의 권한 있는 기관이 발행한 서류 또는 공증인(법률에 따른 공증인의 자격을 가진 자만 해당합니다. 이하 이 목에서 같습니다)이 공증한 신청인의 진술서로서 「재외공관 공증법」에 따라 그 국가에 주재하는 대한민국공관의 영사관이 확인한 서류 　　2) 「외국공문서에 대한 인증의 요구를 폐지하는 협약」을 체결한 국가의 경우에는 해당 국가의 정부나 공증인, 그 밖의 권한이 있는 기관이 발행한 것으로서 해당 국가의 아포스티유(Apostille) 확인서 발급 권한이 있는 기관이 그 확인서를 발급한 서류 　나. 「상법」 제614조에 따른 영업소의 등기를 증명할 수 있는 서류	수수료 시·군·구 조례로 정하는 금액 (등록인장 인)
담당 공무원 확인사항	1. 법인 등기사항증명서 2. 건축물대장(「건축법」 제20조제5항에 따른 가설건축물대장은 제외합니다).	

유의사항

1. 시장·군수·구청장은 「공인중개사법」 제5조제2항에 따라 공인중개사 자격증을 발급한 시·도지사에게 개설등록을 하려는 자(법인의 경우에는 대표자를 포함한 공인중개사인 임원 또는 사원을 말합니다)의 공인중개사 자격 확인을 요청하여야 합니다.
2. 개설등록 통지 시 개업공인중개사는 손해배상책임 보증증명서류를 등록관청에 신고 후 등록증을 발급받습니다.

(뒤쪽)

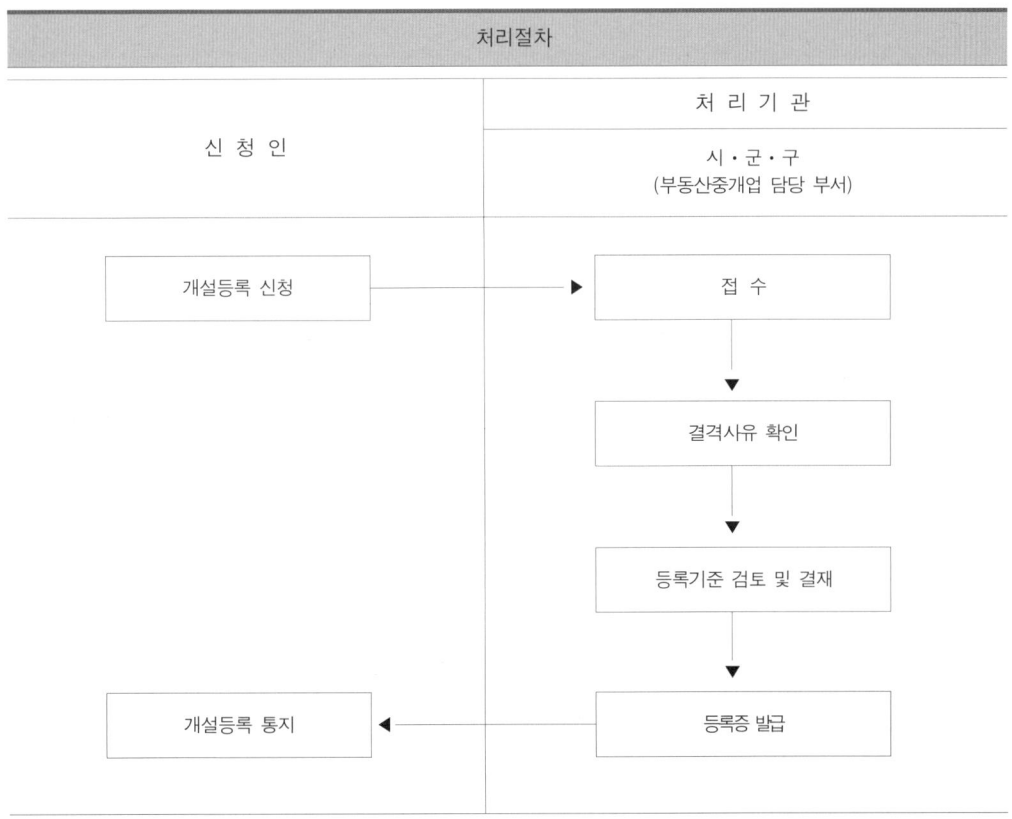

※중개사무소 등록증

■ 공인중개사법 시행규칙 [별지 제6호서식] 〈개정 2016. 12. 30.〉

제   호

중개사무소 등록증

사진(여권용 사진)
(3.5cm×4.5cm)

성명(대표자)		생 년 월 일	
개업공인중개사 종별	[ ] 법인 [ ] 공인중개사 [ ] 법 제7638호 부칙 제6조제2항에 따른 개업공인중개사			
중개사무소 명칭			
중개사무소 소재지			
등록인장 (중개행위 시 사용)		‹변경 인장›	

「공인중개사법」 제9조제1항에 따라 위와 같이 부동산중개사무소 개설등록을 하였음을 증명합니다.

년   월   일

시장 · 군수 · 구청장   [직인]

210mm×297mm[백상지(1종) 120g/㎡]

※분사무소 설치신고서

■ 공인중개사법 시행규칙[별지 제9호서식] 〈개정 2021. 1. 12.〉

분사무소 설치신고서

접수번호		접수일		처리기간	7일

신고인	성명(대표자)		주민등록번호(외국인등록번호)	
	주소(체류지)			
	(전화번호:	)	휴대전화:	)

본사	명칭		등록번호	
	소재지			
	(전화번호:	)	휴대전화:	)

분사무소	소재지			
			(전화번호:	)
	책임자	성명	주민등록번호(외국인등록번호)	
		주소(체류지)	공인중개사 자격증 발급 시·도	

「공인중개사법」 제13조제3항 및 같은 법 시행령 제15조제3항에 따라 위와 같이 신고합니다.

년 월 일

신청인 (서명 또는 인)

시장·군수·구청장 귀하

신청인 제출서류	1. 분사무소 책임자의 「공인중개사법」 제34조제1항에 따른 실무교육의 수료확인증 사본 1부 2. 「공인중개사법 시행령」 제24조에 따른 보증의 설정을 증명할 수 있는 서류 1부 3. 건축물대장(「건축법」 제20조제5항에 따른 가설건축물대장은 제외합니다)에 기재된 건물(준공검사, 준공인가, 사용승인, 사용검사 등을 받은 건물로서 건축물대장에 기재되기 전의 건물을 포함합니다)에 분사무소를 확보(소유·전세·임대차 또는 사용대차 등의 방법에 의하여 사용권을 확보하여야 합니다)하였음을 증명하는 서류 1부(건축물대장에 기재되지 않은 건물에 분사무소를 확보하였을 경우에는 건축물대장 기재가 지연되는 사유를 적은 서류도 함께 내야 합니다).	수수료 시·군·구 조례로 정하는 금액
담당 공무원 확인사항	1. 법인 등기사항증명서 2. 건축물대장	

※ 시장·군수·구청장은 법 제5조제2항에 따라 공인중개사 자격증을 발급한 시·도지사에게 분사무소 책임자의 공인중개사 자격 확인을 요청하여야 합니다.

처리절차

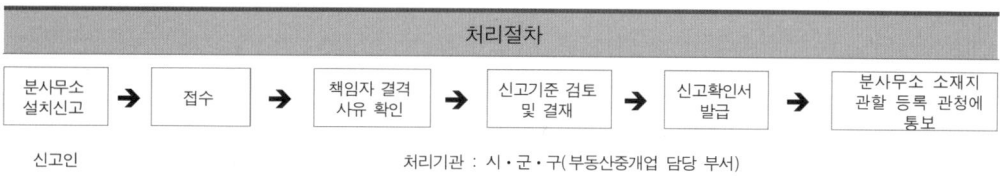

※ 휴업, 폐업, 재개, 휴업기간 변경 신고서

■ 공인중개사법 시행규칙 [별지 제13호서식] 〈개정 2021. 12. 31.〉

[ ] 부동산중개업   [ ] 휴업
[ ] 분사무소   [ ] 폐업   신고서
                  [ ] 재개
                  [ ] 휴업기간 변경

※ 해당하는 곳의 [ ]란에 ∨표를 하시기 바랍니다.

접수번호		접수일		처리기간	즉시
신고인	성명(대표자)			생년월일	
	주소(체류지)				
	전화번호				
개업공인중개사 종별	[ ] 법인 [ ] 공인중개사 [ ] 법 제7638호 부칙 제6조제2항에 따른 개업공인중개사				
중개사무소	명칭			등록번호	
	소재지				
	전화번호				
신고사항	휴업	휴업기간	~ (		일간)
	폐업	폐업일			
	재개	재개일			
	휴업기간 변경	원래 휴업기간	~ (		일간)
		변경 휴업기간	~ (		일간)

「공인중개사법」 제21조제1항 및 같은 법 시행령 제18조제1항 및 제2항에 따라 위와 같이 신고합니다.

년   월   일

신고인 :   (서명 또는 인)

시장·군수·구청장 귀하

첨부서류	중개사무소등록증(휴업신고 또는 폐업신고의 경우에만 첨부하며, 법인의 분사무소인 경우에는 분사무소설치 신고확인서를 첨부합니다)

처리절차

신고서 작성	→	접수	→	검토	→	결재	→	완료
신고인		시·군·구 (부동산중개업 담당 부서)		시·군·구 (부동산중개업 담당 부서)		시·군·구 (부동산중개업 담당 부서)		시·군·구 (부동산중개업 담당 부서)

※공인중개사 자격정지의 기준

■ 공인중개사법 시행규칙 [별표 3] 〈개정 2021. 10. 19.〉

공인중개사 자격정지의 기준(제22조 관련)

위반행위	해당법조문	자격정지 기준
1. 법 제12조제2항의 규정을 위반하여 2 이상의 중개사무소에 소속된 경우	법 제36조 제1항제1호	자격정지 6월
2. 법 제16조의 규정을 위반하여 인장등록을 하지 아니하거나 등록하지 아니한 인장을 사용한 경우	법 제36조 제1항제2호	자격정지 3월
3. 법 제25조제1항의 규정을 위반하여 성실·정확하게 중개대상물의 확인·설명을 하지 아니하거나 설명의 근거자료를 제시하지 아니한 경우	법 제36조 제1항제3호	자격정지 3월
4. 법 제25조제4항의 규정을 위반하여 중개대상물확인·설명서에 서명·날인을 하지 아니한 경우	법 제36조 제1항제4호	자격정지 3월
5. 법 제26조제2항의 규정을 위반하여 거래계약서에 서명·날인을 하지 아니한 경우	법 제36조 제1항제5호	자격정지 3월
6. 법 제26조제3항의 규정을 위반하여 거래계약서에 거래금액 등 거래내용을 거짓으로 기재하거나 서로 다른 2 이상의 거래계약서를 작성한 경우	법 제36조 제1항제6호	자격정지 6월
7. 법 제33조제1항 각 호에 규정된 금지행위를 한 경우	법 제36조 제1항제7호	자격정지 6월

※개업공인중개사 업무정지의 기준

■ 공인중개사법 시행규칙 [별표 4] 〈개정 2023. 7. 28.〉

개업공인중개사 업무정지의 기준(제25조 관련)

1. 일반기준

가. 제2호카목 및 타목에서 기간의 계산은 위반행위에 대하여 업무정지처분 또는 과태료 부과처분을 받은 날과 그 처분 후 다시 같은 위반행위를 하여 적발된 날을 기준으로 한다.

나. 위반행위가 둘 이상인 경우에는 각 업무정지기간을 합산한 기간을 넘지 않는 범위에서 가장 무거운 처분기준의 2분의 1의 범위에서 가중한다. 다만, 가중하는 경우에도 총 업무정지기간은 6개월을 넘을 수 없다.

다. 등록관청은 다음의 어느 하나에 해당하는 경우에는 제2호의 개별기준에 따른 업무정지기간의 2분의 1 범위에서 줄일 수 있다.
  1) 위반행위가 사소한 부주의나 오류 등 과실로 인한 것으로 인정되는 경우
  2) 위반행위자가 법 위반행위를 시정하거나 해소하기 위하여 노력한 사실이 인정되는 경우
  3) 그 밖에 위반행위의 동기와 결과, 위반정도 등을 고려하여 업무정지기간을 줄일 필요가 있다고 인정되는 경우

라. 등록관청은 다음의 어느 하나에 해당하는 경우에는 제2호의 개별기준에 따라 업무정지기간의 2분의 1 범위에서 그 기간을 늘릴 수 있다. 다만, 법 제39조제1항에 따라 6개월을 넘을 수 없다.
  1) 위반행위의 내용·정도가 중대하여 소비자 등에게 미치는 피해가 크다고 인정되는 경우
  2) 그 밖에 위반행위의 동기와 결과, 위반정도 등을 고려하여 업무정지기간을 늘릴 필요가 있다고 인정되는 경우

마. 나목부터 라목까지에 따라 업무정지기간을 늘리거나 줄이는 경우 업무정지기간 1개월은 30일로 본다.

2. 개별기준

위반행위	근거 법조문	업무정지기간
가. 법 제10조제2항을 위반하여 같은 조 제1항제1호부터 제11호까지의 어느 하나에 해당하는 자를 소속공인중개사 또는 중개보조원으로 둔 경우. 다만, 그 사유가 발생한 날부터 2개월 이내에 그 사유를 해소한 경우는 제외한다.	법 제39조제1항제1호	업무정지 6개월
나. 법 제16조를 위반하여 인장등록을 하지 않거나 등록하지 않은 인장을 사용한 경우	법 제39조제1항제2호	업무정지 3개월
다. 법 제23조제2항을 위반하여 별지 제15호서식의 전속중개계약서에 따르지 않고 전속중개계약을 체결하거나 계약서를 보존하지 않은 경우	법 제39조제1항제3호	업무정지 3개월
라. 법 제24조제7항을 위반하여 중개대상물에 관한 정보를 거짓으로 공개한 경우	법 제39조제1항제4호	업무정지 6개월
마. 법 제24조제7항을 위반하여 거래정보사업자에게 공개를 의뢰한 중개대상물의 거래가 완성된 사실을 그 거래정보사업자에게 통보하지 않은 경우	법 제39조제1항제4호	업무정지 3개월

위반행위	근거 법조문	처분기준
바. 법 제25조제3항을 위반하여 중개대상물확인·설명서를 교부하지 않거나 보존하지 않은 경우	법 제39조 제1항제6호	업무정지 3개월
사. 법 제25조제4항을 위반하여 중개대상물확인·설명서에 서명·날인을 하지 않은 경우	법 제39조 제1항제7호	업무정지 3개월
아. 법 제26조제1항을 위반하여 적정하게 거래계약서를 작성·교부하지 않거나 보존하지 않은 경우	법 제39조 제1항제8호	업무정지 3개월
자. 법 제26조제2항을 위반하여 거래계약서에 서명·날인을 하지 않은 경우	법 제39조 제1항제9호	업무정지 3개월
차. 법 제37조제1항에 따른 보고, 자료의 제출, 조사 또는 검사를 거부·방해 또는 기피하거나 그 밖의 명령을 이행하지 않거나 거짓으로 보고 또는 자료제출을 한 경우	법 제39조 제1항제10호	업무정지 3개월
카. 법 제38조제2항 각 호의 어느 하나를 최근 1년 이내에 1회 위반한 경우	법 제39조 제1항제11호	업무정지 6개월
타. 최근 1년 이내에 이 법에 따라 2회 이상 업무정지 또는 과태료의 처분을 받고 다시 과태료의 처분에 해당하는 행위를 한 경우	법 제39조 제1항제12호	업무정지 6개월
파. 개업공인중개사가 조직한 사업자단체 또는 그 구성원인 개업공인중개사가 「독점규제 및 공정거래에 관한 법률」 제26조를 위반하여 같은 법 제27조 또는 제28조에 따른 처분을 받은 경우	법 제39조 제1항제13호	
1) 「독점규제 및 공정거래에 관한 법률」 제26조제1항제1호를 위반하여 같은 법 제27조에 따른 처분을 받은 경우		업무정지 3개월
2) 「독점규제 및 공정거래에 관한 법률」 제26조제1항제1호를 위반하여 같은 법 제28조에 따른 처분을 받은 경우 또는 같은 법 제27조와 제28조에 따른 처분을 동시에 받은 경우		업무정지 6개월
3) 「독점규제 및 공정거래에 관한 법률」 제26조제1항제2호 또는 제4호를 위반하여 같은 법 제27조에 따른 처분을 받은 경우		업무정지 1개월
4) 「독점규제 및 공정거래에 관한 법률」 제26조제1항제2호 또는 제4호를 위반하여 같은 법 제28조에 따른 처분을 받은 경우 또는 같은 법 제27조와 제28조에 따른 처분을 동시에 받은 경우		업무정지 2개월
5) 「독점규제 및 공정거래에 관한 법률」 제26조제1항제3호를 위반하여 같은 법 제27조에 따른 처분을 받은 경우		업무정지 2개월
6) 「독점규제 및 공정거래에 관한 법률」 제26조제1항제3호를 위반하여 같은 법 제28조에 따른 처분을 받은 경우 또는 같은 법 제27조와 제28조에 따른 처분을 동시에 받은 경우		업무정지 4개월
하. 법률 제7638호 부동산중개업법 전부개정법률 부칙 제6조제6항에 규정된 업무지역의 범위를 위반하여 중개행위를 한 경우	법률 제7638호 부동산중개업법 전부개정법률 부칙 제6조제7항	업무정지 3개월
거. 그 밖에 이 법 또는 이 법에 따른 명령이나 처분을 위반한 경우로서 가목부터 하목까지에 해당하지 않는 경우	법제39조 제1항 제14호	업무정지 1개월

※ **일반중개계약서**

■ 공인중개사법 시행규칙 [별지 제14호서식] 〈개정 2014. 7. 29.〉

(앞쪽)

일 반 중 개 계 약 서
([ ] 매도 [ ] 매수 [ ] 임대 [ ] 임차 [ ] 그 밖의 계약(   ))

※ 해당하는 곳의 [   ]란에 v표를 하시기 바랍니다.

중개의뢰인(갑)은 이 계약서에 의하여 뒤쪽에 표시한 중개대상물의 중개를 개업공인중개사(을)에게 의뢰하고 을은 이를 승낙한다.

1. 을의 의무사항

   을은 중개대상물의 거래가 조속히 이루어지도록 성실히 노력하여야 한다.

2. 갑의 권리・의무 사항

   1) 갑은 이 계약에도 불구하고 중개대상물의 거래에 관한 중개를 다른 개업공인중개사에게도 의뢰할 수 있다.
   2) 갑은 을이 「공인중개사법」(이하 "법"이라 한다) 제25조에 따른 중개대상물의 확인・설명의무를
      이행하는데 협조하여야 한다.

3. 유효기간

   이 계약의 유효기간은   년   월   일까지로 한다.

   ※ 유효기간은 3개월을 원칙으로 하되, 갑과 을이 합의하여 별도로 정한 경우에는 그 기간에 따른다.

4. 중개보수

   중개대상물에 대한 거래계약이 성립한 경우 갑은 거래가액의 (   )%(또는   원)을 중개보수로 을에게
   지급한다.

   ※ 뒤쪽 별표의 요율을 넘지 않아야 하며, 실비는 별도로 지급한다.

5. 을의 손해배상 책임

   을이 다음의 행위를 한 경우에는 갑에게 그 손해를 배상하여야 한다.

   1) 중개보수 또는 실비의 과다수령: 차액 환급
   2) 중개대상물의 확인・설명을 소홀히 하여 재산상의 피해를 발생하게 한 경우: 손해액 배상

6. 그 밖의 사항

   이 계약에 정하지 않은 사항에 대하여는 갑과 을이 합의하여 별도로 정할 수 있다.

이 계약을 확인하기 위하여 계약서 2통을 작성하여 계약 당사자 간에 이의가 없음을 확인하고 각자 서명 또는 날인한 후 쌍방이 1통씩 보관한다.

년   월   일

계약자

중개의뢰인 (갑)	주소(체류지)		성명		(서명 또는 인)
	생년월일		전화번호		
개업 공인중개사 (을)	주소(체류지)		성명 (대표자)		(서명 또는 인)
	상호(명칭)		등록번호		
	생년월일		전화번호		

(뒤쪽)

※ 중개대상물의 거래내용이 권리를 이전(매도·임대 등)하려는 경우에는 「Ⅰ. 권리이전용(매도·임대 등)」에 적고, 권리를 취득(매수·임차 등)하려는 경우에는 「Ⅱ. 권리취득용(매수·임차 등)」에 적습니다.

Ⅰ. 권리이전용(매도·임대 등)

구분	[ ] 매도 [ ] 임대 [ ] 그 밖의 사항( )			
소유자 및 등기명의인	성명		생년월일	
	주소			
중개대상물의 표시	건축물	소재지		건축연도
		면적 ㎡	구조	용도
	토지	소재지		지목
		면적 ㎡	지역·지구 등	현재 용도
	은행융자·권리금·제세공과금 등(또는 월임대료·보증금·관리비 등)			
권리관계				
거래규제 및 공법상 제한사항				
중개의뢰 금액				
그 밖의 사항				

Ⅱ. 권리취득용(매수·임차 등)

구분	[ ] 매수 [ ] 임차 [ ] 그 밖의 사항( )	
항목	내용	세부 내용
희망물건의 종류		
취득 희망가격		
희망 지역		
그 밖의 희망조건		
첨부서류	중개보수 요율표(「공인중개사법」 제32조제4항 및 같은 법 시행규칙 제20조에 따른 요율표를 수록합니다) ※ 해당 내용을 요약하여 수록하거나, 별지로 첨부합니다.	

유의사항

[개업공인중개사 위법행위 신고안내]
개업공인중개사가 중개보수 과다수령 등 위법행위 시 시·군·구 부동산중개업 담당 부서에 신고할 수 있으며, 시·군·구에서는 신고사실을 조사한 후 적정한 조치를 취하게 됩니다.

※ 전속중개계약서

■ 공인중개사법 시행규칙 [별지 제15호서식] 〈개정 2021. 8. 27.〉

전 속 중 개 계 약 서
([ ] 매도 [ ] 매수 [ ] 임대 [ ] 임차 [ ] 그 밖의 계약(   ))

※ 해당하는 곳의 [ ]란에 ∨표를 하시기 바랍니다.   (앞쪽)

중개의뢰인(갑)은 이 계약서에 의하여 뒤쪽에 표시한 중개대상물의 중개를 개업공인중개사(을)에게 의뢰하고 을은 이를 승낙한다.

1. 을의 의무사항
  ① 을은 갑에게 계약체결 후 2주일에 1회 이상 중개업무 처리상황을 문서로 통지하여야 한다.
  ② 을은 이 전속중개계약 체결 후 7일 이내 「공인중개사법」(이하 "법"이라 한다) 제24조에 따른 부동산거래정보망 또는 일간신문에 중개대상물에 관한 정보를 공개하여야 하며, 중개대상물을 공개한 때에는 지체 없이 갑에게 그 내용을 문서로 통지하여야 한다. 다만, 갑이 비공개를 요청한 경우에는 이를 공개하지 아니한다. (공개 또는 비공개 여부:)
  ③ 법 제25조 및 같은 법 시행령 제21조에 따라 중개대상물에 관한 확인·설명의무를 성실하게 이행하여야 한다.

2. 갑의 권리·의무 사항
  ① 다음 각 호의 어느 하나에 해당하는 경우에는 갑은 그가 지급해야 할 중개보수에 해당하는 금액을 을에게 위약금으로 지급해야 한다. 다만, 제3호의 경우에는 중개보수의 50퍼센트에 해당하는 금액의 범위에서 을이 중개행위를 할 때 소요된 비용(사회통념에 비추어 상당하다고 인정되는 비용을 말한다)을 지급한다.
    1. 전속중개계약의 유효기간 내에 을 외의 다른 개업공인중개사에게 중개를 의뢰하여 거래한 경우
    2. 전속중개계약의 유효기간 내에 을의 소개에 의하여 알게 된 상대방과 을을 배제하고 거래당사자 간에 직접 거래한 경우
    3. 전속중개계약의 유효기간 내에 갑이 스스로 발견한 상대방과 거래한 경우
  ② 갑은 을이 법 제25조에 따른 중개대상물 확인·설명의무를 이행하는데 협조하여야 한다.

3. 유효기간
  이 계약의 유효기간은   년   월   일까지로 한다.
  ※ 유효기간은 3개월을 원칙으로 하되, 갑과 을이 합의하여 별도로 정한 경우에는 그 기간에 따른다.

4. 중개보수
  중개대상물에 대한 거래계약이 성립한 경우 갑은 거래가액의 (   )%(또는   원)을 중개보수로 을에게 지급한다.
  ※ 뒤쪽 별표의 요율을 넘지 않아야 하며, 실비는 별도로 지급한다.

5. 을의 손해배상 책임
  을이 다음의 행위를 한 경우에는 갑에게 그 손해를 배상하여야 한다.
    1) 중개보수 또는 실비의 과다수령: 차액 환급
    2) 중개대상물의 확인·설명을 소홀히 하여 재산상의 피해를 발생하게 한 경우: 손해액 배상

6. 그 밖의 사항
  이 계약에 정하지 않은 사항에 대하여는 갑과 을이 합의하여 별도로 정할 수 있다.

이 계약을 확인하기 위하여 계약서 2통을 작성하여 계약 당사자 간에 이의가 없음을 확인하고 각자 서명 또는 날인한 후 쌍방이 1통씩 보관한다.

년   월   일

계약자

중개의뢰인 (갑)	주소(체류지)		성명	(서명 또는 인)
	생년월일		전화번호	
개업 공인중개사 (을)	주소(체류지)		성명 (대표자)	(서명 또는 인)
	상호(명칭)		등록번호	
	생년월일		전화번호	

(뒤쪽)

※ 중개대상물의 거래내용이 권리를 이전(매도·임대 등)하려는 경우에는 「Ⅰ. 권리이전용(매도·임대 등)」에 적고, 권리를 취득(매수·임차 등)하려는 경우에는 「Ⅱ. 권리취득용(매수·임차 등)」에 적습니다.

Ⅰ. 권리이전용(매도·임대 등)

구분	[ ] 매도 [ ] 임대 [ ] 그 밖의 사항( )		
소유자 및 등기명의인	성명		생년월일
	주소		
중개대상물의 표시	건축물	소재지	건축연도
		면 적 ㎡ 구 조	용 도
	토지	소재지	지 목
		면 적 ㎡ 지역·지구 등	현재 용도
	은행융자·권리금·제세공과금 등(또는 월임대료·보증금·관리비 등)		
권리관계			
거래규제 및 공법상 제한사항			
중개의뢰 금액	원		
그 밖의 사항			

Ⅱ. 권리취득용(매수·임차 등)

구분	[ ] 매수 [ ] 임차 [ ] 그 밖의 사항( )	
항목	내용	세부내용
희망물건의 종류		
취득 희망가격		
희망 지역		
그 밖의 희망조건		
첨부서류	중개보수 요율표(「공인중개사법」 제32조제4항 및 같은 법 시행규칙 제20조에 따른 요율표를 수록합니다) ※ 해당 내용을 요약하여 수록하거나, 별지로 첨부합니다.	

유의사항

[개업공인중개사 위법행위 신고안내]
개업공인중개사가 중개보수 과다수령 등 위법행위 시 시·군·구 부동산중개업 담당 부서에 신고할 수 있으며, 시·군·구에서는 신고사실을 조사한 후 적정한 조치를 취하게 됩니다.

※중개보수요율표 - 서울특별시 (시·도조례에 따른 중개보수요율표)

서울특별시 부동산 중개보수 요율표

주택(주택의 부속토지, 주택분양권 포함)
(서울특별시 주택중개보수 등에 관한 조례 제2조 별표)(2021.12.30 시행)

거래내용	거래금액	상한요율	한도액
매매·교환	5천만원 미만	1천분의 6	25만원
	5천만원 이상 ~ 2억원 미만	1천분의 5	80만원
	2억원 이상 ~ 9억원 미만	1천분의 4	없음
	9억원 이상 ~ 12억원 미만	1천분의 5	없음
	12억원 이상 ~ 15억원 미만	1천분의 6	없음
	15억원 이상	1천분의 7	없음
임대차등(매매·교환 이외)	5천만원 미만	1천분의 5	20만원
	5천만원 이상 ~ 1억원 미만	1천분의 4	30만원
	1억원 이상 ~ 6억원 미만	1천분의 3	없음
	6억원 이상 ~ 12억원 미만	1천분의 4	없음
	12억원 이상 ~ 15억원 미만	1천분의 5	없음
	15억원 이상	1천분의 6	없음

오피스텔
(공인중개사법 시행규칙 제20조제4항)(2015. 1. 6 시행)

적용대상	거래내용	상한요율
전용면적 85㎡이하, 일정설비(전용입식 부엌, 전용 수세식 화장실 및 목욕시설 등)를 갖춘 경우	매매·교환	1천분의 5
	임대차 등	1천분의 4
위 적용대상 외의 경우	매매·교환·임대차 등	1천분의 9

주택·오피스텔 외(토지, 상가 등)
(공인중개사법 시행규칙 제20조제4항)(2015. 1. 6 시행)

거래내용	상한요율
매매·교환·임대차 등	거래금액의 1천분의 9

부동산 중개보수 적용기준

❶ 중개보수는 거래금액 × 상한요율 이내에서 중개의뢰인과 개업공인중개사가 서로 협의하여 결정(단, 한도액 초과 불가) ▶「공인중개사법 시행규칙」제20조제1항, 제4항

❷ 중개보수의 지급시기는 개업공인중개사와 중개의뢰인간의 약정에 따르되, 약정이 없을 때에는 중개대상물의 거래대금 지급이 완료된 날로 함 ▶「공인중개사법 시행령」제27조의2

❸ 보증금 외 차임이 있는 거래금액 : 보증금 + (월차임×100) 단, 합산한 금액이 5천만 미만일 경우 : 보증금 + (월차임 × 70) ▶「공인중개사법 시행규칙」제20조제5항

❹ 건축물 중 주택 면적이 1/2이상인 경우 주택의 중개보수, 주택 면적이 1/2 미만인 경우 주택 외의 중개보수 적용 ▶「공인중개사법 시행규칙」제20조제6항

❺ 분양권 거래금액 : 거래 당시까지 불입한 금액(융자 포함) + 프리미엄

❻ 중개보수의 부가가치세는 별도임.

❼ 개업공인중개사는 주택 외의 중개대상물에 대하여 중개보수 요율의 범위 안에서 실제 자기가 받고자 하는 공인중개사법 시행규칙 제10조 제2호에 따른 중개보수, 실비의 요율 및 한도액표를 게시하여야 함 ▶「공인중개사법 시행규칙」제20조제7항

서울특별시

※부동산 중개보수요율표

부동산 중개보수 요율표

주택(주택의 부속토지, 주택분양권포함) (2021. 10. 19 시행) 「공인중개사법 시행규칙」 제20조제1항, 별표1)

거래내용	거래금액	상한요율	한도액	중개보수 요율결정	거래금액 산정
매매·교환	5천만원 미만	1천분의 6	25만원	▶중개보수는 거래금액 × 상한요율 이내에서 결정(단, 이대 계산된 금액은 한도액을 초과할 수 없음)	▶매매 : 매매가격 ▶교환 : 교환대상 중 가격이 큰 중개 대상물 가격 ▶분양권 : 거래당시까지 불입한 금액(융자 포함) + 프리미엄
	5천만원 이상 2억원 미만	1천분의 5	80만원		
	2억원 이상 9억원 미만	1천분의 4			
	9억원 이상 12억원 미만	1천분의 5			
	12억원 이상 15억원 미만	1천분의 6			
	15억원 이상	1천분의 7			
임대차 등 (매매·교환 이외)	5천만원 미만	1천분의 5	20만원	▶중개보수는 거래금액 × 상한요율 이내에서 결정(단, 이때 계산된 금액은 하도액을 초과할 수 없음)	▶전세 : 전세금 ▶월세 : 보증금 + (월차임액 × 100)단, 이때 계산된 금액이 5천만원 미만일 경우 : 보증금 + (월차임액 × 70)
	5천만원 이상 1억원 미만	1천분의 4	30만원		
	1억원 이상 6억원 미만	1천분의 3	없음		
	6억원 이상 12억원 미만	1천분의 4	없음		
	12억원 이상 15억원 미만	1천분의 5	없음		
	15억원 이상	1천분의 6	없음		

오피스텔 (2015. 1. 6 시행)(공인중개사법 시행규칙 제20조제4항)

적용대상	거래내용	상한요율	보수 요율 결정 및 거래금액 산정
전용면적85m2이하, 일정설비(전용입식 부엌, 전용 수세식 화장실 및 목욕시설 등)를 갖춘 경우	매매·교환	1천분의 5	「주택」과 같음
	임대차 등	1천분의 4	
위 적용대상 외의 경우	매매·교환·임대차 등	1천분의 ( )이내	▶ 상한요율 1천분의 9이내에서 개업공인중개사가 정한 좌측의 상한요율 이내에서 중개의뢰인과 개업공인중개사가 서로 협의하여 결정함

주택 오피스텔 외(토지, 상가 등) (2015. 1. 6시행)(공인중개사법 시행규칙 제20조제4항)

거래내용	상한요율	중개보수 요율결정	거래금액산정
매매·교환·임대차 등	거래금액의 1천분의 ( )이내	▶상한요율 1천부의 9 이내에서 개업공인중개사가 정한 좌측의 상한요율 이내에서 중개의뢰인과 개업공인중개사가 서로 협의하여 결정함	「주택」과 같음

※개업공인중개사는 「오피스텔(전용면적 85㎡이하로 일정설비를 갖춘 경우 제외)의 매매·교환·임대차」,주택 오피스텔 외(토지 상가 등)의 매매 교환 임대차」에 대하여 각각 법이 정한 상한요율의 범위 안에서 실제로 받고자 하는 상한요율을 의무적으로 위 표에 명시하여야 함
※중개보수는 거래금액의 상한요율 이내에서 중개의뢰인과 개업공인중개사가 서로 협의하여 결정함
※위 중개보수에 「부가가치세」는 별도임

※ 과태료 정리

500만원 이하 / 부과주체	100만원 이하 / 부과주체
운영규정의 승인 또는 변경승인을 얻지 아니하거나 운영규정의 내용을 위반하여 부동산거래정보망을 운영한 자 / 국토교통부장관	중개사무소등록증 등을 게시하지 아니한 자 / 등록관청
성실·정확하게 중개대상물의 확인·설명을 하지 아니하거나 설명의 근거자료를 제시하지 아니한 자 / 등록관청	사무소의 명칭에 "공인중개사사무소", "부동산중개"라는 문자를 사용하지 아니한 자 또는 옥외 광고물에 성명을 표기하지 아니하거나 거짓으로 표기한 자 / 등록관청
연수교육을 정당한 사유 없이 받지 아니한 자 / 시·도지사	제18조의2 제1항을 위반하여 중개대상물의 중개에 관한 표시·광고를 한 자 / 등록관청
보고, 자료의 제출, 조사 또는 검사를 거부·방해 또는 기피하거나 그 밖의 명령을 이행하지 아니하거나 거짓으로 보고 또는 자료제출을 한 거래정보사업자 / 국토교통부장관	중개사무소의 이전신고를 하지 아니한 자 / 등록관청
공제사업 운용실적을 공시하지 아니한 자 / 국토교통부장관	휴업, 폐업, 휴업한 중개업의 재개 또는 휴업기간의 변경 신고를 하지 아니한 자 / 등록관청
공제업무의 개선명령을 이행하지 아니한 자 / 국토교통부장관	손해배상책임에 관한 사항을 설명하지 아니하거나 관계 증서의 사본 또는 관계 증서에 관한 전자문서를 교부하지 아니한 자 / 등록관청
임원에 대한 징계·해임의 요구를 이행하지 아니하거나 시정명령을 이행하지 아니한 자 / 국토교통부장관	공인중개사자격이 취소되었음에도 공인중개사자격증을 반납하지 아니하거나 공인중개사자격증을 반납할 수 없는 사유서를 제출하지 아니한 자 또는 거짓으로 공인중개사자격증을 반납할 수 없는 사유서를 제출한 자 / 시·도지사
보고, 자료의 제출, 조사 또는 검사를 거부·방해 또는 기피하거나 그 밖의 명령을 이행하지 아니하거나 거짓으로 보고 또는 자료제출을 한 자 / 국토교통부장관	개설등록이 취소되었음에도 중개사무소등록증을 반납하지 아니한 자 / 등록관청

※ 형사처벌정리

3년 이하의 징역 또는 3천만원 이하의 벌금	1년 이하의 징역 또는 1천만원 이하의 벌금
① 중개사무소의 개설등록을 하지 아니하고 중개업을 한 자 ② 거짓 그 밖의 부정한 방법으로 중개사무소의 개설등록을 한 자 ③ 제33조 제1항 제5호의 금지행위로서 관계 법령에서 양도·알선 등이 금지된 부동산의 분양·임대 등과 관련 있는 증서 등의 매매·교환 등을 중개하거나 그 매매를 업으로 하는 행위 ④ 제33조 제1항 제6호의 금지행위로서 중개의뢰인과 직접 거래를 하거나 거래당사자 쌍방을 대리하는 행위 ⑤ 제33조 제1항 제7호의 금지행위로서 탈세 등 관계 법령을 위반할 목적으로 소유권보존등기 또는 이전등기를 하지 아니한 부동산이나 관계 법령의 규정에 의하여 전매 등 권리의 변동이 제한된 부동산의 매매를 중개하는 등 부동산투기를 조장하는 행위 ⑥ 제33조 제1항 제8호의 금지행위로서 부당한 이익을 얻거나 제3자에게 부당한 이익을 얻게 할 목적으로 거짓으로 거래가 완료된 것처럼 꾸미는 등 중개대상물의 시세에 부당한 영향을 주거나 줄 우려가 있는 행위 ⑦ 제33조 제1항 제9호의 금지행위로서 단체를 구성하여 특정 중개대상물에 대하여 중개를 제한하거나 단체 구성원 이외의 자와 공동중개를 제한하는 행위	① 다른 사람에게 자기의 성명을 사용하여 중개업무를 하게 하거나 공인중개사자격증을 양도·대여한 자 또는 다른 사람의 공인중개사자격증을 양수·대여받은 자 ② 공인중개사가 아닌 자로서 공인중개사 또는 이와 유사한 명칭을 사용한 자 ③ 이중으로 중개사무소의 개설등록을 하거나 2 이상의 중개사무소에 소속된 자 ④ 2 이상의 중개사무소를 둔 자 ⑤ 임시 중개시설물을 설치한 자 ⑥ 개업공인중개사가 아닌 자로서 "공인중개사사무소", "부동산중개" 또는 이와 유사한 명칭을 사용한 자 ⑦ 개업공인중개사가 아닌 자로서 중개업을 하기 위하여 중개대상물에 대한 표시·광고를 한 자 ⑧ 다른 사람에게 자기의 성명 또는 상호를 사용하여 중개업무를 하게 하거나 중개사무소등록증을 다른 사람에게 양도·대여한 자 또는 다른 사람의 성명·상호를 사용하여 중개업무를 하거나 중개사무소등록증을 양수·대여받은 자 ⑨ 제24조 제4항의 규정을 위반하여 정보를 공개한 자 ⑩ 업무상 비밀을 누설한 자(반의사 불벌죄) ⑪ 제33조 제1호의 금지행위로서 중개대상물의 매매를 업으로 하는 행위 ⑫ 제33조 제2호의 금지행위로서 중개사무소의 개설등록을 하지 아니하고 중개업을 영위하는 자인 사실을 알면서 그를 통하여 중개를 의뢰받거나 그에게 자기의 명의를 이용하게 하는 행위 ⑬ 제33조 제3호의 금지행위로서 사례·증여 그 밖의 어떠한 명목으로도 제32조에 따른 보수 또는 실비를 초과하여 금품을 받는 행위 ⑭ 제33조 제4호의 금지행위로서 당해 중개대상물의 거래상의 중요사항에 관하여 거짓된 언행 그 밖의 방법으로 중개의뢰인의 판단을 그르치게 하는 행위

※ 부동산거래계약 신고서

■ 부동산 거래신고 등에 관한 법률 시행규칙 [별지 제1호서식] 〈개정 2023. 8. 22.〉

부동산거래관리시스템(rtms.molit.go.kr)에서도 신청할 수 있습니다.

부동산거래계약 신고서

※ 뒤쪽의 유의사항·작성방법을 읽고 작성하시기 바라며, [ ]에는 해당하는 곳에 √표를 합니다. (앞쪽)

접수번호		접수일시		처리기간	지체없이	
① 매도인	성명(법인명)			주민등록번호(법인·외국인등록번호)		국적
	주소(법인소재지)				거래지분 비율 (분의)	
	전화번호			휴대전화번호		
② 매수인	성명(법인명)			주민등록번호(법인·외국인등록번호)		국적
	주소(법인소재지)				거래지분 비율 (분의)	
	전화번호			휴대전화번호		
	③ 법인신고서등	[ ]제출	[ ]별도 제출		[ ]해당 없음	
	외국인의 부동산등 매수용도	[ ]주거용(아파트) [ ]레저용	[ ]주거용(단독주택) [ ]상업용	[ ]주거용(그 밖의 주택) [ ]공업용		[ ]그 밖의 용도
	위탁관리인 (국내에 주소 또는 거소가 없는 경우)	성명		주민등록번호		
		주소				
		전화번호		휴대전화번호		
개업 공인중개사	성명(법인명)			주민등록번호(법인·외국인등록번호)		
	전화번호			휴대전화번호		
	상호			등록번호		
	사무소 소재지					
거래대상	종류	④ [ ]토지 [ ]건축물 ( ) [ ]토지 및 건축물 ( )				
		⑤ [ ]공급계약 [ ]전매 [ ]분양권 [ ]입주권 [ ]준공 전 [ ]준공 후 [ ]임대주택 분양전환				
	⑥ 소재지/지목 /면적	소재지				
		지목	토지면적 m²		토지 거래지분 (분의)	
		대지권비율 (분의)	건축물면적 m²		건축물 거래지분 (분의)	
	⑦ 계약대상 면적	토지 m²		건축물 m²		
	⑧ 물건별 거래가격	공급계약 또는 전매	분양가격 원	발코니 확장 등 선택비용 원	추가 지급액 등 원	
⑨ 총 실제 거래가격 (전체)	합계 원	계약금 원		계약 체결일		
		중도금 원		중도금 지급일		
		잔금 원		잔금 지급일		
⑩ 종전 부동산	소재지/지목 /면적	소재지				
		지목	토지면적 m²		토지 거래지분 (분의)	
		대지권비율 (분의)	건축물면적 m²		건축물 거래지분 (분의)	
	계약대상 면적	토지 m²		건축물 m²	건축물 유형 ( )	
	거래금액	합계 원	추가 지급액 등 원		권리가격 원	
		계약금 원	중도금 원		잔금 원	
⑪ 계약의 조건 및 참고사항						

「부동산 거래신고 등에 관한 법률」 제3조제1항부터 제4항까지 및 같은 법 시행규칙 제2조제1항부터 제4항까지의 규정에 따라 위와 같이 부동산거래계약 내용을 신고합니다.

년 월 일

신고인 매도인 : (서명 또는 인)
매수인 : (서명 또는 인)
개업공인중개사 : (서명 또는 인)
(개업공인중개사 중개 시)

시장·군수·구청장 귀하

첨부서류	1. 부동산 거래계약서 사본(「부동산 거래신고 등에 관한 법률」 제3조제2항 또는 제4항에 따라 단독으로 부동산거래의 신고를 하는 경우에만 해당합니다) 2. 단독신고사유서(「부동산 거래신고 등에 관한 법률」 제3조제2항 또는 제4항에 따라 단독으로 부동산거래의 신고를 하는 경우에만 해당합니다)

유의사항

1. 「부동산 거래신고 등에 관한 법률」 제3조 및 같은 법 시행령 제3조의 실제 거래가격은 매수인이 매수한 부동산을 양도하는 경우 「소득세법」 제97조제1항·제7항 및 같은 법 시행령 제163조제11항제2호에 따라 취득 당시의 실제 거래가격으로 보아 양도차익이 계산될 수 있음을 유의하시기 바랍니다.
2. 거래당사자 간 직접거래의 경우에는 공동으로 신고서에 서명 또는 날인을 하여 거래당사자 중 일방이 신고서를 제출하고, 중개거래의 경우에는 개업공인중개사가 신고서를 제출해야 하며, 거래당사자 중 일방이 국가 및 지자체, 공공기관인 경우(국가등)에는 국가등이 신고해야 합니다.
3. 부동산거래계약 내용을 기간 내에 신고하지 않거나, 거짓으로 신고하는 경우 「부동산 거래신고 등에 관한 법률」 제28조제1항부터 제3항까지의 규정에 따라 과태료가 부과되며, 신고한 계약이 해제, 무효 또는 취소가 된 경우 거래당사자는 해제 등이 확정된 날로부터 30일 이내에 같은 법 제3조의2에 따라 신고를 해야 합니다.
4. 담당 공무원은 「부동산 거래신고 등에 관한 법률」 제6조에 따라 거래당사자 또는 개업공인중개사에게 거래계약서, 거래대금지급 증명 자료 등 관련 자료의 제출을 요구할 수 있으며, 이 경우 자료를 제출하지 않거나, 거짓으로 자료를 제출하거나, 그 밖의 필요한 조치를 이행하지 않으면 같은 법 제28조제1항 또는 제2항에 따라 과태료가 부과됩니다.
5. 거래대상의 종류가 공급계약(분양) 또는 전매계약(분양권, 입주권)인 경우 ⑧ 물건별 거래가격 및 ⑨ 총 실제거래가격에 부가가치세를 포함한 금액을 적고, 그 외의 거래대상의 경우 부가가치세를 제외한 금액을 적습니다.
6. "거래계약의 체결일"이란 거래당사자가 구체적으로 특정되고, 거래목적물 및 거래대금 등 거래계약의 중요 부분에 대하여 거래당사자가 합의한 날을 말합니다. 이 경우 합의와 더불어 계약금의 전부 또는 일부를 지급한 경우에는 그 지급일을 거래계약의 체결일로 보되, 합의한 날이 계약금의 전부 또는 일부를 지급한 날보다 앞서는 것이 서면 등을 통해 인정되는 경우에는 합의한 날을 거래계약의 체결일로 봅니다.

작성방법

1. ①·② 거래당사자가 다수인 경우 매도인 또는 매수인의 주소란에 ⑥의 거래대상별 거래지분을 기준으로 각자의 거래 지분 비율(매도인과 매수인의 거래지분 비율은 일치해야 합니다)을 표시하고, 거래당사자가 외국인인 경우 거래당사자의 국적을 반드시 적어야 하며, 외국인이 부동산등을 매수하는 경우 매수용도란의 주거용(아파트), 주거용(단독주택), 주거용(그 밖의 주택), 레저용, 상업용, 공장용, 그 밖의 용도 중 하나에 √표시를 합니다.
2. ③ "법인신고서등" 란은 별지 제1호의2서식의 법인 주택 거래계약 신고서, 별지 제1호의3서식의 주택취득자금 조달 및 입주계획서, 제2조제7항 각 호의 구분에 따른 서류, 같은 항 후단에 따른 사유서 및 별지 제1호의4서식의 토지취득자금 조달 및 토지이용계획서가 이 신고서와 함께 제출하는지 또는 별도로 제출하는지를 √표시하고, 그 밖의 경우에는 해당 없음에 √표시를 합니다.
3. ④ 부동산 매매의 경우 "종류" 란에는 토지, 건축물 또는 토지 및 건축물(복합부동산의 경우)에 √표시를 하고, 해당 부동산이 "건축물" 또는 "토지 및 건축물" 인 경우에는 ( )에 건축물의 종류를 "아파트, 연립, 다세대, 단독, 다가구, 오피스텔, 근린생활시설, 사무소, 공장" 등 「건축법 시행령」 별표 1에 따른 용도별 건축물의 종류를 적습니다.
4. ⑤ 공급계약은 시행사 또는 건축주 등이 최초로 부동산을 공급(분양)하는 계약을 말하며, 준공 전과 준공 후 계약 여부에 따라 √표시하고, "임대주택 분양전환"은 임대주택사업자 (법인으로 한정)가 임대기한이 완료되어 분양전환하는 주택인 경우에 √표시합니다. 전매는 부동산을 취득할 수 있는 권리의 매매로서, "분양권" 또는 "입주권" 에 √표시를 합니다.
5. ⑥ 소재지는 지번(아파트 등 집합건축물의 경우에는 동·호수)까지, 지목/면적은 토지대장상의 지목·면적, 건축물대장상의 건축물면적(집합건축물의 경우 호수별 전용면적, 그 밖의 건축물의 경우 연면적), 등기사항증명서상의 대지권 비율, 각 거래대상의 토지와 건축물에 대한 거래 지분을 정확하게 적습니다.
6. ⑦ "계약대상 면적" 란에는 실제 거래면적을 계산하여 적되, 건축물 면적은 집합건축물의 경우 전용면적을 적고, 그 밖의 건축물의 경우 연면적을 적습니다.
7. ⑧ "물건별 거래가격" 란에는 각각의 부동산별 거래가격을 적습니다. 최초 공급계약(분양) 또는 전매계약(분양권, 입주권)의 경우 분양가격, 발코니 확장 등 선택비용 및 추가 지급액 등(프리미엄 등 분양가격을 초과 또는 미달하는 금액)을 각각 적습니다. 이 경우 각각의 비용에 부가가치세가 있는 경우 부가가치세를 포함한 금액으로 적습니다.
8. ⑨ "총 실제 거래가격" 란에는 전체 거래가격(둘 이상의 부동산을 함께 거래하는 경우 각각의 부동산별 거래가격의 합계 금액)을 적고, 계약금/중도금/잔금 및 그 지급일을 적습니다.
9. ⑩ "종전 부동산" 란은 입주권 매매의 경우에만 작성하고, 거래금액란에는 추가 지급액 등(프리미엄 등 분양가격을 초과 또는 미달하는 금액) 및 권리가격, 합계 금액, 계약금, 중도금, 잔금을 적습니다.
10. ⑪ "계약의 조건 및 참고사항" 란은 부동산 거래계약 내용에 계약조건이나 기한을 붙인 경우, 거래와 관련한 참고내용이 있을 경우에 적습니다.
11. 다수의 부동산, 관련 필지, 매도·매수인, 개업공인중개사 등 기재사항이 복잡한 경우에는 다른 용지에 작성하여 간인 처리한 후 첨부합니다.
12. 소유권이전등기 신청은 「부동산등기 특별조치법」 제2조제1항 각 호의 구분에 따른 날부터 60일 이내에 신청해야 하며, 이를 이행하지 않는 경우에는 같은 법 제11조에 따라 과태료가 부과될 수 있으니 유의하시기 바랍니다.

처리절차

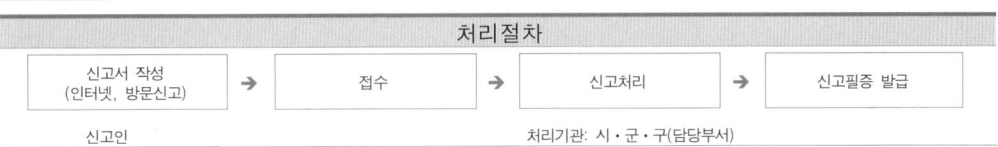

신고인   처리기관: 시·군·구(담당부서)

※ 과태료의 부과기준

■ 부동산 거래신고 등에 관한 법률 시행령 [별표 3] 〈개정 2023. 10. 4.〉

과태료의 부과기준(제20조 관련)

1. 일반기준

 신고관청은 위반행위의 동기·결과 및 횟수 등을 고려하여 제2호의 개별기준에 따른 과태료의 2분의 1(법 제28조제1항 및 제3항을 위반한 경우에는 5분의 1) 범위에서 그 금액을 늘리거나 줄일 수 있다. 다만, 늘리는 경우에도 과태료의 총액은 법 제28조제1항부터 제5항까지에서 규정한 과태료의 상한을 초과할 수 없다.

2. 개별기준

가. 법 제28조제1항 관련

위반행위	과태료
1) 법 제4조제4호를 위반하여 거짓으로 법 제3조에 따라 신고한 경우	3,000만원
2) 법 제4조제5호를 위반하여 거짓으로 법 제3조의2에 따라 신고한 경우	3,000만원
3) 법 제6조를 위반하여 거래대금 지급을 증명할 수 있는 자료를 제출하지 않거나 거짓으로 제출한 경우 또는 그 밖의 필요한 조치를 이행하지 않은 경우	
가) 신고가격이 1억5천만원 이하인 경우	500만원
나) 신고가격이 1억5천만원 초과 2억원 이하인 경우	700만원
다) 신고가격이 2억원 초과 2억5천만원 이하인 경우	900만원
라) 신고가격이 2억5천만원 초과 3억원 이하인 경우	1,100만원
마) 신고가격이 3억원 초과 3억5천만원 이하인 경우	1,300만원
바) 신고가격이 3억5천만원 초과 4억원 이하인 경우	1,500만원
사) 신고가격이 4억원 초과 4억5천만원 이하인 경우	1,700만원
아) 신고가격이 4억5천만원 초과 5억원 이하인 경우	1,900만원
자) 신고가격이 5억원 초과 6억원 이하인 경우	2,100만원
차) 신고가격이 6억원 초과 7억원 이하인 경우	2,300만원
카) 신고가격이 7억원 초과 8억원 이하인 경우	2,500만원
타) 신고가격이 8억원 초과 9억원 이하인 경우	2,700만원
파) 신고가격이 9억원 초과 10억원 이하인 경우	2,900만원
하) 신고가격이 10억원을 초과한 경우	3,000만원

비고

1) 부동산 매매계약의 신고가격이 시가표준액(「지방세법」 제4조에 따른 신고사유 발생연도의 시가표준액을 말한다) 미만인 경우에는 그 시가표준액을 신고가격으로 한다.
2) 부동산에 대한 공급계약 및 부동산을 취득할 수 있는 권리에 관한 계약의 신고가격이 해당 부동산등의 분양가격 미만인 경우에는 그 분양가격을 신고가격으로 한다.

나. 법 제28조제2항 관련

위반행위	근거 법조문	과태료
1) 법 제3조제1항부터 제4항까지 또는 제3조의2제1항을 위반하여 같은 항에 따른 신고를 하지 않은 경우(공동신고를 거부한 경우를 포함한다)	법 제28조 제2항제1호 및 제1호의2	
가) 신고 해태기간이 3개월 이하인 경우		
(1) 실제 거래가격이 1억원 미만인 경우		10만원
(2) 실제 거래가격이 1억원 이상 5억원 미만인 경우		25만원
(3) 실제 거래가격이 5억원 이상인 경우		50만원
나) 신고 해태기간이 3개월을 초과하는 경우 또는 공동신고를 거부한 경우		
(1) 실제 거래가격이 1억원 미만인 경우		50만원
(2) 실제 거래가격이 1억원 이상 5억원 미만인 경우		200만원
(3) 실제 거래가격이 5억원 이상인 경우		300만원
2) 법 제4조제1호를 위반하여 개업공인중개사에게 법 제3조에 따른 신고를 하지 않게 하거나 거짓으로 신고하도록 요구한 경우	법 제28조 제2항제2호	400만원
3) 법 제4조제3호를 위반하여 거짓으로 법 제3조에 따른 신고를 하는 행위를 조장하거나 방조한 경우	법 제28조 제2항제3호	400만원
4) 법 제6조를 위반하여 거래대금 지급을 증명할 수 있는 자료 외의 자료를 제출하지 않거나 거짓으로 제출한 경우	법 제28조 제2항제4호	500만원

비고
"신고 해태기간"이란 신고기간 만료일의 다음 날부터 기산하여 신고를 하지 않은 기간을 말한다. 다만, 다음의 사유가 있는 기간은 신고 해태기간에 산입하지 아니할 수 있다.
 1) 천재지변 등 불가항력적인 경우
 2) 천재지변 등에 준하는 그 밖의 사유로 신고의무를 이행하지 못한 상당한 사유가 있다고 인정되는 경우

다. 법 제28조제3항 관련

위반행위	과태료
법 제3조제1항부터 제4항까지 또는 제4조제2호를 위반하여 그 신고를 거짓으로 한 경우	
1) 부동산등의 실제 거래가격 외의 사항을 거짓으로 신고한 경우	취득가액(실제 거래가격을 말한다. 이하 이 목에서 같다)의 100분의 2
2) 부동산등의 실제 거래가격을 거짓으로 신고한 경우	
가) 실제 거래가격과 신고가격의 차액이 실제 거래가격의 10퍼센트 미만인 경우	취득가액의 100분의 2
나) 실제 거래가격과 신고가격의 차액이 실제 거래가격의 10퍼센트 이상 20퍼센트 미만인 경우	취득가액의 100분의 4

위반행위	과태료
다) 실제 거래가격과 신고가격의 차액이 실제 거래가격의 20퍼센트 이상 30퍼센트 미만인 경우	취득가액의 100분의 5
라) 실제 거래가격과 신고가격의 차액이 실제 거래가격의 30퍼센트 이상 40퍼센트 미만인 경우	취득가액의 100분의 7
마) 실제 거래가격과 신고가격의 차액이 실제 거래가격의 40퍼센트 이상 50퍼센트 미만인 경우	취득가액의 100분의 9
바) 실제 거래가격과 신고가격의 차액이 실제 거래가격의 50퍼센트 이상인 경우	취득가액의 100분의 10

라. 법 제28조제4항 관련

위반행위	과태료
법 제8조제1항에 따른 부동산등의 취득 신고를 하지 않거나 거짓으로 신고한 경우	
1) 신고 해태기간이 3개월 이하인 경우	
가) 취득가액이 1억원 미만인 경우	10만원
나) 취득가액이 1억원 이상 5억원 미만인 경우	25만원
다) 취득가액이 5억원 이상인 경우	50만원
2) 신고 해태기간이 3개월을 초과하는 경우	
가) 취득가액이 1억원 미만인 경우	50만원
나) 취득가액이 1억원 이상 5억원 미만인 경우	200만원
다) 취득가액이 5억원 이상인 경우	300만원
3) 거짓으로 신고한 경우	300만원

비고
1) "신고 해태기간"이란 신고기간 만료일의 다음 날부터 기산하여 신고를 하지 않은 기간을 말한다. 다만, 다음의 사유가 기간은 신고 해태기간에 산입하지 아니할 수 있다.
 가) 천재지변 등 불가항력적인 경우
 나) 천재지변 등에 준하는 그 밖의 사유로 신고의무를 이행하지 못한 상당한 사유가 있다고 인정되는 경우
2) 취득가액은 신고서에 기재된 취득가액을 기준으로 한다. 다만, 취득가액이 시가표준액(「지방세법」 제4조에 따른 신고사유 발생연도의 시가표준액을 말한다) 미만인 경우 또는 신고서에 취득가액을 기재하지 않은 경우에는 그 시가표준액을 취득가액으로 한다.

마. 법 제28조제5항 관련

위반행위	과태료
1) 법 제6조의2 또는 제6조의3에 따른 신고를 하지 않거나(공동신고를 거부한 경우를 포함한다) 그 신고를 거짓으로 한 경우	
가) 신고하지 않은 기간이 3개월 이하인 경우	
(1) 계약금액이 1억원 미만인 경우	4만원
(2) 계약금액이 1억원 이상 3억원 미만인 경우	5만원
(3) 계약금액이 3억원 이상 5억원 미만인 경우	10만원
(4) 계약금액이 5억원 이상인 경우	15만원

나) 신고하지 않은 기간이 3개월 초과 6개월 이하인 경우
   (1) 계약금액이 1억원 미만인 경우 — 13만원
   (2) 계약금액이 1억원 이상 3억원 미만인 경우 — 15만원
   (3) 계약금액이 3억원 이상 5억원 미만인 경우 — 30만원
   (4) 계약금액이 5억원 이상인 경우 — 45만원

다) 신고하지 않은 기간이 6개월 초과 1년 이하인 경우
   (1) 계약금액이 1억원 미만인 경우 — 21만원
   (2) 계약금액이 1억원 이상 3억원 미만인 경우 — 30만원
   (3) 계약금액이 3억원 이상 5억원 미만인 경우 — 50만원
   (4) 계약금액이 5억원 이상인 경우 — 70만원

라) 신고하지 않은 기간이 1년 초과 2년 이하인 경우
   (1) 계약금액이 1억원 미만인 경우 — 24만원
   (2) 계약금액이 1억원 이상 3억원 미만인 경우 — 40만원
   (3) 계약금액이 3억원 이상 5억원 미만인 경우 — 60만원
   (4) 계약금액이 5억원 이상인 경우 — 80만원

마) 신고하지 않은 기간이 2년을 초과한 경우 또는 공동신고를 거부한 경우
   (1) 계약금액이 1억원 미만인 경우 — 30만원
   (2) 계약금액이 1억원 이상 3억원 미만인 경우 — 50만원
   (3) 계약금액이 3억원 이상 5억원 미만인 경우 — 80만원
   (4) 계약금액이 5억원 이상인 경우 — 100만원

바) 거짓으로 신고한 경우 — 100만원

2) 법 제8조제2항에 따른 부동산등의 취득신고 또는 같은 조 제3항에 따른 계속보유 신고를 하지 않거나 거짓으로 신고한 경우

가) 신고하지 않은 기간이 3개월 이하인 경우
   (1) 취득가액이 1억원 미만인 경우 — 5만원
   (2) 취득가액이 1억원 이상 5억원 미만인 경우 — 10만원
   (3) 취득가액이 5억원 이상인 경우 — 15만원

나) 신고하지 않은 기간이 3개월 초과 6개월 이하인 경우
   (1) 취득가액이 1억원 미만인 경우 — 15만원
   (2) 취득가액이 1억원 이상 5억원 미만인 경우 — 30만원
   (3) 취득가액이 5억원 이상인 경우 — 45만원

다) 신고하지 않은 기간이 6개월 초과 1년 이하인 경우
   (1) 취득가액이 1억원 미만인 경우 — 30만원
   (2) 취득가액이 1억원 이상 5억원 미만인 경우 — 50만원
   (3) 취득가액이 5억원 이상인 경우 — 70만원

라) 신고하지 않은 기간이 1년 초과 3년 이하인 경우
   (1) 취득가액이 1억원 미만인 경우 — 40만원
   (2) 취득가액이 1억원 이상 5억원 미만인 경우 — 60만원
   (3) 취득가액이 5억원 이상인 경우 — 80만원

마) 신고하지 않은 기간이 3년을 초과한 경우
   (1) 취득가액이 1억원 미만인 경우 — 50만원

(2) 취득가액이 1억원 이상 5억원 미만인 경우		80만원
(3) 취득가액이 5억원 이상인 경우		100만원
바) 거짓으로 신고한 경우		100만원

비고

1) "신고하지 않은 기간"이란 신고기간 만료일의 다음 날부터 기산하여 신고를 하지 않은 기간을 말한다. 다만, 다음의 사유가 있는 기간은 신고하지 않은 기간에 산입하지 않을 수 있다.
 가) 천재지변 등 불가항력적인 경우
 나) 천재지변 등에 준하는 그 밖의 사유로 신고의무를 이행하지 못한 상당한 사유가 있다고 인정되는 경우
2) 계약금액은 다음의 구분에 따른다.
 가) 보증금만 있는 경우: 신고서에 기재된 보증금액
 나) 월 차임만 있는 경우: 신고서에 기재된 월 차임액의 200배에 해당하는 금액
 다) 보증금과 월 차임이 모두 있는 경우: 신고서에 기재된 보증금액에 월 차임액의 200배에 해당하는 금액을 합산한 금액
3) 취득가액은 신고서에 기재된 취득가액을 기준으로 한다. 다만, 취득가액이 시가표준액(「지방세법」 제4조에 따른 신고사유 발생연도의 시가표준액을 말한다) 미만인 경우 또는 신고서에 취득가액을 기재하지 않은 경우에는 그 시가표준액을 취득가액으로 한다.

※법인 주택 거래계약 신고서

■ 부동산 거래신고 등에 관한 법률 시행규칙 [별지 제1호의2서식] 〈신설 2020. 10. 27.〉 부동산거래관리시스템(rtms.molit.go.kr)에서도 신청할 수 있습니다.

법인 주택 거래계약 신고서

※ 색상이 어두운 난은 신청인이 적지 않으며, [ ]에는 해당되는 곳에 √표시를 합니다.

접수번호		접수일시		처리기간	
구 분	[ ] 매도인 [ ] 매수인				
제출인 (법인)	법인명(등기사항전부증명서상 상호)		법인등록번호		
			사업자등록번호		
	주소(법인소재지)		(휴대)전화번호		
① 법인 등기현황	자본금 원		② 등기임원(총 인원) 명		
	회사성립연월일		법인등기기록 개설 사유(최종)		
	③ 목적상 부동산 매매업(임대업) 포함 여부 [ ] 포함 [ ] 미포함		④ 사업의 종류 업태 ( ) 종목 ( )		
⑤ 거래상대방 간 특수관계 여부	법인 임원과의 거래 여부 [ ] 해당 [ ] 미해당		관계(해당하는 경우만 기재)		
	매도·매수법인 임원 중 동일인 포함 여부 [ ] 해당 [ ] 미해당		관계(해당하는 경우만 기재)		
	친족관계 여부 [ ] 해당 [ ] 미해당		관계(해당하는 경우만 기재)		
⑥ 주택 취득목적					

「부동산 거래신고 등에 관한 법률 시행령」 별표 1 제2호가목 및 같은 법 시행규칙 제2조제5항에 따라 위와 같이 법인 주택 거래계약 신고서를 제출합니다.

년 월 일

제출인 (서명 또는 인)

시장·군수·구청장 귀하

유의사항

이 서식은 부동산거래계약 신고서 접수 전에는 제출할 수 없으니 별도 제출하는 경우에는 미리 부동산거래계약 신고서의 제출여부를 신고서 제출자 또는 신고관청에 확인하시기 바랍니다.

작성방법

1. ① "법인 등기현황"에는 법인등기사항전부증명서(이하 "등기부"라 합니다)상 각 해당 항목을 작성해야 하며, 해당되는 거래당사자가 다수인 경우 각 법인별로 작성해야 합니다.
2. ② "등기임원"에는 등기부 "임원에 관한 사항"란에 등재되어 있는 대표이사 등 임원의 총 인원을 적습니다.
3. ③ "목적상 부동산 매매업(임대업) 포함 여부"에는 등기부 "목적" 란에 현재 부동산 매매업(임대업) 등재 여부를 확인하여 해당 난에 √표시를 합니다.
4. ④ "사업의 종류"에는 사업자등록증이 있는 경우 업종의 종류에 해당하는 내용을 적고, 사업자 미등록 또는 사업의 종류가 없는 비영리법인인 경우 인허가 목적 등을 적습니다.
5. ⑤ "거래상대방 간 특수관계 여부"에는 법인과 거래상대방 간의 관계가 다음 각 목의 어느 하나에 해당하는 지 여부를 확인하여 해당 난에 √표시를 하고, "해당"에 √표시를 한 경우 그 구체적 관계를 적습니다. 이 경우 특수관계가 여러 개인 경우 해당되는 관계를 모두 적습니다.
  가. 거래상대방이 개인인 경우: 그 개인이 해당 법인의 임원이거나 법인의 임원과 「국세기본법」 제2조제20호가목의 친족관계가 있는 경우
  나. 거래상대방이 법인인 경우: 거래당사자인 매도법인과 매수법인의 임원 중 같은 사람이 있거나 거래당사자인 매도법인과 매수법인의 임원 간 「국세기본법」 제2조제20호가목의 친족관계에 있는 경우
6. ⑥ "주택 취득 목적"은 주택을 취득하는 법인이 그 목적을 간략하게 적습니다.

※ 주택취득자금 조달 및 입주계획서

■ 부동산 거래신고 등에 관한 법률 시행규칙 [별지 제1호의3서식] 〈개정 2022. 2. 28.〉 　부동산거래관리시스템(rtms.molit.go.kr)에서도 신청할 수 있습니다.

주택취득자금 조달 및 입주계획서

※ 색상이 어두운 난은 신청인이 적지 않으며, [ ]에는 해당되는 곳에 √표시를 합니다. (앞쪽)

접수번호		접수일시		처리기간	
제출인 (매수인)	성명(법인명)		주민등록번호(법인·외국인등록번호)		
	주소(법인소재지)		(휴대)전화번호		

① 자금 조달계획	자기 자금	② 금융기관 예금액		③ 주식·채권 매각대금		원
			원			
		④ 증여·상속		⑤ 현금 등 그 밖의 자금		원
			원			
		[ ] 부부 [ ] 직계존비속(관계: 　) [ ] 그 밖의 관계(　)		[ ] 보유 현금 [ ] 그 밖의 자산(종류: 　)		
		⑥ 부동산 처분대금 등	원	⑦ 소계		원
	차입금 등	⑧ 금융기관 대출액 합계	주택담보대출			원
			신용대출			원
			그 밖의 대출			원
			원	(대출 종류: 　)		
		기존 주택 보유 여부 (주택담보대출이 있는 경우만 기재) [ ] 미보유　[ ] 보유 (　건)				
		⑨ 임대보증금	원	⑩ 회사지원금·사채		원
		⑪ 그 밖의 차입금	원	⑫ 소계		
		[ ] 부부 [ ] 직계존비속(관계: 　) [ ] 그 밖의 관계(　)				원
	⑬ 합계					원

⑭ 조달자금 지급방식	총 거래금액	원
	⑮ 계좌이체 금액	원
	⑯ 보증금·대출 승계 금액	원
	⑰ 현금 및 그 밖의 지급방식 금액	원
	지급 사유 (　)	

⑱ 입주 계획	[ ] 본인입주　[ ] 본인 외 가족입주 (입주 예정 시기: 　년 　월)	[ ] 임대 (전·월세)	[ ] 그 밖의 경우 (재건축 등)

「부동산 거래신고 등에 관한 법률 시행령」 별표 1 제2호나목, 같은 표 제3호가목 전단, 같은 호 나목 및 같은 법 시행규칙 제2조제6항·제7항·제9항·제10항에 따라 위와 같이 주택취득자금 조달 및 입주계획서를 제출합니다.

　　　　　　　　　　　　　　　　　　　　　　　　　　　년　　월　　일

제출인　　　　　　　　　　(서명 또는 인)

시장·군수·구청장 귀하

유의사항

1. 제출하신 주택취득자금 조달 및 입주계획서는 국세청 등 관계기관에 통보되어, 신고내역 조사 및 관련 세법에 따른 조사 시 참고자료로 활용됩니다.
2. 주택취득자금 조달 및 입주계획서(첨부서류 제출대상인 경우 첨부서류를 포함합니다)를 계약체결일부터 30일 이내에 제출하지 않거나 거짓으로 작성하는 경우 「부동산 거래신고 등에 관한 법률」 제28조제2항 또는 제3항에 따라 과태료가 부과되오니 유의하시기 바랍니다.
3. 이 서식은 부동산거래계약 신고서 접수 전에는 제출이 불가하오니 별도 제출하는 경우에는 미리 부동산거래계약 신고서의 제출여부를 신고서 제출자 또는 신고관청에 확인하시기 바랍니다.

(뒤쪽)

첨부서류	투기과열지구에 소재하는 주택의 거래계약을 체결한 경우에는 다음 각 호의 구분에 따른 서류를 첨부해야 합니다. 이 경우 주택취금자금 조달 및 입주계획서의 제출일을 기준으로 주택취득에 필요한 자금의 대출이 실행되지 않았거나 본인 소유 부동산의 매매계약이 체결되지 않은 경우 등 항목별 금액 증명이 어려운 경우에는 그 사유서를 첨부해야 합니다. 1. 금융기관 예금액 항목을 적은 경우: 예금잔액증명서 등 예금 금액을 증명할 수 있는 서류 2. 주식·채권 매각대금 항목을 적은 경우: 주식거래내역서 또는 예금잔액증명서 등 주식·채권 매각 금액을 증명할 수 있는 서류 3. 증여·상속 항목을 적은 경우: 증여세·상속세 신고서 또는 납세증명서 등 증여 또는 상속받은 금액을 증명할 수 있는 서류 4. 현금 등 그 밖의 자금 항목을 적은 경우: 소득금액증명원 또는 근로소득 원천징수영수증 등 소득을 증명할 수 있는 서류 5. 부동산 처분대금 등 항목을 적은 경우: 부동산 매매계약서 또는 부동산 임대차계약서 등 부동산 처분 등에 따른 금액을 증명할 수 있는 서류 6. 금융기관 대출액 합계 항목을 적은 경우: 금융거래확인서, 부채증명서 또는 금융기관 대출신청서 등 금융기관으로부터 대출받은 금액을 증명할 수 있는 서류 7. 임대보증금 항목을 적은 경우: 부동산 임대차계약서 8. 회사지원금·사채 또는 그 밖의 차입금 항목을 적은 경우: 금전을 빌린 사실과 그 금액을 확인할 수 있는 서류

작성방법

1. ① "자금조달계획"에는 해당 주택의 취득에 필요한 자금의 조달계획(부동산 거래신고를 하기 전에 부동산 거래대금이 모두 지급된 경우에는 조달방법)을 적고, 매수인이 다수인 경우 각 매수인별로 작성해야 하며, 각 매수인별 금액을 합산한 총 금액과 거래신고된 주택거래금액이 일치해야 합니다.
2. ② ~ ⑥에는 자기자금을 종류별로 구분하여 중복되지 않게 적습니다.
3. ② "금융기관 예금액"에는 금융기관에 예치되어 있는 본인명의의 예금(적금 등)을 통해 조달하려는 자금을 적습니다.
4. ③ "주식·채권 매각대금"에는 본인 명의 주식·채권 및 각종 유가증권 매각 등을 통해 조달하려는 자금을 적습니다.
5. ④ "증여·상속"에는 가족 등으로부터 증여 받거나 상속받아 조달하는 자금을 적고, 자금을 제공한 자와의 관계를 해당 난에 √표시를 하며, 부부 외의 경우 해당 관계를 적습니다.
6. ⑤ "현금 등 그 밖의 자금"에는 현금으로 보유하고 있는 자금 및 자기자금 중 다른 항목에 포함되지 않는 그 밖의 본인 자산을 통해 조달하려는 자금(금융기관 예금액 외의 각종 금융상품 및 간접투자상품을 통해 조달하려는 자금 포함)을 적고, 해당 자금이 보유하고 있는 현금일 경우 "보유 현금"에 √표시를 하고, 현금이 아닌 경우 "그 밖의 자산"에 √표시를 하고 자산의 종류를 적습니다.
7. ⑥ "부동산 처분대금 등"에는 본인 소유 부동산의 매도, 기존 임대보증금 회수 등을 통해 조달하려는 자금 또는 재건축, 재개발시 발생한 종전 부동산 권리가액 등을 적습니다.
8. ⑦ "소계"에는 ② ~ ⑥의 합계액을 적습니다.
9. ⑧ ~ ⑪에는 자기자금을 제외한 차입금 등을 종류별로 구분하여 중복되지 않게 적습니다.
10. ⑧ "금융기관 대출액 합계"에는 금융기관으로부터 대출을 통해 조달하려는 자금 또는 매도인의 대출금 승계 자금을 적고, 주택담보대출·신용대출인 경우 각 해당 난에 대출액을 적으며, 그 밖의 대출인 경우 대출액 및 대출 종류를 적습니다. 또한 주택담보 대출액이 있는 경우 "기존 주택 보유 여부"의 해당 난에 √표시를 합니다. 이 경우 기존 주택은 신고하려는 거래계약 대상인 주택은 제외하고, 주택을 취득할 수 있는 권리와 주택을 지분으로 보유하고 있는 경우는 포함하며, "기존 주택 보유 여부" 중 "보유"에 √표시를 한 경우에는 기존 주택 보유 수(지분으로 보유하고 있는 경우에는 각 건별로 계산합니다)를 적습니다.
11. ⑨ "임대보증금"에는 취득 주택의 신규 임대차 계약 또는 매도인으로부터 승계한 임대차 계약의 임대보증금 등 임대를 통해 조달하는 자금을 적습니다.
12. ⑩ "회사지원금·사채"에는 금융기관 외의 법인, 개인사업자로부터 차입을 통해 조달하려는 자금을 적습니다.
13. ⑪ "그 밖의 차입금"에는 ⑧ ~ ⑩에 포함되지 않는 차입금 등을 적고, 자금을 제공한 자와의 관계를 해당 난에 √표시를 하고 부부 외의 경우 해당 관계를 적습니다.
14. ⑫에는 ⑧ ~ ⑪의 합계액을, ⑬에는 ⑦과 ⑫의 합계액을 적습니다.
15. ⑭ "조달자금 지급방식"에는 조달한 자금을 매도인에게 지급하는 방식 등을 각 항목별로 적습니다.
16. ⑮ "계좌이체 금액"에는 금융기관 계좌이체로 지급했거나 지급 예정인 금액 등 금융기관을 통해서 자금지급 확인이 가능한 금액을 적습니다.
17. ⑯ "보증금·대출 승계 금액"에는 종전 임대차계약 보증금 또는 대출금 승계 등 매도인으로부터 승계했거나 승계 예정인 자금의 금액을 적습니다.
18. ⑰ "현금 및 그 밖의 지급방식 금액"에는 ⑮, ⑯ 외의 방식으로 지급했거나 지급 예정인 금액을 적고 계좌이체가 아닌 현금(수표) 등의 방식으로 지급하는 구체적인 사유를 적습니다.
19. ⑱ "입주 계획"에는 해당 주택의 거래계약을 체결한 이후 첫 번째 입주자 기준(다세대, 다가구 등 2세대 이상인 경우에는 해당 항목별 중복하여 적습니다)으로 적으며, "본인입주"란 매수자 및 주민등록상 동일 세대원이 함께 입주하는 경우를, "본인 외 가족입주"란 매수자와 주민등록상 세대가 분리된 가족이 입주하는 경우를 말하며, 이 경우에는 입주 예정 시기 연월을 적습니다. 또한 재건축 추진 또는 멸실 후 신축 등 해당 주택에 입주 또는 임대하지 않는 경우 등에는 "그 밖의 경우"에 √표시를 합니다.

※외국인 부동산등 취득신고서 & 외국인 부동산등 계속보유 신고서

■ 부동산 거래신고 등에 관한 법률 시행규칙 [별지 제6호서식] 〈신설 2023. 10. 6.〉 쿠동산거래관리시스템(rtms.molit.go.kr)에서도 신청할 수 있습니다.

[ ] 외국인 부동산등 취득 신고서
[ ] 외국인 부동산등 계속보유 신고서

※ 뒤쪽의 유의사항·작성방법을 읽고 작성하시기 바라며, [　]에는 해당하는 곳에 √표를 합니다.

(앞쪽)

접수번호		접수일시		처리기간 즉시	
신고인	성명(법인명)		외국인(법인)등록번호		
	국적		①국적 취득일자		
	생년월일(법인 설립일자)		(휴대)전화번호		
	②주소(법인소재지)		(거래지분 :　　분의　　)		
신고사항	③취득 원인		④상세 원인		
	⑤원인 발생일자		⑥취득 가액(원)		
	⑦종류 [ ]토지 [ ]건축물 [ ]토지 및 건축물 [ ]공급계약 [ ]전매 [ ]분양권 [ ]입주권 [ ]준공전 [ ]준공후				
	⑧소재지				
	⑨토지 (지목:　　)/(취득면적:　　㎡)/(지분:　　분의　　) (대지권비율:　　분의　　)				
	⑩건축물 (용도:　　)/(취득면적:　　㎡)/(지분:　　분의　　)				
	⑪취득 용도				

「부동산 거래신고 등에 관한 법률」 제8조, 같은 법 시행령 제5조제1항 및 같은 법 시행규칙 제7조제1항에 따라 위와 같이 신고합니다.

년　월　일

신고인　　　　　　　(서명 또는 인)

시장·군수·구청장 귀하

첨부서류	뒤쪽 참조	수수료 없음

(뒤쪽)

신고인 제출서류	부동산등 취득 신고의 경우	다음의 구분에 따른 서류 1. 증여의 경우: 증여계약서 2. 상속의 경우: 상속인임을 증명할 수 있는 서류 3. 경매의 경우: 경락결정서 4. 환매권 행사의 경우: 환매임을 증명할 수 있는 서류 5. 법원의 확정판결의 경우: 확정판결문 6. 법인의 합병의 경우: 합병사실을 증명할 수 있는 서류
	부동산등 계속보유 신고의 경우	대한민국국민이나 대한민국의 법령에 따라 설립된 법인 또는 단체가 외국인등으로 변경되었음을 증명할 수 있는 서류
담당 공무원 확인사항	1. 건축물대장 2. 토지등기사항증명서 3. 건물등기사항증명서	

유의사항

1. 신고서를 제출할 때에는 여권 등 신고인의 신분을 확인할 수 있는 신분증명서를 제시해야 하고, 전자문서로 신고할 때에는 전자인증의 방법으로 신고인의 신분을 확인하게 됩니다.
2. 전자문서로 신고를 할 때에는 증명서류를 첨부해야 하고 첨부가 곤란한 경우에는 그 사본을 우편 또는 팩스로 신고관청에 따로 제출해야 합니다.
   * 이 경우 신고확인증은 제출된 서류를 확인한 후 지체 없이 송부합니다.

작성방법

① "국적 취득일자"란은 토지 계속보유 신고의 경우에는 반드시 적어야 합니다.
② "주소"란의 거래지분에는 공동 취득한 경우의 소유지분을 적습니다.
③ "취득 원인"란에는 계약, 계약 외, 계속보유 중에서 하나를 적습니다.
④ "상세 원인"란에는 매매, 교환, 증여, 상속, 경매, 환매권 행사, 법원의 확정판결, 법인의 합병, 신축 등, 국적 변경 중에서 하나를 적습니다.
⑤ "원인 발생일자"란에는 계약 체결일, 증여 결정일, 상속일(피상속인의 사망일), 경락결정일, 환매계약일, 확정판결일, 합병일, 사용승인일, 국적변경일 중에서 하나를 적습니다.
⑥ 증여, 상속 등에 따라 취득 가액 산출이 곤란한 경우에는 신고 원인 발생 연도의 공시지가 등을 참고하여 적을 수 있으며, 참고할 수 있는 가격이 없는 경우 "취득 가액"란의 작성을 생략할 수 있습니다.
⑦ "종류"란에는 토지, 건축물 또는 토지 및 건축물(복합부동산의 경우) 해당란에 √표시합니다. 공급계약은 시행사 또는 건축주 등이 최초로 부동산을 공급(분양)하는 계약이고, 전매는 부동산을 취득할 수 있는 권리의 매매를 말하며 이 경우에는 해당란에 √표시를 하고, 세부항목 분양권, 입주권, 준공전, 준공후 각 해당란에도 √표시를 합니다.
⑧ "소재지"란에는 부동산의 소재지·지번(아파트 등 집합건물인 경우에는 동·호수까지)을 적습니다.
⑨ "토지"란에는 법정 지목, 취득면적을 정확하게 적고, 지분 또는 집합건물 대지권을 취득하는 경우에는 지분 또는 대지권 비율을 적습니다.
⑩ "건축물"란에는 아파트, 단독주택 등 「건축법 시행령」 별표 1에 따른 용도별 건축물의 종류와 취득면적을 정확하게 적고, 지분을 취득하는 경우에는 지분을 적습니다.
⑪ "취득 용도"란에는 주거용(아파트), 주거용(단독주택), 주거용(그 밖의 주택), 레저용, 상업용, 공장용, 그 밖의 용도 중에서 하나를 적고, 취득 용도가 정해지지 않은 경우에는 현재의 용도를 적습니다.

※ 부동산, 관계 필지 등이 다수인 경우에는 다른 용지에 작성하여 간인 처리 후 첨부합니다.

처리절차

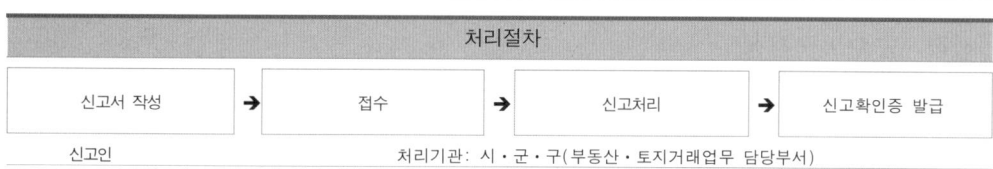

※외국인 토지취득 허가신청서

■ 부동산 거래신고 등에 관한 법률 시행규칙 [별지 제7호의2서식] 〈신설 2023. 10. 6.〉 부동산거래관리시스템(rtms.molit.go.kr)에서도 신청할 수 있습니다.

외국인 토지취득 허가신청서

※ 뒤쪽의 유의사항·작성방법을 읽고 작성하시기 바라며, [ ]에는 해당하는 곳에 √표를 합니다. (앞쪽)

접수번호			접수일시		처리기간	15일[법 제9조제1항제1호에 따른 구역·지역은 30일(30일 연장 가능)]

신청인	성명(법인명) (한글) (영문)			외국인(법인)등록번호		
	국적			여권번호		
	생년월일(법인 설립일자)			(휴대)전화번호		
				전자우편 주소 @		
	①주소(법인소재지)					

신청 사항	②취득 상세원인							
	③취득 예정가액(원)							
	④ 토지에 관한 사항		소재지	지번	지목		취득면적 (㎡)	지분	용도지역·용도지구
					법정	현실			
		토지 이용 현황	⑤토지의 정착물에 관한 사항(종류, 내용 등)						
			⑥그 밖의 이용현황						
	⑦취득 용도							

「부동산 거래신고 등에 관한 법률」 제9조제1항, 같은 법 시행령 제6조제1항 및 같은 법 시행규칙 제7조의2제1항에 따라 위와 같이 허가를 신청합니다.

년   월   일

신청인   (서명 또는 인)

시장·군수·구청장 귀하

첨부서류	뒤쪽 참조	수수료 없음

(뒤쪽)

신청인 제출서류	토지거래계약 당사자 간의 합의서
담당 공무원 확인사항	토지등기사항증명서

유의사항

1. 허가신청서를 제출할 때에는 여권 등 신청인의 신분을 확인할 수 있는 신분증명서를 제시해야 하고, 전자문서로 신청할 때에는 전자인증의 방법으로 신청인의 신분을 확인하게 됩니다.
2. 전자문서로 허가신청을 할 때에는 증명서류를 첨부해야 하고, 첨부가 곤란한 경우에는 그 사본을 우편 또는 팩스로 허가관청에 따로 제출해야 합니다.

작성방법

① "주소"란은 실제 거주 중인 주소를 적되, 실제 거주자가 외국에 소재하는 경우 현지어로 적습니다. 또한, 법인의 주소는 대한민국에 법인의 사무소 또는 법인을 대표할 수 있는 자가 있는 경우 해당 사무소나 사람의 주소를 적고, 그렇지 않은 경우 법인등기부에 기재된 소재지를 적습니다.
② "취득 상세원인"란에는 매매, 교환, 증여 등의 계약원인을 적습니다.
③ 증여, 상속 등에 따라 취득 예정가액 산출이 곤란한 경우에는 신고 원인 발생 연도와 공시지가 등을 참고하여 적을 수 있으며, 참고할 수 있는 가격이 없는 경우 "취득 예정가액"란의 작성을 생략할 수 있습니다.
④ "토지에 관한 사항"란에는 토지의 소재지, 지번, 법정 지목, 현실 지목 및 취득면적을 정확하게 적고, 지분 또는 집합건물 대지권을 취득하는 경우에는 지분 또는 대지권 비율을 적습니다.
⑤ "토지의 정착물에 관한 사항"란에는 건축물 및 공작물의 경우에는 연면적·구조·사용년수 등을, 입목의 경우에는 수종·본수·수령 등을 적습니다.
⑥ "그 밖의 이용현황"란에는 토지의 정착물에 관한 사항 외 나대지, 도로, 임야 등 토지이용현황을 적습니다.
⑦ "취득 용도"란에는 주거용(아파트), 주거용(단독주택), 주거용(그 밖의 주택), 레저용, 상업용, 공장용, 농업용, 임업용, 그 밖의 용도 중에서 하나를 적고, 취득 용도가 정해지지 않은 경우에는 현재의 용도를 적습니다.

※ 부동산, 관계 필지 등이 다수인 경우에는 다른 용지에 작성하여 간인 처리한 후 첨부합니다.

처리절차

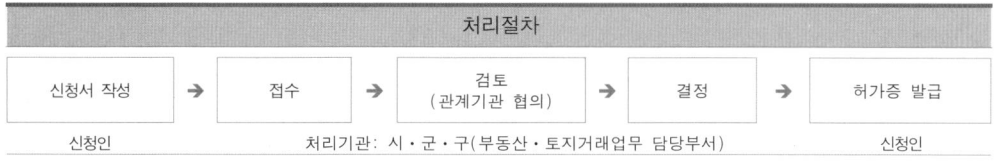

신청서 작성 → 접수 → 검토(관계기관 협의) → 결정 → 허가증 발급

신청인 / 처리기관: 시·군·구(부동산·토지거래업무 담당부서) / 신청인

※ 토지취득자금 조달 및 토지이용계획서

■ 부동산 거래신고 등에 관한 법률 시행규칙 [별지 제1호의4서식]　부동산거래관리시스템(rtms.molit.go.kr)에서도 신고할 수 있습니다.
〈개정 2023. 8. 22.〉

토지취득자금 조달 및 토지이용계획서

※ 색상이 어두운 난은 신청인이 적지 않으며, [ ]에는 해당되는 곳에 √표시를 합니다.　(앞쪽)

접수번호			접수일시				처리기간		
제출인 (매수인)	성명(법인명)					주민등록번호(법인·외국인등록번호)			
	주소(법인소재지)					(휴대)전화번호			

① 대상 토지		토지 소재지				면적		거래금액	
	1	시/군	동/읍/면	리	번지	m²			원
	2	시/군	동/읍/면	리	번지	m²			원
	3	시/군	동/읍/면	리	번지	m²			원

② 자금 조달계획	자기 자금	③ 금융기관 예금액　　　　　　　　　　원	④ 주식·채권 매각대금　　　　　　　원
		⑤ 증여·상속　　　　　　　　　　　　원	⑥ 현금 등 그 밖의 자금　　　　　　원
		[ ] 부부 [ ] 직계존비속(관계:　　) [ ] 그 밖의 관계(　　　　　　)	[ ] 보유 현금 [ ] 그 밖의 자산(종류:　　　　)
		⑦ 부동산 처분대금 등　　　　　　　원	⑧ 토지보상금　　　　　　　　　　　원
		⑨ 소계　　　　　　　　　　　　　　　　　　　　　　　　　　　　　　　　　원	
	차입금 등	⑩ 금융기관 대출액 합계	토지담보대출　　　　　　　　　　　원
			신용대출　　　　　　　　　　　　　원
		원	그 밖의 대출　　(대출 종류:　　　)　원
		⑪ 그 밖의 차입금　　　　　　　　　원	⑫ 소계　　　　　　　　　　　　　　원
		[ ] 부부 [ ] 직계존비속(관계:　　) [ ] 그 밖의 관계(　　　　　　)	
	⑬ 합계		원
⑭ 토지이용계획			

「부동산 거래신고 등에 관한 법률 시행령」별표 1 제4호·제5호 및 같은 법 시행규칙 제2조제8항부터 제10항까지의 규정에 따라 위와 같이 토지취득자금 조달 및 토지이용계획서를 제출합니다.

년　월　일

제출인　　　　　　　　　　(서명 또는 인)

시장·군수·구청장 귀하

유의사항

1. 제출하신 토지취득자금 조달 및 토지이용계획서는 국세청 등 관계기관에 통보되어, 신고내역 조사 및 관련 세법에 따른 조사 시 참고자료로 활용됩니다.
2. 토지취득자금 조달 및 토지이용계획서를 계약체결일부터 30일 이내에 제출하지 않거나 거짓으로 작성하는 경우 「부동산 거래신고 등에 관한 법률」 제28조제2항 또는 제3항에 따라 과태료가 부과되니 유의하시기 바랍니다.
3. 이 서식은 부동산거래계약 신고서 접수 전에는 제출할 수 없으니 별도 제출하는 경우에는 미리 부동산거래계약 신고서의 제출여부를 신고서 제출자 또는 신고관청에 확인하시기 바랍니다.

(뒤쪽)

작성방법

1. ① "대상토지"란에는 신고 대상 토지거래계약에 따라 취득하는 토지에 대하여 필지별로 소재지와 면적, 거래금액을 적되, 「부동산거래신고 등에 관한 법률 시행령」 별표 1 비고 제11호에 따라 거래가격을 합산하여 신고해야 하는 토지가 있는 경우에는 이를 포함하여 적습니다.
2. ② "자금조달계획"란에는 해당 토지의 취득에 필요한 자금의 조달계획(부동산 거래신고를 하기 전에 부동산 거래대금이 모두 지급된 경우에는 조달방법)을 적고, 매수인이 다수인 경우 각 매수인별로 작성해야 하며, 각 매수인별 금액을 합산한 총 금액과 거래신고된 토지거래금액이 일치해야 합니다.
3. ③ ~ ⑧란에는 자기자금을 종류별로 구분하여 중복되지 않게 적습니다.
4. ③ "금융기관 예금액"란에는 금융기관에 예치되어 있는 본인명의의 예금(적금 등)을 통해 조달하려는 자금을 적습니다.
5. ④ "주식·채권 매각대금"란에는 본인 명의의 주식·채권 및 각종 유가증권 매각 등을 통해 조달하려는 자금을 적습니다.
6. ⑤ "증여·상속"란에는 가족 등으로부터 증여 받거나 상속받아 조달하는 자금을 적고, 자금을 제공한 자와의 관계를 해당 난에 √표시를 하며, 부부 외의 경우 그 관계를 적습니다.
7. ⑥ "현금 등 그 밖의 자금"란에는 현금으로 보유하고 있는 자금 및 자기자금 중 다른 항목에 포함되지 않는 그 밖의 본인 자산을 통해 조달하려는 자금(금융기관 예금액 외의 각종 금융상품 및 간접투자상품을 통해 조달하려는 자금 포함)을 적고, 해당 자금이 보유하고 있는 현금일 경우 "보유 현금"에 √표시를 하며, 현금이 아닌 경우 "그 밖의 자산"에 √표시를 하고 자산의 종류를 적습니다.
8. ⑦ "부동산 처분대금 등"란에는 본인 소유 부동산의 처분을 통해 조달하려는 자금을 적습니다.
9. ⑧ "토지보상금"란에는 「공익사업을 위한 토지 등의 취득 및 보상에 관한 법률」 등에 따른 공익사업 등의 시행으로 토지를 양도하거나 토지가 수용되어 지급받는 보상금 중 조달하려는 자금을 적으며, 토지보상금을 지급받은 후 금융기관에 예탁하거나 현금으로 보유하고 있더라도 ⑧란에 적습니다.
10. ⑨ "소계"란에는 ③ ~ ⑧란의 합계액을 적으며, 대상토지가 둘 이상인 경우에는 ①란 각 필지별 거래금액 중 자기자금을 합산한 금액과 일치해야 합니다.
11. ⑩란 및 ⑪란에는 자기자금을 제외한 차입금 등을 종류별로 구분하여 중복되지 않게 적습니다.
12. ⑩ "금융기관 대출액 합계"란에는 금융기관으로부터 대출을 통해 조달하려는 자금을 적고, 토지담보대출·신용대출인 경우 각 해당 난에 대출액을 적으며, 그 밖의 대출인 경우 대출액 및 대출 종류를 적습니다.
13. ⑪ "그 밖의 차입금"란에는 ⑩란에 포함되지 않는 차입금 등을 적고, 자금을 제공한 자와의 관계를 해당 난에 √표시를 하며, 부부 외의 경우 그 관계를 적습니다.
14. ⑫란에는 ⑩란과 ⑪란의 합계액을 적으며, 대상토지가 둘 이상인 경우에는 ①란 각 필지별 거래금액 중 차입금 등을 합산한 금액과 일치해야 합니다.
15. ⑬란에는 ⑨란과 ⑫란의 합계액을 적되, 대상 토지가 둘 이상인 경우에는 ①란 각 필지별 거래금액을 합산한 금액과 일치해야 합니다.
16. ⑭란에는 해당 토지의 이용계획(예시: 농업경영, 산림경영, 건축물 건축, 도로 이용, 현상보존 등)을 간략하게 적습니다.

※주택 임대차 계약 신고서

■ 부동산 거래신고 등에 관한 법률 시행규칙 [별지 제5호의2서식]
〈개정 2023. 12. 29.〉

부동산거래관리시스템(rtms.molit.go.kr)에서도 신청할 수 있습니다.

주택 임대차 계약 신고서

※ 뒤쪽의 유의사항·작성방법을 읽고 작성하시기 바라며, [ ]에는 해당하는 곳에 √표를 합니다. (앞쪽)

접수번호		접수일시		처리기간	지체 없이

①임대인	성명(법인·단체명)		주민등록번호(법인·외국인등록·고유번호)	
	주소(법인·단체 소재지)			
	전화번호		휴대전화번호	

②임차인	성명(법인·단체명)		주민등록번호(법인·외국인등록·고유번호)	
	주소(법인·단체 소재지)			
	전화번호		휴대전화번호	

③임대 목적물 현황	종류	아파트[ ] 연립[ ] 다세대[ ] 단독[ ] 다가구[ ] 오피스텔[ ] 고시원[ ] 그 밖의 주거용[ ]
	④소재지(주소)	
	건물명( ) 동 층 호	
	⑤임대 면적(㎡)	㎡ 방의 수(칸) 칸

임대 계약내용	⑥신규 계약 [ ]	임대료	보증금	원
			월 차임	원
		계약 기간	년 월 일 ~ 년 월 일	
		체결일	년 월 일	
	⑦갱신 계약 [ ]	종전 임대료	보증금	원
			월 차임	원
		갱신 임대료	보증금	원
			월 차임	원
		계약 기간	년 월 일 ~ 년 월 일	
		체결일	년 월 일	
	⑧「주택임대차보호법」제6조의3에 따른 계약갱신요구권 행사 여부		[ ] 행사 [ ] 미행사	

개업공인 중개사	사무소 명칭		사무소 명칭	
	사무소 소재지		사무소 소재지	
	대표자 성명		대표자 성명	
	등록번호		등록번호	
	전화번호		전화번호	
	소속공인중개사 성명		소속공인중개사 성명	

「부동산 거래신고 등에 관한 법률」 제6조의2 및 같은 법 시행규칙 제6조의2에 따라 위와 같이 주택 임대차 계약 내용을 신고합니다.

년 월 일

신고인   임대인 : (서명 또는 인)
         임차인 : (서명 또는 인)
         제출인 : (서명 또는 인)
         (제출 대행시)

시장·군수·구청장 (읍·면·동장·출장소장) 귀하

(뒤쪽)

첨부서류	1. 주택 임대차 계약서(「부동산 거래신고 등에 관한 법률」 제6조의5제3항에 따른 확정일자를 부여받으려는 경우 및 「부동산 거래신고 등에 관한 법률 시행규칙」 제6조의2제3항·제5항·제9항에 따른 경우만 해당합니다) 2. 입금표·통장사본 등 주택 임대차 계약 체결 사실을 입증할 수 있는 서류 등(주택 임대차 계약서를 작성하지 않은 경우만 해당합니다) 및 계약갱신요구권 행사 여부를 확인할 수 있는 서류 등 3. 단독신고사유서(「부동산 거래신고 등에 관한 법률」 제6조의2제3항 및 같은 법 시행규칙 제6조의2제5항에 따라 단독으로 주택 임대차 신고서를 제출하는 경우만 해당합니다)

유의사항

1. 「부동산 거래신고 등에 관한 법률」 제6조의2제1항 및 같은 법 시행규칙 제6조의2제1항에 따라 주택 임대차 계약 당사자는 이 신고서에 공동으로 서명 또는 날인해 계약 당사자 중 일방이 신고서를 제출해야 하고, 계약 당사자 중 일방이 국가, 지방자치단체, 공공기관, 지방직영기업, 지방공사 또는 지방공단인 경우(국가등)에는 국가등이 신고해야 합니다.

2. 주택 임대차 계약의 당사자가 다수의 임대인 또는 임차인인 경우 계약서에 서명 또는 날인한 임대인 및 임차인 1명의 인적사항을 적어 제출할 수 있습니다.

3. 「부동산 거래신고 등에 관한 법률 시행규칙」 제6조의2제3항에 따라 주택 임대차 계약 당사자 일방이 이 신고서에 주택 임대차 계약서 또는 입금증, 주택 임대차 계약과 관련된 금전거래내역이 적힌 통장사본 등 주택 임대차 계약 체결 사실을 입증할 수 있는 서류 등(주택 임대차 계약서를 작성하지 않은 경우만 해당합니다), 「주택임대차보호법」제6조의3에 따른 계약갱신요구권 행사 여부를 확인할 수 있는 서류 등을 제출하는 경우에는 계약 당사자가 공동으로 신고한 것으로 봅니다.

4. 「부동산 거래신고 등에 관한 법률 시행규칙」 제6조의2제9항에 따라 신고인이 같은 조 제1항 각 호의 사항이 모두 적힌 주택 임대차 계약서를 신고관청에 제출하면 주택 임대차 계약 신고서를 제출하지 않아도 됩니다. 이 경우 신고관청에서 주택 임대차 계약서로 주택 임대차 신고서 작성 항목 모두를 확인할 수 없으면 주택 임대차 계약 신고서의 제출을 요구할 수 있습니다.

5. 「부동산 거래신고 등에 관한 법률 시행규칙」 제6조의5에 따라 주택 임대차 계약 당사자로부터 신고서의 작성 및 제출을 위임받은 자는 제출인란에 서명 또는 날인해 제출해야 합니다.

6. 주택 임대차 계약의 내용을 계약 체결일부터 30일 이내에 신고하지 않거나, 거짓으로 신고하는 경우 「부동산 거래신고 등에 관한 법률」 제28조제5항제3호에 따라 100만원 이하의 과태료가 부과됩니다.

7. 신고한 주택 임대차 계약의 보증금, 차임 등 임대차 가격이 변경되거나 임대차 계약이 해제된 경우에도 변경 또는 해제가 확정된 날부터 30일 이내에 「부동산 거래신고 등에 관한 법률」 제6조의3에 따라 신고해야 합니다.

작성방법

① · ② 임대인 및 임차인의 성명·주민등록번호 등 인적사항을 적으며, 주택 임대차 계약의 당사자가 다수의 임대인 또는 임차인인 경우 계약서에 서명 또는 날인한 임대인 및 임차인 1명의 인적사항을 적어 제출할 수 있습니다.

③ 임대 목적물 현황의 종류란에는 임대차 대상인 주택의 종류에 √표시를 하고, 주택의 종류를 모를 경우 건축물대장(인터넷 건축행정시스템 세움터에서 무료 열람 가능)에 적힌 해당 주택의 용도를 참고합니다.

④ 소재지(주소)란에는 임대차 대상 주택의 소재지(주소)를 적고, 건물명이 있는 경우 건물명(예: 00아파트, 00빌라, 다가구건물명 등)을 적으며, 동·층·호가 있는 경우 이를 적고, 구분 등기가 되어 있지 않은 다가구주택 및 고시원 등의 일부를 임대한 경우에도 동·층·호를 적습니다.

⑤ 임대 면적란에는 해당 주택의 건축물 전체에 대해 임대차 계약을 체결한 경우 집합건축물은 전용면적을 적고, 그 밖의 건축물은 연면적을 적습니다. 건축물 전체가 아닌 일부를 임대한 경우에는 임대차 계약 대상 면적만 적고 해당 면적을 모르는 경우에는 방의 수(칸)를 적습니다.

⑥ · ⑦ 신고하는 주택 임대차 계약이 신규 계약 또는 갱신 계약 중 해당하는 하나에 √표시를 하고, 보증금 또는 월 차임(월세) 금액을 각각의 란에 적으며, 임대차 계약 기간과 계약 체결일도 각각의 란에 적습니다.

⑧ 갱신 계약란에 √표시를 한 경우 임차인이 「주택임대차보호법」제6조의3에 따른 계약갱신요구권을 행사했는지를 "행사" 또는 "미행사"에 √표시를 합니다.

※ 같은 임대인과 임차인이 소재지(주소)가 다른 다수의 주택에 대한 임대차 계약을 일괄하여 체결한 경우에도 임대 목적물별로 각각 주택 임대차 신고서를 작성해 제출해야 합니다.

처리절차

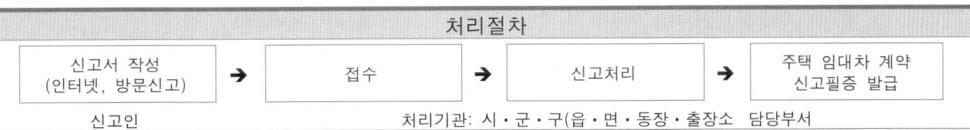

신고인   처리기관: 시·군·구(읍·면·동장·출장소 담당부서

※ 중개대상물 확인·설명서 [Ⅰ] (주거용 건축물)

■ 공인중개사법 시행규칙 [별지 제20호서식] 〈개정 2024. 7. 2.〉 (6쪽 중 제1쪽)

중개대상물 확인·설명서[Ⅰ] (주거용 건축물)

(주택 유형: [ ]단독주택 [ ]공동주택 [ ]주거용 오피스텔)
(거래 형태: [ ]매매·교환 [ ]임대)

확인·설명 자료	확인·설명 근거자료 등	[ ]등기권리증 [ ]등기사항증명서 [ ]토지대장 [ ]건축물대장 [ ]지적도 [ ]임야도 [ ]토지이용계획확인서 [ ]확정일자 부여현황 [ ]전입세대확인서 [ ]국세납세증명서 [ ]지방세납세증명서 [ ]그 밖의 자료( )
	대상물건의 상태에 관한 자료요구 사항	

유의사항

개업공인중개사의 확인·설명 의무	개업공인중개사는 중개대상물에 관한 권리를 취득하려는 중개의뢰인에게 성실·정확하게 설명하고, 토지대장 등본, 등기사항증명서 등 설명의 근거자료를 제시해야 합니다.
실제 거래가격 신고	「부동산 거래신고 등에 관한 법률」 제3조 및 같은 법 시행령 별표 1 제1호마목에 따른 실제 거래가격은 매수인이 매수한 부동산을 양도하는 경우 「소득세법」 제97조제1항 및 제7항과 같은 법 시행령 제163조제11항제2호에 따라 취득 당시의 실제 거래가액으로 보아 양도차익이 계산될 수 있음을 유의하시기 바랍니다.

Ⅰ. 개업공인중개사 기본 확인사항

① 대상물건의 표시	토지	소재지				
		면적(㎡)		지목	공부상 지목	
					실제 이용 상태	
	건축물	전용면적(㎡)			대지지분(㎡)	
		준공년도 (증개축년도)		용도	건축물대장상 용도	
					실제 용도	
		구조		방향		(기준:)
		내진설계 적용여부		내진능력		
		건축물대장상 위반건축물 여부	[ ]위반 [ ]적법	위반내용		

② 권리관계	등기부 기재사항	소유권에 관한 사항	소유권 외의 권리사항
		토지	토지
		건축물	건축물

③ 토지이용 계획, 공법상 이용제한 및 거래규제에 관한 사항 (토지)	지역·지구	용도지역		건폐율 상한	용적률 상한
		용도지구		%	%
		용도구역			
	도시·군 계획 시설		허가·신고 구역 여부	[ ]토지거래허가구역	
			투기지역 여부	[ ]토지투기지역 [ ]주택투기지역 [ ]투기과열지구	
	지구단위계획구역, 그 밖의 도시·군관리계획		그 밖의 이용제한 및 거래규제사항		

(6쪽 중 제2쪽)

④ 임대차 확인사항	확정일자 부여현황 정보	[ ] 임대인 자료 제출 [ ] 열람 동의		[ ] 임차인 권리 설명
	국세 및 지방세 체납정보	[ ] 임대인 자료 제출 [ ] 열람 동의		[ ] 임차인 권리 설명
	전입세대 확인서	[ ] 확인(확인서류 첨부) [ ] 미확인(열람·교부 신청방법 설명) [ ] 해당 없음		
	최우선변제금	소액임차인범위: 만원 이하 최우선변제금액: 만원 이하		
	민간임대등록여부 / 등록	[ ] 장기일반민간임대주택 [ ] 공공지원민간임대주택 [ ] 그 밖의 유형( ) 임대의무기간 임대개시일		[ ] 임대보증금 보증 설명
	민간임대등록여부 / 미등록 [ ]			
	계약갱신 요구권 행사 여부	[ ] 확인(확인서류 첨부) [ ] 미확인 [ ] 해당 없음		

개업공인중개사가 "④ 임대차 확인사항"을 임대인 및 임차인에게 설명하였음을 확인함	임대인	(서명 또는 날인)
	임차인	(서명 또는 날인)
	개업공인중개사	(서명 또는 날인)
	개업공인중개사	(서명 또는 날인)

※ 민간임대주택의 임대사업자는 「민간임대주택에 관한 특별법」 제49조에 따라 임대보증금에 대한 보증에 가입해야 합니다.
※ 임차인은 주택도시보증공사(HUG) 등이 운영하는 전세보증금반환보증에 가입할 것을 권고합니다.
※ 임대차 계약 후 「부동산 거래신고 등에 관한 법률」 제6조의2에 따라 30일 이내 신고해야 합니다(신고 시 확정일자 자동부여).
※ 최우선변제금은 근저당권 등 선순위 담보물권 설정 당시의 소액임차인범위 및 최우선변제금액을 기준으로 합니다.

⑤ 입지조건	도로와의 관계	(m × m)도로에 접함 [ ] 포장 [ ] 비포장	접근성	[ ] 용이함 [ ] 불편함
	대중교통	버스	( ) 정류장, 소요시간: ([ ] 도보 [ ] 차량) 약 분	
		지하철	( ) 역, 소요시간: ([ ] 도보 [ ] 차량) 약 분	
	주차장	[ ] 없음 [ ] 전용주차시설 [ ] 공동주차시설 [ ] 그 밖의 주차시설 ( )		
	교육시설	초등학교	( ) 학교, 소요시간: ([ ] 도보 [ ] 차량) 약 분	
		중학교	( ) 학교, 소요시간: ([ ] 도보 [ ] 차량) 약 분	
		고등학교	( ) 학교, 소요시간: ([ ] 도보 [ ] 차량) 약 분	

⑥ 관리에 관한 사항	경비실	[ ] 있음 [ ] 없음 관리주체 [ ] 위탁관리 [ ] 자체관리 [ ] 그 밖의 유형

	관리비	관리비 금액: 총 원
		관리비 포함 비목: [ ] 전기료 [ ] 수도료 [ ] 가스사용료 [ ] 난방비 [ ] 인터넷 사용료
		        [ ] TV 수신료 [ ] 그 밖의 비목( )
		관리비 부과방식: [ ] 임대인이 직접 부과 [ ] 관리규약에 따라 부과
		        [ ] 그 밖의 부과 방식( )

⑦ 비선호시설(1km이내)	[ ] 없음 [ ] 있음 (종류 및 위치:)

⑧ 거래예정금액 등	거래예정금액			
	개별공시지가 (㎡당)		건물(주택) 공시가격	

⑨ 취득 시 부담할 조세의 종류 및 세율	취득세	%	농어촌특별세	%	지방교육세	%
	※ 재산세와 종합부동산세는 6월 1일 기준으로 대상물건 소유자가 납세의무를 부담합니다.					

Ⅱ. 개업공인중개사 세부 확인사항

⑩ 실제 권리관계 또는 공시되지 않은 물건의 권리 사항

⑪ 내부·외부 시설물의 상태 (건축물)	수도	파손 여부	[ ] 없음	[ ] 있음 (위치:)
		용수량	[ ] 정상	[ ] 부족함 (위치:)
	전기	공급상태	[ ] 정상	[ ] 교체 필요 (교체할 부분:)
	가스(취사용)	공급방식	[ ] 도시가스	[ ] 그 밖의 방식 ( )
	소방	단독경보형 감지기	[ ] 없음 [ ] 있음(수량: 개)	※「소방시설 설치 및 관리에 관한 법률」제10조 및 같은 법 시행령 제10조에 따른 주택용 소방시설로서 아파트(주택으로 사용하는 층수가 5개층 이상인 주택을 말한다)를 제외한 주택의 경우만 적습니다.
	난방방식 및 연료공급	공급방식	[ ] 중앙공급 [ ] 개별공급 [ ] 지역난방	시설작동 [ ] 정상 [ ] 수선 필요 ( ) ※ 개별 공급인 경우 사용연한 ( ) [ ] 확인불가
		종류	[ ] 도시가스 [ ] 기름 [ ] 프로판가스 [ ] 연탄 [ ] 그 밖의 종류 ( )	
	승강기	[ ] 있음 ([ ] 양호 [ ] 불량) [ ] 없음		
	배수	[ ] 정상 [ ] 수선 필요 ( )		
	그 밖의 시설물			
⑫ 벽면·바닥면 및 도배 상태	벽면	균열	[ ] 없음	[ ] 있음 (위치:)
		누수	[ ] 없음	[ ] 있음 (위치:)
	바닥면	[ ] 깨끗함 [ ] 보통임 [ ] 수리 필요 (위치:)		
	도배	[ ] 깨끗함 [ ] 보통임 [ ] 도배 필요		
⑬ 환경조건	일조량	[ ] 풍부함 [ ] 보통임 [ ] 불충분 (이유:)		
	소음	[ ] 아주 작음 [ ] 보통임 [ ] 심한 편임	진동 [ ] 아주 작음 [ ] 보통임 [ ] 심한 편임	
⑭ 현장안내	현장안내자	[ ] 개업공인중개사 [ ] 소속공인중개사 [ ] 중개보조원(신분고지 여부: [ ] 예 [ ] 아니오) [ ] 해당 없음		

※ "중개보조원"이란 공인중개사가 아닌 사람으로서 개업공인중개사에 소속되어 중개대상물에 대한 현장안내 및 일반서무 등 개업공인중개사의 중개업무와 관련된 단순한 업무를 보조하는 사람을 말합니다.

※ 중개보조원은 「공인중개사법」 제18조의4에 따라 현장안내 등 중개업무를 보조하는 경우 중개의뢰인에게 본인이 중개보조원이라는 사실을 미리 알려야 합니다.

(6쪽 중 제4쪽)

III. 중개보수 등에 관한 사항

⑮ 중개보수 및 실비의 금액과 산출내역	중개보수		<산출내역> 중개보수: 실　비: ※ 중개보수는 시·도 조례로 정한 요율한도에서 중개의뢰인과 개업공인중개사가 서로 협의하여 결정하며 부가가치세는 별도로 부과될 수 있습니다.
	실비		
	계		
	지급시기		

「공인중개사법」 제25조제3항 및 제30조제5항에 따라 거래당사자는 개업공인중개사로부터 위 중개대상물에 관한 확인·설명 및 손해배상책임의 보장에 관한 설명을 듣고, 같은 법 시행령 제21조제3항에 따른 본 확인·설명서와 같은 법 시행령 제24조제2항에 따른 손해배상책임 보장 증명서류(사본 또는 전자문서)를 수령합니다.

년　　월　　일

매도인 (임대인)	주소		성명		(서명 또는 날인)
	생년월일		전화번호		
매수인 (임차인)	주소		성명		(서명 또는 날인)
	생년월일		전화번호		
개업 공인중개사	등록번호		성명(대표자)		(서명 및 날인)
	사무소 명칭		소속공인중개사		(서명 및 날인)
	사무소 소재지		전화번호		
개업 공인중개사	등록번호		성명(대표자)		(서명 및 날인)
	사무소 명칭		소속공인중개사		(서명 및 날인)
	사무소 소재지		전화번호		

작성방법(주거용 건축물)

<작성일반>

1. "[ ]"있는 항목은 해당하는 "[ ]"안에 √로 표시합니다.

2. 세부항목 작성 시 해당 내용을 작성란에 모두 작성할 수 없는 경우에는 별지로 작성하여 첨부하고, 해당란에는 "별지 참고"라고 적습니다.

<세부항목>

1. 「확인·설명자료」 항목의 "확인·설명 근거자료 등"에는 개업공인중개사가 확인·설명 과정에서 제시한 자료를 적으며, "대상물건의 상태에 관한 자료요구 사항"에는 매도(임대)의뢰인에게 요구한 사항 및 그 관련 자료의 제출 여부와 ⑩ 실제 권리관계 또는 공시되지 않은 물건의 권리사항부터 ⑬ 환경조건까지의 항목을 확인하기 위한 자료의 요구 및 그 불응 여부를 적습니다.

2. ① 대상물건의 표시부터 ⑨ 취득 시 부담할 조세의 종류 및 세율까지는 개업공인중개사가 확인한 사항을 적어야 합니다.

3. ① 대상물건의 표시는 토지대장 및 건축물대장 등을 확인하여 적고, 건축물의 방향은 주택의 경우 거실이나 안방 등 주실(主室)의 방향을, 그 밖의 건축물은 주된 출입구의 방향을 기준으로 남향, 북향 등 방향을 적고 방향의 기준이 불분명한 경우 기준(예: 남동향 - 거실 앞 발코니 기준)을 표시하여 적습니다.

4. ② 권리관계의 "등기부 기재사항"은 등기사항증명서를 확인하여 적습니다.

    가. 대상물건에 신탁등기가 되어 있는 경우에는 수탁자 및 신탁물건(신탁원부 번호)임을 적고, 신탁원부 약정사항에 명시된 대상물건에 대한 임대차계약의 요건(수탁자 및 수익자의 동의 또는 승낙, 임대차계약 체결의 당사자, 그 밖의 요건 등)을 확인하여 그 요건에 따라 유효한 임대차계약을 체결할 수 있음을 설명(신탁원부 교부 또는 ⑩ 실제 권리관계 또는 공시되지 않은 물건의 권리사항에 주요 내용을 작성)해야 합니다.

    나. 대상물건에 공동담보가 설정되어 있는 경우에는 공동담보 목록 등을 확인하여 공동담보의 채권최고액 등 해당 중개물건의 권리관계를 명확히 적고 설명해야 합니다.

    ※ 예를 들어, 다세대주택 건물 전체에 설정된 근저당권 현황을 확인·제시하지 않으면서, 계약대상 물건이 포함된 일부 호실의 공동담보 채권최고액이 마치 건물 전체에 설정된 근저당권의 채권최고액인 것처럼 중개의뢰인을 속이는 경우에는 「공인중개사법」 위반으로 형사처벌 대상이 될 수 있습니다.

5. ③ 토지이용계획, 공법상 이용제한 및 거래규제에 관한 사항(토지)의 "건폐율 상한 및 용적률 상한"은 시·군의 조례에 따라 적고, "도시·군계획시설", "지구단위계획구역, 그 밖의 도시·군관리계획"은 개업공인중개사가 확인하여 적으며, "그 밖의 이용제한 및 거래규제사항"은 토지이용계획확인서의 내용을 확인하고, 공부에서 확인할 수 없는 사항은 부동산종합공부시스템 등에서 확인하여 적습니다(임대차의 경우에는 생략할 수 있습니다).

6. ④ 임대차 확인사항은 다음 각 목의 구분에 따라 적습니다.

    가. 「주택임대차보호법」 제3조의7에 따라 임대인이 확정일자 부여일, 차임 및 보증금 등 정보(확정일자 부여 현황 정보) 및 국세 및 지방세 납세증명서(국세 및 지방세 체납 정보)의 제출 또는 열람 동의로 갈음했는지 구분하여 표시하고, 「공인중개사법」 제25조의3에 따른 임차인의 권리에 관한 설명 여부를 표시합니다.

    나. 임대인이 제출한 전입세대 확인서류가 있는 경우에는 확인에 √로 표시를 한 후 설명하고, 없는 경우에는 미확인에 √로 표시한 후 「주민등록법」 제29조의2에 따른 전입세대확인서의 열람·교부 방법에 대해 설명합니다(임대인이 거주하는 경우이거나 확정일자 부여현황을 통해 선순위의 모든 세대가 확인되는 경우 등에는 '해당 없음'에 √로 표시합니다).

    다. 최우선변제금은 「주택임대차보호법 시행령」 제10조(보증금 중 일정액의 범위 등) 및 제11조(우선변제를 받을 임차인의 범위)를 확인하여 각각 적되, 근저당권 등 선순위 담보물권이 설정되어 있는 경우 선순위 담보물권 설정 당시의 소액임차인범위 및 최우선변제금액을 기준으로 적어야 합니다.

    라. "민간임대 등록여부"는 대상물건이 「민간임대주택에 관한 특별법」에 따라 등록된 민간임대주택인지 여부를 같은 법 제60조에 따른 임대주택정보체계에 접속하여 확인하거나 임대인에게 확인하여 "[ ]"안에 √로 표시하고, 민간임대주택인 경우 같은 법에 따른 권리·의무사항을 임대인 및 임차인에게 설명해야 합니다.

※ 민간임대주택은 「민간임대주택에 관한 특별법」 제5조에 따른 임대사업자가 등록한 주택으로서, 임대인과 임차인 간 임대차계약(재계약 포함) 시에는 다음의 사항이 적용됩니다.
- 「민간임대주택에 관한 특별법」 제44조에 따라 임대의무기간 중 임대료 증액청구는 5퍼센트의 범위에서 주거비 물가지수, 인근 지역의 임대료 변동률 등을 고려하여 같은 법 시행령으로 정하는 증액비율을 초과하여 청구할 수 없으며, 임대차계약 또는 임대료 증액이 있은 후 1년 이내에는 그 임대료를 증액할 수 없습니다.
- 「민간임대주택에 관한 특별법」 제45조에 따라 임대사업자는 임차인이 의무를 위반하거나 임대차를 계속하기 어려운 경우 등에 해당하지 않으면 임대의무기간 동안 임차인과의 계약을 해제·해지하거나 재계약을 거절할 수 없습니다.

　　마. "계약갱신요구권 행사여부"는 대상물건이 「주택임대차보호법」의 적용을 받는 주택으로서 임차인이 있는 경우 매도인(임대인)으로부터 계약갱신요구권 행사 여부에 관한 사항을 확인할 수 있는 서류를 받으면 "확인"에 √로 표시하여 해당 서류를 첨부하고, 서류를 받지 못한 경우 "미확인"에 √로 표시하며, 임차인이 없는 경우에는 "해당 없음"에 √로 표시합니다. 이 경우 개업공인중개사는 「주택임대차보호법」에 따른 임대인과 임차인의 권리·의무사항을 매수인에게 설명해야 합니다.

7. ⑥ 관리비는 직전 1년간 월평균 관리비 등을 기초로 산출한 총 금액을 적되, 관리비에 포함되는 비목들에 대해서는 해당하는 곳에 √로 표시하며, 그 밖의 비목에 대해서는 √로 표시한 후 비목 내역을 적습니다. 관리비 부과방식은 해당하는 곳에 √로 표시하고, 그 밖의 부과방식을 선택한 경우에는 그 부과방식에 대해서 작성해야 합니다. 이 경우 세대별 사용량을 계량하여 부과하는 전기료, 수도료 등 비목은 실제 사용량에 따라 금액이 달라질 수 있고, 이에 따라 총 관리비가 변동될 수 있음을 설명해야 합니다.

8. ⑦ 비선호시설(1km이내)의 "종류 및 위치"는 대상물건으로부터 1km 이내에 사회통념상 기피 시설인 화장장·봉안당·공동묘지·쓰레기처리장·쓰레기소각장·분뇨처리장·하수종말처리장 등의 시설이 있는 경우, 그 시설의 종류 및 위치를 적습니다.

9. ⑧ 거래예정금액 등의 "거래예정금액"은 중개가 완성되기 전 거래예정금액을, "개별공시지가(㎡당)" 및 "건물(주택)공시가격"은 중개가 완성되기 전 공시된 공시지가 또는 공시가격을 적습니다[임대차의 경우에는 "개별공시지가(㎡당)" 및 "건물(주택)공시가격"을 생략할 수 있습니다].

10. ⑨ 취득 시 부담할 조세의 종류 및 세율은 중개가 완성되기 전 「지방세법」의 내용을 확인하여 적습니다(임대차의 경우에는 제외합니다).

11. ⑩ 실제 권리관계 또는 공시되지 않은 물건의 권리 사항은 매도(임대)의뢰인이 고지한 사항(법정지상권, 유치권, 「주택임대차보호법」에 따른 임대차, 토지에 부착된 조각물 및 정원수, 계약 전 소유권 변동 여부, 도로의 점용허가 여부 및 권리·의무 승계 대상 여부 등)을 적습니다. 「건축법 시행령」 별표 1 제2호에 따른 공동주택(기숙사는 제외합니다) 중 분양을 목적으로 건축되었으나 분양되지 않아 보존등기만 마쳐진 상태인 공동주택에 대해 임대차계약을 알선하는 경우에는 이를 임차인에게 설명해야 합니다.

　　※ 임대차계약의 경우 현재 존속 중인 임대차의 임대보증금, 월 단위의 차임액, 계약기간 및 임대차 계약의 장기수선충당금의 처리 등을 확인하여 적습니다. 그 밖에 경매 및 공매 등의 특이사항이 있는 경우 이를 확인하여 적습니다.

12. ⑪ 내부·외부 시설물의 상태(건축물), ⑫ 벽면·바닥면 및 도배 상태와 ⑬ 환경조건은 중개대상물에 대해 개업공인중개사가 매도(임대)의뢰인에게 자료를 요구하여 확인한 사항을 적고, ⑪ 내부·외부 시설물의 상태(건축물)의 "그 밖의 시설물"은 가정자동화 시설(Home Automation 등 IT 관련 시설)의 설치 여부를 적습니다.

13. ⑮ 중개보수 및 실비는 개업공인중개사와 중개의뢰인이 협의하여 결정한 금액을 적되 "중개보수"는 거래예정금액을 기준으로 계산하고, "산출내역(중개보수)"은 "거래예정금액(임대차의 경우에는 임대보증금 + 월 단위의 차임액 × 100) × 중개보수 요율"과 같이 적습니다. 다만, 임대차로서 거래예정금액이 5천만원 미만인 경우에는 "임대보증금 + 월 단위의 차임액 × 70"을 거래예정금액으로 합니다.

14. 공동중개 시 참여한 개업공인중개사(소속공인중개사를 포함합니다)는 모두 서명·날인해야 하며, 2명을 넘는 경우에는 별지로 작성하여 첨부합니다.

※ **중개대상물 확인·설명서[II] (비주거용 건축물)**

■ 공인중개사법 시행규칙 [별지 제20호의2서식] 〈개정 2021. 12. 31.〉

(4쪽 중 제1쪽)

중개대상물 확인·설명서[II] (비주거용 건축물)
([ ]업무용 [ ]상업용 [ ]공업용 [ ]매매·교환 [ ]임대 [ ]그 밖의 경우)

확인·설명 자료	확인·설명 근거자료 등	[ ]등기권리증 [ ]등기사항증명서 [ ]토지대장 [ ]건축물대장 [ ]지적도 [ ]임야도 [ ]토지이용계획확인서 [ ]그 밖의 자료( )
	대상물건의 상태에 관한 자료요구 사항	

유의사항

개업공인중개사의 확인·설명 의무	개업공인중개사는 중개대상물에 관한 권리를 취득하려는 중개의뢰인에게 성실·정확하게 설명하고, 토지대장 등본, 등기사항증명서 등 설명의 근거자료를 제시해야 합니다.
실제 거래가격 신고	「부동산 거래신고 등에 관한 법률」 제3조 및 같은 법 시행령 별표 1 제1호마목에 따른 실제 거래가격은 매수인이 매수한 부동산을 양도하는 경우 「소득세법」 제97조제1항 및 제7항과 같은 법 시행령 제163조제11항제2호에 따라 취득 당시의 실제 거래가액으로 보아 양도차익이 계산될 수 있음을 유의하시기 바랍니다.

I. 개업공인중개사 기본 확인사항

① 대상물건의 표시	토지	소재지				
		면적(㎡)		지목	공부상 지목	
					실제이용 상태	
	건축물	전용면적(㎡)			대지지분(㎡)	
		준공년도 (증개축년도)		용도	건축물대장상 용도	
					실제 용도	
		구조		방향		(기준:)
		내진설계 적용여부		내진능력		
		건축물대장상 위반건축물 여부	[ ]위반 [ ]적법	위반내용		

② 권리관계	등기부 기재사항		소유권에 관한 사항	소유권 외의 권리사항
		토지		토지
		건축물		건축물
	민간임대등록여부	등록	[ ] 장기일반민간임대주택 [ ] 공공지원민간임대주택 [ ] 그 밖의 유형( )	
			임대의무기간	임대개시일
		미등록	[ ] 해당사항 없음	
	계약갱신 요구권 행사여부		[ ] 확인(확인서류 첨부) [ ] 미확인 [ ] 해당 없음	

③ 토지이용계획, 공법상 이용제한 및 거래규제에 관한 사항(토지)	지역·지구	용도지역		건폐율 상한	용적률 상한
		용도지구		%	%
		용도구역			
	도시·군 계획시설		허가·신고 구역 여부	[ ]토지거래허가구역	
			투기지역 여부	[ ]토지투기지역 [ ]주택투기지역 [ ]투기과열지구	
	지구단위계획구역, 그 밖의 도시·군관리계획		그 밖의 이용제한 및 거래규제사항		

(4쪽 중 제2쪽)

④ 입지조건	도로와의 관계	(m × m)도로에 접함 [ ] 포장 [ ] 비포장		접근성	[ ] 용이함 [ ] 불편함
	대중교통	버스	( ) 정류장,	소요시간: ([ ] 도보 [ ] 차량) 약 분	
		지하철	( ) 역,	소요시간: ([ ] 도보 [ ] 차량) 약 분	
	주차장	[ ] 없음 [ ] 전용주차시설 [ ] 공동주차시설 [ ] 그 밖의 주차시설 ( )			
⑤ 관리에 관한사항	경비실	[ ] 있음 [ ] 없음	관리주체	[ ] 위탁관리 [ ] 자체관리 [ ] 그 밖의 유형	
⑥ 거래예정금액 등	거래예정금액				
	개별공시지가(㎡당)		건물(주택)공시가격		
⑦ 취득 시 부담할 조세의 종류 및 세율	취득세	%	농어촌특별세	%	지방교육세	%
	※ 재산세와 종합부동산세는 6월 1일 기준 대상물건 소유자가 납세의무를 부담				

II. 개업공인중개사 세부 확인사항

⑧ 실제 권리관계 또는 공시되지 않은 물건의 권리 사항

⑨ 내부·외부 시설물의 상태 (건축물)	수도	파손 여부	[ ] 없음 [ ] 있음(위치:)
		용수량	[ ] 정상 [ ] 부족함(위치:)
	전기	공급상태	[ ] 정상 [ ] 교체 필요(교체할 부분:)
	가스(취사용)	공급방식	[ ] 도시가스 [ ] 그 밖의 방식( )
	소방	소화전	[ ] 없음 [ ] 있음(위치:)
		비상벨	[ ] 없음 [ ] 있음(위치:)
	난방방식 및 연료공급	공급방식	[ ] 중앙공급 [ ] 개별공급 시설작동 [ ] 정상 [ ] 수선 필요 ( ) ※개별공급인 경우 사용연한 ( ) [ ] 확인불가
		종류	[ ] 도시가스 [ ] 기름 [ ] 프로판가스 [ ] 연탄 [ ] 그 밖의 종류( )
	승강기	[ ] 있음 ([ ] 양호 [ ] 불량) [ ] 없음	
	배수	[ ] 정상 [ ] 수선 필요( )	
	그 밖의 시설물		
⑩ 벽면 및 바닥면	벽면	균열	[ ] 없음 [ ] 있음(위치:)
		누수	[ ] 없음 [ ] 있음(위치:)
	바닥면	[ ] 깨끗함 [ ] 보통임 [ ] 수리 필요 (위치:)	

III. 중개보수 등에 관한 사항

⑪중개보수 및 실비의금액과 산출내역	중개보수		<산출내역> 중개보수: 실 비:
	실비		
	계		
	지급시기		

「공인중개사법」 제25조제3항 및 제30조제5항에 따라 거래당사자는 개업공인중개사로부터 위 중개대상물에 관한 확인·설명 및 손해배상책임의 보장에 관한 설명을 듣고, 같은 법 시행령 제21조제3항에 따른 본 확인·설명서와 같은 법 시행령 제24조제2항에 따른 손해배상책임 보장 증명서류(사본 또는 전자문서)를 수령합니다.

년   월   일

매도인 (임대인)	주소		성명	(서명 또는 날인)
	생년월일		전화번호	

매수인 (임차인)	주소		성명	(서명 또는 날인)
	생년월일		전화번호	

개업 공인중개사	등록번호		성명 (대표자)	(서명 및 날인)
	사무소 명칭		소속 공인중개사	(서명 및 날인)
	사무소 소재지		전화번호	

개업 공인중개사	등록번호		성명 (대표자)	(서명 및 날인)
	사무소 명칭		소속 공인중개사	(서명 및 날인)
	사무소 소재지		전화번호	

(4쪽 중 제4쪽)

작성방법(비주거용 건축물)

<작성일반>
1. "[ ]" 있는 항목은 해당하는 "[ ]" 안에 √로 표시합니다.
2. 세부항목 작성 시 해당 내용을 작성란에 모두 작성할 수 없는 경우에는 별지로 작성하여 첨부하고, 해당란에는 "별지 참고"라고 적습니다.

<세부항목>
1. 「확인·설명자료」 항목의 "확인·설명 근거자료 등"에는 개업공인중개사가 확인·설명 과정에서 제시한 자료를 적으며, "대상물건의 상태에 관한 자료요구 사항"에는 매도(임대)의뢰인에게 요구한 사항 및 그 관련 자료의 제출 여부와 ⑧ 실제 권리관계 또는 공시되지 않은 물건의 권리 사항부터 ⑩ 벽면까지의 항목을 확인하기 위한 자료의 요구 및 그 불응 여부를 적습니다.

2. ① 대상물건의 표시부터 ⑦ 취득 시 부담할 조세의 종류 및 세율까지는 개업공인중개사가 확인한 사항을 적어야 합니다.

3. ① 대상물건의 표시는 토지대장 및 건축물대장 등을 확인하여 적습니다.

4. ② 권리관계의 "등기부 기재사항"은 등기사항증명서를 확인하여 적습니다.

5. ② 권리관계의 "민간임대 등록여부"는 대상물건이 「민간임대주택에 관한 특별법」에 따라 등록된 민간임대주택인지 여부를 같은 법 제60조에 따른 임대주택정보체계에 접속하여 확인하거나 임대인에게 확인하여 "[ ]" 안에 √로 표시하고, 민간임대주택인 경우 「민간임대주택에 관한 특별법」에 따른 권리·의무사항을 임차인에게 설명해야 합니다.

    ※ 민간임대주택은 「민간임대주택에 관한 특별법」 제5조에 따른 임대사업자가 등록한 주택으로서, 임대인과 임차인간 임대차 계약(재계약 포함)시 다음과 같은 사항이 적용됩니다.
    ① 같은 법 제44조에 따라 임대의무기간 중 임대료 증액청구는 5퍼센트의 범위에서 주거비 물가지수, 인근 지역의 임대료 변동률 등을 고려하여 같은 법 시행령으로 정하는 증액비율을 초과하여 청구할 수 없으며, 임대차계약 또는 임대료 증액이 있은 후 1년 이내에는 그 임대료를 증액할 수 없습니다.
    ② 같은 법 제45조에 따라 임대사업자는 임차인이 의무를 위반하거나 임대차를 계속하기 어려운 경우 등에 해당하지 않으면 임대의무기간 동안 임차인과의 계약을 해제·해지하거나 재계약을 거절할 수 없습니다.

6. ② 권리관계의 "계약갱신요구권 행사여부"는 대상물건이 「주택임대차보호법」 및 「상가건물 임대차보호법」의 적용을 받는 임차인이 있는 경우 매도인(임대인)으로부터 계약갱신요구권 행사 여부에 관한 사항을 확인할 수 있는 서류를 받으면 "확인"에 √로 표시하여 해당 서류를 첨부하고, 서류를 받지 못한 경우 "미확인"에 √로 표시합니다. 이 경우 「주택임대차보호법」 및 「상가건물 임대차보호법」에 따른 임대인과 임차인의 권리·의무사항을 매수인에게 설명해야 합니다.

7. ③ 토지이용계획, 공법상 이용제한 및 거래규제에 관한 사항(토지)의 "건폐율 상한 및 용적률 상한"은 시·군의 조례에 따라 적고, "도시·군계획시설", "지구단위계획구역, 그 밖의 도시·군관리계획"은 개업공인중개사가 확인하여 적으며, "그 밖의 이용제한 및 거래규제사항"은 토지이용계획확인서의 내용을 확인하고, 공부에서 확인할 수 없는 사항은 부동산종합공부시스템 등에서 확인하여 적습니다(임대차의 경우에는 생략할 수 있습니다).

8. ⑥ 거래예정금액 등의 "거래예정금액"은 중개가 완성되기 전 거래예정금액을, "개별공시지가(㎡당)" 및 "건물(주택)공시가격"은 중개가 완성되기 전 공시된 공시지가 또는 공시가격을 적습니다[임대차의 경우에는 "개별공시지가(㎡당)" 및 "건물(주택)공시가격"을 생략할 수 있습니다].

9. ⑦ 취득 시 부담할 조세의 종류 및 세율은 중개가 완성되기 전 「지방세법」의 내용을 확인하여 적습니다(임대차의 경우에는 제외합니다).

10. ⑧ 실제 권리관계 또는 공시되지 않은 물건의 권리 사항은 매도(임대)의뢰인이 고지한 사항(법정지상권, 유치권, 「상가건물 임대차보호법」에 따른 임대차, 토지에 부착된 조각물 및 정원수, 계약 전 소유권 변동여부, 도로의 점용허가 여부 및 권리·의무 승계 대상여부 등)을 적습니다. 「건축법 시행령」 별표 1 제2호에 따른 공동주택(기숙사는 제외합니다) 중 분양을 목적으로 건축되었으나 분양되지 않아 보존등기만 마쳐진 상태인 공동주택에 대해 임대차계약을 알선하는 경우에는 이를 임차인에게 설명해야 합니다.
    ※ 임대차계약의 경우 임대보증금, 월 단위의 차임액, 계약기간, 장기수선충당금의 처리 등을 확인하고, 근저당 등이 설정된 경우 채권최고액을 확인하여 적습니다. 그 밖에 경매 및 공매 등의 특이사항이 있는 경우 이를 확인하여 적습니다.

11. ⑨ 내부·외부 시설물의 상태(건축물) 및 ⑩ 벽면 및 바닥면은 중개대상물에 대하여 개업공인중개사가 매도(임대)의뢰인에게 자료를 요구하여 확인한 사항을 적고, ⑨ 내부·외부 시설물의 상태(건축물)의 "그 밖의 시설물"에는 건축물이 상업용인 경우에는 오수정화시설용량, 공업용인 경우에는 전기용량, 오수정화시설용량 및 용수시설의 내용에 대하여 개업공인중개사가 매도(임대)의뢰인에게 자료를 요구하여 확인한 사항을 적습니다.

12. ⑪ 중개보수 및 실비의 금액과 산출내역은 개업공인중개사와 중개의뢰인이 협의하여 결정한 금액을 적되 "중개보수"는 거래예정금액을 기준으로 계산하고, "산출내역(중개보수)"은 "거래예정금액(임대차의 경우에는 임대보증금 + 월 단위의 차임액 × 100) × 중개보수 요율"과 같이 적습니다. 다만, 임대차로서 거래예정금액이 5천만원 미만인 경우에는 "임대보증금 + 월 단위의 차임액 × 70"을 거래예정금액으로 합니다.

13. 공동중개 시 참여한 개업공인중개사(소속공인중개사를 포함합니다)는 모두 서명·날인해야 하며, 2명을 넘는 경우에는 별지로 작성하여 첨부합니다.

※ **중개대상물 확인·설명서[Ⅲ] (토지)**

■ 공인중개사법 시행규칙 [별지 제20호의3서식] 〈개정 2020. 10. 27.〉

(3쪽 중 제1쪽)

중개대상물 확인 · 설명서[Ⅲ] (토지)
([ ] 매매·교환   [ ] 임대)

확인·설명 자료	확인·설명 근거자료 등	[ ] 등기권리증 [ ] 등기사항증명서 [ ] 토지대장 [ ] 건축물대장 [ ] 지적도 [ ] 임야도 [ ] 토지이용계획확인서 [ ] 그 밖의 자료( )
	대상물건의 상태에 관한 자료요구 사항	

유의사항	
개업공인중개사의 확인·설명 의무	개업공인중개사는 중개대상물에 관한 권리를 취득하려는 중개의뢰인에게 성실·정확하게 설명하고, 토지대장등본, 등기사항증명서 등 설명의 근거자료를 제시해야 합니다.
실제 거래가격 신고	「부동산 거래신고 등에 관한 법률」 제3조 및 같은 법 시행령 별표 1 제1호마목에 따른 실제 거래가격은 매수인이 매수한 부동산을 양도하는 경우 「소득세법」 제97조제1항 및 제7항과 같은 법 시행령 제163조제11항제2호에 따라 취득 당시의 실제 거래가액으로 보아 양도차익이 계산될 수 있음을 유의하시기 바랍니다.

Ⅰ. 개업공인중개사 기본 확인사항

① 대상물건의 표시	토지	소재지				
		면적(㎡)		지목	공부상 지목	
					실제이용 상태	

② 권리관계	등기부 기재사항	소유권에 관한 사항	소유권 외의 권리사항
		토지	토지

③ 토지이용계획, 공법상 이용 제한 및 거래규제에 관한 사항 (토지)	지역·지구	용도지역		건폐율 상한	용적률 상한
		용도지구		%	%
		용도구역			
	도시·군계획 시설		허가·신고 구역 여부	[ ] 토지거래허가구역	
			투기지역 여부	[ ] 토지투기지역 [ ] 주택투기지역 [ ] 투기과열지구	
	지구단위계획구역, 그 밖의 도시·군관리계획		그 밖의 이용제한 및 거래규제사항		

④ 입지조건	도로와의 관계	(m × m)도로에 접함 [ ] 포장 [ ] 비포장	접근성	[ ] 용이함 [ ] 불편함
	대중교통	버스	( ) 정류장, 소요시간: ([ ] 도보, [ ] 차량) 약 분	
		지하철	( ) 역, 소요시간: ([ ] 도보, [ ] 차량) 약 분	

⑤ 비 선호시설(1km이내)	[ ] 없음 [ ] 있음(종류 및 위치:)

⑥ 거래예정금액 등	거래예정금액	
	개별공시지가(㎡당)	건물(주택)공시가격

⑦ 취득 시 부담할 조세의 종류 및 세율	취득세	%	농어촌특별세	%	지방교육세	%
※ 재산세는 6월 1일 기준 대상물건 소유자가 납세의무를 부담						

II. 개업공인중개사 세부 확인사항

⑧ 실제 권리관계 또는 공시되지 않은 물건의 권리 사항	

III. 중개보수 등에 관한 사항

⑨ 중개보수 및 실비의 금액과 산출내역	중개보수		<산출내역> 중개보수:
	실비		실 비:
	계		
	지급시기		※ 중개보수는 거래금액의 1천분의 9 이내에서 중개의뢰인과 개업공인중개사가 서로 협의하여 결정하며, 부가가치세는 별도로 부과될 수 있습니다.

「공인중개사법」 제25조제3항 및 제30조제5항에 따라 거래당사자는 개업공인중개사로부터 위 중개대상물에 관한 확인·설명 및 손해배상책임의 보장에 관한 설명을 듣고, 같은 법 시행령 제21조제3항에 따른 본 확인·설명서와 같은 법 시행령 제24조제2항에 따른 손해배상책임 보장 증명서류(사본 또는 전자문서)를 수령합니다.

년   월   일

매도인 (임대인)	주소		성명		(서명 또는 날인)
	생년월일		전화번호		
매수인 (임차인)	주소		성명		(서명 또는 날인)
	생년월일		전화번호		
개업 공인중개사	등록번호		성명 (대표자)		(서명 및 날인)
	사무소 명칭		소속 공인중개사		(서명 및 날인)
	사무소 소재지		전화번호		
개업 공인중개사	등록번호		성명 (대표자)		(서명 및 날인)
	사무소 명칭		소속 공인중개사		(서명 및 날인)
	사무소 소재지		전화번호		

작성방법(토지)

<작성일반>

1. " [ ] "있는 항목은 해당하는 " [ ] "안에 √로 표시합니다.

2. 세부항목 작성 시 해당 내용을 작성란에 모두 작성할 수 없는 경우에는 별지로 작성하여 첨부하고, 해당란에는 "별지 참고"라고 적습니다.

<세부항목>

1. 「확인·설명 자료」 항목의 "확인·설명 근거자료 등"에는 개업공인중개사가 확인·설명 과정에서 제시한 자료를 적으며, "대상물건의 상태에 관한 자료요구 사항"에는 매도(임대)의뢰인에게 요구한 사항 및 그 관련 자료의 제출 여부와 ⑧ 실제 권리관계 또는 공시되지 않은 물건의 권리 사항의 항목을 확인하기 위한 자료요구 및 그 불응 여부를 적습니다.

2. ① 대상물건의 표시부터 ⑦ 취득 시 부담할 조세의 종류 및 세율까지는 개업공인중개사가 확인한 사항을 적어야 합니다.

3. ① 대상물건의 표시는 토지대장 등을 확인하여 적습니다.

4. ② 권리관계의 "등기부 기재사항"은 등기사항증명서를 확인하여 적습니다.

5. ③ 토지이용계획, 공법상 이용제한 및 거래규제에 관한 사항(토지)의 "건폐율 상한" 및 "용적률 상한"은 시·군의 조례에 따라 적고, "도시·군계획시설", "지구단위계획구역, 그 밖의 도시·군관리계획"은 개업공인중개사가 확인하여 적으며, 그 밖의 사항은 토지이용계획확인서의 내용을 확인하고, 공부에서 확인할 수 없는 사항은 부동산종합공부시스템 등에서 확인하여 적습니다(임대차의 경우에는 생략할 수 있습니다).

6. ⑥ 거래예정금액 등의 "거래예정금액"은 중개가 완성되기 전 거래예정금액을, "개별공시지가"는 중개가 완성되기 전 공시가격을 적습니다(임대차의 경우에는 "개별공시지가"를 생략할 수 있습니다).

7. ⑦ 취득 시 부담할 조세의 종류 및 세율은 중개가 완성되기 전 「지방세법」의 내용을 확인하여 적습니다(임대차의 경우에는 제외합니다).

8. ⑧ 실제 권리관계 또는 공시되지 않은 물건의 권리 사항은 매도(임대)의뢰인이 고지한 사항(임대차, 지상에 점유권 행사여부, 구축물, 적치물, 진입로, 경작물, 계약 전 소유권 변동여부 등)을 적습니다.
   ※ 임대차계약이 있는 경우 임대보증금, 월 단위의 차임액, 계약기간 등을 확인하고, 근저당 등이 설정된 경우 채권최고액을 확인하여 적습니다. 그 밖에 경매 및 공매 등의 특이사항이 있는 경우 이를 확인하여 적습니다.

9. ⑨ 중개보수 및 실비의 금액과 산출내역의 "중개보수"는 거래예정금액을 기준으로 계산하고, "산출내역(중개보수)"은 "거래예정금액(임대차의 경우에는 임대보증금 + 월 단위의 차임액 × 100) × 중개보수 요율"과 같이 적습니다. 다만, 임대차로서 거래예정금액이 5천만원 미만인 경우에는 "임대보증금 + 월 단위의 차임액 × 70"을 거래예정금액으로 합니다.

10. 공동중개 시 참여한 개업공인중개사(소속공인중개사를 포함합니다)는 모두 서명·날인해야 하며, 2명을 넘는 경우에는 별지로 작성하여 첨부합니다.

※ 중개대상물 확인·설명서[Ⅳ] (입목·광업재단·공장재단)

■ 공인중개사법 시행규칙 [별지 제20호의4서식] 〈개정 2020. 10. 27.〉

(3쪽 중 제1쪽)

중개대상물 확인·설명서[Ⅳ](입목·광업재단·공장재단)
([ ] 매매·교환   [ ] 임대)

확인·설명 자료	확인·설명 근거자료 등	[ ] 등기권리증 [ ] 등기사항증명서 [ ] 토지대장 [ ] 건축물대장 [ ] 지적도 [ ] 임야도 [ ] 토지이용계획확인서 [ ] 그 밖의 자료( )
	대상물건의 상태에 관한 자료요구 사항	

유의사항

개업공인중개사의 확인·설명 의무	개업공인중개사는 중개대상물에 관한 권리를 취득하려는 중개의뢰인에게 성실·정확하게 설명하고, 토지대장등본, 등기사항증명서 등 설명의 근거자료를 제시해야 합니다.
실제 거래가격 신고	「부동산 거래신고 등에 관한 법률」 제3조 및 같은 법 시행령 별표 1 제1호마목에 따른 실제 거래가격은 매수인이 매수한 부동산을 양도하는 경우 「소득세법」 제97조제1항 및 제7항과 같은 법 시행령 제163조제11항제2호에 따라 취득 당시의 실제 거래가액으로 보아 양도차익이 계산될 수 있음을 유의하시기 바랍니다.

Ⅰ. 개업공인중개사 기본 확인사항

① 대상물건의 표시	토지	대상물 종별	[ ] 입목 [ ] 광업재단 [ ] 공장재단
		소재지 (등기·등록지)	

② 권리관계	등기부 기재사항	소유권에 관한 사항	성명	
			주소	
		소유권 외의 권리사항		

③ 재단목록 또는 입목의 생육상태	

④ 그 밖의 참고사항	

⑤ 거래예정금액 등	거래예정금액	
	개별공시지가(㎡당)		건물(주택)공시가격	

(3쪽 중 제2쪽)

⑥ 취득 시 부담할 조세의 종류 및 세율	취득세	%	농어촌특별세	%	지방교육세	%
	※ 재산세는 6월 1일 기준 대상물건 소유자가 납세의무를 부담					

Ⅱ. 개업공인중개사 세부 확인사항

⑦ 실제 권리관계 또는 공시되지 않은 물건의 권리 사항	

Ⅲ. 중개보수 등에 관한 사항

⑧ 중개보수 및 실비 의 금액과 산출내역	중개보수		<산출내역> 중개보수: 실　비:
	실비		
	계		※ 중개보수는 거래금액의 1천분의 9 이내에서 중개의뢰인과 개업공인중개사가 서로 협의하여 결정하며 부가가치세는 별도로 부과될 수 있습니다.
	지급시기		

「공인중개사법」 제25조제3항 및 제30조제5항에 따라 거래당사자는 개업공인중개사로부터 위 중개대상물에 관한 확인·설명 및 손해배상책임의 보장에 관한 설명을 듣고, 같은 법 시행령 제21조제3항에 따른 본 확인·설명서와 같은 법 시행령 제24조제2항에 따른 손해배상책임 보장 증명서류(사본 또는 전자문서)를 수령합니다.

년　　　월　　　일

매도인 (임대인)	주소		성명	(서명 또는 날인)
	생년월일		전화번호	
매수인 (임차인)	주소		성명	(서명 또는 날인)
	생년월일		전화번호	
개업 공인중개사	등록번호		성명 (대표자)	(서명 및 날인)
	사무소 명칭		소속공인중개사	(서명 및 날인)
	사무소 소재지		전화번호	
개업 공인중개사	등록번호		성명 (대표자)	(서명 및 날인)
	사무소 명칭		소속공인중개사	(서명 및 날인)
	사무소 소재지		전화번호	

(3쪽 중 제3쪽)

작성방법(입목·광업재단·공장재단)

<작성일반>

1. " [ ] "있는 항목은 해당하는 " [ ] "안에 √로 표시합니다.

2. 세부항목 작성 시 해당 내용을 작성란에 모두 작성할 수 없는 경우에는 별지로 작성하여 첨부하고, 해당란에는 "별지 참고"라고 적습니다.

<세부항목>

1. 「확인·설명 자료」 항목의 "확인·설명 근거자료 등"에는 개업공인중개사가 확인·설명 과정에서 제시한 자료를 적으며, "대상물건의 상태에 관한 자료요구 사항"에는 매도(임대)의뢰인에게 요구한 사항 및 그 관련 자료의 제출 여부와 ⑦ 실제 권리관계 또는 공시되지 않은 물건의 권리 사항의 항목을 확인하기 위한 자료요구 및 그 불응 여부를 적습니다.

2. ① 대상물건의 표시부터 ⑥ 취득 시 부담할 조세의 종류 및 세율까지는 개업공인중개사가 확인한 사항을 적어야 합니다.

3. ① 대상물건의 표시는 대상물건별 등기사항증명서 등을 확인하여 적습니다.

4. ② 권리관계의"등기부 기재사항"은 등기사항증명서를 확인하여 적습니다.

5. ③ 재단목록 또는 입목의 생육상태는 공장재단의 경우에는 공장재단 목록과 공장재단 등기사항증명서를, 광업재단의 경우에는 광업재단 목록과 광업재단 등기사항증명서를, 입목의 경우에는 입목등록원부와 입목 등기사항증명서를 확인하여 적습니다.

6. ⑤ 거래예정금액 등의 "거래예정금액"은 중개가 완성되기 전의 거래예정금액을 적으며, "개별공시지가" 및 "건물(주택)공시가격"은 해당하는 경우에 중개가 완성되기 전 공시된 공시지가 또는 공시가격을 적습니다[임대차계약의 경우에는 "개별공시지가" 및 "건물(주택)공시가격"을 생략할 수 있습니다].

7. ⑥ 취득 시 부담할 조세의 종류 및 세율은 중개가 완성되기 전 「지방세법」의 내용을 확인하여 적습니다(임대차의 경우에는 제외합니다).

8. ⑦ 실제 권리관계 또는 공시되지 않은 물건의 권리 사항은 매도(임대)의뢰인이 고지한 사항(임대차, 법정지상권, 법정저당권, 유치권, 계약 전 소유권 변동여부 등)을 적습니다.
   ※ 임대차계약이 있는 경우 임대보증금, 월 단위의 차임액, 계약기간 등을 확인하고, 근저당 등이 설정된 경우 채권최고액을 확인하여 적습니다. 그 밖에 경매 및 공매 등의 특이사항이 있는 경우 이를 확인하여 적습니다.

9. ⑧ 중개보수 및 실비의 금액과 산출내역의 "중개보수"는 거래예정금액을 기준으로 계산하고, "산출내역(중개보수)"은 "거래예정금액(임대차의 경우에는 임대보증금 + 월 단위의 차임액 × 100) × 중개보수 요율"과 같이 적습니다. 다만, 임대차로서 거래예정금액이 5천만원 미만인 경우에는 "임대보증금 + 월 단위의 차임액 × 70"을 거래예정금액으로 합니다.

10. 공동중개 시 참여한 개업공인중개사(소속공인중개사를 포함합니다)는 모두 서명·날인해야 하며, 2명을 넘는 경우에는 별지로 작성하여 첨부합니다.

※ **보수 영수증**

[별지 제10호 양식]

보수 영수증

개업공인중개사	납세번호	
	사무소명칭	
	성명(대표자)	(인)
	사무소소재지	
	등록번호	

작성 연월일	
금액	

위의 금액을 영수합니다.

연월일	매수신청대리 대상물			보수액	위임인 부담액
	사건번호	물건번호	감정가/ 최저매각가격		

※매수신청대리 사건카드

매수신청대리 사건카드

일련번호 201 -	경매사건 번호 　　　　지방법원　　　　지원　　　　타경			물건번호	
부동산의 표시					
위임인에 관한 사항	성명		주민등록번호(앞자리 6자리만 기재)		
			주소		
	성명		주민등록번호(앞자리 6자리만 기재)		
			주소		
보수액	상담 및 권리분석 수수료	법규상 수수료표의 범위			
		결정된 수수료액			
	매수신청 대리 수수료	법규상 수수료표의 범위			
		결정된 수수료액			
	특별비용	사유			
		결정된 수수료액			
	◎ 수수료에 관한 법규의 규정에 대하여 사전에 설명 받았음을 확인합니다. 　　　　　　200　.　.　.　　　　　　위임인　　　　　　(인)				
위임내용	상담 및 권리분석 [　　]				
	매수신청대리　　[　　]				
위임일자	년　　　　월　　　　일				
특약사항					
결과	입찰에 참가하여 매수에 성공　　[　　]				
	입찰에 참가하였으나 매수에 실패 [　　]				
	입찰에 참가하지 않음　　　　　[　　]				
첨부서면	확인·설명서　　　　　　[　　]				
	수수료 영수증　　　　　[　　]				
	기타				
	년　　　　월　　　　일 　　　　　공인중개사　　　　　　　　　(인) 　　　　　공인중개법인　　　　대표이사　　　　　(인)				

[주1] 일련번호는 '연도-누적번호'의 형식으로 부여함
[주2] 위임인이 다수일 경우 별지를 사용하여 기재하고 간인하여야 함

Memo

합격셀렉트 공인중개사법령 및 실무

초판 1쇄 인쇄	2025. 02. 14.
초판 1쇄 발행	2025. 03. 01.
글	이승주
편집자	구낙회 · 김효선 · 김영빈 · 김대현
표 지	그래픽웨일
마케팅	김효선
발행처	로앤오더
발행인	윤혜영
ISBN	979-11-6267-469-7
값	23,000원

2014년 02월 10일 l 제222-23-01234호
서울시 성동구 왕십리로 8길 21-1 2층 201호
전화 02-6332-1103 l 팩스 02-6332-1104
cafe.naver.com/lawnorder21

이 책은 저작권법에 따라 보호받는 저작물이므로 무단복제를 금지하며 이 책 내용의 전부 또는 일부를 이용하려면 반드시 저작권자와 로앤오더의 서면 동의를 받아야 합니다.

ⓒ 이 책에서 사용된 서체는 KoPub World바탕, KoPubWorld돋움, KBIZ한마음명조, 에스코어드림, 카페24클래식타입, NotoSansKR, MBC1961, Pretendard, 바른돋음, Tmon몬소리, 여기어때잘난체고딕을 사용하였습니다.